郑军军 著

GAOMIANYU WAILAICI SUYUAN YANJIU

高棉语外来词溯源研究

世界图书出版公司

广州·上海·西安·北京

图书在版编目（CIP）数据

高棉语外来词溯源研究 / 郑军军著. -- 广州：世界图书出版广东有限公司，2022.2

ISBN 978-7-5192-9275-1

Ⅰ.①高… Ⅱ.①郑… Ⅲ.①柬埔寨语－外来语－研究 Ⅳ.①H613.3

中国版本图书馆 CIP 数据核字（2021）第 273915 号

书　　名	高棉语外来词溯源研究
	GAOMIANYU WAILAICI SUYUAN YANJIU
著　　者	郑军军
策划编辑	刘正武
责任编辑	张东文
出版发行	世界图书出版有限公司　世界图书出版广东有限公司
地　　址	广州市海珠区新港西路大江冲 25 号
邮　　编	510300
发行电话	020-84184026，84453623
网　　址	http://www.gdst.com.cn
邮　　箱	wpc_gdst@163.com
经　　销	新华书店
印　　刷	广州市迪桦彩印有限公司
开　　本	787 mm × 1092 mm　1/16
印　　张	21.25
字　　数	385 千字
版　　次	2022 年 2 月第 1 版　2022 年 2 月第 1 次印刷
国际书号	ISBN 978-7-5192-9275-1
定　　价	58.00 元

摘　要

　　外来词是文化接触与交融的直接产物和必然结果，是外来文化在本族语语言系统中的一种留驻方式。在高棉语词汇系统中，外来词占比高达 40% 以上，其中犹以梵语源、巴利语源、法语源和英语源外来词居多。本书选择高棉语外来词作为研究对象，探究高棉语外来词的文化源头，厘清其历史流变轨迹，洞悉其演变特点和规律，从中管窥高棉文化融合外来文化因子的异质性和多元性。本书借鉴文化语言学、历史语言学的研究框架，以文献文本的丰富性和文献来源的多元性为研究特色，大量使用历史文献进行论证，注重数据统计分析，力求研究的科学性和系统性。

　　本书主要按梵语源外来词、巴利语源外来词、法语源外来词和英语源外来词产生的历史先后顺序，分章逐一进行溯源。每一章首先探究外来词的文化源头，通过考察古代及近现代文献资料、历史研究著作，论证外来词的文化源头所归何处、因何产生；然后梳理分析外来词的早期应用状况，通过在早期语料文本中遴选出代表性外来词，对其原初形态、译借方式、构词规则等进行个别考释和总体分析，从而由点到面呈现外来词的整体历史面貌。本书最后对主要语源外来词的溯源结果进行纵向和横向的比较，包括地位影响、借入速度、语义分布、借用方式等。

　　本书的主要研究结论包括：在不同时期，单一外来文化在柬埔寨境内占据主导地位，外族语言被直接引入使用，且高棉文化相对同期的外来文化、高棉语相对同期的外族语言均较为原生态，由此导致单一语源外来词同期大量生成；早期借入的梵语源外来词和巴利语源外来词具有浓郁的宗教色彩，法语源外来词带有殖民文化的深刻痕迹，英语源外来词则与美国现当代强大的政治、经济、文化软权力息息相关；外来词的历史流变程度不同，梵语源和巴利语源外来词在语音和词形方面有较大变化，法语源和英语源外来词基本未发生变化；在语音、语义、语法和词形方面，高棉语对早期借入的外来词实施了不同的同化原则，外来词则对高棉语产生各种影响；在载体类型、语义分布和借用方式上，早期的梵语源和巴利语源外来词相似度高，法语源和英语源外来词相似度高，而梵语源、巴利语源外来词与法语源、英语源外来词则差别较大。

    关键词：柬埔寨；高棉语；外来词；溯源；外来文化

Abstract

Borrowed words are direct products and inevitable results of cultural contacts and integration. They are traces of foreign cultures in a native language system. In the vocabulary system of the Khmer language, as high as 40% words are borrowed words, most of which are from Sanskrit, Pali, French and English. This book takes borrowed words in Khmer language as the object of study, explores their cultural sources, clarifies the tracks of their historical changes and gains insights into the features and laws in their evolution, so as to get a glimpse of heterogeneity and diversity of foreign cultural factors in the Khmer culture. With cultural linguistics and historical linguistics as research framework, this book features rich and diverse source of literature, heavy use of historical literature in its argument, and emphasis on statistical analysis so as to ensure the scientific and systematic nature of this study.

This book traces the sources of borrowed words, chapter by chapter, on the basis of historical sequences, which are Sanskrit, Pali, French and English chronologically. Each chapter first probes into the cultural sources of borrowed words and demonstrates what the cultural sources are and why they came into being through a careful study of ancient, modern and contemporary literature and historical research works. Then the chapter continues to review and analyze the early application of borrowed words and demonstrate their historical features from individual parts to the overall picture through selecting representative borrowed words from early corpus to make individual textual criticisms and explanations and global analysis. Finally the book makes vertical and horizontal comparisons of the tracing results of borrowed words from major sources, including status and influence, borrowing speed, semantic distribution and borrowing approaches.

Major research findings of this book include: in different periods, one individual foreign culture was dominant in Cambodia and the foreign language was directly introduced and used. Compared with contemporary foreign cultures and languages, the Khmer culture and language were relatively primitive and backward, so that large multitudes of borrowed word from a single source of language were generated in this period. Early borrowed words from Sanskrit and Pali are imbued with religion, those from French are entrenched with the colonial culture, while those from English are closely related to the strong political, economic and cultural soft powers of the Untied States. The historical changes of borrowed words vary. Borrowed words from Sanskrit and Pali are transformed in phonology and morphology, while those from French and English remained basically unchanged. In terms of phonology, semantics, grammar and morphology, the Khmer language assimilates the early borrowed words in various degrees and borrowed words influence the Khmer language in different ways. In terms of carrier types, semantic distribution and borrowing approaches, borrowed words from French and English are highly similar, while those from Sanskrit and Pali are very different from those from French and English.

Key words: Cambodia; Khmer language; borrowed words; source tracing; foreign culture

目　录

第一章　绪论

1.1　研究缘起

外来词现象普遍存在于世界上的各种语言之中。[①] 在高棉语词汇系统中，如果从词源上去探究，外来词占据了一半以上的比重，固有词比例还不到一半。即使是一些极其普通的常用词，如 សាលា（学校）、ម៉ាតា（母亲）、បិតា（父亲）、កុមារ（儿童，小孩）等，都不是纯高棉语词。由柬埔寨学者尊纳僧王编撰、柬埔寨佛教学院 1967 年出版的《高棉语词典》是目前柬埔寨国内最权威的一部综合性词典，该词典共收录词条 17746 个，其中明确标注外来语源的有 7246 个，比例高达 40.83%。若将大量的意译词也算入其中，这个比例则会更高。从词汇影响方面探究，外来词对高棉语词汇的语音形式、词语结构、语义特点、书写形式以及具体使用等方面均产生了深远影响，导致高棉语词汇的发展历程便是与外来语言文化不断发生碰撞且不断受其浸染的过程。所以，高棉语外来词研究应该成为高棉语研究的重要分支领域，对高棉语外来词的研究必将有助于廓清高棉语词汇系统的概貌和特质。

一般来说，综合国力越强大的国家，对本民族语言的研究，包括外来词研究越发达。例如在美国、俄罗斯、日本和中国等国语言学界，其对外来词的研究是多维度、有深度的。有对外来词词汇本体诸方面进行研究，有对外来词规范问题进行研究，有对外来词辞书编纂问题进行研究，有从外来词的文化、社

---

① 当今最大的词汇输出语言——英语，其 65%—75% 的词语都源自其他语言。据统计，现代英语中起源于盎格鲁–撒克逊的词约占 30%，11 世纪诺尔曼人征服英国时又使后者吸收了大量起源于罗曼语族的词。日语中则有大量来自汉语的词语。日本小学馆于 2002 年出版的《新选国语词典》（第 8 版）中，汉语词和包括汉语成分的"混合语"（由日语成分与汉语成分组合而成的词语）共占收录词语的 57% 左右。直到今天，日语中的外来词仍以每年 1000 个以上的速度递增着。至于汉语中的词汇借用，中国著名语言学家王力先生认为："拿现代书报上的文章用语和鸦片战争以前的文章用语相比较，外来的词语恐怕占一半以上；和'五四'时代的文章用语相比较，恐怕也占四分之一以上。"

会角度进行研究，等等，不一而足。相比而言，目前高棉语外来词研究还处于非常滞后的阶段，其中的许多基础性研究工作都还薄弱不堪。究其原因，柬埔寨虽然是东南亚的文明古国，拥有悠久的历史和光辉灿烂的古文化，然而自公元 15 世纪以来，柬埔寨进入了内乱纷争迭起、饱受外族入侵蹂躏的长时间动乱期，各种研究工作被迫中断，大量珍贵的历史资料在战争中流失。

笔者认为，对高棉语外来词而言，对其进行溯源是基础性研究工作中最紧要的任务之一。溯源研究在社会科学的各个专业都是基础研究的重要组成部分，成果比较丰硕，例如《日本汉诗溯源比较研究》（中国社会科学出版社，2004 年）、《〈聊斋志异〉中印文学溯源研究》（昆仑出版社，2011 年）、《国学溯源》（科学出版社，2012 年）、《英语词汇溯源研究》（电子科技大学出版社，2014 年）、《考古发现与易学溯源研究》（中国社会科学出版社，2015 年），等等。参考国内外语言学界进行溯源研究的惯例做法，以及高棉语外来词的具体情况，我们对高棉语外来词的溯源，力求从整体和个体两个角度展开研究。从整体角度，将语源相同的高棉语外来词视为一个整体（分为梵语源外来词、巴利语源外来词、法语源外来词、英语源外来词），探究其相应的文化源头；从个体角度，遴选具有代表性的外来词，梳理分析其在早期语料文本中的应用状况。本研究试图回答的核心问题包括：高棉语外来词的文化源头所归何处？高棉语外来词在早期语料文本中的原初形态、词汇功能、译借方式等应用状况是怎样的？其中，高棉语外来词在早期语料文本中的应用状况是本书的研究难点所在。这一难点既体现在对早期语料文本的收集上，又体现在对文本中代表性外来词的挖掘与分析上。而从这些早期应用状况中总结出某些语源外来词的特征、构词原则、发展历程等则无疑进一步增加了研究难度。

从整体角度挖掘外来词的文化源头是因为，外来词的产生源于不同文化的接触与影响，而文化接触是一种普遍现象。外来词是文化接触与交融的直接产物和表现形式，其本质上是一种文化现象，正如中国语言学家邢福义教授所言："人类社会的各种文化群体之间尽管有着各种各样的时空阻隔，以民族、国家、地域等等为区别特征的各个文化仍在种种条件下处于不可避免的相互接触中，从而不断地相互影响、相互交融。尤其在当今更为开放的世界环境中，即使某一个文化群体想自我封闭也挡不住其他文化的冲击。"[①]语言是文化的基

---

① 邢福义：《文化语言学》，湖北教育出版社，2000 年，第 395 页。

本组成部分，文化接触便包含着语言接触，并以语言接触为先导、为媒介，文化接触的过程便是语言接触的过程，语言接触在本质上也就是文化接触。一种语言本身是一个独立的系统，但并非孤立、封闭的系统，因为"没有任何证据可以表明某个语言是在完全孤立于其他语言的情形下发展起来的"[①]。正如美国语言学家爱德华·萨丕尔（Edward Sapir）教授所言："语言，像文化一样，很少是自给自足的。交际的需要使说一种语言的人和说邻近语言的或文化上占优势的语言的人发生直接或间接接触。"[②]因此，一部人类的历史也可谓是一部人类文化接触史和人类语言接触史。尤其在不同文化具有明显强弱分别，以及人类的互动、流动变得日益便捷、廉价的情况下，语言文化接触也随之越发频繁和深入。

语言文化接触会引发语言影响。正如萨丕尔所言，"邻居的人群互相接触，不论程度怎样，性质怎样，一般都足以引起某种语言上的交互影响"[③]。美国语言学家布龙菲尔德（Bloomfield）教授也曾形象地说："各族语言是相互取长补短的。正像天然物体和人造物体要从一个民族传到另一个民族一样，一国的文化，包括技术、战术、宗教仪式、风俗习惯等也会传播出去。民族之间在交流实物和从事其他活动时，语言形式也随即从一个民族传到了另一个民族。"[④]上述影响通常会涉及语音、词汇和语法等不同层面。其中，词汇因对社会生活的反映最为敏感，所以也最易受到影响。这种影响突出表现为不同民族间的词汇借用，即外来词的产生。正如萨丕尔所言："一种语言对另一种语言最简单的影响是词的'借贷'。只要有文化借贷，就可能把有关的词也借过来。"[⑤]广西民族大学的黄平文教授也认为，"一个民族文化体系中的外借成分越多，其语言中的外来借词也就相应地越多"[⑥]。换言之，外来词是语言文化接触的结果和表现形式。如中国语言学家陈原先生所言，外来词"是相近和相

---

① Thomason, Sarah, "Contact as a Source of Language Change", in Brian D. Joseph & Richard D. Janda, eds., *The Handbook of Historical Linguistics*, Blackwell Publishing, 2003.

② ［美］爱德华·萨丕尔：《语言论》，陆卓元译，商务印书馆，1985年，第173页。

③ 同上。

④ L. Bloomfield, *Language*, Beijing: Foreign Language and Study Press, 2002, p. 471.

⑤ ［美］爱德华·萨丕尔：《语言论》，陆卓元译，商务印书馆，1985年，第174页。

⑥ 黄平文：《论文化接触对语言的影响——壮语演变的阐释》，民族出版社，2010年，第55页。

异的社会文化互相接触必然产生的后果"①。中国语言学家史有为教授也认为：
"外来词，是两种文化交流的结晶，也是两种语言文化的融合"②，"外来词是
语言接触的一种结果，而语言接触又以文化交流、文化接触为前提、为共生
物。因此外来词也是异文化的一种存留。"③ 从上述学者的观点来看，外来词实
际上是一种文化现象，应从文化角度去挖掘其源头所在。

　　高棉文化即柬埔寨文化是在与外来文化长期、持续而又深入的碰撞和融汇
中逐渐形成的。在其漫长的发展历程中，高棉文化主要与印度文化④、小乘佛
教文化、法国文化以及美国文化等外来文化先后发生了深入、广泛的接触。特
别是，高棉文化相比同期的外来文化是比较原生态的，且这些外来文化被强势
引入，因此高棉语与这些外族语言的接触属于深度接触，大量的外来词汇随之
跨越文化界限，源源不断地流入高棉语中。所以，高棉语外来词是高棉文化与
印度文化、小乘佛教文化、法国文化以及美国文化等外来文化接触的直接产物
和必然结果，是外来文化在高棉语语言系统留下的深刻痕迹。换言之，高棉文
化与外来文化的接触及交融是导致高棉语外来词产生的直接动因，外来文化是
高棉语外来词的源头，因而我们必须对这种文化传播、文化接触及交融过程进
行历史纵深式的探究，方可实现对高棉语外来词的文化溯源。

　　除了从整体视角去挖掘高棉语外来词的文化源头外，从个体视角探究具体
外来词的早期应用状况也是本书溯源研究的重要组成部分。具体言之就是，考
察外来词在高棉语中初始呈现的历史年代、语料文本来源、词汇来源及其在早
期语料文本中的语词结构、语义状况、词汇功能、语词搭配、译借方式等应用
状况。对单个或多个词汇的早期应用状况进行考察，在词汇研究领域非常普
遍，例如中国学者王占义先生编著的《中外词语溯源故事大辞典》。就高棉语
外来词本体而言，这本身就是一种溯源，这是一种有别于文化溯源的词汇本体
角度的溯源。只有将这种溯源与文化溯源相结合，才能使高棉语外来词溯源更
为全面而深刻。

　　另外，自留校任教以来，笔者一直注意收集高棉语的一手资料。近年来柬

---

① 陈原：《语言和人》，商务印书馆，2003 年，第 98 页。

② 史有为：《外来词——异文化的使者》，上海辞书出版社，2004 年，第 18—19 页。

③ 同上，第 3 页。

④ 本书中的印度文化是指，公元 1—13 世纪流传于印度地区的婆罗门教和大乘佛教
文化。

埔寨政局日趋平稳，中柬交流日益频繁便捷。通过柬埔寨留学生、赴柬埔寨工作学习的朋友以及国际互联网络，笔者收集到大量的高棉文碑铭、贝叶经、近现代出版物等一手历史文献。这为高棉语外来词溯源研究奠定了坚实的资料基础，也保证了研究的客观性和创新性。

1.2　研究意义

由于诸多的历史和现实原因，迄今为止，国内外学界对高棉语、高棉文化和高棉历史的研究都比较薄弱，许多基础性研究工作缺失严重、亟待加强。从笔者掌握的资料来看，无论是柬埔寨国内还是国外，尚无学者对高棉语外来词进行深入、系统的溯源专项研究。而对高棉语外来词的溯源研究，是典型的基础性研究课题，且兼具历史语言学、文化语言学的特性，因而具有充分的学理意义和应用价值。具体而言：

第一，有助于廓清高棉语外来词的来龙去脉、历史流变。任何事物都有其源头所在，而且经过长期发展大多会出现变化，因此，对事物的溯源有助于我们准确把握事物的缘起、性质、特征和发展方向。而要想对某一事物达到透彻的认识，就应先从探究其源头、考察其早期应用状况开始。高棉语外来词的文化源头、早期应用状况等，至今仍呈模糊状态，人们对此所知甚少，尚属高棉语研究领域中的一块学术空白，它理应成为高棉语语言学研究的重要课题。本研究立足于两方面：一方面是从文化角度去挖掘高棉语外来词的源头，通过在广阔、宏观的文化视野中审视高棉语外来词，以期更好地把握其核心源头；另一方面是从早期语料文本中的代表性外来词入手考察其应用状况，通过对其原初形态、译借方式、构词规则等进行个别考释和总体分析，由点到面还原外来词的整体历史面貌。这两方面研究，必将有助于我们把握其文化源头及历史流变，了解促使其产生、演变的因素和条件，洞悉其本质特征和内外联系，进而预测其发展趋势，以达到"贯通历史与现实，古为今用"之效。另外，在全球化进程日益加速的今天，高棉语及高棉文化与其他语言、文化的接触愈加频繁，高棉语对外来词借用的速度和规模都远远超过历史上的任何时期，并呈现出前所未有的猛烈性和复杂性。所以，通过对高棉语外来词的溯源，我们可以更好地把握处于动态发展中的新时期高棉语外来词，这使该课题更加令人关注，也更具研究价值。

第二，有助于了解高棉文化的变化与发展。语言之中蕴含着文化，而语言的丰富和发展也必将推动民族文化的变化与发展。随着时代的变迁，随着文化整体的发展与进步，与之相对应的新词语也将留下深刻的时代和文化烙印。外来词作为不同历史时期新词语的重要组成部分，能够在很大程度上反映民族文化的变化与发展。与此同时，外来词的产生还集中体现出民族文化与外来文化的接触与冲突、选择与同化。因此，词源研究对文化探悉有重要的价值。通过语言来研究一个民族文化的过去和将来，是文化语言学的基本研究思路，已有很多成功的研究范例。本书虽然不专门立足于从外来词研究高棉文化，但研究中的部分成果仍对深入了解高棉文化具有积极意义。

第三，有助于丰富高棉历史的研究成果。高棉历史漫长悠久、复杂多变、战火频仍，这在客观上造成高棉史研究困难重重、成果不丰。高棉语外来词的历史演变是高棉语发展史的重要组成部分，高棉语发展史是高棉文化史的重要组成部分，而高棉文化史又是整个高棉历史的重要组成部分。因此，本研究从一个侧面丰富了高棉历史研究成果。另外，在研究过程中，本书大量使用历史文献进行论证，以文献文本的丰富性和文献来源的多元性为研究特色，其中包括对高棉历史的一些具体问题的文献论证，因此也对高棉历史具有正本清源的作用。

1.3　研究现状

在高棉语研究界，尚无学者对高棉语外来词进行整体性研究，对高棉语外来词溯源的专题研究更无先例。在高棉语研究领域，与本研究课题密切相关的主要是高棉语外来词某个角度、某些语源外来词、新词方面的研究。关于这些方面的研究内容，总体上可分为西方学派和柬埔寨本土学派。

自 20 世纪六七十年代起，已有西方学者开始开展对高棉语外来词（主要是梵语源外来词）的专项研究，并发表了相关学术论文，主要包括：迈克尔·维克瑞（Michael Vickery）的《高棉语外来词及其清化》（*Loan Words and Devoicing in Khmer*），彼得·沃兹尼克（Piotr Woźnica）的《论高棉语中的梵语和巴利语外来词》（*Remarks on Sanskrit and Pali Loanwords in Khmer*），朱迪思·M. 雅各布（Judith M. Jacob）的《前吴哥时期高棉语中的梵语外来词》（*Sanskrit Loanwords in Pre-Angkor Khmer*），富兰克林·尤金·霍夫曼

（Franklin Eugene Huffman）的《泰语和柬埔寨语——一种语法借用的情况？》（*Thai and Cambodian - A Case of Syntactic Borrowing?*），朗·西姆（Long Seam）的《源于梵语的高棉语地名》（*Khmer Toponymes of Sanskrit Origin*），《高棉人对外源词的刻意使用：变化中的样式、方法和来源》（*The Deliberate Use of Foreign Vocabulary by the Khmer: Changing Fashions, Methods and Sources*），迈克尔·维克瑞（Michael Vickery）的《史前南岛语族与高棉语语言接触和语言借用的证据》（*Evidence for Prehistoric Austronesian-Khmer Contact and Linguistic Borrowing*）。下面我们将选取其中的 4 篇文章进行重点评介。

《高棉人对外源词的刻意使用：变化中的样式、方法和来源》一文主要介绍了各种语源外来词借入高棉语中的历史进程以及在柬埔寨不同历史时期外来词的使用情况。文中还揭示了高棉语新词创造的基本原则，即借助梵语、巴利语构词材料来创造新词。这篇文章对外来词借入高棉语的历史考察得较为全面、细腻，对外来词借入的历史阶段的划分显得清晰而又合理，对外来词在不同历史阶段使用情况的分析较为细致、深入，是一篇史料比较翔实、考据比较严密的论文，有助于我们全面了解高棉语中的外来词历史及使用情况，对我们开展高棉语外来词的溯源研究具有重要的参考价值。《前吴哥时期高棉语中的梵语源外来词》一文分为四部分内容：第一部分从语义角度分析前吴哥时期的六类梵语源外来词；第二部分阐述这一时期高棉语借用梵语源外来词的原因；第三、四部分分析高棉语对梵语源外来词的语音、形态和句法同化。这篇文章的整体脉络是比较清晰的，对前吴哥时期梵语源外来词的分析也是由浅入深、层层递进，对梵语源外来词借入原因的阐释颇有见地。因以大量的碑铭资料佐证，此文对梵语源外来词在高棉语中的语音、形态和句法同化问题的分析显得合理而具有说服力。这篇具有深刻见地的文章对我们追溯高棉语中梵语源外来词的历史文化源流及其早期应用状况具有一定启发。文章《论高棉语中的梵语和巴利语源外来词》首先简要介绍了梵语、巴利语源外来词借入高棉语中的历史背景，然后分析了对它们的借用机制，之后通过比较高棉语固有词与梵、巴语源外来词在语音结构上的不同特点对高棉语中的梵语、巴利语源外来词加以识别，文章还对梵语、巴利语源外来词进行了初步分类，最后作者就如何实现高棉语中梵语、巴利语源外来词在语音、拼写等方面的标准化和统一化提出了自己的建议。该文对于高棉语中梵语、巴利语源外来词溯源研究具有可参考性。《源于梵语的高棉语地名》一文对梵语源地名进行了分类，揭示了各类梵语源地名所蕴含的不同含义，并重点分析了梵语源地名中的基本成分。

迄今为止，西方学者还未撰写过专门以高棉语外来词为研究主题的著作，只在一些西方学者撰写的高棉语语法专著中见到关于高棉语外来词的零星研究。例如，朱迪思·M. 雅各布（Judith M. Jacob）的《对柬埔寨语的介绍》（*Introduction to Cambodian*）一书列举了高棉语中梵语、巴利语源外来词例词的正字法，还列举了高棉语中源于梵语和巴利语的宗教词汇和王族词汇，并分析了高棉语复合词中的梵语、巴利语源外来词的组合形式。富兰克林·尤金·霍夫曼（Franklin Eugene Huffman）的著作《高棉语语法概述》含有对高棉语多音节单词（多为梵语、巴利外来词）的分类以及结构分析，该书还分析了与梵语和巴利语相关的高棉语复合词。约翰·海曼（John Haiman）的《高棉语》（*Cambodian Khmer*）一书专辟了两节分别探讨高棉语中梵语、巴利语源外来词和泰语源外来词的词语结构。对于前者，此书重点探讨的是高棉语对梵语、巴利语源外来词词语结构的同化和未同化现象。另外，此书又辟出一节专门阐述梵语、巴利语源外来词的派生形态问题。

相比西方学派，柬埔寨本土学派对高棉语外来词的研究集中于事实描述和词条汇总层面。在柬埔寨语言学界，有少量关于高棉语外来词的公开出版物。例如，江桑瑙（ចិន្ត សំណព）的《创造词语、借入词语、使用词语》（បង្កើតពាក្យ កម្ចីពាក្យ ប្រើប្រាស់ពាក្យ）一书专辟出一章用于探讨高棉语中的词语借用问题。此章的第一节对词语借用和借词这两个概念进行了阐释，第二节分析了高棉语中的词语借用原则，第三节阐述了处理创造新词和借用外来词之间矛盾的原则。此书的研究深度虽无法与西方相关研究成果相比，却是柬埔寨国内对高棉语外来词问题阐述得较为细致的一本著作。春利（ឈុន លីៈ）的《源自巴利语、梵语和其他外语的借词》（ពាក្យកម្ចីពីបាលី សំស្រ្កឹត និងបរទេស）这本书以柬埔寨国内最权威的综合性词典《高棉语词典》为语料文本，对其中的外来词进行了汇总及释义。由于该书所依托的语料文本《高棉语词典》出版于1967年，年代较早，所以书中未收录20世纪90年代以来涌现的英语源外来词。即使收录有英语源外来词，也是年代较为久远且数量很少。该书以梵语、巴利语源外来词为主体，另收录有源自法语、汉语、英语、泰语、越语、老挝语等其他语言的外来词。亘索翰（គន់ សុខហេង）的《借词和高棉语中巴利语、梵语词的识别特征》（ពាក្យកម្ចីបរទេសនិងលក្ខណៈសម្គាល់ពាក្យបាលី សំស្រ្កឹត

ក្នុងភាសាខ្មែរ）这本书也主要是关于高棉语中各语源外来词的词条汇总及释义。除了以《高棉语词典》为语料来源，该书还参考了其他相关资料，所以书中的外来词，尤其是英语源外来词比《源自巴利语、梵语和其他外语的借词》一书显得更具时代性且数量也更多一些。此书的最后一节总结了高棉语中巴利语、梵语词的识别特征，这对我们区分高棉语中固有词与梵语、巴利语源外来词的不同特点，进而进一步追溯梵语、巴利语源外来词的早期应用状况是有积极作用的。总体而言，《源自巴利语、梵语和其他外语的借词》和《借词和高棉语中巴利语、梵语词的识别特征》这两本书所收录的高棉语外来词词条，无论在数目上还是语源种类上都总结得不甚全面，但对我们以其为基础，进一步全面量化统计高棉语外来词是有帮助的。

由于高棉语新词主要是源自法语和英语的外来词，因此关于高棉语新词的研究成果对于我们的研究课题也具有参考价值。柬埔寨学者在高棉语新词领域开展了一定的研究，最有代表性的研究成果是甘万萨（កេង វ៉ាន់សាក់）撰写的《新词创造的原理》（មូលភាពនៃការបង្កើតពាក្យថ្មី）这本书。正如书名所言，此书围绕新词创造这个主题分五章论述了造词原理，其中部分原理与溯源问题相关，这对我们进行高棉语新词的溯源研究是有借鉴作用的。另一本关于新词的代表性成果是《高棉语新词词典》。这本词典是柬埔寨目前对新词词条总结最全面的一本词典，它不仅包含有词条的音标、词性、释义，而且还有关于每个词条的例句。对于我们统计分析外来影响下的高棉语新词而言，这本字典的参考价值是不容忽视的。

较之高棉语外来词、新词方面的上述集中性研究成果，散见于柬埔寨学者语言学著作中的这方面内容反而显得更为丰富和深刻一些。以下五本书是柬埔寨语言学界较有代表性的语言学论著（以高棉语语法研究为主），其中就包含对我们的研究课题具有参考价值的内容。下面我们将分别对其做简要介绍。尤盖（អៀរ កើស）的《高棉语》（ភាសាខ្មែរ）的第一章第一节介绍了高棉语的元音、辅音、语音符号以及高棉文的发展史，其中就涉及有高棉语源流问题；第二章第一节的第二部分中有关于梵语、巴利语源合成词的研究；第二章第二节专门介绍源自梵语、巴利语、泰语的高棉语外来词；第二章第三节的第一部分中有关于梵语、巴利语源词汇的例词释义及结构分析，第二部分有对梵语、巴利源词汇拼写问题的研究，第三部分专门探讨高棉语中的新词创造问题。肯索克（យឺន សុខ）的《高棉语语法》（វេយ្យាករណ៍ភាសាខ្មែរ）一书中具有参考价值的内容包括：对高棉语和高棉文发展史的梳理，关于梵语、巴利语源语音符号的介绍，关于梵语、巴利语源借词的拼写和读音问题的探讨，对源自巴利语、梵语、泰语、老挝语、越语、汉语和法语的高棉语外来词的专项介绍，王族用词和僧侣用词研究，等等。由屯痕（ធន់ ហ៊ីន）、亘索翰（គន់ សុខហេង）、春利（ឈុន លី៖）三位柬埔寨学者分别编著的高棉语语法书中都有对高棉语中各类梵语、巴利语源构词语素的详细描述，并对其在高棉语中的构词原理、构词规则、构词特点或词汇结构等进行了不同程度的阐述。

如前所述，高棉语外来词、新词等方面的研究与英语、汉语学界的同类研究之间还存在很大差距，具体体现为：一是，缺乏现代语言学理论的指导，研究基点不高、研究视角单一；二是，研究零散，缺乏宏观性、整体性、系统性；三是，重定性研究，轻定量分析；四是，柬埔寨本土学派的研究多事实堆砌，少观点总结；五是，关于高棉语外来词、新词的词典编纂工作滞后，至今还没有一本全面收录、总结高棉语中各语源外来词的词典，对最近几十年涌现出来的新词，尤其是新借入的外来词缺乏专门的收集和整理。对此，我们的策略是从关于高棉语外来词、新词方面的研究成果中挖掘出有价值的资料和线索，服务于我们的课题研究。

1.4 研究方法

为了实现既定研究目标，本书综合运用多种方法开展研究，既运用传统的定性研究方法，也使用定量研究方法。具体而言：

第一，文献研究法。文献研究法也称历史文献法，就是搜集和分析研究各种现存的有关文献资料，从中选取信息，以达到某种调查研究目的的方法。本书围绕高棉语外来词这一研究对象，以文献的丰富性和文献来源的多元性为旨趣，搜集、鉴别和整理与之相关的学术文献和资料性文献，如关于文化语言学、历史文献学、历史语言学、词汇学、文化变迁、语言接触等方面的研究专著，关于高棉语词汇问题的论文和专著，含有高棉语外来词典范语料的各种文献资料。对上述各类文献资料加以解读和分析，深入理解和掌握文献中对本研究有价值的内容，并将其与本书的研究课题结合起来，针对文献的不同特质发挥其不同效用，如从学术文献中归纳总结出本研究的理论依据、分析路径等；从历史文献中探究高棉语外来词的文化源头；以早期语料文本为依托考察高棉语外来词的早期应用状况。

第二，定量研究法。定量研究法是对社会现象的数量特征、数量关系与数量变化等进行分析的方法。对高棉语外来词的溯源研究，只有通过统计数据才能为我们的论断提供有说服力的依据。本书对高棉语外来词的溯源研究是建立在对高棉语外来词词库进行定量分析的基础上的。本研究以柬埔寨国内最权威的一部综合性词典《高棉语词典》为主要依据，辅之以其他相关词典，建立了高棉语外来词词库，又按语源（梵语、巴利语、法语、英语等）、语义范畴（政治、经济、文化、科技等）、语体（书面语体、口语体）、使用阶层（王族、僧侣、精英、普通百姓等），建立了若干外来词子词库，并对这些词库进行统计分析；以各类代表性早期语料文本为定量分析蓝本，根据不同的研究目的设计相应的分析框架、分析指标，如吴哥王朝时期代表性碑铭中梵语源外来词数据表、柬埔寨代表性贝叶经中巴利语源外来词数据表、高棉语主要语源外来词输入速度统计表等等。由定量分析得出的统计数据较之单纯举例式的内省分析为我们的研究结论提供了更为坚实的客观基础，更能真实、直观地反映高棉语外来词的来源、流变规律和特点所在。

第三，比较研究法。比较研究法就是对物与物之间和人与人之间的相似性或相异程度的研究与判断的方法。本书的比较研究既有纵向的，又有横向的。纵向比较方面，主要是对高棉语主要语源外来词的文化源头的比较；横向比较方面，主要包括对高棉语各语源外来词所占比例的比较，梵语源外来词地名与高棉语固有词地名的比较，对高棉语主要语源外来词的地位影响、借入速度、语义分布、借用方式等的比较。通过上述纵横比较，有助于我们把握高棉语外来词的源头、历史流变及特征，并预测其发展趋势。

1.5　基本概念

1.5.1　高棉语

高棉语又称柬埔寨语，是柬埔寨主体民族高棉族的民族语言和柬埔寨王国的官方语言。除柬埔寨境内使用高棉语外，居住于越南南部的高棉族人和居住于泰国东北部的高棉族人也使用高棉语。该语言使用区域包括柬埔寨全境、柬埔寨与越南南部接壤的地区以及柬埔寨与泰国东北部相毗邻的地区。

高棉语属南亚语系孟-高棉语族，是孟-高棉语族中最早有书面语言记载的语言，其起源与高棉族的形成紧密相关。目前学界普遍认为，高棉族是孟-高棉（吉篾）①族中的一支。在公元前的若干世纪，孟-高棉族人群从北向南迁移，即从中国云南沿着湄公河向南缓慢移动，逐渐到达湄公河上游和孟河的交汇地区。在这里停留了一个相当长的时期后，一部分孟-高棉人留在孟河流域生活，成为今天老挝卡黑人的祖先。其余的孟-高棉人分为两支继续向前移动：一支沿孟河向西南移动，到达了湄南河流域及至马来半岛，建立了林阳、得楞、顿逊、盘盘、狼牙修等孟族人的国家；另一支则沿湄公河往东南到了今柬埔寨和越南南部一带，建立了柬埔寨历史上最早期的国家——扶南国，最终形成高棉族。

高棉语的发展大致可分为 3 个时期：（1）古高棉语时期（公元前至公元14 世纪）。这个语言发展阶段分为前吴哥王朝时期（公元前至公元 9 世纪）和吴哥王朝时期（公元 9 世纪至 14 世纪）。前吴哥王朝时期即吴哥王朝建立前是高棉语的原始阶段及之后的初步定型阶段。其原始阶段的特点是无文字记载，语音只能以历史比较法构拟。在古高棉语的初步定型阶段已有文字记载，其具体语言状况已可被这一时期的碑铭资料加以证明。这个阶段的古高棉语已构建了与现代高棉语几乎等同的辅音字母体系，而元音字母尚不完备，仅有 14 个元音字母。公元 7 世纪的昂久迪碑铭基本反映了这个阶段的语言状况。吴哥王朝时期的古高棉语情况由于被该时期丰富的碑铭资料充分体现而显得更为明朗。这个时期，高棉语中的元音字母基本齐备，并出现了大量的常用词汇。（2）中古高棉语时期（公元 14 世纪至 19 世纪）。这是高棉语经历深刻变化并迅速发展的时期，高棉语无论是在正字法还是语音方面都经历了频繁的改革，在语音、词汇、语法等方面都发生了诸多变化，以至于现代高棉语的规则已无法被运用来正确理解古高棉语。（3）现代高棉语时期（公元 19 世纪至今）。这个时期，高棉语中涌现了大量新词，某些旧词被赋予了新意，甚至于一些语音及语法规则也发生了变化。以中部方言为基础方言、以金边方音为标准音的柬埔寨各民族共同语基本形成。

高棉语是孟-高棉语族中最具代表性的语言之一。它是一种孤立语，没有词的形态变化，词与词之间的语法关系、词在句中的作用主要通过词序和虚词来体现。高棉语的基本语序为：主语+谓语+宾语。高棉语也是一种无声调语

---

① "吉篾"是旧译，现译作"高棉"，是昆仑人中最大的一支民族。

言。高棉语大致可划分为 3 个方言区：中部方言区或金边方言区，使用者聚居在金边、暹粒等中部主要城市；北部方言区，使用者主要集中在柬埔寨北部和泰国东北部；西部方言区或豆蔻方言区，使用者多生活在柬埔寨西南部。现代高棉语是以中部方言为基础方言、以金边方音为标准音的语言。

高棉文是东南亚诸国中历史最悠久的文字。在越南南部的芽庄市[1]乌干村曾发现大约为公元 2 世纪至 3 世纪（属扶南时期）的石碑，上面的文字被鉴定为"印度南部的文字"。文字学家据此推测，早在高棉族建国（公元 1 世纪）起就已在古代南印度婆罗米文字的基础上创制了文字。这种文字后经由帕拉瓦文字[2]的过渡而形成古高棉文。发掘于金边南部的茶胶省、成文于公元 611 年的安哥波利石碑碑文是现今发现的最早、最完整的古高棉文文献。公元 13 世纪到达柬埔寨的元朝使者周达观就曾观察到，高棉文的"大率字样，正似回鹘文。凡文字皆自后书向前，却不自上书下也"[3]。然而，古高棉文的外形与现代高棉文相比存在着很大差异。法国学者乔治·马斯佩罗（George Maspéro）在其所著的《高棉语语法》一书中提到："从古至今，高棉文共进行了十次文字改革。"[4] 每一次的文字形态名称及其所属年代具体见下表：

表 1-1　高棉文文字改革表

高棉文文字改革	文字形态名称	所属年代
第一次	翰界碑铭形态文字 (អក្សរបែបសិលាចារឹកហាន់ជ័យ)	公元 6 世纪
第二次	维宫德碑铭形态文字 (អក្សរបែបសិលាចារឹកវលកន្ទេល)	公元 6 世纪末或 7 世纪初
第三次	昂久迪碑铭形态文字 (អក្សរបែបសិលាចារឹកអន្លុជំនីក)	公元 667 年
第四次	布列恩高色碑铭形态文字 (អក្សរបែបសិលាចារឹកព្រះឥន្ទ្រកោសិយ)	公元 970 年

---

① 芽庄曾是古代柬埔寨扶南王国的属地。

② 公元 5、6 世纪流行于南印度和东南亚的一种文字。

③ 夏鼐：《真腊风土记校注》，文物出版社，1982 年，第 139 页。

④ George Maspéro, *Grammaire de langue khmer*, Paris: Errest Leroux, 1915, pp. 48-49.

（续表）

高棉文文字改革	文字形态名称	所属年代
第五次	布列盖碑铭形态文字 (អក្សរបែបសិលាចារិកព្រះវិហារ)	公元 1002 年
第六次	布列偶碑铭形态文字 (អក្សរបែបសិលាចារិកព្រះដោក)	公元 1066 年
第七次	班迭芝马碑铭形态文字 (អក្សរបែបសិលាចារិកបន្ទាយឆ្មារ)	公元 13 世纪初
第八次	吴哥寺碑铭形态文字 (អក្សរបែបសិលាចារិកអង្គរវត្ត)	公元 13 世纪
第九次	吴哥碑铭形态文字 (អក្សរបែបសិលាចារិកអង្គរ)	公元 1702 年
第十次	现代形态文字 (អក្សរបែបបច្ចុប្បន្ននេះ)	公元 19 世纪

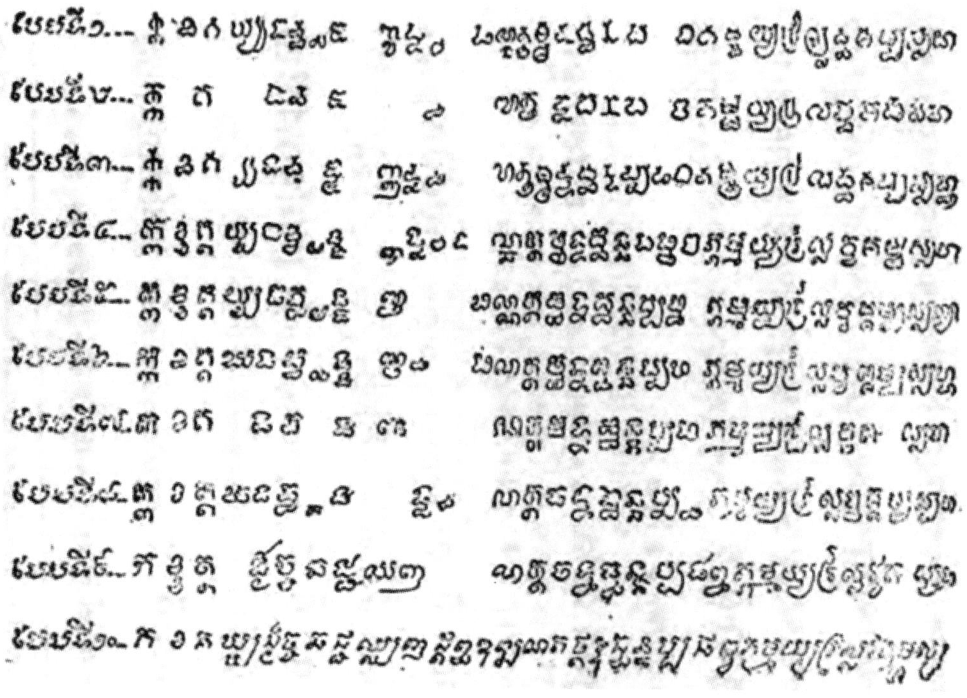

图 1-1　历代高棉文文字形态图

柬埔寨学者认为，自 1945 年后，高棉文又出现了一些新变化。从 20 世纪初法国殖民时期出版的高棉文书籍来看，一些辅音、元音字母的书写的确与现今使用的高棉文有一定差别。

高棉文属于拼音文字。现代高棉语的文字系统包括 33 个辅音字母、32 个下辅音字母、27 个依附元音字母、13 个独立元音字母以及 12 个语音符号[①]。辅音字母的书写顺序一般是从左到右、从下到上或从上到下。依附元音字母以其与辅音字母的位置关系可分为 10 种类型：左加，右加，上加，下加，左、右加，上、下加，左、上加，上、右加，下、右加，左、上、右加。下辅音字母位于辅音字母之下构成重叠辅音。独立元音字母可不依附于任何辅音字母单独构成音节。语音符号固定附着于某些高棉语词上，使其呈现出不同的读音特征。

1.5.2 外来词

在对高棉语外来词的概念进行界定前，我们有必要厘清外来词的含义，确立一种适合本研究的外来词定义。纵观当今国内外语言学界，对外来词这个看似简单的概念一直都未达成共识和定论。基于不同的研究目的，站在不同的研究角度，置身于不同的时代背景，都有可能对其得出不同的观点。在此，我们选择了国内外语言学界关于外来词的代表性观点进行简要论述，并在此基础上确立适当的定义。

西方语言学界通常用"loanword""borrowing"指称外来词。这两个词均可译作"借词"，且"borrowing"还可作为抽象名词，译作"借用"，表示一种语言从另一种语言吸纳某个语言要素的过程。"borrowing"的对象已超出了词语范围，可以包括语音、语素、词语、语法规则等各种显性和隐性的语言要素。按照西方语言学界的理论，"借词"是既不同于"本族词"，又不同于"外语词"的一类词汇。"外语词"仍沿用源语的读音和书写方式，而"借词"则已成为本族语系统的一部分。

在关于"loanword（borrowing）"的各家定义中，备受西方语言学界推崇

---

① 高棉语元音体系由依附元音和独立元音共同组成。依附元音是指依附于辅音字母而存在的元音，独立元音是指无需依附于辅音字母可独立存在的元音。所谓的"独立存在"，是指可单独成词或构成单词一部分。

且对后续相关研究影响较大的是托马森和考夫曼（Thomason & Kaufman）在他们的历史语言学名著《语言接触、克里奥尔语化和发生学语言学》中的观点。他们对"借用"的定义是，"借用是说一种语言的人在一个群体的本族语中并入的外语因素，该因素的增加维持但改变了该本族语"[①]。这个定义指明了借用的应用范围——群体：可能是说本族语的所有人，也可能是其中的一部分人；借用的对象——外语因素：可能是词，也可能是其他语言要素；借用的结果：维持但改变本族语。

杰克逊和安维拉（Jackson & Amvela）给出的概念界定是，"如果说话者使用外语中的形式，并且至少部分地在声音和语法上进行了同化，那么这个过程就叫借入，由此得来的词叫借词"[②]。

巴斯曼（Bussmann）对"借词"的定义是，"狭义上，与外语词对立，指从另一种语言借入，并在新语言中词汇化了的，即在语音、书写、语法等方面同化了的词……广义上，是外语词与外来词的统称"[③]。

关于外来词的范畴，西方语言学界的理解较为宽泛，只要是源自其他语言的词，无论是音译词、意译词还是以其他译借方式借入的词，都属于外来词。豪根（Haugen）对外来词所做的系统性分类引发了世界范围内的广泛影响。他使用了"输入"和"替换"这两个指标：前者表示源语的语素出现于外来词中，后者表示源语的语素在外来词中被本族语的语素所替换。在以"输入"和"替换"为分类指标的基础上，豪根（Haugen）为外来词划分出三种类型：有输入而无替换的为"借词"，相当于汉语学界所说的音译词；有替换而无输入的为"转移借词"，相当于意译词；既有输入又有替换的为"混合词"，相当于音义兼译词。[④]

国内语言学界用于表示外来词的名称有"外来词""外来语""借词""借

---

① S. G. Thomasn & T. Kaufman, *Language Cantact, Creolization and Genetic Linguistics*, Oakland: University of California Press, 1988, p. 37.

② Howard Jackson, Etienne Zé Amvela, *Words, Meaning and Vocabulary: An Introduction to Modern English Lexicology*, London: Continuum International Publishing Group, 2002, p. 32.

③ Hadumod Bussmann, *Routledge Dictionary of Language and Linguistics*, Beijing: Foreign Language Teaching and Research Press, 2000, p. 287.

④ Haugen Einar, "The Analysis of Linguistic Borrowing", *Language*, 1950, Vol. 26, No. 2, pp. 210-231.

字""译词""译语"等。对外来词的定义主要有如下几种代表性观点。

吕叔湘认为："译语有两种，译意的和译音的。译意的词，因为利用原语言里固有的词或词根去凑合，应归入合义复词，而且也不能算是严格的外来语。译音的词，浑然一体，不可分离，属于衍声的一类。"[1]意即外来词只包括音译词，不包括意译词。

高名凯、刘正埮将"外来词"和"借词"作为两个不同概念加以明确区分。他们认为，"外来词是外语来源的本语言的词，而借词则是借用外语的词：词还是外语的，只是借来用用而已"，"在吸收外语的词的过程中，有的时候，我们是先借用外语的词，而再慢慢地把它改为外来词的；只有等到把外语的词安放在本语言的语音、语法、词汇体系里的时候，才有外来词的存在"[2]。按照他们的观点，"借词"相当于西方学界所说的"外语词"。他们也明确指出意译词不是外来词而详加阐释道："外语的词有它的语音部分，也有它的语义部分，这两部分都是外语的词不可缺少的要素，把外语中具有非本语言所有的意义的词连音带义搬到本语言里来，这种词才是外来词，因为它是把'音义的结合物'整个的搬了过来。如果只将外语的词所表明的意义搬了过来，这就只是外来的概念所表现的意义，不是外来的词，因为我们并没有把外语的词（'音义的结合物'）搬到本语言里来，只是把它的概念所表现的意义搬过来罢了。"[3]

符淮青对"外来词"和"意译词"做了进一步区分。他认为，"外来词"又称作"借词"，是"从外国语言和本国其他民族语言中连音带义吸收来的词"；"意译词"又称作"译词"，"是根据原词的意义，用汉语自己的词汇材料和构词方式创造的新词"，"译词只用其义，不用其音，是吸收别的语言词语的一种形式"[4]。显而易见，符淮青未将"意译词"纳入"外来词"范畴之内。

相对而言，史有为对外来词的定义更为严密、细致。他指出："'外来词'也叫'外来语'，在某种意义上可同'借词'相当。在汉语中，一般来说，外来词是指在词义源自外族语中某词的前提下，语音形式上全部或部分借自相对应的该外族语词、并在不同程度上汉语化了的汉语词；严格地说，还应具备在

---

① 吕叔湘：《中国文法要略》，商务印书馆，1942 年，第 13 页。
② 高名凯、刘正埮：《现代汉语外来词研究》，文字改革出版社，1958 年，第 13 页。
③ 同上，1958 年，第 8—9 页。
④ 符淮青：《现代汉语词汇》，北京大学出版社，1997 年，第 184 页。

汉语中使用较长时期的条件，才能作为真正意义上的外来词。"[①] 该定义对外来词做了明确的定性表述。根据该定义，外来词只包括音译词以及含有音译成分的词语，意译词自然未包含在内。

上述观点的共同之处在于，都将意译词排除在外来词范围之外。对此，国内另外一些学者有不同看法。罗常培认为："所谓'借字'就是一国语言里所羼杂的外来语成分。它可以表现两种文化接触后在语言上所发生的影响。"[②] 这表明他把以各类译借方式从其他语言中借入的词语都算作外来词。

邹嘉彦、游汝杰主张 "以更广阔的视野来看待借词，不仅以语言学的视野而且也以社会和文化的视野来研究来自外语的词汇，不管它是语音上的借用或是语义上的借用。从这个观点出发就不必考虑借词与外语原词在语音上是否相同或相似，这样做有利于研究语言与文化更广泛的关系"[③]。

杨锡彭也不赞同将意译词完全排除在外来词之外。为避免没有太大意义的争论，他把意译词与音译和包含音译成分的外来词区别开来，并以开放的态度对外来词做出狭义和广义两方面的定义："在吸收外语词的过程中产生的表达源自外语词的意义的词语；由音译产生的与外语词在语音形式上相似的词语以及译音成分与汉语成分结合而成的词语是狭义的外来词，通过意译或形译的方式产生的词语是广义的外来词。"[④] 换言之，杨锡彭把意译和形译词都纳入了外来词范畴之内。

较之上述观点，方欣欣对外来词的定义更为宽泛。她认为："外来词指本国语言借用了外族语言系统的要素，无论是语音、词汇、语义等显性要素，还是构词法、语法、句法、语义搭配等潜性要素，并在排列形式上具有对应关系的词语。"[⑤]

周红红对外来词的定义也比较宽泛。她给出的定义是："外来词是一种语

---

① 史有为：《汉语外来词》，商务印书馆，2000 年，第 4 页。

② 罗常培：《语言与文化》，语文出版社，1996 年，第 18 页。

③ 邹嘉彦、游汝杰：《汉语与华人社会》，复旦大学出版社，香港城市大学出版社，2001 年，第 167—168 页。

④ 杨锡彭：《汉语外来词研究》，上海人民出版社，2007 年，第 6 页。

⑤ 方欣欣：《语言接触三段两合论》，华中师范大学出版社，2008 年，第 12 页。

言通过借音、借义或借形从另一种语言中借入的词汇。"[1]

　　易朝晖对外来词做出了较为全面的定义："外来词是从其他语言借入，并在本族语中至少部分同化了的词语。"并且她还给出了辅助的定义："a. 以借音、借义、借形方式形成的外来词分别叫音译词、意译词和形译词。b. 外来词在外语中的来源叫源词（source word）。源词所在的语言叫源语。"[2]

　　在综合考虑国内外关于外来词各种定义的基础上，我们确立了适合本书研究目的的外来词定义。我们赞同把"外来词"看作是既有别于"本族词"，又有别于"外语词"的一类词汇，将"语源的外来性"和"同化"作为对其定性的两大要素，对其内涵的界定是：外来词是借自其他语言，且受到本族语不同程度同化的词语。

　　我们主张对外来词的范畴做宽泛理解，把以借音、借义和借形方式引进的词语都算作外来词，对其外延界定如下：外来词主要包括音译词、意译词和形译词。

　　高棉语词汇系统的一大显著特征是，拥有极其丰富的外来词。这种丰富性不仅体现在前文所述的数量上，而且还体现在语种来源上。根据我们的统计，柬埔寨国内最权威的综合性词典——柬埔寨佛教学院出版的《高棉语词典》标注的外来词语源多达 19 种，包括梵语、巴利语、法语、英语、汉语、泰语、越南语、老挝语、缅甸语、日语、葡萄牙语、西班牙语、意大利语、俄语、印地语、爪哇语、拉丁语、朝鲜语、德语，其在高棉语外来词词库（共计11125 词）中所占比例如下：

表1-2　高棉语各语源外来词比例表

外来词语源	数量	比例
梵语	3718	33%
巴利语	5245	47%
法语	917	8%

---

① 周红红：《汉语外来词的社会语言学研究》（英文），北京交通大学出版社，2009年，第48页。

② 易朝晖：《泰语外来词同化现象研究》，世界图书出版广东有限公司，2013 年，第20—21页。

（续表）

外来词语源	数量	比例
英语	478	6%
其他	609	5%

由上表可知，在高棉语各语源外来词中，梵语源外来词、巴利语源外来词、法语源外来词、英语源外来词构成了高棉语外来词的四大主体，它们的整体状况代表了高棉语外来词的基本面貌，它们的变化发展代表了高棉语外来词的历史流变情况，对它们的研究所得足以作为高棉语外来词的总体结论，所以我们选择这四种语源外来词作为本书的重点研究对象。

柬埔寨学者们习惯于用"ពាក្យកម្ចី（借词）"来指称外来词，对外来词的研究通常按语源进行，如 ពាក្យកម្ចីពីសំស្រ្កឹត（梵语源借词）、ពាក្យកម្ចីពីបាលី（巴利语源借词）、ពាក្យកម្ចីបារាំង（法语源借词）等，但鲜有学者对"ពាក្យកម្ចី（借词）"的内涵和范畴加以界定，仅见江桑瑙（ចន្ទ សំណព）在其著作《创造词语、借入词语、使用词语》（បង្កើតពាក្យ កម្ចីពាក្យ ប្រើបម្រាស់ពាក្យ）中对高棉语借词的概念以及高棉语借用外语词的原则进行了阐释。江桑瑙对高棉语借词的定义是：借词是高棉语从外语中借入的词语，并且该外语词的构词规则也随之借入，该词是高棉语中所没有的词或高棉语无法自创出体现该词规则的本族语词。

根据上述讨论，结合高棉语外来词的实际发展情况，本书对高棉语外来词的定义是：高棉语外来词是借自其他语言，且受到高棉语不同程度同化的词语。

本书对高棉语外来词的研究主要是从语源角度分为四类主体进行，即：梵语源外来词、巴利语源外来词、法语源外来词、英语源外来词。依照上述高棉语外来词的定义，对这四类外来词的定义是：梵语源外来词是借自梵语，且受到高棉语不同程度同化的词语；巴利语源外来词是借自巴利，且受到高棉语不同程度同化的词语；法语源外来词是借自法语，且受到高棉语不同程度同化的词语；英语源外来词是借自英语，且受到高棉语不同程度同化的词语。

1.5.3　溯源

《现代汉语词典》（1997 年修订本）对"溯源"一词的定义是："往上游寻

找发源的地方。比喻向上寻求历史根源。"①宋代诗人陆游在《杂书幽居事》一诗中写道："炎火下照海，黄河高泝源。"②此处，"（泝源）溯源"意为向上寻找水的发源处。清代散文家方苞所撰《学案序》一文曰："金沙王无量辑《学案》，以白鹿洞规为宗，而溯源于洙泗，下逮饶仲元、真西山所定之条目，以及高、顾、东林之会约。"国学大师汤用彤在其著作《汉魏两晋南北朝佛教史》第一部分第四章中写道："阴阳、五行、天文、医经、房中均溯源于黄帝。"在这两篇文章中，"溯源"均表示向上寻求历史根源。

由上可知，"溯源"并非学科专业术语，而属一般词汇，因此对该词的概念界定具有可操作性，针对不同学科领域、不同研究对象、不同研究目的，其概念的内涵与外延可有一定的区别度。根据我们的考察发现，关于外来词溯源的研究成果缺乏，更无对外来词溯源的概念界定，因此我们首先应将外来词的溯源置于语言学的学科背景下去理解。就语言学而言，通过调查语言学方面的溯源研究我们发现，对各类语言学的综合溯源通常既包括探寻其来源，也包括追溯其形成及发展过程。例如申小龙的《历史比较语言学方法论溯源》着重探讨了历史比较语言学研究方法的形成过程，石青青的《结构主义语言学溯源》简要论述了结构主义语言学的发展历程，王荣花的《认知心理学的心理学及语言学思想溯源》对认知心理学思想进行了溯源，并就其思想体系的形成及发展过程做了梳理和综述，张莹的《中国语言学溯源》从中国语言学的发展历程入手，探究其发展的方向与各阶段特点。

在语言学研究领域，除了对各类语言学的综合溯源，还有对语言单位的微观溯源，其中与外来词的溯源关系最密切的便是词源研究，因为广义的词源学包括了外来词来源的研究，所以我们可从词源及词源学的相关定义中寻找灵感，实现对外来词溯源的概念界定。最早对词源学加以解释的是古罗马学者。古罗马语言学家瓦罗（Varror）在其著作《论拉丁语》中把词源学说成是解释"词的起因和来源"的这一部分语法，是研究词语起源的学科。古罗马教育家昆体良（Quintilian）也把词源学等同于"originātiō（起源）"。这意味着词源学的最初定义就是研究词的来源，即"最初（指史前史，即还没有文献记载以

---

① 中国社会科学院语言研究所词典编辑室：《现代汉语词典》（第 3 版），商务印书馆，1997 年，第 1206 页。

② "泝"是"溯"的异体字，"泝源"即为"溯源"。

前）的音和义是怎样结合在一起的"①。之后经过长期的发展演变，按照现代语言学的要求，词源学还应"追溯出某个具体词（或词根）在亲属语言中的对应形式，并构拟出该词（或词根）在某个原始共同语中的最初形式和意义（有时只能是一个笼统的意义范围）"②。

美国语言学家埃里克·P. 汉普（Eric P. Hampshire）认为，"词源学从最严格的意义上说是表述性言语的历史和史前史"③。法国语言学家安托万·梅耶（Atoine Meillet）声称，"仅仅表示出相似之处（词根）是不够的，我们还必须尽力重新发现印欧语各种表达方式的结构和功能。我们必须不仅进行切分、而且最好是写出历史"，"好的词源研究应该澄清形式和用法，必须详尽"④。埃里克·P. 汉普认为："正确的词源研究必须说明每个时期的每一特征。如果拉丁语的 truneus（树干）衍生于 dru-n（树，木头）+ -iko-s（附加后缀），那么，重要的是表明它在早期用作形容词的用法。"⑤之后，埃里克·P. 汉普对现代词源学做出了一个比较正式的定义，他指出："首要任务是从某个确定点开始，在学术可及的范围内，向前或向后查考其形式和意义。这种'查考'应为某表达方式在已知使用期的每个可区分的时间阶段作出明确的系统阐述。"他以更加专门的术语说，"词源是在有限的词法特点和语义特点方面，从一连串连续的语言文化阶段的历史语法中得出的摘录。在某种可能的程度上，必须详细说明各个阶段的时间和证实的形式，或是通过相对的年代顺序，或是通过客观证据或文献。好的词源作为一种摘录，必须提及尽可能多的相关原型、关联形式和阶段，并置于空间和方式限制允许的范围内"。⑥瑞士语言学家 W. 瓦尔特布尔克（W. Walterburg）认为，"词源学必须在观察和描写一个词经历过的所有变化上用工夫，为的是了解和解释它们"，"它必须给咱们把一个词在它的两千年历史经过的所有的变迁的概况描画出来。现在词源学的工作再也不是单单找一个或是一组词的词根了。它该追寻有关的那组词经过它属于这种语言

---

① 伍铁平：《论词源学及其意义和研究对象》，载《外语学刊》，1986 年第 4 期。

② 同上。

③［美］埃里克·P. 汉普：《关于词源学》，榕培译，载《外语与外语教学》，1994 年第 1 期。

④ 同上。

⑤ 同上。

⑥ 同上。

的整个时期的历史，深入一切分枝，深入它跟别的词组的所有关系，经常问问跟按本词的严格定义讲的词源学相应的问题"①。根据上述讨论可知，词源研究不仅探寻具体词语的来源，即其最初形式和意义，而且还追溯其演变发展历程，尽可能探究其在已知使用期的每个可区分阶段的形式、意义、特征、用法等。这与各类语言学的综合溯源含义大致相当。

依此类推，外来词的溯源一方面要挖掘其来源，另一方面也要追溯其在本族语中的形成及发展过程。然而外来词毕竟是不同于常规词语的一类特殊词语，所以外来词的溯源必定有其独特性。如前文所述，由于外来词兼具整体上的语源归属性和个体上的词汇特性，因此在探寻其来源时既要从整体视角去考虑，又要从个体视角去把握；又由于外来词与生俱来的语言文化二重性品格，因而在挖掘其来源时既要从文化角度去考虑，又要从词汇本体角度去把握。在从词汇本体角度探寻外来词的来源时，只需找到其在源语中的对应词即可，而不必再去探究该对应词的原初状态，因为在严格意义上，这已归属词源学的研究范畴。可见，外来词的源词在历史久远性上不及常规词语的源词。这也意味着在外来词溯源过程中，我们不是追溯其在本族语中的整个演变发展历程，而是重点考察其早期历史阶段的形式、意义、特征、用法等。

根据上述讨论，从本书的研究目的出发，对外来词的"溯源"定义为：探究文化源头，考察早期应用状况。

1.6　研究架构

本书分为七章，各章内容安排如下：

第一章，绪论。主要介绍本书的研究缘起、研究意义、研究现状、研究方法和基本概念等。

第二章，高棉语中的梵语源外来词溯源。第一节追溯高棉语中梵语源外来词的文化源头，指出其文化源头是当时在柬埔寨广泛传播的印度文化，分为扶南王国时期、前吴哥王朝时期、吴哥王朝时期这三个时期来分析。第二节考察梵语源外来词在高棉文碑铭中的早期应用状况，首先介绍柬埔寨碑铭的概况，然后专门考释高棉文碑铭中的梵语源外来词，并在考释基础上对早期应用中的

---

① ［瑞士］W. 瓦尔特布尔克：《论词源学》，俞敏译，载《辞书研究》，1984 年第 2期。

梵语源外来词进行适当的总体分析。

第三章，高棉语中的巴利语源外来词溯源。第一节追溯高棉语中巴利语源外来词的文化源头，指出其文化源头是当时已逐渐成为柬埔寨主流文化的小乘佛教文化，分为三个方面来论述：首先对学界关于小乘佛教在柬埔寨传播的不同观点进行了全面总结，然后梳理了小乘佛教在柬埔寨确立优势地位的过程，最后分析了小乘佛教文化在柬埔寨的传播及影响。第二节考察巴利语源外来词在高棉文历史文献中的早期应用状况，分别以最早的"高棉文+巴利文"碑铭、柬埔寨佛教文学作品、柬埔寨贝叶经为语料文本，对其中的代表性巴利语源外来词进行重点考释，并在考释基础上对早期应用中的巴利语源外来词进行适当的总体分析。

第四章，高棉语中的法语源外来词溯源。第一节追溯高棉语中法语源外来词的文化源头，指出其文化源头是当时强势传播于柬埔寨的法国文化，分为第二次世界大战之前的法属殖民地时期、第二次世界大战之后的法属殖民地时期、柬埔寨独立初期这三个时期来追溯。第二节考察法语源外来词在高棉文历史文献中的早期应用状况，分别以1863年《法柬条约》、柬埔寨第一部宪法和《西哈努克争取柬埔寨独立简史》为语料文本，对其中的典型性法语源外来词进行重点考察，并在此基础上对早期应用中的法语源外来词进行适当的总体分析。

第五章，高棉语中的英语源外来词溯源。第一节追溯高棉语中英语源外来词的文化源头，指出其文化源头是至今仍在柬埔寨迅猛传播着的美国文化，分为冷战时期和后冷战时期两个方面来追溯。第二节考察英语源外来词在高棉文文献中的早期应用状况，分别以最早期的美国对柬援助协定以及英柬词典为语料文本，对其中的典型性英语源外来词进行分析，并在此基础上对早期应用中的法语源外来词进行适当的总体分析。

第六章，高棉语外来词溯源析论。对高棉语外来词溯源进行简要的总体分析，进而对高棉语主要语源外来词的溯源结果进行纵向和横向的比较，即对高棉语主要语源外来词的文化源头进行纵向比较，对高棉语主要语源外来词的地位影响、借入速度、语义分布、借用方式等进行横向比较。

第七章，结语。呈现高棉语外来词溯源的相应研究结论。

第二章 高棉语中的梵语源外来词溯源

在高棉文化的发展长河中，外来文化对柬埔寨的传播、高棉文化与异族文化的接触和交融是极为普遍的现象。其中印度文化最先传入柬埔寨，与高棉文化进行了长期、持续而又深入的碰撞和融汇，其结果便是梵语源外来词在高棉语中的出现。这些梵语源外来词的文化形态在很高程度上留驻于高棉语语言体系中，是印度文化在高棉语语言领域内留下的深刻痕迹。而初始呈现于高棉语中的梵语源外来词则源于柬埔寨历史上第一块高棉文碑铭。在古代大量的高棉文碑铭中，梵语源外来词呈现出丰富而又独特的早期应用状况。

2.1 高棉语中梵语源外来词的文化源头

早在柬埔寨历史上最早期的国家扶南王国建立之初，印度文化便开始在柬埔寨传播，与高棉文化发生接触，对其产生长期、深入的影响，成为高棉语中梵语源外来词的文化源头。印度文化的传播绵延整个柬埔寨古代史，其中扶南王国时期、前吴哥王朝时期、吴哥王朝时期是其绵延流传的三次高潮期。

2.1.1 扶南王国时期

早在柬埔寨历史上最早期的国家扶南王国建立之前，就有印度商人到此经商。而印度文化在柬埔寨的传播可追溯自公元 1 世纪扶南王国建国伊始。

扶南王国既是柬埔寨历史上最早期的国家，也是东南亚地区最早建立的一个古代王国。然而，关于它的历史却没有本国文字的记录，只能依据中国古代史籍的相关记载。因此，中国古代史籍便成为撰写扶南历史的主要史料来源。

据中国史书记载，在柬埔寨最早出现的国家叫"扶南"。东汉人杨孚在《异物志》中提到扶南，说："金邻，一名金陈，去扶南可二千余里"，"扶南国，昔但作大扇，遣人持之，不知人各自用也。"[1]从而一再明确地指出了扶南国的存在。《三国志·吴志·吕岱传》载：吕岱在做交州广州刺史任上，曾"遣从事南宣国化，暨缴外扶南、林邑、堂明诸王，各遣使奉贡"[2]。扶南一名，首见于我国正史的，便是《三国志》的这段记载。

扶南的历史，根据中国史籍记载，是从一段颇具神话传奇色彩的故事开始的。《晋书·扶南传》载："其王本是女，字柳叶。时有外国人混溃者，先事神，梦神赐之弓，又教载舶入海。混溃旦诣神祠，得弓，遂随贾人泛海至扶南外邑。叶柳率众御之，混溃举弓，叶柳惧，遂降之。于是混溃纳以为妻，而据其国。"[3]由此可知，扶南的历史始于一名外国人至当地降服本地女王并娶其为妻、建立扶南国称王。这段关于扶南建国的故事在《南齐书》《梁书》《通典》《文献通考》《太平御览》以及《太平寰宇记》中均有记载，其内容大同小异。所异之处不过是这名外国男子的姓名和国籍以及本地女王的姓名。据考证，这名外国男子称为混填、本地女王称为柳叶更为合适，混填可能来自印度或来自一个印度化国家。

混填的到来使扶南发生了巨大变化，他将印度的政治制度、语言文字、法律、宗教等带入扶南，在扶南革新政治、移风易俗。例如，混填在国家治理方面实行"分王七邑"的方法，即将自己的七个儿子分封为小王，每人分得一块采邑加以治理。混填还用印度的习俗来教化扶南的土著居民，"教柳叶穿布贯头，形不复露"[4]，改变了扶南人赤身裸体的旧俗，使扶南开始全面接受印度文化，这个国家由此进入第一次印度化时期。

扶南建国后，与印度之间的贸易往来愈加频繁。据《厄立特里亚海航行记》记载："在那些利穆利（即南印度泰米尔人）或北方人登陆的当地市场和港口中，最重要的是吉蔑（Kamara）、波杜克（Podouke）、索巴特马（Sopatma）等著名市场，这几个地方互为毗邻。"[5]

---

①［汉］杨孚撰，吴永章辑佚校注：《异物志辑佚校注》，广东人民出版社，2010 年，第 25 页。

②［晋］陈寿：《三国志》，国家图书馆出版社，2014 年，第 488 页。

③［唐］房玄龄等：《晋书》，国家图书馆出版社，2014 年，第 689 页。

④［唐］姚思廉：《梁书》，国家图书馆出版社，2014 年，第 195 页。

⑤［法］戈岱司：《希腊拉丁作家远东古文献辑录》，耿昇译，中华书局，1987 年，第 17 页。

公元 3 世纪，扶南与印度的交往达到了高潮。扶南王范旃派遣他的亲戚苏物出使印度，受到北印度贵霜人小国茂论王的接待，茂论王也遣使携带礼品回访扶南。《梁书·中天竺国传》记载道："吴时扶南王范旃遣亲人苏物使其国，从扶南发投拘利口，循海大湾①中，正西北入，历湾边数国，可一年余到天竺江口，逆水行七千里乃至焉。天竺王惊曰：海滨极远，犹有此人。即呼今观视国内，仍差陈宋等二人以月支马四匹报旃，遗物等还。积四年方至，其时吴遣中郎康泰使扶南，及见陈宋等具问天竺土俗。"②这是有文献记载的扶南与印度的首次官方来往。除了官方交往外，这一时期扶南同印度之间的民间交通和贸易也很兴盛，扶南大舶经常行至印度东西海岸，印度商人携运各种宝物接踵而至扶南交易。③因此，扶南各港口聚集了越来越多的印度商人、使者和僧侣，逐渐形成印度侨民的居住区。印度文化由此在扶南进一步传播开来。

公元 289 年后，扶南在中国史书中一度消失，直至公元 357 年即东晋穆帝升平元年，扶南才又重新出现于中国史籍中。此时的扶南国已由新王旃檀当政了。《晋书·穆帝纪》称他为"竺旃檀"，④明确指明旃檀是印度人。有学者认为，"旃檀"是印度贵霜王朝的王族头衔"Chandan"的音译。据法国汉学家烈维考证，旃檀是印度人与月氏人的混血儿，是印度贵霜王朝的望族。他在公元 357 年以前来到扶南，以图开创新的基业。旃檀称王扶南后，将印度的政治制度、宗教和文化等带到扶南，加以实施和推广，从而为扶南的第二次印度化做了准备。

继旃檀之后的扶南王是侨陈如。他也来自印度，其称王经历与混填颇为相似。据《梁书·扶南传》记载："其后王侨陈如，本天竺婆罗门也。有神语曰：应王扶南。侨陈如心悦，南至盘盘，扶南人闻之，举国欣戴，迎而立焉。"⑤身为印度的婆罗门，侨陈如成为国王后在扶南进一步推行印度化政策，"复改制度，用天竺法"⑥，即改行印度的制度，采用印度的法规，使扶南的国家体制完全效仿印度，极力将扶南改造成印度式国家。在侨陈如的大力推动

---

① 大湾指孟加拉湾。

② ［唐］姚思廉：《梁书》，国家图书馆出版社，2014 年，第 198 页。

③ ［北宋］欧阳修、宋祁等：《新唐书》，国家图书馆出版社，2014 年，第 1495 页。

④ ［唐］房玄龄等：《晋书》，国家图书馆出版社，2014 年，第 52 页。

⑤ ［唐］姚思廉：《梁书》，国家图书馆出版社，2014 年，第 195 页。

⑥ 同上。

下，扶南进入第二次印度化时期。

纵观整个扶南王国时期，印度文化在这个国家形成了逐步广泛的传播局面。宗教方面，印度的婆罗门教自传入扶南后在历代国王的倡导下成为居于统治地位的宗教。天竺修行者那伽仙受当时的扶南王侨陈如的派遣出使中国，在形容扶南国内婆罗门教的兴盛时曾上书道："其国俗事摩醯首罗天"[①]，并强调该神的作用道，"摩醯首罗天，依此降尊灵，国土悉蒙祐，人民皆安宁"[②]。另有《梁书》载其形象道："其俗事天神，天神以铜为像，二面者四手，四面者八手，手各有所持，或小儿，或鸟兽，或日月。"[③]与此同时，由印度传来的佛教在扶南也广为传播，获得了为数不少的信徒。那伽仙在奏表中称赞了扶南婆罗门教的兴盛后又描述扶南"佛法兴显，众僧殷集，法事日盛"[④]。扶南还派遣三位佛教高僧僧伽婆罗、曼陀罗、须菩提到中国传译佛教。这些无不显现了佛教在扶南的兴盛状况。因此有人将 5—6 世纪时的扶南形容为佛教东被的一个大站。[⑤]雕刻艺术方面，高棉族本就善于雕刻，扶南时期的雕刻艺术同时也受到印度的深刻影响。如在柬埔寨茶胶省波雷卡巴县的达山一带发现的扶南时期的佛像、毗湿奴像以及岩石壁面上雕刻的神像等雕刻品体态丰盈、腰肢扭动，表现出印度雕刻的艺术风格。音乐方面，扶南乐的水平在东南亚地区堪属上乘，它是一种带有印度色彩的宗教乐舞。

印度文化在扶南的广泛传播直接推动梵语传入扶南，与当地语言高棉语并行使用：梵语作为官方语言被贵族官僚使用，平民百姓仍操高棉语。梵语和高棉语在并行使用的过程中实现了深度接触，直接推动了梵语源外来词源源不断地涌入古高棉语词汇系统中。这些外来词有许多分布于宗教领域，例如：ពិស្ណុ（毗湿奴）、សិវៈ（湿婆，息瓦）、ព្រហ្ម（梵天）、ពុទ្ធ（佛，佛陀）、លិង្គ（林伽）、វេទ（吠陀）[⑥]、ឫគ្វេទ（梨俱吠陀）、យជុវេទ（耶柔吠陀）、សាមវេទ（娑

---

① 摩醯首罗天即婆罗门教的三大主神之一湿婆神。

② ［梁］萧子显：《南齐书》，国家图书馆出版社，2014 年，第 225 页。

③ ［唐］姚思廉：《梁书》，国家图书馆出版社，2014 年，第 195 页。

④ ［梁］萧子显：《南齐书》，国家图书馆出版社，2014 年，第 224 页。

⑤ 冯承钧：《中国南洋交通史》，商务印书馆，2011 年，第 34 页。

⑥ 吠陀，本义是"知识、启示"，是婆罗门教和现代印度教最根本、最重要的经典，是印度最古老的文献，也是印度宗教、哲学和文学的基础，其主要文体是赞美诗、祈祷文和咒语。它包括很多具体的经典，通常的说法是包括"四吠陀"，分别是《梨俱吠陀》《娑摩吠陀》《耶柔吠陀》《阿达婆吠陀》。

摩吠陀）、អថព៌វេទ（阿达婆吠陀）、វេទាង្គ（吠陀分支）、វេទាន្ត（吠檀多）、វេទាន្តសូត្រ（吠檀多经）、ចតុកុលវគ្គ（四大种姓）、ក្សត្រិយ（刹帝利）、ព្រាហ្មណ៍（婆罗门）、វៃស្យៈ（吠舍）、សូទ្រៈ（首陀罗）。在扶南王室及精英阶层的名号中也有许多梵语源外来词。例如，继侨陈如之后的扶南国王的名号中都带有"វ័រ្ម跋摩"一词，如 គុណវ័រ្ម（峤利陀跋摩）、ជ័យវ័រ្ម（阇耶跋摩）、រុទ្រវ័រ្ម（留陀跋摩）。"វ័រ្ម跋摩"一词便是源自梵语词"Varman"，意为"受婆罗门教的毗湿奴（保护之神）和湿婆（再生之神）保护的国王"。语言文字方面，如សំស្រ្កឹត（梵语；梵文）。地名方面，如 អង្គបុរី（安哥波里）。

扶南王国时期，梵语源外来词的输入也在碑铭中得到有力佐证。据柬埔寨史学家考证，扶南王国时期的碑铭通常以梵文撰写，大约到公元 7 世纪才出现高棉文碑铭。成文于公元 611 年的安哥波利碑铭（即 K.600 碑铭）[①]是现今发现的最早、最完整的高棉文碑铭，[②]在这块碑铭中就有许多梵语源外来词。这些词主要是人名，确切地说是表示那一时期的宫廷歌者和舞者的名字。例如：តន្ទរី（宫特利）、ចារុមតី（佳润德）、អរុណមតិ（阿伦玛德）、តន្ទិនី（宫缇妮）、វស្សន្តមាលិកា（瓦桑迷莉卡）。

2.1.2　前吴哥王朝时期

继扶南时代之后是柬埔寨历史上的真腊时代。真腊时代通常分为前吴哥王朝时期、吴哥王朝时期和后吴哥王朝时期。而印度文化的传播以及梵语源外来词的输入在这一时代主要集中于前吴哥王朝时期和吴哥王朝时期。

"真腊"一名最早出现于中国史书《隋书》中。《隋书·真腊传》记载道："真腊国在林邑西南，本扶南之属国也。"[③]指明了真腊的地理方位及与扶南的关系。据《旧唐书·真腊传》载："真腊国本扶南之属国，昆仑之类。"[④]扶南人号为昆仑，真腊人也是"昆仑之类"，这说明两者有着共同的祖先。《新唐书》载："真腊，一曰吉篾，本扶南属国。"[⑤]而扶南人也是吉篾人（即高棉人），进一步说明真腊人和扶南人在民族属性上是一脉相承的。

---

① K.600 是柬埔寨碑铭的编号。

② ព្រះមហាវិរិយ. បណ្ឌិតោ ប៉ាង ខាត់. ពុទ្ធសាសនា ២៥០០. ទំព័រទី ៣៦.

③ ［唐］魏徵、长孙无忌等：《隋书》，国家图书馆出版社，2014 年，第 552 页。

④ ［后晋］刘昫等：《旧唐书》，国家图书馆出版社，2014 年，第 1478 页。

⑤ ［北宋］欧阳修、宋祁等：《新唐书》，国家图书馆出版社，2014 年，第 1511 页。

真腊在兼并扶南之前就已作为其属国独立存在了。公元 10 世纪的护城鸟碑铭记载了关于真腊王族起源的神话传说：一位名叫甘布沙阇普瓦的隐士与湿婆神所赐的天女梅拉结合，他俩生育的后代成为真腊国最早的王族。这是一个拥有印度血统的家族。[①] 虽然这个关于真腊王族起源的记载具有神话色彩，但有学者便以此推断，真腊国的产生是印度化的结果，真腊国是一个印度化国家。

由于真腊人与扶南人民族归属相同，真腊王国是以扶南藩属国的身份后来居上将其兼并的，因而真腊文化是在继承扶南文化遗产的基础上发展而成的，两种文化有诸多相同之处，其主要表现之一就是都深受印度文化的影响。扶南先于真腊受到印度文化的影响，之后将这一影响传承给真腊。并且前吴哥王朝时期，印度文化在真腊继续传播，不断扩大着自己的影响力，这在宗教、文学、建筑与雕刻艺术等方面体现得尤为明显。

宗教方面，真腊虽然存在多种宗教并存的现象，但婆罗门教仍居于统治地位，为国王和贵族所信奉，只是这一时期的历朝国王根据个人喜好所信仰的婆罗门教教派不尽相同。崇拜林伽[②]的湿婆教（又称息瓦教）、崇拜毗湿奴和湿婆合体的毗湿奴教（又称诃利诃罗教）在这个时期都占据过统治地位。真腊的开国之君拔婆跋摩信奉湿婆教，这在他留下的碑铭中有所获悉。流传至今的拔婆跋摩时代的碑铭很少，迄今为止，人们只发现两块，均以梵文刻写。一块出土于今天马德望省蒙哥比里地区的班迭宁山，碑铭记述了拔婆跋摩修建息瓦林伽的情况；另一块发现于今天泰国境内的 Sithep（ស៊ីថែប），碑铭内容也与修建林伽有关。继拔婆跋摩之后的真腊国王质多斯那同样信奉湿婆教，这也是从其留下的碑铭中获知的。质多斯那在当政时期建造了许多梵文石碑，这也许同他的戎马生涯有关。质多斯那一生中的大部分时间都用于南征北战，每当获胜占领一个新地区，他都要镌刻碑铭来纪念战功，碑铭主要记述了他在开疆扩土中在桔井、上丁地区的湄公河沿岸以及武里南、素林等地修建林伽的情况。据碑铭记载，他建造林伽并将其献给"山王"，以此来庆祝战斗胜利。在今天柬埔寨的巴扶龙还保存着有此象征意义的林伽神像。在其之后的伊奢那跋摩一世

---

① គ្រឹង ងា. ប្រវត្តិសាស្ត្រខ្មែរ. គ្រឹះស្ថានបោះពុម្ពនិងចែកផ្សាយនៃក្រសួងអប់រំ យុវជន និង កីឡ្ថ. ឆ្នាំ ២០០៩. ទំព័រទី ២៣.

② 林伽的梵语为 liṅgaṃ，意为"标志"，是男性生殖器塑像，象征婆罗门教的三大主神之一湿婆神。

也信奉湿婆教。《隋书·真腊传》记载的主要是伊奢那跋摩一世当政时真腊王国的情况。据该书记载："近都有陵伽钵婆山，上有神祠，每以兵五千人守卫之。"① 陵伽钵婆山即今天柬埔寨的瓦富山，这座山上有一块天然巨石，形状好似林伽，故而命名为陵伽钵婆山，意为林伽之山。山上的神祠内供奉的也是林伽。该书还记载道："城东有神名婆多利，祭用人肉。"② 婆多利是中国人对湿婆的称呼。伊奢那跋摩一世的继任者拔婆跋摩二世也是湿婆教的忠实信徒，这从他留下的一些碑铭中可获知。如出土于茶胶省、巴扬山和柏威夏山上的碑铭记述拔婆跋摩二世为大力推崇湿婆教，在国内修建了大量的圣塔。今天，我们依然能在柬埔寨看到留存下来的其中一部分古迹。继其之后的阇耶跋摩一世是毗湿奴教的虔诚信仰者。由于他对毗湿奴教表现出了极度的热情和虔诚，致使子民们将其神化为湿婆的真身。他在位期间，毗湿奴教在真腊盛极一时，供奉诃利诃罗神像③ 的神庙和圣塔遍布全国。同历代真腊先王一样，阇耶跋摩一世在瓦富山、韦伊特等地区也建造了许多刻有碑铭的石碑，碑铭中有关于他开展毗湿奴教活动的大量记载，体现了他的宗教狂热。虽然前吴哥王朝时期，婆罗门教的不同教派在真腊都占据过统治地位，但大多数国王还是以湿婆教为国教。

这一时期，佛教也同时流行于民间。正如《旧唐书》所载："国尚佛道及天神为大，佛道次之。"④ 天神指的是婆罗门教的主神。此处描述了当时真腊国内婆罗门教贵为国教、佛教居次的宗教状况。在今天柬埔寨的暹粒省出土了一块公元 791 年的碑铭，它是迄今所知最早的关于柬埔寨大乘佛教的碑铭，碑铭记载了当时建造观世音菩萨塑像的情况。在现今柬埔寨的磅同省还发现有当时护卫佛陀的碑文，中国高僧唐玄奘也把伊赏那补罗国⑤ 作为当时知名的佛教国家记传。⑥ 真腊还邀请当时在中国的印度僧人那提三藏前往真腊传经。那提通晓佛教、精通《四围陀》。足见当时的真腊国内，佛教已在民众当中盛行，与

---

① [唐] 魏徵、长孙无忌等：《隋书》，国家图书馆出版社，2014 年，第 552 页。

② 同上。

③ 毗湿奴和湿婆合为一体的神像。

④ [后晋] 刘昫等：《旧唐书》，国家图书馆出版社，2014 年，第 1478 页。

⑤ 伊赏那补罗亦称伊奢那补罗，是真腊的国都，在今柬埔寨磅同市以北。此处的"伊赏那补罗国"即"真腊国"。

⑥ 杜继文：《佛教史》，中国社会科学出版社，1991 年，第 353—354 页。

婆罗门教和其他原始宗教共存。

文学方面，印度的文学作品传入真腊，尤以印度史诗《罗摩衍那》和《摩诃婆罗多》的流传度最广。韦干德尔出土的碑铭就曾记载说，真腊人每天都要背诵《罗摩衍那》和《摩诃婆罗多》。[①] 这一时期的真腊宫廷文学也多以印度的梵文经典著作为基础，其许多作品引用的是《罗摩衍那》《摩诃婆罗多》以及《经世书》中的神话故事。

建筑和雕刻艺术方面，这个时期的真腊国王们修建了许多供奉林伽或神像的神庙、圣塔或其他宗教建筑，这源于对婆罗门教不同教派神灵的虔诚崇拜，所以这些宗教建筑无不体现出印度艺术的风格。这些建筑用砖石建造，以精美的雕刻图案装饰。例如伊奢那补罗作为国都期间，历代君王在此建造了许多具有印度文化色彩的圣塔，圣塔的大量修建与毗湿奴教的传播与流行有关。这些圣塔几乎都是用砖石筑造而成，并镶嵌有各种精美的雕饰图案，有的以单座塔形式存在，也有的以塔群形式呈现。这个时期所雕塑的神像也比较美观而精细。这一时期的真腊国王们还竖立了许多刻有碑铭的石碑，如伊奢那补罗城内便有大量石碑，其中许多石碑的产生便与婆罗门教不同教派的盛行有关。无论是塔庙建筑、建筑雕饰还是神像、石碑，既有鲜明的高棉本土文化艺术特色，又散发出浓郁的印度艺术气息。

随着印度文化在真腊的继续传播和影响力的延续，梵语和高棉语继续深入接触，主要表现为以文字为媒介的间接接触，这在这一时期的高棉文碑铭中得到了充分验证。前吴哥王朝时期，高棉文碑铭逐渐涌现，形成高棉文碑铭与梵文碑铭并行使用的局面。在这些高棉文碑铭中，梵语源外来词随处可见，例如，人名方面，前吴哥王朝时期历代真腊国王的名号均源自梵语，如 ភវវរ្ម័ន（拔婆跋摩）、ឥន្ទ្រវរ្ម័ន（因陀罗跋摩）、ឦសានវរ្ម័ន（伊奢那跋摩）、ជ័យវរ្ម័ន（阇耶跋摩）。地名方面，这一时期的许多地名是梵语源外来词，这些地名主要用于表示国家、地区、城市、寺庙和宗教场所等，并且这些地名的词根多为婆罗门教或佛教神灵名字的一部分，如 វ្យាធបុរ（韦伊特城）、សំភុបុរ（三坡城）、ឦសានបុរ（伊奢那城）、ហរិហរាល័យបុរ（诃利诃罗拉伊城）。文学方面，如 រាមកេរ្តិ៍（罗摩衍那）、មហាភារត（摩诃婆罗多）、រាពណ៍（罗波那）[②]、រាម（罗

---

① A. 巴尔特、A. 贝尔盖涅：《柬埔寨的梵文碑铭》，转引自陈显泗：《柬埔寨两千年史》，中州古籍出版社，1990年，第211页。

② 神话故事《罗摩衍那》中的魔王。

摩）。

　　另外，我们可通过前吴哥王朝时期的碑铭原文作为梵语源外来词借入的形象证明。此处内容详见本章小结。

2.1.3　吴哥王朝时期

　　吴哥王朝时期，印度文化在真腊进一步深入传播，更为深刻地影响着真腊文化的宗教、文学、建筑与雕刻艺术等领域。

　　宗教方面，由印度传入的婆罗门教诸教派以及大乘佛教在吴哥帝国轮番充当着官方宗教并不断发扬光大。吴哥王朝的开创者阇耶跋摩二世在婆罗门大师的帮助下创立了天王教。天王教实则是湿婆教的一种形式，它倡导林伽崇拜，即湿婆崇拜，因为林伽就是湿婆神的象征。同时它也倡导"神王合一"，将国王神化为湿婆真身，林伽也同时成为国王的象征，崇拜林伽即崇拜国王。按照天王教的信仰，象征着神和王的林伽被供奉在金字塔式的神庙里，神庙又建在王城的中心，而这个中心被认为是宇宙的中心。天王教的诞生使婆罗门教在吴哥王朝获得了新的发展。

　　公元 11 世纪的斯多卡通碑铭记载了天王教的创立与实施情况：哈林亚迪姆是一位精通法术的婆罗门，他被阇耶跋摩二世从其隐居地请进宫中，帮助阇耶跋摩二世创立了天王教，并按照婆罗门教圣经制定了一整套天王教典礼仪式规定。按天王教教规，湿婆神通过国王身边的婆罗门大师将神性传给国王，所以婆罗门大师息瓦伽伐利耶受到阇耶跋摩二世的重用，成为湿婆神与国王之间的神性传递者，为此他向哈林亚迪姆学习婆罗门教圣经《维纳锡卡》《纳约塔拉》《萨莫阿》和《锡拉谢达》，并学习天王教的典章制度。阇耶跋摩二世与哈林亚迪姆立誓，今后只有息瓦伽伐利耶家族的成员才可主持实施天王教仪式。依据天王教的信仰，林伽的平安关乎国家的繁荣昌盛，要想使国家兴旺首先要使林伽安全。由于湿婆神居住在吉罗娑山①上，所以既象征湿婆神又象征国王的林伽就必须放置于山上，才可保证安全。如果没有自然的山岳可供放置林伽，那么就必须建造多层级的、金字塔式的、高如山岳的庙宇专用于放置林

---

　　① 吉罗娑山即冈底斯山脉的主峰冈仁波齐峰，是许多宗教中的神山。婆罗门教认为该山是湿婆的居住地，世界的中心。

伽，这样的庙宇称作"山庙"，必须建于被视作宇宙轴心的王都中心。[①] 位于今天暹粒省荔枝山上的柏列阿拉荣珍寺庙是阇耶跋摩二世所建的第一座山庙，这座庙宇留存至今的有三层级的红砂石台基、一个国王宝座和一个造型奇特的林伽塑像。这是天王教在阇耶跋摩二世时代盛行的有力证明。

　　阇耶跋摩二世之子阇耶跋摩三世信奉的则是毗湿奴教。之后的因陀罗跋摩一世所推崇的宗教观念较为复杂，它是柬埔寨原始社会遗留下来的祖先崇拜观念与从印度传入的婆罗门教和佛教观念相互混合而形成的一种宗教观念。它不仅倡导天王教的"神王合一"观，而且也首次将国王的先辈们提升至神的地位，即逐渐演变为"神人合一"。这是对"神王合一"观的扩展和延伸。这种宗教观念的首要表现形式就是，因陀罗跋摩一世为自己及其祖先大建神庙、大塑神像。例如，因陀罗跋摩一世时期修建的巴贡庙是一座用于供奉湿婆林伽的寺庙，庙中的湿婆林伽就代表因陀罗跋摩一世，既象征着国王，又象征着湿婆神，是王权与神权合二为一的象征。这一时期的波列戈寺则是为因陀罗跋摩一世的父母、外祖父母以及阇耶跋摩二世及其王后而修建的。庙中的湿婆林伽象征男性先辈，女神像则象征女性先辈，神像代表着他们"不朽的圣体"。这些象征着国王以及国王先辈的神像都有其名称，它们是本人名字与神灵名字的合二为一，这是"神人合一"宗教观念的又一显著表现。因陀罗跋摩一世以塑神像的方式来表示他对先人们的虔诚崇拜。他认为，先辈们虽人已逝去，但其灵魂尚存，且永存于他为他们塑造的神像里。崇拜神像就如同崇拜先辈本人一样，会使他们的德行流芳百世。因陀罗跋摩一世通过对先辈的崇拜将自己与他们联系在一起，以证明他王位的合法性。有时他还将自己与其后辈联系起来，借此希望后辈的王位继承权具有合法保证，使王位平稳传承，使吴哥王朝的江山社稷永固。这种崇拜先人、敬奉国王、基业永存的思想也传给了那些享有封号的王公贵族乃至文武功臣，他们纷纷效仿因陀罗跋摩一世，为自己塑神像，把自己的名字与神的名字结合起来为神像命名，并将其刻在神像之上，希望通过这种方式使自己与神灵合为一体，使自己的封号传承万世，并使灵魂永生。这实则是"神人合一"观的新的表现形式，并且它使"神人合一"观的外延扩大了，即"神人合一"中的"人"的指称范围不仅限于国王及其先辈，还扩展

---

① ត្រឹង ងា. ប្រវត្តិសាស្ត្រខ្មែរ. គ្រឹះស្ថានបោះពុម្ពនិងចែកផ្សាយនៃក្រសួងអប់រំ យុវជន និង កីឡា. ឆ្នាំ ២០០៩. ទំព័រទី ៧៨-៧៩.

至拥有封号的王公大臣。虽然王公大臣也可为自己塑神像并享有神界尊号，然而能拥有"宇宙之王"这一尊号的仍然只有国王一人。这反映出"神人合一"观是对"神王合一"观的延续，确切地说是对其中王权至高无上性的严格遵循。

因陀罗跋摩一世的儿子耶输跋摩一世虽然信奉湿婆教，但对国内各种宗教和教派采取不偏不倚、兼容并包的态度，这突出表现在他下令修建各宗教和教派的寺庙共计100余所，其中的10多处寺庙及其遗址已被世人发现。继耶输跋摩一世四代之后的国王利金陀罗跋摩二世也信奉湿婆教，但他同样不排斥国内其他宗教和教派，而使它们仍享有自由活动的权利，所以在其统治期间，湿婆教在国内被大加推崇的同时，佛教也保持着较为兴盛的发展态势，原始的祖先崇拜也在国内占有一席之地。利金陀罗跋摩二世兴建的各宗教和教派的寺庙便是对其包容性宗教政策的最好印证。

之后的阇耶跋摩五世仍以湿婆教为国教，但他同样对国内各种宗教秉持宽容的政策，并做出了一系列实际行动，如允许并支持国内各宗教和教派修建自己的寺庙，甚至鼓励在一种宗教的庙宇内并列放置隶属不同宗教的神像；重用佛教徒作为自己的大臣，并委派其修复遭到破坏的佛像和建造新的佛像；他甚至努力使婆罗门教和佛教逐渐融合，比如他尝试将菩萨和观音的塑像作为毗湿奴的化身置于婆罗门教的诸神像中。阇耶跋摩五世在宗教领域的这番作为促进了社会安定和民族团结，因而有碑铭这样称颂他道："他的手臂犹如正义的堤坝，穿插于污秽的尘世茫茫大海中。"[①]

阇耶跋摩五世后两代的国王苏利耶跋摩一世是柬埔寨历史上第一个皈依大乘佛教的国王，他的宗教信仰对后世产生了重大影响。苏利耶跋摩一世之子乌迭蒂耶跋摩二世与其父的宗教信仰不同，他信奉湿婆教、忽视佛教，因而只建造湿婆教的寺庙。吴哥王朝鼎盛时期的国王苏利耶跋摩二世笃信毗湿奴教，自认为是毗湿奴神的化身，谥号为帕拉姆毗湿奴洛戈。他将神庙中的湿婆雕像换成了毗湿奴雕像，但同时他还是允许湿婆教等其他教派继续存在。

苏利耶跋摩二世逝世后，吴哥帝国曾一度衰落，直到阇耶跋摩七世领导国民抵御了外族的入侵，复兴吴哥王朝并将其推向新的高度。他是一位虔诚的佛教徒，兴建庙宇的狂热胜过以往任何一位国王。他在位期间大力倡导大乘佛

---

① 陈显泗：《柬埔寨两千年史》，中州古籍出版社，1990年，第256页。

教，"奉佛谨严，日用番女三百余人舞献佛饭"[1]，以菩萨雕像替代林伽和湿婆雕像。如同以前信奉婆罗门教的国王将自己视为毗湿奴或湿婆的化身一样，阇耶跋摩七世把自己当作释迦牟尼的转世、观世音菩萨的化身。在阇耶跋摩七世时代，大乘佛教进入了全盛时期。在宗教信仰的强力驱使下，阇耶跋摩七世除了大肆建造庙宇和王宫、重建吴哥城外，还兴建了一系列公共设施。根据公元1191 年柏列堪碑铭的记载，阇耶跋摩七世在国内修建了 121 家客栈，这些客栈分布于王国各主干道上，相互间相距 15 千米。从吴哥到占婆的路上有 57 家客栈，从吴哥到丕迈有 17 家客栈，吉索山有 1 家客栈，其他主干道上有 44 家客栈。[2]由达布楼姆碑铭可知，阇耶跋摩七世在全国修建了 102 所医院，其中有 15 所医院留存至今。[3]阇耶跋摩七世上述举措的用意不仅在于笼络民心、巩固统治，而且还在于为自己积德，使自己死后得以涅槃成佛。阇耶跋摩七世的两位妻子也以实际行动帮助丈夫推行佛教。第一任王后阇耶罗阇黛维曾"以大量豪华的布施撒遍了大地"[4]。她逝世之后，国王续娶的第二任王后因陀罗黛维是一位学识渊博的佛教学者。她不仅在佛寺讲授佛学、从事佛教活动，而且还撰写了关于阇耶跋摩七世生平的毗弥尼戈诃碑铭，以颂扬国王一生的丰功伟绩。虽然此时大乘佛教作为官方宗教极度盛行，然而湿婆教仍继续在一部分人中间发挥着影响力，比如大型的湿婆教神庙停建了，但在一些小型寺庙中还供奉有湿婆神像。

　　阇耶跋摩七世之子因陀罗跋摩二世即位后，依然尊奉大乘佛教为国教。虽然之后的阇耶跋摩八世恢复了湿婆教的国教地位，但仅仅是短暂的恢复。在此期间，佛教受到压制，由阇耶跋摩七世及其儿子们修建的佛寺和塑造的佛像被破坏和摧毁。譬如由阇耶跋摩七世主持修筑的巴扬寺本为一座佛教寺庙，庙中供奉的是观世音菩萨。阇耶跋摩八世即位后，巴扬寺被改造成湿婆教寺庙，观世音菩萨塑像被湿婆林伽塑像所取代。20 世纪 30 年代，法国考古学家在巴扬寺中央塔下的坑穴内发现了一尊大佛像，据推测是在阇耶跋摩八世时期被推倒埋入地下的。

---

① ［宋］赵汝适：《诸蕃志》（卷上），http://wenxian.fanren8.com/06/05/256/1.htm。

② ត្រឹង ងា. ប្រវត្តិសាស្ត្រខ្មែរ. គឺ៖ស្ថានបោះពុម្ពនិងចែកច្បាយនៃក្រសួងអប់រំ យុវជន និង កីឡា. ឆ្នាំ ២០០១. ទំព័រទី៤៤.

③ 同上。

④ 陈显泗：《柬埔寨两千年史》，中州古籍出版社，1990 年，第 285 页。

　　总的来说，吴哥王朝虽有国王信仰大乘佛教，但大部分国王信奉的还是婆罗门教，婆罗门始终在柬埔寨宫廷中发挥着巨大影响，大力推动了印度文化在吴哥帝国的传播。由于他们精通梵文宗教典籍、法律文书和文学作品等，因此被聘为祭司、教师、大臣或国王的顾问。如前文所述，正是婆罗门帮助阇耶跋摩二世在改造湿婆教的基础上创建了天王教，并将其发扬光大。他们通常是先后在多位君王麾下效力的三朝元老。例如，在公元 9 世纪，因陀罗跋摩一世有一位叫湿婆索摩的管理人员。他是前任国王阇耶跋摩二世的一位亲戚，据说曾在印度留学，师从著名的吠檀多（印度教基本理论之一）大师商羯罗。[①]阇耶跋摩五世从小便受到"宫廷圣师"婆罗门耶日纳瓦拉阿的教诲，被教导应当具有宽宏大量的品德。据阇耶跋摩八世时期婆罗门撰写的碑铭记载，阇耶跋摩八世生活于一群婆罗门之中，并被他们所影响。王后夏卡娃蒂拉耶黛维是婆罗门教徒，其父里西凯萨是婆罗门祭司，王后的表哥阇耶孟加罗塔提婆是一位著名的湿婆教学者，被称作"教授之王"。王后的这些婆罗门亲戚们深得国王的赏识和器重，个个位高权重，影响着国王的思想和决策，不遗余力地在全国推行婆罗门宗教和文化。总之，吴哥王朝的历代君主不管是信仰婆罗门教还是大乘佛教，印度文化都随着这两种宗教的推广而逐渐渗透到吴哥王朝的每个角落。

　　建筑与雕刻艺术方面，吴哥建筑群无不体现着印度文化中婆罗门教或佛教的艺术神韵。吴哥地区的几乎所有建筑物都是吴哥朝代的君主们为自己及其先辈建造的婆罗门教或佛教庙宇。而这些建筑物通常是按照婆罗门教神话中须弥山的结构来修建的，即一层一层地以环形向上堆砌，最后在建筑物顶部修筑高高的宝塔。寺庙内供奉的多为婆罗门教神灵，如湿婆、毗湿奴、诃利诃罗、婆罗摩、拉克西米、阿普莎拉等。这些神灵的坐骑如难敌、迦鲁达、马卡拉等也分别被供奉。

　　以吴哥建筑群中的经典代表之一吴哥寺为例，它是苏利耶跋摩二世时代笃信毗湿奴教的产物，整座建筑体现了毗湿奴教的宗教观。寺庙的主体建筑是五座尖塔，它们呈梅花状坐落于一个三层的石砌台基上。三层台基一层层地呈环形上升，形成金字塔形的外观，象征着婆罗门教中的须弥山。五座尖塔中的中心塔位于最高层台基的中央，其余四座塔分布于第二层台基的四角。这五座高

---

① ［法］G. 赛代斯：《东南亚的印度化国家》，蔡华、杨保筠等译，商务印书馆，2008年，第 250 页。

高耸立的尖塔便是前文提及的"山庙",它们位于王都的中心,象征着婆罗门教神话中的宇宙中心和诸神的住所。在吴哥寺中心神殿内,供奉了一尊毗湿奴金像,它也象征着被神化为毗湿奴化身的苏利耶跋摩二世。"宗教仪式方面的以及宇宙论方面的象征意义在吴哥的艺术和设计的每一个细节上都得到了充分的体现;但是,它也体现了对毗湿奴崇拜的一种虔诚的形式。"①

吴哥通王城是吴哥建筑群中的另一辉煌杰作,它的诞生源自于阇耶跋摩七世对大乘佛教的虔诚信仰,整座都城是按照佛教观念设计修建的。王城的正中央是巴扬寺,虽然这是一座佛教庙宇,但其在位置安排、命名和造型设计上仍体现了婆罗门教的宗教寓意:寺庙被建筑于王城中心,其别名为耶输特拉山(យសោធរគិរី)、百囊干丹(ភ្នំកណ្ដាល),都与"中心"之意相关;从而使这座寺庙成为宇宙中心和神灵聚居地的象征;整座建筑呈金字塔造型,其最高处一座涂金的圆形宝塔耸入云霄,寓意着天界神灵与世间凡人息息相通。巴扬寺中最高的涂金宝塔内供奉着观世音菩萨的塑像,它也是阇耶跋摩七世的象征,这就体现了巴扬寺佛教寺庙的本质。在巴扬寺台基四周,还分布着数十座造型相同的石塔,每座塔的四边各有一个菩萨的头像,故而得名"四面佛"。除巴扬寺外,吴哥通王城的城门上也有四面佛塔。如元朝使者周达观在《真腊风土记》中记载道:"城门之上有大石佛头五,面向四方。中置其一,饰之以金。"②巴扬寺共有49座四面佛塔,加上吴哥通王城5道城门上的四面佛塔,共计54座,象征着阇耶跋摩七世时期吴哥帝国的54个省份。这些四面佛塔上的头像既象征菩萨,又代表阇耶跋摩七世,围绕在宝塔的各面,面带安详的微笑,凝视着远方,故而又表示已合二为一的菩萨的神威与国王的王威可辐射到全国各地,既庇佑着吴哥帝国,又受其子民的顶礼膜拜。四面佛头像又被誉为"高棉的微笑",它是大乘佛教理念注入于吴哥造型艺术中的杰作,体现了佛教徒平和内省的气质,体现了佛教的深邃悠长。

与此同时,印度文化对柬埔寨的传播在吴哥建筑群的浮雕艺术中得到了充分体现。塔勃龙寺拥有大量体现佛教故事的浮雕。班迭斯雷寺的门楣上有关于印度神话的浮雕。巴扬寺的内层回廊上雕刻有大量的浮雕,印度神话故事、婆罗门教传说和佛祖释迦牟尼的生活是浮雕的主要内容。吴哥寺浮雕艺术的题材

---

① [新西兰]尼古拉斯·塔林:《剑桥东南亚史 I》,贺圣达、陈明华、俞亚克等译,云南人民出版社,2003年,第240页。

② [元]周达观:《真腊风土记》,http://ishare.iask.sina.com.cn/f/11359997.html。

大多取自印度两大史诗《罗摩衍那》和《摩诃婆罗多》中的神话故事。以吴哥寺著名的三重回廊浮雕为例，第一回廊的四壁展现了两大史诗所描写的战争场面，东壁南侧是《搅海图》，北侧是《毗湿奴与恶鬼交战图》；南壁东侧是《地狱图》，西侧是《苏利耶跋摩二世仪仗图》和《苏利耶跋摩二世骑象出征图》；西壁是《神猴助战图》；北壁是《毗湿奴与天神交战图》等。这些都体现了印度文化神韵在吴哥浮雕艺术中的延展。

文学方面，印度文化的持久、深入传播使吴哥王朝的贵族文学充溢着浓郁的婆罗门教气息。在形式上，吴哥贵族文学多以婆罗门教的文字——梵文来记录和表达。在内容上，吴哥时期最为经典的文学作品当属长篇叙事诗《罗摩传》，直至今天它还在柬埔寨广为流传。柬埔寨的《罗摩传》源自印度著名史诗《罗摩衍那》，后者是在扶南的印度化高潮中传入这个国家的。《罗摩传》绝非《罗摩衍那》的简单翻版，它已经过柬埔寨人的改编乃至重新创作，成为柬埔寨民族文学的重要组成部分。但《罗摩传》与《罗摩衍那》之间的确存在着密切联系，如两部作品都以罗摩为主人公；都以律诗为作品的表现形式，前者是用高棉文写成的律诗，后者是用梵文写成的律诗。所以，柬埔寨的《罗摩传》带有鲜明的印度文化色彩。

印度文化在吴哥帝国的深入传播推动了印度文化与吴哥文化、梵语和高棉语的进一步深度接触。例如，在吴哥王朝时期，"高棉人的首领们得到的外部世界的消息是关于印度教诸神、印度教和佛教的各种形式的祈祷以及政治空间的宇宙论概念，这些消息都是用梵语讲述的。"[1]印度文化与吴哥文化、梵语和高棉语进一步深度接触的直接产物就是大量梵语源外来词的继续输入。这一时期的梵语源外来词较之以往，其涉猎面更广。有许多涉及官衔名称的梵语源外来词，如 ព្រះពួបណ្ណរាជ、អគ្គហ្វងិតិរបស់រវង្សា、ព្រះមុនិរាជា、ព្រះស្រែនចៅ、ព្រះ អភ័យរាជ、ព្រះអតិកយោធា。地名方面，同前吴哥王朝时期一样，这一时期的许多地名仍是梵语源外来词，如 កម្ពុបុរ（甘布城）、យសោធរបុរ（耶输陀罗城）、ឥន្ទ្របុរ（因陀罗城）、អមរេន្ទ្របុរ（昂棱陀罗城）、បន្ទាយព្រៃនគរ（班迭布列城）、កុតិ（果德）、មហាន្ទ្របវិត（摩诃因陀罗跋伐多）、បាគង（巴贡）、ព្រះ

---

①［新西兰］尼古拉斯·塔林：《剑桥东南亚史 I》，贺圣达、陈明华、俞亚克等译，云南人民出版社，2003 年，第 129 页。

印度教主要是在婆罗门教基础上产生出来的一个新教，与婆罗门教在本质上是相同的。

ពោ（波列戈）。人名方面，因陀罗跋摩一世时期象征着国王以及国王先辈们的神像都有其梵语源名称。名称分为两部分，前一部分是人名，后一部分为神名：男性神像即湿婆林伽的神名一律为"សូរ 首罗"，该词是湿婆林伽的别称；女性神像的神名统一表示为"ទេវី（黛维）"，该词意为"女神"。依此方式构造神像名称，则巴贡寺内象征因陀罗跋摩一世的湿婆林伽就称作"ឥន្រ្ទសូរ（因陀罗首罗）"，即 ឥន្រ្ទ + ឥសូរ → ឥន្រ្ទសូរ。波列戈寺内的神像名称分别为：ស្រីបបូរី្រ្ទេស្សូរ（象征因陀罗跋摩一世的父亲）、ស្រីបបូរី្រ្ទន្ទេវី（象征因陀罗跋摩一世的母亲）、ស្រីវ្រ្ទេស្សូរ（象征因陀罗跋摩一世的外祖父）、?（象征因陀罗跋摩一世的外祖母的神像名称尚未揭晓）、ស្រីបរមេស្សូរ（象征阇耶跋摩二世）、ស្រីធរណេ្រ្ទទេវី（象征阇耶跋摩二世的王后）。天文方面，如 នក្សត្រ（星；恒星）、អាភាភរ（太阳）、ព្រះ្រ្កេស（月亮）。

另外，我们可通过吴哥王朝时期的碑铭原文作为梵语源外来词借入的形象证明。此处内容详见本章小结。

2.2　梵语源外来词在高棉文碑铭中的早期应用

印度文化在古代柬埔寨强势传播并产生深远影响，尤其是在扶南王国时期、前吴哥王朝时期、吴哥王朝时期形成三次传播高潮，成为高棉语中梵语源外来词的文化源头。大量的梵语源外来词由此源源不断地输入到高棉语词汇系统中，出现于柬埔寨古代各类文字作品中。在古代柬埔寨，由于没有纸张和印刷术，富含梵语源外来词的历史文献或雕刻于碑铭上，或记载于加工过的贝叶[①]上，或书写于兽皮上。由于柬埔寨气候炎热潮湿，碑铭成为最易于长久保存和流传的文字载体，所以柬埔寨碑铭是我们研究高棉语中梵语源外来词早期应用状况的最可靠的资料来源和最重要的文献形式。在探究梵语源外来词在高棉文碑铭中的早期应用状况之前，我们有必要对柬埔寨碑铭的概况做一总体考察。

2.2.1　柬埔寨碑铭概况

"碑铭"一词在高棉语中的对应词是"សិលាចារិក"，它是一个复合词，由

---

① 贝叶是用于刻写经文的树叶。这种树叶需要经过一种特殊工艺的加工才可用于刻写经文。写有经文的树叶用绳子穿成册，可保存数百年之久。后来，贝叶亦借指佛经。

"សិលា" 和 "ចារិក" 这两个词复合而成。សិលា 表示"石；岩石"之意，ចារិក 表示"雕刻；书写；标记"的意思，两词合二为一意为"刻在竖石上的文字，即碑铭"。[①]简而言之，柬埔寨碑铭是通常雕刻于寺庙的墙壁上、石柱上、大门上或屋梁上的文章，是具有史学性、纪念性、叙述性的文章，是公文类文章，或是关于人名、地名清单的文章。

作为东南亚历史最为悠久的文明古国，柬埔寨拥有极为丰富的碑铭资源，其碑铭数量在全世界名列前茅。法国学者乔治·克代斯（Georges Coedès）称，人们发现的柬埔寨碑铭数量共计 1005 块。[②]1971 年，法国学者克罗德·雅克（Claude Jacques）在其发表的文章中表示，人们又新发现了 45 块柬埔寨碑铭。[③]1988 年，他又在一篇文章中补充说明道，柬埔寨碑铭现在共有 1150 块。[④]

据考证，在越南南部的芽庄市[⑤]乌干村发现的大约为公元 2 世纪或 3 世纪（属扶南时期）[⑥]的碑铭是柬埔寨历史上，也是东南亚历史上最早的碑铭，上面的文字被鉴定为"印度南部的文字"。[⑦]而柬埔寨历史上最晚的碑铭则雕刻于公元 14 世纪。这意味着柬埔寨的碑铭时代是从公元 2 世纪或 3 世纪直至公元 14 世纪，即柬埔寨碑铭始于扶南王朝时期，终止于吴哥王朝末期。

法国学者亨利·帕尔芒捷（Henri Parmentier）曾根据柬埔寨碑铭覆盖的地域范围绘制出高棉帝国的地图。从地图中我们发现，柬埔寨碑铭覆盖的领土面积广阔，这片领土横跨今天的柬埔寨、泰国和老挝三国。仅公元 7 世纪即扶南王朝末期的碑铭，在今日柬埔寨领土上就发现了 230 块，在柬埔寨邻国土地上发现了 55 块。在今天的泰国，无论是城市还是偏远省份，都曾发现过公元 7

---

① 汉语词"碑铭"在《现代汉语词典》（第 6 版）中被认为与"碑文"一词同义，对其做两种解释：一是，刻在碑上的文字；二是，准备刻在碑上的或从碑上抄录、拓印的文字。该词在汉语中最早见于《后汉书·翟酺传》："酺免后，遂起太学，更开拓房室，学者为酺立碑铭于学云。"

② Georges Coedès, *Inscriptions du Cambodge*, Vol. XVIII, Paris, 1966, p. 73.

③ Claude Jacques, *Supplèment au tome VIII des Inscriptions*, Cambodge BEFEO, t.LVIII, 1971.

④ Claude Jacques, enrevue « Dossiers, Histoire et Archèologie», No. 125, Paris, 1988.

⑤ 芽庄曾是古代柬埔寨扶南王国的属地。

⑥ 这块碑铭究竟是成文于公元 2 世纪还是 3 世纪，在学界尚无统一定论。

⑦ ព្រះមហាវិរិយ. បណ្ឌិតោ ប៉ាង ខាត់. ពុទ្ធសាសនា ២៥០០. ទំព័រទី ៨.

世纪的柬埔寨碑铭。

历史上，柬埔寨碑铭以梵文、高棉文或巴利文书写而成。以这三种文字雕刻的碑铭特点各异。据统计，目前已发现的柬埔寨的梵文碑铭共有 503 块，[①]其文章体裁为诗歌，通常叙述的是宗教（即婆罗门教和佛教）活动。梵文碑铭经常一开始先按照诗韵对婆罗门教的神灵进行祈祷，使整篇诗文充满神灵论和吠陀哲学的气息。碑铭诗歌的内容通常是对国王的歌功颂德，如描述王族史的变迁、叙述国王在沙场奋勇抗敌的功绩、赞颂国王的统治铸就了国家的繁荣昌盛。有一些碑铭诗歌赞颂僧侣或教徒等高层人物建庙筑塔、建苑筑坝等佛事功德，还有一些诗歌描述了与外敌浴血奋战的重大历史战事。

法国学者 K. 巴塔沙里亚（K. Bhattacharya）在其关于柬埔寨碑铭中梵语词研究的书中表示，柬埔寨碑铭中对梵语的运用准确而优美。的确，柬埔寨碑铭中的梵文诗歌呈现出高贵而又磅礴浩大的风格，充满着生动形象的辞藻比较与隐喻。诗歌按照优美的韵律和动听的音节撞击性创作而成，为了吟诵，如诵经，或为了吟唱歌颂婆罗门教诸神、佛祖、菩萨和国王的赞歌。

高棉文碑铭目前共计 619 块，年代横跨前吴哥王朝时期和吴哥王朝时期。其中前吴哥王朝时期（即公元 6 世纪至 8 世纪）有 164 块，吴哥王朝时期（即公元 9 世纪至 14 世纪）有 455 块，[②]其文章体裁为散文。除了一部分文章与历史事件有关外，大部分高棉文碑文可看作是国家事务、民政、司法等方面的资料。从这些文章中我们可获取关于古代柬埔寨的社会形态和社会管理制度方面的信息，如新土地上寺庙、经堂和村落的建造；贵族阶层、婆罗门祭司和僧侣在国家发展事务中的宗教与经济活动；赠予寺庙和用于祭奠神灵的众多供品，从田地、庄园到奴隶、牲畜、金银器皿，不一而足；关于开展各项王国事务的圣旨的颁布实施，尤其是垦荒拓地、建设村落、建造寺庙、开渠筑坝等活动。前吴哥时期和吴哥时期的几乎所有高棉文碑铭都有一个共同特点，那就是叙述了寺庙和贵族阶层被国王赐予的村庄、田地和庄园的地理状况，并呈现了为寺庙服务的人员的姓名。因此，通过高棉文碑铭，我们能收集到大约 5000 个人名和 1500 个地名。[③]从高棉文碑铭中，我们还发现，寺庙是古代柬埔寨社会的经济和文化中心，是柬埔寨人民宝贵的精神家园。与梵文碑铭的文风和语言风

① ឡុង សៀម. សិលាចារឹកជាប្រភពនៃការសិក្សាអក្សរសាស្ត្រ. កម្ពុជសុរិយា លេខទី ២ ឆ្នាំ ១៩៩៥.

② 同上。

③ 同上。

格不同的是，所有的高棉文碑铭都以平实、清晰的语言风格组织成文，文章内容能被大多数不懂梵语的普通百姓所理解。

至于巴利文碑铭，在柬埔寨这类碑铭的数量极少，在此便不详述了。

柬埔寨碑铭不仅为研究柬埔寨的历史、宗教、社会、文学等提供了极为珍贵的资料，而且它还是高棉语研究的富矿，尤其是研究前吴哥时期和吴哥时期高棉语的重要基础，它使我们得以知晓古高棉语的语言状况，了解高棉语在历史长河中的演变和发展。

2.2.2　高棉文碑铭中的梵语源外来词

高棉文碑铭提供了关于梵语源外来词的典范语料，展现了梵语源外来词的早期应用状况及其在高棉语中的历史流变过程。

2.2.2.1　第一块高棉文碑铭中的梵语源外来词

柬埔寨碑铭学和文字学专家龙辛（ឡ្យង សៀម）认为："如果不研究高棉语中的梵语源外来词，就无法研究古高棉语词汇。"[1] 的确，梵语源外来词在整个高棉语词汇系统中具有举足轻重的地位，其在高棉语中的历史源远流长。可以毫不夸张地说，高棉语出现文字之时便是梵语源外来词进入高棉语之时。这在安哥波利碑铭（即 K.600[2]碑铭）中得到了有力的佐证。成文于公元 611 年的安哥波利碑铭是现今发现的最早、最完整的高棉文碑铭，其出现标志着高棉语文字史的开始。在这块碑铭中，人们就已发现许多梵语源外来词。这些词主要是人名，由于它们具有不同于高棉语固有词人名的鲜明特征，因而极易鉴别。高棉语固有词人名通常为单音节，人名所表示的含义较为笼统，而这块碑铭中的梵语源外来词人名均为多音节、读音独特、词义具体而明晰。例如：

រស្សន្តមាលិកា，共计六音节，高棉语释义是"ផ្កាម្លិះនារស្សន្តរដូវ"，即雨季的茉莉花；

គន្ធារី，共计三音节，高棉语释义是"មានគុណសម្បត្តិល្អ"，即有优点；

ចារុមតី，共计四音节，高棉语释义是"ម្ហូបចំណីសំរាប់ពិចារណា"，即用于思考的菜肴；

---

① ឡ្យង សៀម. វាក្យសព្ទសំស្រ្កឹតដំបូងក្នុងភាសាខ្មែរបុរាណ. កម្ពុជសុរិយា លេខទី ១ ឆ្នាំ ១៩៩៦.

② K.600 是柬埔寨碑铭的编号。

អរុណមតិ，共计四音节，高棉语释义是"ធម្មៈពេលព្រលឹម"，即早晨的见解；

គន្ធនី，共计三音节，高棉语释义是"មានក្លិនឈ្ងុយឈ្ងប់"，即芳香。

上述梵语源外来词的出现对于追溯高棉语外来词的源头是具有重要意义的，它们诞生于柬埔寨历史上第一块高棉文碑铭中，不仅标志着梵语源外来词已开始进入高棉语语言体系内，而且这也是高棉语外来词输入史的发端。确切而言，这说明已知的最早的梵语源外来词源自公元 611 年的安哥波利碑铭（即K.600 碑铭），意即它们在高棉语中最初出现的时间大约也就是在公元 611 年前后。

2.2.2.2 高棉文碑铭中的梵语源外来词概貌

除了安哥波利碑铭这块最早的高棉文碑铭外，我们还在之后各个时期的高棉文碑铭中发现大量的梵语源外来词，其中以人名和地名类梵语源外来词较有代表性。这些梵语源人名通常是国王、王公贵族、高层官员等上层阶级的名字，有的是负责神庙修建人员的名字，还有的是一代代供奉婆罗门教神灵的家族成员的姓名。并且由碑铭可知，前吴哥时期和吴哥时期历代国王的名字均为梵语源外来词。例如：

ភវវរ្ម័ន，高棉语释义是"ជនដែលព្រះឥស្សរការពារ"，即被艾梭拉神（湿婆神的别称）保护的人。该词出现于 K.149 碑铭中。

តសានវរ្ម័ន，高棉语释义是"ជនដែលព្រះឥសានការពារ"，即被伊奢那神（湿婆神的别称）保护的人。该词出现于 K.22 碑铭中。

ជយវរ្ម័ន，高棉语释义是"ប្រកបដោយជ័យជំនះ"，即拥有胜利。该词出现于 K.453 碑铭中。

តន្ទ្រវរ្ម័ន，高棉语释义是"ជនដែលព្រះតន្ទ្រការពារ"，即被因陀罗神保护的人。该词出现于 K.14 碑铭中。

សុរិយាវរ្ម័ន，高棉语释义是"ជនដែលព្រះអាទិត្យការពារ"，即被太阳神保护的人。该词出现于 K.31 碑铭中。

梵语源外来词地名也广泛存在于柬埔寨古代各时期的高棉文碑铭中，其中就有前吴哥时期和吴哥时期柬埔寨各都城的名称。例如：

ព្រាចបុរៈ，高棉语释义是"ទីក្រុងរាជាដែលជាព្រានប្រមាញ់ដំរី"，即猎人捕象的王城，简称"猎手之城"。

សំភុបុរ:，高棉语释义是"ទីក្រុងព្រះគិរ:"，即湿婆神之城。

ឥសានបុរ:，高棉语释义是"ទីក្រុងព្រះឥសាន"，即伊奢那神之城。该词出现于 K.314 碑铭中。

ហរិហរាលយបុរ:，高棉语释义是"ទីក្រុងព្រះវិស្ណុនិងព្រះឥសូរ"，即毗湿奴神和湿婆神之城。该词出现于 K.235 碑铭中。

កម្វុបុរ:，高棉语释义是"ទីក្រុងតាបសកម្វុ"，即名叫甘孛的修行者之城。该词出现于 K.283 碑铭中。

យសោធបុរ:，高棉语释义是"ទីក្រុងដ៏ស្រស់ប្រិមប្រិយ"，即美丽而光荣的城市。该词出现于 K.70 碑铭中。

在下文中我们将专门对高棉文碑铭中地名类梵语源外来词进行考释，所以在此便不再对其加以详述了。

从公元 611 年第一块高棉文碑铭中出现最早的梵语源外来词开始，在之后的数百年间，梵语源外来词持续不断地输入高棉语中，在公元 13—14 世纪即吴哥王朝末期达到顶峰。在这一时期的高棉文碑铭中，梵语源外来词与高棉语固有词数量相当。例如雕刻于公元 1327 年的 K.470 碑铭是关于圣旨的文章，在这篇碑文中共有 240 个词语，其中就有 110 个词是借自梵语。在公元 13—14 世纪的 K.117 碑铭和 K.144 碑铭中，梵语源外来词的数量甚至超过了高棉语固有词。[①]

2.2.2.3 高棉文碑铭中地名类梵语源外来词考释

在高棉文碑铭中，地名类梵语源外来词数量庞大。据统计，在目前已发现的所有高棉文碑铭中，大约有 400 个高棉语地名是梵语源外来词，占碑铭中高棉语地名总数的三分之一以上。[②]并且，地名类梵语源外来词在梵语源外来词中特色鲜明，值得探究。

2.2.2.3.1 梵语源外来词地名与高棉语固有词地名的不同特点

梵语源外来词地名有着与高棉语固有词地名迥然不同的特点。就指称对象而言，高棉语固有词地名通常指称山、湖、池塘、森林、高原、土地等等，而

---

① ឡុង សៀម. វក្យសព្ទសំស្ក្រឹតដ៏ប្ញូងក្នុងភាសាខ្មែរបុរាណ. កម្ពុជសុរិយា លេខទី ៩ ឆ្នាំ ១៩៩៦.

② ឡុង សៀម. ហាននាមខ្មែរមានប្រភពពីភាសាសំស្ក្រឹត. កម្ពុជសុរិយា លេខទី ៩ ឆ្នាំ ១៩៩៦.

梵语源外来词地名则一般指称国家、地区、城市、寺庙及各种宗教场所等等。

就产生方式而言，首先，从社会层面上看，高棉语固有词地名是由高棉语本族语使用者以一种无意识的方式在日常语言交际中自然而然地创造出来的，而梵语源外来词地名则是由柬埔寨本国精通梵语的学者或受过教育的人经过深思熟虑创制而成的。这些梵语源地名经常出现于圣旨中，用于表示柬埔寨本国各种行政区划，如省、王都、市、县等，或表示各种宗教场所和建筑物，等等。其次，从语言层面上看，高棉语固有词地名是借助植物学和动物学术语的自然命名，而梵语源外来词地名是通过将婆罗门教诸神之名加以拆分或精选用于祈福、祷告仪式的名词和形容词创制出来的。

2.2.2.3.2　梵语源外来词地名的类别

以梵语源外来词地名是由神灵之名还是祈福词构成为依据，我们将其分为如下两类：

第一类：由婆罗门教诸神之名构成的梵语源地名。

这类梵语源地名之所以用婆罗门教诸神之名构成，是由于在公元1—14世纪漫长历史中的大多数时期，柬埔寨都是以婆罗门教为国教的，尽管其间有过多种宗教并存或所信仰的婆罗门教教派不尽相同的现象。所以，婆罗门教对古代柬埔寨的影响是极为深远而又广泛的。在古代柬埔寨，生产力十分低下，人们对天地万物和各种自然现象的认识极其有限，一方面会产生恐惧和无助的情绪和心理，另一方面又将大自然神格化，将其看作是一种有着无所不能神奇力量的存在。于是古代柬埔寨人民歌颂自然、崇尚自然，崇拜神格化的婆罗门教自然神，尤其是崇拜毗湿奴和湿婆这两大主神。他们坚信毗湿奴能够维护宇宙间的和平，湿婆能降伏妖魔、繁衍世间万物，坚信婆罗门教诸神能赐予人们美好的生活，所以他们用诸神之名来构造各种地名，希望以婆罗门教神灵的巨大威力来庇佑高棉大地上的万物生灵。

由于古代柬埔寨人民最为崇拜的是毗湿奴和湿婆这两大主神，自然更多的是用毗湿奴和湿婆的名字来创制各种地名。具体情况如下：

以湿婆之名及与湿婆相关的一切事物来命名的地名，例如：

គិរីលិង្គ，其源词为 çivalinga，[①] 现代高棉语词形为 សិរីលិង្គ。意为"湿婆的林伽"。该词出现于 K.697 碑铭中，用作某寺庙的名称，即 ប្រាសាទគិរីលិង្គ。

គិរីបាទ，其源词为 çivapāda，现代高棉语词形为 សិរីបាទ。意为"湿婆的脚"。该词出现于 K.344 碑铭中，用于表示与湿婆神相关的一座寺庙的名称，即 ប្រាសាទគិរីបាទ។

គិរីបុរៈ，其源词为 çivapura，现代高棉语词形为 សិរីបុរៈ。意为"湿婆之城"。该词出现于 K.195 碑铭中，用作古代柬埔寨某城市之名。

គិរីគរភៈ，其源词为 çivagarbha，现代高棉语词形为 សិរីគរភៈ。意为"湿婆的诞生"。该词出现于 K.809 碑铭中，用于表示古代柬埔寨某区域之名，即 ស្រុកគិរីគរភៈ។

គិរីគុប្ត，其源词为 çivagupta，现代高棉语词形为 សិរីគុប្តៈ。意为"湿婆的支持"。该词出现于 K.212 碑铭中，用作古代柬埔寨某区域的名称，即 ស្រុកគិរីគុប្ត។

以毗湿奴神的神名来命名的地名，例如：

វិស្ណុបុរៈ，其源词为 viṣnupura。意为"毗湿奴之城"。该词出现于 K.67 碑铭中，用作古代柬埔寨某区域的名称，即 ស្រុកវិស្ណុបុរៈ។

វិស្ណុគ្រាម，其源词为 viṣnugrâma。意为"毗湿奴的领地"。该词出现于 K.521 碑铭中。

以上列举的毗湿奴和湿婆神名构成的梵语源外来词地名只是冰山一角，在公元 4—14 世纪的柬埔寨碑铭中还有许多这类词汇，这说明在前吴哥王朝和吴哥王朝时期，毗湿奴和湿婆这两大婆罗门教主神受到古代柬埔寨社会的虔诚崇拜，历朝国王根据个人喜好，有的推崇毗湿奴教派，有的信奉湿婆教派。但不管怎样，毗湿奴教派和湿婆教派都对当时的柬埔寨社会造成了深刻影响。

为了避免以同一神灵之名表示不同地名的同音异义现象的频繁出现，学者们便利用湿婆神的别名和毗湿奴化身的名字来构造新地名。法国学者卡马莱斯瓦尔·巴塔沙里亚（Kamaleswar Bhattacharya）在其创作的《古代柬埔寨的婆罗门教》一书中表示，湿婆神有 30 多个名称，其中一些用于表示地名。例如：

---

① 梵文的书写字体有许多种，如悉昙体、兰札体、天城体等。本书此处的梵语源词采用国际通用的梵文罗马拼音转写方式。

រុទ្រ:，其源词为 rudra。该词出现于 K.467 碑铭中：ក្នុងស្រុករុទ្រ:。

ឥសាន:，其源词为 içāna。该词出现于 K.314 碑铭中：នៅរាជធានីឥសានបុ
រ:。

ឥស្វរ:，其源词为 içvara。该词出现于 K.91 碑铭中：នៅ(ប្រាសាទ)ឥស្វរបុ
រ:。

ហារ:，其源词为 hara。该词出现于 K.175 碑铭中：នៅ(ស្រុក)ហារគ្រម:。

វិរេន្ទ្រ，其源词为 virendra。该词出现于 K.467 碑铭中：នៅ(ស្រុក)វិរេន្ទ្របុ
រ:。

ចវ៌្វ，其源词为 çarvva，现代高棉语词形为 សវ៌:。该词出现于 K.44 碑铭
中：នៅ(ប្រាសាទ)សវ៌្វរ្វិស្រម:。

ភវ:，其源词为 bhava。该词出现于 K.939 碑铭中：នៅ(រាជធានី)ភវបុរ:。

ត្រិភទ្រេឝ្វរ:，其源词为 çribhadreçvara，现代高棉语词形为 ស្រីភទ្រេឝ្វរ:。该
词出现于 K.852 碑铭中：នៅ(ស្រុក)ត្រិភទ្រេឝ្វរគ្រម。

អមោឃ:，其源词为 amogha。该词出现于 K.221 碑铭中：នៅ(ដែនដី)
អមោឃបុរ:。

ស្វយមុ，其源词为 svayambhu。该词出现于 K.580 碑铭中：នៅ(ស្រុក)
ស្វយមុបុរ:。

通过对上述例词的分析，我们发现，湿婆之名 សិរ: 及其别名用于古代柬
埔寨国内各种地名中，并且湿婆的这些名字都是精选自梵语普通词汇的神圣词
语，蕴含着崇高的象征意义。例如：

ចវ៌:（现代高棉语词形为 សវ៌:）意为"仁慈的，慈善的；安乐的"

ភវ: 意为"发展；繁荣"

អមោឃ: 意为"富饶的，肥沃的"

ភទ្រ: 意为"美丽的；美好的"

ហារ: 意为"毁灭（坏事物）"

通过对公元 4—14 世纪柬埔寨碑铭的研究，我们还发现，毗湿奴化身的一
些名称也被用作构造地名。例如：

ក្ឫស្ណ，其源词为 krsna。该词出现于 K.221 碑铭中：ល្អាងក្ឫស្ណ，表示某座洞
穴的名称。

នរាយន:，其源词为 narāyana。该词出现于 K.221 碑铭中：ប្រាសាទនរាយ
ន:，表示某座寺庙的名称。

រាមក្សេត្រ:，其源词为 rāmaksetra。该词出现于 K.221 碑铭中，意为 "ចំការ របស់ព្រះរាម"，表示某个地区的名称。

វិក្រម:，其源词为 vikrama。该词出现于 K.221 碑铭中：រាជធានីវិក្រម:，表示古代柬埔寨某个时期的王都之名。

需要特别指出的是，在柬埔寨不同历史时期的王都之名中，有一个名称叫作 ហរិហរាលយ，它是由两个梵语源神圣词语 ហរិ（诃利，即毗湿奴的别名）和 ហរ:（诃罗，即湿婆的别名）通过连音的方式组合而成。该词出现于 K.293 碑铭中，意为 "毗湿奴和湿婆的居住地"。该地名印证了这样一个历史事实，即在前吴哥王朝时期的阇耶跋摩一世时代，毗湿奴与湿婆在国王的大力提倡下融合为一个天神即诃利诃罗神，毗湿奴教派与湿婆教派也由此合二为一。这种和谐的宗教融合状况为后任国王阇耶跋摩二世实施民族和解政策奠定了良好的基础。通过实施民族和解政策，阇耶跋摩二世平定了国内动乱，统一了水、陆真腊,[①] 建立了吴哥王朝。

通过对梵语源地名的研究我们发现，与婆罗门教另一位主神——梵天相关的地名并不像毗湿奴类地名与湿婆类地名那般多见，仅在一些碑铭中发现这类地名。例如：

ប្រហ្មបុរ:，其源词为 vrahmapura，现代高棉语词形为 ព្រហ្មបុរ:。意为 "梵天的王都"。该词出现于 K.235 碑铭中：ស្រុកប្រហ្មបុរ:。

ប្រហ្មគភ៌，其源词为 vrahmagarbha，现代高棉语词形为 ព្រហ្មគភ៌。意为 "梵天的诞生"，出现于 K.352 碑铭中：ស្រុកប្រហ្មគភ៌，ស្រែប្រហ្មគភ៌。

ប្រហ្មបទ，其源词为 vrahmapada，现代高棉语词形为 ព្រហ្មបទ。意为 "梵天的居住地"，出现于 K.235 碑铭中。

在公元 4—14 世纪的柬埔寨碑铭中，梵天类地名不像毗湿奴类地名与湿婆类地名那样普遍，这从另一个侧面说明在前吴哥王朝和吴哥王朝时期，婆罗门教三大主神的受崇拜程度是不一样的：高棉人对梵天的信奉远不及毗湿奴和湿婆那样在全国广泛流行。

除了三大主神外，婆罗门教副神的名字也被用作构造梵语源地名的重要成分。例如：

---

① 大约公元 710—717 年间，真腊因王位继承问题而发生政治动乱，最后分裂为南北两国：南部因靠海而被称为水真腊；北部因多是山地而被称为陆真腊。

ឥន្ទ្រ（因陀罗，即暴风雨神），其源词为 indraprua。该词出现于 K.235 碑铭中：នគរឥន្ទ្របុរៈ，表示古代柬埔寨某一时期王都的名字。还出现于 K.292 碑铭中：ស្រុកឥន្ទ្រៈបរស្ស，表示某个地区的名称，ឥន្ទ្រៈបរស្ស 意为"因陀罗神遗弃了他的养子——日后的吴哥国王"。

សោម（俱毗罗，即月亮神），其源词为 soma。该词出现于 K.918 碑铭中：ស្រុកសោមលយៈ，表示某个区域的名称。

ចន្ទ្រៈ（月亮神），其源词为 candra。该词出现于 K.117 碑铭中：(ទីតាំង)ចន្ទ្របុរៈ，表示某一处所的名称。

សុរ្យៈ（太阳神），其源词为 suryya。该词出现于 K.31 碑铭中：ប្រាសាទ គ្រឹសុរ្យៀបវ្ញិត，表示某座宫殿的名称。

កាម（爱神），其源词为 kāma。该词出现于 K.467 碑铭中：ស្រុកកាមធែ ន្ុ，表示某地之名。

អនង្គ（爱神的别名），其源词为 anaṅga。该词出现于 K.292 碑铭中：ស្រុក អនង្គបុរៈ，表示某地之名。

វុរណ（雨神；水神），其源词为 varuna，现代高棉语词形为 ព័រុណ。该词出现于 K.262 S 碑铭中：ស្រុកវុរណៈ，表示某地之名。

វគិន្ទ្រ（善于雄辩的神），其源词为 vagindra。该词出现于 K.380 E 碑铭中：ស្រុកវគិន្ទ្រ，表示某地之名。

在上述例词中，ចន្ទ្រៈ（月亮神）、សុរ្យៈ（太阳神）、កាម（爱神）这三个梵语源词早已为柬埔寨人所熟知，并逐渐衍变为高棉语中的普通名词，分别表示"月亮""太阳"和"欲望"之意。

第二类：由祈福词构成的梵语源地名。

这类梵语源地名之所以用祈福词来创制，原因在于古代柬埔寨人的生活环境是非常恶劣的，风雨雷电、洪水猛兽、传染性疾病以及外敌入侵经常会给他们带来毁灭性的灾难。而古代柬埔寨的生产力是十分低下的，柬埔寨人对自然灾害的无法消除、对生老病死的无法解释、对外敌入侵的难以抵御，使他们内心深处产生出祈求上天赐福的强烈渴望。这种祈福又逐渐发展成为他们的一种精神信仰，他们相信通过祈福能为他们消除天灾人祸，于是他们以祭祀作为祈福最经常性的表达形式和手段。此外，他们还通过用祈福词构造地名的方式来表达祈求福泽、希望幸福安康的美好愿望。

以祈福词构造的地名从语义角度可分为以下六种：

第一种：祈求健康和幸福的地名。例如：

សុខលយៈ，其源词为 sukhalaya，意为"健康之地"。该词出现于 K.393 碑铭中：ស្រុកសុខលយៈ。

មង្គលបុរៈ，其源词为 maṅgalpura，意为"幸福城"。该词出现于 K.205 碑铭中：ស្រុកមង្គលបុរៈ。

第二种：祈求长久和平与安宁的地名。例如：

ប្រសាន្តគ្រាម，其源词为 praçāntagrām，意为"和平之地"。该词出现于 K.187 碑铭中：ដែនដីប្រសាន្តគ្រាម។

អមរលយៈ，其源词为 amaralaya，意为"仙境，仙界"。该词出现于 K.393 碑铭中：ស្រុកអមរលយៈ。

អភយបុរៈ，其源词为 abhayapura，意为"安宁之城"。该词出现于 K.357 碑铭中：ប្រាសាទអភយបុរៈ។

第三种：祈求发展与繁荣的地名。例如：

ភោគបុរៈ，其源词为 bhogapura，意为"财富之城"。该词出现于 K.843 碑铭中：ស្រុកភោគបុរៈ។

ធនវហៈ，其源词为 dhanavaha，意为"财富车"。该词出现于 K.467 碑铭中：ស្រុកធនវហៈ។

ផលប្រិយៈ，其源词为 phalapriya，意为"喜悦的成果"。该词出现于 K.205 碑铭中：ស្រុកផលប្រិយៈ។

វស្សន្តបុរៈ，其源词为 vassantapura，意为"春城"。该词出现于 K.221 碑铭中：ស្រុកវស្សន្តបុរៈ។

第四种：祈求胜利、成功的地名。例如：

សិទ្ធិបុរៈ，其源词为 siddhipura，意为"成功之城"。该词出现于 K.702 碑铭中：ស្រុកសិទ្ធិបុរៈ។

វិជ័យបុរៈ，其源词为 vijayapura，意为"胜利之城"，如 ស្រុកវិជ័យបុរៈ។

វិក្រន្ត，其源词为 vikranta，意为"胜利的；凯旋的"。该词出现于 K.697 碑铭中：ស្រុកវិក្រន្ត។

第五种：祈求美好与辉煌的地名。例如：

រង្គបុរៈ，其源词为 raṅgapura，意为"欢乐城"。该词出现于 K.476 碑铭中：ស្រុករង្គបុរៈ។

ភទ្របុរៈ，其源词为 bhadrapura。构词成分 ភទ្រ 意为"丽城"。该词出现于

K.56 碑铭中：ប្រាសាទភទ្របុរ:。

ស្រេស្ឋនិវាស:，其源词为 çresthanivāsa，意为"美丽的地方"。该词出现于 K.467 碑铭中：ភូមិស្រេស្ឋនិវាស:。

ជ្យោតិគ្រាម，其源词为 jyotigrāma，意为"光芒之地"。该词出现于 K.219 碑铭中：ស្រុកជ្យោតិគ្រាម。

第六种：祈求快乐、幸福并希望拥有充满道德和智慧生活的地名。例如：

មោក្សាល័យ，其源词为 moksalaya，意为"涅槃地"。该词出现于 K.58 碑铭中：ស្រុកមោក្សាល័យ。

ធម្មបុរ:，其源词为 dharmapura，意为"道德之城"。该词出现于 K.697 碑铭中：ស្រុកធម្មបុរ:。

វិទ្យាវាស:，其源词为 vidyāvāsa，意为"知识的处所"。该词出现于 K.617 碑铭中：ស្រុកវិទ្យាវាស:。

វិទ្យាស្រម:，其源词为 vidyāçrama，意为"知识的圣殿"。该词出现于 K.262 碑铭中：ប្រាសាទវិទ្យាស្រម:。

កៃវល្យបុរ:，其源词为 kaivalyapura，意为"幸福城"。该词出现于 K.868 碑铭中：ស្រុកកៃវល្យបុរ:。

2.2.2.3.3　梵语源外来词地名的词语结构

梵语源外来词地名的词语结构通常呈现出以下两种状况：

第一，含有表示地方、处所类含义的后缀。这些后缀列举如下：

（一）បុរ:/បុរិ，其源词为 pura/puri。意为"有城墙的城市"。例如：

វនបុរ:，其源词为 vanapura。意为"森林城市"。该词出现于 K.957 碑铭中：ស្រុកវនបុរ:。

វីរបុរ:/វីរ:បុរ:，其源词为 virapura。意为"英勇的城市；英雄城市"。

ស្រេឋ្មបុរ:，其源词为 çresthapura，现代高棉语词形为 ស្រស្មបុរ:。意为"美丽的城市"。该词出现于 K.944 碑铭中：ដែនដីឈ្មោះស្រស្មបុរ:。

លិង្គបុរ:，其源词为 liṅgapura。意为"林伽之城（即供奉林伽的城市）"。

រុទ្របុរ:，其源词为 rudrapura。意为"楼陀罗神之城"。该词出现于 K.9 碑铭中：ទីក្រុងឈ្មោះរុទ្របុរ:。

（二）គ្រាម:，其源词为 grāma。意为"村庄；居住地"。例如：

ទេវិគ្រាម:，其源词为 devigrāma。意为"仙女村"。该词出现于 K.258 碑铭中：ស្រុកឈ្មោះទេវិគ្រាម：。

ទសគ្រាម：，其源词为 daçagrāma。意为"十个村庄"。该词出现于 K.258 碑铭中：ស្រុកឈ្មោះទសគ្រាម：。

សតគ្រាម：，其源词为 çatagrāma。意为"100 个村庄"。该词出现于 K.207 碑铭中：ដែនដីឈ្មោះសតគ្រាម：。

ស្រីនរេន្ទ្រគ្រាម：，其源词为 çrinarendragrāma。意为"纳伦德拉神的村庄"。该词出现于 K.276 碑铭中：ប្រាសាទឈ្មោះស្រីនរេន្ទ្រគ្រាម：。

（三）បទ：，其源词为 pada。意为"住处，居住地"。例如：

ជនបទ：，其源词为 janapada。意为"人们的居住地"。该词出现于 K.235 碑铭中：តំបន់មួយឈ្មោះជនបទ：。

វិស្ណុបទ：，其源词为 viṣṇupada。意为"毗湿奴神的住处"。该词出现于 K.292 碑铭中：ស្រុកឈ្មោះវិស្ណុបទ：。

រុទ្រុបទ：，其源词为 rudrapada。意为"楼陀罗神的住处"。该词出现于 K.352 碑铭中：ស្រុកឈ្មោះរុទ្រុបទ：。

សិវបទ：，其源词为 çivapada。意为"湿婆神的住处"。该词出现于 K.580 碑铭中：ប្រាសាទឈ្មោះសិវបទ：。

（四）បត្តន：，其源词为 pattana/pattaṇa。意为"城市"。例如：

វីរេន្ទ្របត្តន：，其源词为 virendrapattaṇa。意为"维伦德拉城"。该词出现于 K.713 碑铭中：ស្រុកឈ្មោះវីរេន្ទ្របត្តន：。

សិវបត្តន：，其源词为 çivapattaṇa。意为"湿婆城"。该词出现于 K.163 碑铭中：នៅឯទីក្រុងសិវបត្តន：。

（五）អលយ：，其源词为 alaya。意为"避难所，避难地；住处，居住地"。例如：

មហាស្វរលយ：，其源词为 maheçvarālaya。意为"摩晒陀神的住处"。该词出现于 K.467 碑铭中：ស្រុកឈ្មោះមហាស្វរលយ：。

ភទ្រាលយ：，其源词为 bhadrālaya。意为"美好的避难地"。该词出现于 K.262 碑铭中：ស្រុកឈ្មោះភទ្រាលយ：。

វិសរលយ：，其源词为 vishvālaya。意为"维萨神的住处"。该词出现于 K.91 碑铭中：ស្រុកឈ្មោះវិស:រលយ：。

（六）និវាស：，其源词为 nivāsa。意为"住处，居住地；避难所，避难地"。例如：

 វ្រុទ្ធនិវាស:，其源词为 vrddhanivāsa。意为"高等僧侣的住处"，如 ស្រុក ឈ្មោះវ្រុទ្ធនិវាស:。

អរិនិវាស:，其源词为 arinivāsa。意为"敌人的避难所"，如 ស្រុកឈ្មោះអរិ និវាស:。

គ្រីភទ្រេគ្វរន្និវាស:，其源词为 çribhadreçvarannivāsa。该词出现于 K.91 碑铭中：ប្រាសាទឈ្មោះគ្រីភទ្រេគ្វរន្និវាស:。

（七）ក្សេត្រ:，其源词为 ksetra。意为"广场；场院；庭院"。例如：

ជយក្សេត្រ:，其源词为 jayaksetra。意为"胜利广场"。该词出现于 K.913 碑铭中：ស្រុកឈ្មោះជយក្សេត្រ:。

ជិតក្សេត្រ:，其源词为 jitaksetra。意为"争战得来的场地"。该词出现于 K.913 碑铭中：ស្រុកឈ្មោះជិតក្សេត្រ:。

（八）ទេត:，其源词为 deça，现代高棉语词形为 ទេស:。意为"国家；地区"。例如：

មុលទេត:，其源词为 muladeça。意为"重要地区"。该词出现于 K.187 碑铭中：ស្រុកឈ្មោះមុលទេត:。

មធ្យមទេត:，其源词为 madhyamadeça。意为"中央地区"。该词出现于 K.873 碑铭中：ភូមិឈ្មោះមធ្យមទេត:。

（九）គិរិ/បវ៌ិត:，其源词为 giri/parvvata。意为"山；山脉；小山"。例如：

ភទ្រគិរិ，其源词为 bhadragiri。意为"美丽的山"。该词出现于 K.235 D 碑铭中：ស្រុកភទ្រគិរិ。

ចន្ទនគិរិ，其源词为 candanagiri。意为"檀香树山"。该词出现于 K.258 碑铭中：ភ្នំឈ្មោះចន្ទនគិរិ。

មលយ:បវ៌ិត:，其源词为 malayapavvata。意为"马来亚山"。该词出现于 K.136 碑铭中：ភ្នំឈ្មោះមលយ:បវ៌ិត:。

ទ្វិរទបវ៌ិត:，其源词为 dviradaparvvata。意为"象山"。该词出现于 K.136 碑铭中：ប្រាសាទឈ្មោះទ្វិរទបវ៌ិត:。

（十）តដាក:，其源词为 tatāka。意为"一个大的人工蓄水池"。例如：

លក្ស្មីន្ទ្រតដាក:，其源词为 laksmindratatāka。លក្ស្មីន្ទ្រ 由 លក្ស្មី（拉娘诗米）[1]

---

① លក្ស្មី 音译为"拉娘诗米"，是婆罗门教的幸福与财富女神——吉祥天女，传统上被认为是毗湿奴的妻子。

和 ឥន្ទ្រ（因陀罗）两个词组合而成，表示"拉娆诗米女神和因陀罗神"之意，因此 លក្ស្មីន្ទ្រតដាក: 便意为"拉娆诗米女神和因陀罗神的大水池"。该词出现于 K.702 碑铭中：អាងទឹកឈ្មោះលក្ស្មីន្ទ្រតដាក:។

យគោធរតដាក:，其源词为 yaçodharataṭāka，现代高棉语词形为 យសោធរតដាក:。意为"一座名叫亚绍特的大水池"。该词出现于 K.70 碑铭中：អាងទឹកធំមួយឈ្មោះយគោធរតដាក:។

（十一）អាគ្រម:，其源词为 āçrama，现代高棉语词形为 អាស្រម。意为"寺庙；圣所；隐士住处"。例如：

ត្រិភទ្រេវាគ្រម:，其源词为 çribhadreçvarāçrama。意为"ត្រិភទ្រ 神的圣所"。该词出现于 K.852 碑铭中：ស្រុកឈ្មោះត្រិភទ្រេវាគ្រម:។

ហរាគ្រម:，其源词为 harāçrama。意为"诃罗神（湿婆的别名）的圣所"。该词出现于 K.175 N 碑铭中：ស្រុកឈ្មោះហរាគ្រម:។

在上述 11 个表示地方、处所类含义的后缀中，បុរ:/បុរី 这一后缀当属梵语源地名构造中使用率最高的后缀。因为依据对 4—14 世纪高棉文碑铭的统计发现，在梵语源外来词地名中有 180 个地名以 បុរ:/បុរី 为后缀，其重点表现为前吴哥时期和吴哥时期柬埔寨的历代王都名称几乎都以 បុរ:/បុរី 为后缀。例如：

រ្យាធបុរ:，其源词为 vyādhapura。意为"猎手之城"，位于今天柬埔寨波罗勉省的巴普农县一带。该词出现于 K.276 碑铭中。

ភវបុរ:，其源词为 bhavapura。意为"拔婆神之城"，简称"拔婆城"，是拔婆跋摩国王时代的王都，位于洞里萨湖的东岸。该词出现于 K.939 碑铭中。

សម្ភុបុរ:，其源词为 sambhupura。意为"桑普神（即湿婆神的别称）之城"，简称"桑普城"，坐落于湄公河桔井市河段的河岸上。该词出现于 K.293 碑铭中。

ឥសានបុរ:，其源词为 içānapura。意为"伊奢那神（即湿婆神的别称）之城"，简称"伊奢那城"，是伊奢那跋摩国王时代的王都，位于今天柬埔寨磅同市的北边。该词出现于 K.314 碑铭中。

ឥន្ទ្របុរ:，其源词为 indrapura。意为"因陀罗神之城"，简称"因陀罗城"，位于今天柬埔寨磅湛省的德邦克门县。该词出现于 K.235 碑铭中。

អមរិន្ទ្របុរ:，其源词为 amarendrapura。意为"因陀罗神的不朽之城"，位于今天柬埔寨暹粒市附近。该词出现于 K.235 碑铭中。

យសោធបុរ:，其源词为 yaçodharapura。意为"耶输陀罗神之城"或"美丽而光荣的城市"，是公元 9—14 世纪即吴哥时期的柬埔寨王都。该词出现于 K.70 碑铭中。

第二，梵语源地名前通常加上表示地方、处所类别的类名。

梵语源地名词汇除了含有表示地方、处所类含义的后缀外，通常还需与表示地方、处所类别的词语相组合，这样才是一个完整的地名词语结构。这是借用梵语源外来词创造高棉语地名的有效方式之一，也使地名的指称范畴显得更为明确，还促进了梵语源外来词在高棉语语言体系中的同化进程。

表示地方、处所类别的词语有的是高棉语固有词，有的是梵语、巴利语源外来词。在此列举一二：

（一）ស្រុក，是高棉语固有词，在此表示"（行政）区域；地方"之意，是碑铭资料中与梵语源地名搭配率最高的词语之一。例如：

ស្រុក + មង្គលបុរៈ = ស្រុកមង្គលបុរៈ，意为"幸福都市"，出现于 K.205 碑铭中。

ស្រុក + វិក្រន្ត = ស្រុកវិក្រន្ត，意为"胜利地区"，出现于 K.697 碑铭中。

ស្រុក + វនបុរៈ = ស្រុកវនបុរៈ，意为"森林城市"，出现于 K.957 碑铭中。

ស្រុក + វិស្ណុបទ = ស្រុកវិស្ណុបទៈ，意为"毗湿奴神的住处"，出现于 K.292 碑铭中。

（二）ប្រាសាទ，是高棉语固有词，意为"寺庙；宫殿；大建筑物"。例如：

ប្រាសាទ + គ្រីសុរ្យ្យបរិត = ប្រាសាទគ្រីសុរ្យ្យបរិត，意为"太阳神宫殿"，出现于 K.31 碑铭中。

ប្រាសាទ + អភយបុរៈ = ប្រាសាទអភយបុរៈ，意为"安宁城寺庙"，出现于 K.357 碑铭中。

ប្រាសាទ + ភទ្របុរៈ = ប្រាសាទភទ្របុរៈ，意为"美丽的宫殿"，出现于 K.56 碑铭中。

ប្រាសាទ + វិទ្យាស្រម = ប្រាសាទវិទ្យាស្រមៈ，意为"知识的圣殿"，出现于 K.262 碑铭中。

（三）ភ្នំ，是高棉语固有词，意为"山"。例如：

ភ្នំ + ចន្ទនគិរិ = ភ្នំចន្ទនគិរិ，意为"檀香树山"，出现于 K.258 碑铭中。

ភ្នំ + មលយៈបរិតៈ = ភ្នំមលយៈបរិតៈ，意为"马来亚山"，出现于 K.136 碑铭中。

（四）ទីក្រុង，是高棉语固有词，意为“城市”。例如：

ទីក្រុង+រុទ្របុរៈ=ទីក្រុងរុទ្របុរៈ，意为“楼陀罗神之城”，简称“楼陀罗城”，出现于 K.9 碑铭中。

ទីក្រុង + សិវបត្តនៈ = ទីក្រុងសិវបត្តនៈ，意为“湿婆城”，出现于 K.163 碑铭中。

（五）ដែនដី，是高棉语固有词，意为“领土；领地；管辖地”。例如：

ដែនដី+អមោឃៈ=ដែនដីអមោឃបុរៈ，意为“富饶的城市”，出现于 K.221 碑铭中。

ដែនដី+ប្រសាន្តគ្រាម=ដែនដីប្រសាន្តគ្រាម，意为“和平之地”，出现于 K.187 碑铭中。

ដែនដី + ស្រេស្ឋបុរៈ = ដែនដីស្រេស្ឋបុរៈ，意为“美丽的城市”，出现于 K.944 碑铭中。

ដែនដី + សតគ្រាមៈ = ដែនដីសតគ្រាមៈ，意为“百村之地”，出现于 K.207 碑铭中。

（六）តំបន់，是高棉语固有词，意为“地区，区域”。例如：

តំបន់ + ជនបទៈ = តំបន់ជនបទៈ，意为“人们的居住地”，出现于 K.235 碑铭中。

（七）ភូមិ，是梵语、巴利语源外来词，意为“村庄”。例如：

ភូមិ+មធ្យមទេឝៈ=ភូមិមធ្យមទេឝៈ，意为“中心村”，出现于 K.873 碑铭中。

ភូមិ + ស្រេស្ឋនិវាសៈ = ភូមិស្រេស្ឋនិវាសៈ，意为“美地村”，出现于 K.467 碑铭中。

2.2.2.3.4　前吴哥时期和吴哥时期碑铭中柬埔寨国名考释

在众多的梵语源外来词地名中，柬埔寨在前吴哥时期和吴哥时期的国名值得我们深入探究。通过对公元 4—14 世纪的柬埔寨碑铭进行研究我们发现，在前吴哥时期和吴哥时期，柬埔寨的国名有三个，分别是 កម្វុជៈ（即 កម្ពុជៈ）、កម្វុទេឝៈ（即 កម្ពុទេសៈ）和 កម្វុជទេឝៈ（即 កម្ពុជទេសៈ）。[①] កម្វុជៈ 在公元 4—14 世纪的碑铭中出现了大约 40 次，កម្វុទេសៈ 先后出现于公元 868 年的 K.400 碑铭

---

① 在梵语源外来词中，辅音字母“វ”与“ព”的语音联系极为紧密，许多词中的辅音字母“វ”逐渐衍变为辅音字母“ព”，如文中 កម្វុជៈ 即 កម្ពុជៈ。

和公元 14 世纪左右的 K.300 碑铭中，而 កម្ពុជទេស: 则出现于吴哥时期的 K.935 碑铭和 K.956 碑铭中。由此可见，在 កម្ពុជ:、កម្ពុជទេស: 和 កម្ពុជទេស: 这三个古代柬埔寨的国名中，កម្ពុជ: 这个名称在当时使用得最为频繁。

在中国史籍中也可发现对前吴哥时期和吴哥时期柬埔寨国名的记载。中国学者苏继顾先生说："然我国史乘自三世纪前期起，则名此国曰扶南，至六世纪又名此国曰真腊，致其国名遂遮没不闻。至元初，始又重见于著录。如《元史·世祖本纪》八之干不昔，《真腊风土记》之澉浦只、甘孛智，《明史·真腊传》之甘武者、甘菩者、甘破蔗、柬埔寨等是。"[1] 例如，《元史》卷一一《本纪第一一》载："诏谕干不昔国来归附。"[2]《真腊风土记》载："真腊国或称占腊，其国自称曰甘孛智。今圣朝按西番经名其国曰澉浦只，盖亦甘孛智之近音也。"[3]《明史·真腊传》载："……其国自称甘孛智，后讹为甘破蔗，万历（1573 年至 1619 年）后又改为柬埔寨。"[4] 显而易见，上述中国史籍中的柬埔寨国名，无论是干不昔、澉浦只、甘孛智，还是甘武者、甘菩者、甘破蔗，都是对 កម្ពុជ:（即 កម្ពុជ:）一词的音译。中国史书的记载恰好是对上述碑铭研究结果的印证，说明 កម្ពុជ:（即 កម្ពុជ:）一词的确是当时使用率最高的柬埔寨国名。

កម្ពុជ:、កម្ពុជទេស: 和 កម្ពុជទេស: 这三个词的共同特点不仅是都源自梵语，[5] 而且都含有相同的词根 កម្ពុ（即 កម្ពុ）。据发掘于今天柬埔寨暹粒省的公元 947 年的 K.286 碑铭可推知，កម្ពុ 一词是柬埔寨历史上最早期国家的开创者——一位伟大的修行者的名字。这块碑铭讲述了另一个版本的柬埔寨建国传说。据这块碑铭记载，这位名叫 កម្ពុ 的修行者来到柬埔寨，与当地的女王 មេរា 结合在一起，建立了柬埔寨历史上的第一个王国，并孕育了高棉王族，即太阳王族。而法国学者乔治·克代斯（Georges Coedès）认为，កម្ពុ 与 មេរា 这两个名字合二为一的缩写形式 ខ្មែរ 便成为今天柬埔寨的主体民族——高棉族的名字。ខ្មែរ 一词最早出现于 K.227 碑铭中。

通过研究公元 4—14 世纪的柬埔寨碑铭我们还发现，កម្ពុ 一词也被用于构

---

① 苏继顾：《岛夷志略校释》，中华书局，1981 年，第 75 页。

② ［明］宋濂等：《元史》，国家图书馆出版社，2014 年，第 61 页。

③ ［元］周达观：《真腊风土记》，http://ishare.iask.sina.com.cn/f/11359997.html。

④ ［清］张廷玉等：《明史》，国家图书馆出版社，2014 年，第 2572 页。

⑤ 三词的梵语源词分别为：kamvuja、kamvudeça、kamvujadeça。

造重要的地名、神名和人名。例如：

កម្វុជរាជលក្ស្មី，其源词为 kamvujarājalaksmi。该词是前吴哥时期一位王后的名字，这位王后是真腊王国的开国之君拔婆跋摩一世的妻子。该词出现于 K.272 碑铭中。

កម្វុបុរី，其源词为 kamvupuri。该词是吴哥时期王都的名称，可译作"甘武城"。该词出现于 K.283 碑铭中。

កម្វុជេន្ទ្រ:，其源词为 kamvujendra。该词由 កម្វុ（kamvu）和 ឥន្ទ្រ（indra）两个词组合而成，表示一位神灵的名字。相传这位神灵是保护柬埔寨的。该词出现于 K.549 碑铭中。

依据碑铭资料我们还发现，កម្វុជទេស: 这一国名还具有非常重要的政治意义。在斯多高通碑铭和桑隆碑铭这两块关于高棉王族史的碑铭中，កម្វុជទេស: 一词出现于吴哥王国的开国之君阇耶跋摩二世登基仪式的记载中，作为表示吴哥王国的官方术语。在公元 14 世纪即吴哥王朝末期的 K.177 碑铭中，កម្វុជទេស: 这一国名已被 កម្វុរាស្ត្រ 一词所替代，该词意为"柬埔寨王国"。

2.2.3　对早期应用中梵语源外来词的总体分析

在前文我们以高棉文碑铭为语料文本，对其中梵语源外来词的早期应用状况进行了考释。在考释基础上，我们将对早期应用中的梵语源外来词进行适当的总体分析，重点就其借用方式、词形特征和形译特征做相关分析。

2.2.3.1　早期应用中的梵语源外来词的借用方式

在正式讨论之前，我们有必要厘清高棉语外来词的借用方式。"在普通语言学研究中，根据词汇借用的方式，学者们传统上把词汇借用分为以下几个大类：语音转写法（phonetic transcription），根据语音的发音、听觉特点，以系统的、前后一致的方式记录语音的方法，需在字母语言间才能实现；音译法（transliteration），将源语言的发音按本国语言的音位系统进行转写；意译法（translation），将源语言的词项按语义翻译到本国语言中。以上三种类型又包含若干小类，总之词语借用方式多种多样，且随着现实的需要还在不断产生新的'模子'。"[①]上述分类虽然较为符合字母语言的情况，却不能完全体现高棉

---

① 方欣欣：《语言接触三段两合论》，华中师范大学出版社，2008 年，第 31 页。

语外来词的突出特点，因而不能原封不动地直接运用于高棉语。参考普通语言学的观点以及其他一些语言中通行的分类方式，并结合高棉语外来词的自身特点，我们将高棉语外来词的借用方式分为音译、意译和形译三种类型。

根据前文高棉文碑铭中梵语源外来词与其源词在书写形式上的对应关系，我们发现历史上高棉语借用梵语源外来词的主要方式是形译。首先我们必须明确形译与形译词的定义。"形译"这种借词方式严格说来应称作"借形"，因为词的外形是无法翻译的，但为了与"音译""意译"这两个术语相对称，故而学界又把这种借词方式称为"形译"。史有为指出，外族语言的语词进入本族语言的基本方法之一是，"借用字形并借义（简称'借形'）"，而"从日语借来的汉字词，即为'借形词'"[①]。张永言认为："所谓'形译词'指的就是'连形带义'从日语中搬到汉语中来的词语。"[②] 杨锡彭认为："通过搬用文字书写形式借入的外来词，一般叫做借形词。这种借词方式一般称之为'借形'。"[③] 由此可见，有的学者将"形译"与"形译词"仅限于汉语词对日语词的借用范围中，这是不全面的。在此，我们更认可杨锡彭的观点。实际上，形译是用本族语言的文字书写形式记录外语词的词形以借用这个外语词，而以形译方式借入的外语词就是形译词。

根据高棉语形译词的内在差异，我们将其分为单纯形译词和形音兼借词这两类。单纯形译词是指，依照外语源词字母的构成用高棉文中相对应的字母加以转写，但根据高棉语的读音规则进行拼读的外来词。简而言之，这类形译词与外语源词同形、同义、不同音。单纯形译词在高棉语中为数较少，且多源自泰语词。由于这类形译词在高棉语形译词中不具代表性，并且泰语源外来词不在本书的研究范畴之内，所以在此不再展开讨论。

形音兼借词是指，按照外语源词字母的构成用高棉文中相对应的字母加以转写，且根据外语源词的读音规则进行拼读的外来词。简而言之，这类形译词与外语源词同形、同义，又同音。[④] 高棉语中的形译词多为形音兼借词。上文

---

① 史有为：《汉语外来词》，商务印书馆，2000年，第16—17页。
② 张永言：《词汇学简论》，华中工学院出版社，1982年，第95页。
③ 杨锡彭：《汉语外来词研究》，上海人民出版社，2007年，第144页。
④ 在进入高棉语后的实际使用过程中，一些形音兼借词的语音形式和书写形式可能会发生不同程度的变化，与外语源词不会完全同音、同形。但即便如此，这些词语的语音和词形与其源词间的关系依然清晰可见。

提到历史上高棉语借用梵语源外来词的主要方式是形译，但若将高棉文碑铭中梵语源外来词的语音和书写形式结合在一起与其源词做综合比对，我们便可进一步明确高棉文碑铭中梵语源外来词的借用方式实则是形译中的形音兼借。①

2.2.3.1.1　以形译方式引进梵语源外来词的表现

首先，通过前文对高棉文碑铭中梵语源外来词的考释，我们整理出了其中一些外来词与其源词之间的音、形关系对照表，直观地展现出历史上高棉语的确是以形译方式，确切地说以形音兼借方式吸纳梵语源外来词的。

表 2-1　部分梵语源外来词与源词间的音、形关系对照表

梵语源外来词	梵语源词	释义	析出碑铭
គីវគៃភ	çivagarbha	湿婆的诞生	K.809 碑铭
វិស្ណុគ្រាម	viṣnugrāma	毗湿奴的领地	K.521 碑铭
ឥសាន	içāna	伊奢那（湿婆神的别称）	K.314 碑铭
ភវ	bhava	发展；繁荣	K.939 碑铭
អមោឃ	amogha	富饶的，肥沃的	K.221 碑铭
ភទ្រ	bhadra	美丽的；美好的	K.852 碑铭
ហរ	hara	毁灭（坏事物）	K.175 碑铭
ព្រហ្មបុរ	vrahmapura	梵天的王都	K.235 碑铭
ឥន្ទ្រ	indraprua	因陀罗神	K.235 碑铭，K.292 碑铭
សោម	soma	俱毗罗神	K.918 碑铭
ចន្ទ្រ:	candra	月亮神	K.117 碑铭
សុរ្យ	suryya	太阳神	K.31 碑铭
កាម	kāma	爱神	K.467 碑铭

---

① 历史上不仅梵语源外来词借入高棉语的主要方式是形音兼借，巴利语源外来词也主要是通过形音兼借方式进入高棉语中的，所以高棉语中的形音兼借词通常就是梵巴语源外来词。由于本章研究的目标外来词是梵语源外来词，而巴利语源外来词属于下一章的研究内容，所以此处的分析我们暂不涉及巴利语源外来词，到下一章再对其进行研究。

（续表）

梵语源外来词	梵语源词	释义	析出碑铭
វរុណ	varuna	雨神；水神	K.262 S 碑铭
វគិន្ទ្រ	vagindra	善于雄辩的神	K.380 E
មង្គល	maṅgal	幸福	K.205 碑铭
ប្រសាន្ត	praçãnta	和平	K.187 碑铭
អមរលយ	amaralaya	仙境；天堂	K.393 碑铭
អភយ	abhaya	无畏的	K.357
ភោគ	bhoga	财富；财物	K.843 碑铭
ធន	dhana	财产；财宝	K.467 碑铭
វហា	vaha	车，车辆	K.467 碑铭
ប្រិយ	priya	令人愉快的	K.205 碑铭
វស្សន្ត	vassanta	春季，春天	K.221 碑铭
សិទ្ធិ	siddhi	成功	K.702 碑铭
វិក្រន្ត	vikranta	胜利的；凯旋的	K.697 碑铭
រង្គ	raṅga	生动的；别致的；多彩的	K.476 碑铭
ជ្យោតិ	jyoti	光芒	K.219 碑铭
មោក្ស	moksa	解脱；超升；涅槃	K.58 碑铭
វិទ្យា	vidyã	知识；学识	K.617 碑铭
កៃវល្យ	kaivalya	永远的幸福	K.868 碑铭
ស្រីនរេន្ទ្រ	çrinarendra	纳伦德拉神	K.276 碑铭
វីរេន្ទ្រ	virendra	维伦德拉	K.713 碑铭
មហាស្វរ	maheçvara	摩晒陀神	K.467 碑铭
ក្រេឞ្ឋ	çrestha	美丽的；美好的	K.944 碑铭
រុទ្រ	rudra	楼陀罗神	K.9 碑铭
វិស្វ	vishva	维萨神	K.91 碑铭

（续表）

梵语源外来词	梵语源词	释义	析出碑铭
ជយ័ក្សេត្រ	jayakṣetra	胜利广场	K.913 碑铭

其次，若从词形和语音的互动角度分析，我们发现梵语源外来词也确实是以形译中的形音兼借方式进入高棉语的，主要表现在以下两方面：

第一，两个连在一起的辅音字母未按高棉语读音规则拼读。

按照高棉语的读音规则，如果两个辅音字母直接相连，便构成一个音节：前一个辅音字母做首辅音，后一个辅音字母做尾辅音即阻声辅音，两者之间必添加元音/ɒ:/或/ɔ:/。例如，由辅音字母 ខ 和 ក 连在一起构成的高棉语词 ខក，其读音为/khɒ:k/；由辅音字母 ក 和 ង 组成的高棉语词 កង，其读音为/kɔ:ŋ/。

然而，如果某梵语源外来词也单纯由两个辅音字母构成，或包含由两个辅音字母构成的部分，其读音大多与高棉语拼读规则不相符，而遵循梵语读音规则，即这两个直接相连的辅音字母通常分别与元音/a/或/ea/相拼，构成两个音节。例如，在上表中，出自 K.939 碑铭的梵语源外来词 ភក 由辅音字母 ភ 和 ក 构成，该词并未按高棉语拼读规则读作/phɔ:w/，却依照梵语源词的读音读作/phea(k)wa(k)/。再如，在上表中，出自 K.357 碑铭的梵语源外来词 អភយ，词中后两个辅音字母 ភ 和 យ 连在一起并未按高棉语拼读规则读作/phɔ:i/，却模仿梵语源词的读音读作/phea(k)ja(k)/。这明显说明这两个词的借入方式是词形和语音兼借。

第二，尾辅音字母未对前一音节起阻声作用。

按照高棉语的读音规则，位于某音节末尾的辅音字母即尾辅音字母应对该音节的读音起阻碍作用，此时尾辅音字母对应的音位称作阻声辅音，它与被阻声的音节仍构成一个音节，该音节称作阻声拼音。其基本构成形式是：辅音+元音+阻声辅音。在读音时，阻声辅音前的辅音和元音正常拼读，而阻声辅音则不同于正常的辅音发音，其读音已弱化，起阻声作用。例如，辅音字母 ទ、元音字母 ុ 与尾辅音字母 ក 构成高棉语词 ទុក，其读音为/tu(k)/，即尾辅音字母 ក 做阻声辅音/(k)/，对 ទុ 的读音/tu/起阻碍作用。再如，高棉语词 អាច 由辅音字母 អ、元音字母 ា 与尾辅音字母 ច 共同组成，尾辅音字母 ច 对 អា 的读音起阻声作用，即 អាច 读/a:(c)/。

虽然一些梵语源外来词也拥有与阻声拼音词面形式相同的书面形式，但其读音大多与阻声拼音相异。它的辅、元音正常拼读，但尾辅音字母不做阻声辅音，而是与元音/a/或/ea/相拼，构成另一个音节，从而使貌似应读作阻声拼音的字母组合变读为双音节。例如，在上表中，出自 K.918 碑铭的梵语源外来词 សោម 由辅音字母 ស、元音字母 ោ 与尾辅音字母 ម 构成。该词并未按高棉语阻声拼音的拼读规则读作/saom/，却遵循梵语源词的读音读作/saoma(k)/，尾辅音字母 ម 未对 សោ 的读音起阻声作用，而是与元音/a/相拼，构成另一个音节/ma(k)/。再如，在上表中，出自 K.843 碑铭的梵语源外来词 ភោគ 由辅音字母 ភ、元音字母 ោ 与尾辅音字母 គ 组成，其读音为/phokea(k)/，尾辅音字母 គ 未做阻声辅音/(k)/，而是与元音/ea/相拼，构成另一个音节/kea(k)/。在高棉语中，有许多梵语源外来词的尾辅音字母都如上述情况一样，不做阻声辅音，而是与元音/a/或/ea/组成另一个音节，这充分表明梵语源外来词的确是以形音兼借方式进入高棉语的。

2.2.3.1.2　以形译方式借用梵语源外来词的原因

在柬埔寨古代历史上，随着印度文化的广泛传播，大量的梵语词随之源源不断地涌入高棉语中。这些词主要涉及宗教、哲学、艺术、文学等领域，词义抽象、复杂，而高棉语在这些领域中的固有词是相对贫乏的，无法很好地意译上述梵语词，因此只能考虑采用其他借词方式来吸纳这些梵语词。

而形译这种借词方式一般使用于文字系统相同或相近的语言间。例如自 20 世纪初起，汉语就从日语中源源不断地借用了大量词语，其借用方式基本上采用的是形译。使用拉丁字母的印欧语系语言之间相互借用语词时，形译也是它们较为常用的词语翻译方式。至于高棉语，古高棉文与古印度文之间便存在着发生学关系。高棉族早在公元 1 世纪，即扶南王国建国之初就已在古代南印度婆罗米文字的基础上创制了本族文字。关于扶南文字，中国史书形容"有类于胡"[①]，这个"胡"显然是指印度，说明扶南文字与古印度文字是相类似的，两种文字之间是有深厚的历史渊源的。扶南文字后经由帕拉瓦文字的过渡而形成古高棉文。柬埔寨学者曾将柬埔寨最早期的碑铭之一——公元 6 世纪的翰界碑铭（សិលាចារឹកហាន់ជ័យ）中的古高棉文与婆罗米文字母加以比较（见下图），发现两种文字之间存在着高度的一致性。

---

① ［唐］房玄龄等：《晋书》，国家图书馆出版社，2014 年，第 689 页。

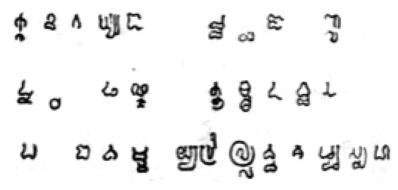

图 2-1　翰界碑铭中的古高棉文字母

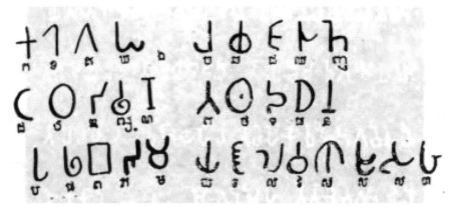

图 2-2　婆罗米文字母

显而易见，古高棉文字母 ក（第 1 行第 2 个）、ម（第 2 行第 6 个）、ទ（第 2 行第 7 个）、យ（第 3 行第 5 个）、វ（第 2 行第 8 个）与婆罗米文字母极其相似。这形象地说明，古高棉文的确是在古印度文的基础上生成的。

从图中我们还发现，两种文字字母表的排列方式一致，即高棉语的辅音按音位的同质性成组排列，其排列组合形式与梵语辅音非常相似。如图所示，古高棉文辅音字母和婆罗米文辅音字母的第 1 组都是舌根软腭音（舌面后音）/k/、/kh/、/ŋ/，第 2 组都是舌面硬腭音（舌面音）/c/、/ch/、/ɲ/，第 3、4 组都是舌尖齿龈音（舌尖前音），第 5 组都是双唇音/b/、/ph/、/p/、/m/。这说明两种文字的辅音字母之间存在语音上的相关性。

并且两者的大部分元音也可以相互比对。高棉语和梵语在元音方面的紧密联系也可通过公元 7 世纪的昂久尼碑铭（សិលាចារឹកអង់ជម្ញឹក）得以证实。由该碑铭可知，当时高棉语中使用的元音仅有 14 个，且这 14 个元音均源自梵语，它们便是今天独立元音的初始形态。而现代高棉语中的其余元音也是在这 14 个梵语元音的基础上逐渐生成的。

由此可见，文字系统间的发生学关系使借形方式成为高棉语借用梵语词的最佳选择。而高棉语和梵语之间的语音相关性，使梵语词的借入在借形的同时也可兼顾音译，最终梵语词以形音兼借的方式进入高棉语，高棉语中以形音兼借为代表的形译词由此大量产生。正如柬埔寨学者龙辛（ឡ្ងសៀម）所言："用一套字母①代表两种语言，导致高棉语从梵语这种具有权威性的宗教语言中借用了许多词汇。"②

在此，我们还可通过对古印度 Mandagappattu 碑铭的高棉文转写版形象地证实高棉语和梵语之间可借助形译方式实现对译。Mandagappattu 碑铭是一块雕刻于公元 7 世纪的古印度的婆罗米文碑铭，可完全转写成高棉文形式。

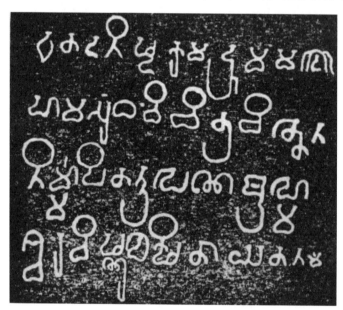

图 2-3　Mandagappattu 碑铭

Mandagappattu 碑铭的高棉文转写版：

១ ឯតទនិប្បុកម្បុមមលោ

---

① 此处的"一套字母"并非指高棉语和梵语使用一模一样的字母体系，而是指这两种语言拥有相似的文字系统。

② ឡ្ង សៀម. រកស់ពួសំស្រ្តីគដំប៉ូងក្នុងភាសាខ្មែរបុរាណ. កម្ពុជសុរិយា លេខទី ១ ឆ្នាំ ១៩៩៦.

២ ហាមសុធរវិចិត្រ ចិត្តន

៣ និម្មា បិតន្ធរប(ណ)ព្រហេ្ម

៤ គូរវិឆ្លេរក្សិតាយតនម

2.2.3.2 早期应用中的梵语源外来词的特征

通过前文对高棉文碑铭中梵语源外来词的考释，我们发现早期应用于高棉语中的梵语源外来词具有鲜明的词形特征和形译特征。

2.2.3.2.1 词形特征

由于历史上高棉语吸纳梵语源外来词的主要方式是形译，确切地说是形译中的形音兼借，因此在词形方面，梵语源外来词，尤其是早期输入的梵语源外来词，有着不同于高棉语固有词的显著特征。这一点我们通过考释高棉文碑铭中的典型性梵语源外来词已有所了解。在考释基础上，我们将对早期应用中梵语源外来词的词形特征进行总体归纳。

第一，带有罗巴符号"ំ"。例如：

គរ្ំ 湿婆神的别称（K.44 碑铭）[①]

ព្រហ្មតភំ 梵天的诞生（K.352 碑铭）

មលយ:បរ្ំិត: 马来亚山（K.136 碑铭）

ទ្វិរទបរ្ំិត: 象山（K.136 碑铭）

ត្រីសុរ្យ្យបរ្ំិត 太阳神宫殿（K.31 碑铭）

ឝសចាយ្ំ្រ 非凡的；了不起（K.40 碑铭）

罗巴符号"ំ"是源自梵语的一种语音符号，伴随着梵语源外来词的输入而进入高棉语中，附着于辅音字母之上，使涉及该符号的单词不按高棉语读音规则拼读，而是沿袭梵语读音，且读音较为复杂，无规律可循。对罗巴符号"ំ"的借用，体现了高棉语对梵语源词的完整形译。罗巴符号"ំ"进入高棉语后，仅用于早期输入的梵语源外来词，成为其词形上的一种显著特征。

第二，带有取消符号"ៈ"。例如：

សម៌ានៈ 六道轮回；生死循环（K.34 碑铭）

សាហៈ 凶恶的，凶残的（K.40 碑铭）

---

① 例词中括号内的碑铭名称表示例词出处。下同。

អន៑សង功德；好报；康乐；繁荣（K.39 碑铭）

ប្រតិយ៑ាក清楚的；确定的（K.40 碑铭）

取消符号"ំ"是高棉语中的一种语音符号，附着于词尾辅音、元音字母之上，表示该字母不发音。取消符号"ំ"是伴随着高棉语对梵语源外来词的语音同化而产生的。这是因为历史上梵语都以多音节词居多，以形音兼借方式进入高棉语中的梵语源外来词自然多为多音节词。而高棉语固有词的音节数目通常不超过 3 个，为了融入高棉语系统，梵语源外来词必然要经历语音同化，缩减音节便成为其语音发展的趋势。由于早期输入于高棉语中的许多梵语源外来词已有了形译而来的固定书面形式，不便再做较大改动，于是取消符号"ំ"被创制出来，以原有书面形式为基础，标记于词尾辅音字母之上，使其不再发音，从而对梵语源外来词实现删音留形的改造。因此，取消符号"ំ"便成为早期输入的梵语源外来词的词形标志之一。

第三，带有强化符号"ំ"。例如：

ក័ត្ត切；割（K.32 碑铭）

ភ័រ្រ្គន被艾梭拉神保护的人（K.149 碑铭）

ជយរ្គន拥有胜利（K.453 碑铭）

មោក្សល្យ涅槃地（K.58 碑铭）

ហរិហារល្យ诃利诃罗（毗湿奴神和湿婆神的合体）（K.235 碑铭）

សុរិយារ្គន被太阳神保护的人（K.31 碑铭）

强化符号"ំ"也是高棉语中的一种语音符号，其产生是早期输入的梵语源外来词在一定程度上遵循源语读音规则的需要。强化符号"ំ"通常出现于"辅音字母／重叠辅音字母[①]＋阻声辅音字母／ᵣ"结构的梵语源外来词中，附着于其中的辅音字母或上辅音字母之上，提示人们该结构已不按常规拼读，应遵从梵语读音规则拼读。

第四，以独立元音为首辅音字母。例如：

ឥន្ទ្ររ្គន因陀罗跋摩（K.14 碑铭）

ឦសានបុរ：伊奢那神之城（K.314 碑铭）

ឱ្យ给，给予（K.39 碑铭）

---

① 重叠辅音字母是指两个辅音字母上下重叠：上面部分为上辅音字母，下面部分为下辅音字母（或称作字脚）。上辅音字母仅读作其对应的辅音音位，下辅音字母读全音。

ឧត្តល 无与伦比的（吴哥碑铭）

独立元音是高棉语中一类特殊的元音，是指无需依附于辅音字母可独立存在的元音。所谓的"独立存在"，是指可单独成词或构成单词一部分。独立元音本为源自于梵语的古字母，最初正是通过高棉语对梵语词的"完全借形"而流入高棉语中的，其在外形上明显不同于高棉语固有字母，且主要出现于早期输入的梵语源外来词中，在其中做首辅音字母，所以以独立元音为首辅音字母便成为早期输入的梵语源外来词的词形标志之一。

第五，以同一辅音字母相重叠。例如：

មន្ត 咒语；符咒（K.31 碑铭）

អាសាឍ 佛历十一月（K.28 碑铭）

ព្រះសវន 某官职名（K.29 碑铭）

ចក្រ 周期；循环（K.31 碑铭）

高棉语本族语词是绝不会以同一辅音字母相互重叠的，因为这样的重叠结构违背了高棉语的读音规律。而这种重叠结构在早期输入的梵语源外来词中却属于常见现象，因为该结构正是梵语中拼读与拼写规则相互适应下的衍生物。所以，以同一辅音字母相重叠的结构也成为梵语源外来词在书面形式上的重要特征之一。

第六，阻声辅音字母为 ឌ、គ、យ、ជ、ដ、ឌ、ឡ、ណ、ប、ទ、ធ、ក、ភ。例如：

បទ 形式（K.28 碑铭）

សុឌ 健康（K.393 碑铭）

ភោគ 财富；财物（K.843 碑铭）

អមោយ 富饶的；肥沃的（K.221 碑铭）

按照高棉语的字母组合规律，上述 13 个字母从不做高棉语固有词的阻声辅音字母。但在梵语中，这 13 个字母却可以做阻声辅音字母，并且这类组合形式通过对梵语词的早期形译式借用而传入高棉语中，成为早期输入的梵语源外来词的专属组合形式，这 13 个阻声辅音字母也由此成为其词形标志之一。

第七，以重叠辅音形式代表阻声辅音音位。例如：

គិរតុប្ប 湿婆的支持（K.212 碑铭）

វស្សន្ត 雨季（K.600 碑铭）

គិរលិង្គ 湿婆的林伽（K.697 碑铭）

រាមក្សេត្រ 某地区名称（K.221 碑铭）

在高棉语中，有一类重叠辅音结构打破高棉语拼读、拼写常规，即位于词尾，并且不按正常的重叠辅音发音规则发音，而是变读为阻声辅音音位，这是高棉语在早期以形译方式吸纳梵语词并使其语音同化的结果，是早期输入的梵语源外来词的又一区别性标志。

第八，有元音附着于阻声辅音字母或附着于起阻声作用的重叠辅音。例如：

ពិត្រ 仪式；典礼（K.34 碑铭）

សម្បត្តិ 财产；财富；财宝（K.34 碑铭）

ពៃរ្យ 仇人（K.40 碑铭）

សិទ្ធ 成果；进步（K.22 碑铭）

按照高棉语的阻声辅音字母搭配规则，阻声辅音字母只可由一个辅音字母充当，不可再与元音组合，否则这便不是阻声辅音字母，而是构成一个音节了；阻声辅音字母也不可由重叠辅音结构充当，更莫提再附着元音了。上述例词之所以形成不符合高棉语拼写规则的特殊结构，都是由于高棉语在早期先以形译方式借用梵语词，之后又对其进行语音同化，以符合高棉语音节短小的语音特征，所以此类结构的特殊性成为早期输入的巴利语源外来词的书面特征之一。

2.2.3.2.2 形译特征

所谓形译特征是指，梵语源外来词作为形译词的特征。在前文我们已分析指出，历史上梵语词进入高棉语的主要方式是形译中的形音兼借，并且之前通过对高棉文碑铭中代表性梵语源外来词的重点考释，我们发现早期应用中的梵语源外来词具有作为形译词，确切地说是作为形音兼借词的许多显著特征。

2.2.3.2.2.1 隐性形译

隐性形译是指，以高棉文字母对梵语源词词形的转写而形成的外来词词形与其源词词形有着很大区别。这种形译特征致使没有一定语言文字功底的人难以将梵语源外来词与其源词联系起来。这是因为高棉文和梵文各自经历了长期的演变和发展，其字母的书写形式和排列方式都发生了巨大变化。以高棉文为例，它最初是在古代南印度婆罗米文字的基础上形成的，后经由帕拉瓦文字的过渡而形成古高棉文。然而古高棉文的外形与现代高棉文相比也存在着很大差异。（见图 2-4）这是因为"从古至今，高棉文共进行了十次文字改革"[①]。并且柬埔寨学者认为，自 1945 年后，高棉文又出现了一些新变化。从 20 世纪初法国殖民时期出版的高棉文书籍来看，一些辅音、元音字母的书写的确与现今使用的高棉文有一定差别。可见，即使高棉语文字系统自身在古、今形式上都存在着巨大差异，就莫说高棉文与梵文之间的不同了。所以，没有受过专门语言训练的人是不能立即判定出梵语源外来词与其源词之间的借形关系的。

图 2-4　现代高棉文字母与公元 6 世纪古高棉文字母对比图

注：左侧为现代高棉文字母，右侧为公元 6 世纪翰界碑铭中的古高棉文字母。

此外，重叠辅音现象的存在也是促使隐性形译特点形成的另一原因。高棉语中的重叠辅音现象源自梵语和巴利语，是伴随着词语借用过程逐渐形成的，而这种重叠辅音现象在高棉语中的长期存在又对梵语源外来词的形译结构造成了影响。高棉语中的重叠辅音不是从音位学意义上，而是从文字本位出发界定的概念。它是指两个辅音字母上下重叠。因此严格来说，它应该被称作重叠辅

---

① George Maspéro, *Grammaire de langue khmer*, Paris: Errest Leroux, 1915, pp. 48-49.

音字母。但在高棉语的历史发展中，"重叠辅音"这一提法由来已久且根深蒂固，所以为方便使用，柬埔寨人仍沿用这个名称。在重叠辅音中，上面部分为上辅音字母，下面部分为下辅音字母（或称作字脚）。

历史上高棉语以形译方式借用梵语词时，若源词中含有重叠辅音，转写为高棉语词后，会出现的变化是，源词中的上辅音字母在高棉语中被换成另外一个字母。这种情况出现的前提条件是，上辅音字母同时又是前一个音节的阻声辅音字母[①]。据推测，这种重叠形式的梵语源形译词最初被借入高棉语中时，其词形与源词词形是完全一致的，但其上辅音字母若按高棉语语音对前一音节起阻声作用时却并不顺口，之后为了合乎高棉语的发音规律和拼读习惯，该上辅音字母逐渐被另一个更适合对前一音节起阻声作用的字母所取代。多为辅音字母 ᵌ 被 ᵶ 所取代，体现在音位上就是，双唇音 "ꞓ/w/" 被另一个双唇音 "ᵶ/p/" 所取代。

例如 K.293 碑铭中的梵语源外来词 "ᵶᵻᵱᵻ（财产，财富）"，其源词形式为 "ᵶᵻᵼᵻ"。在源词的重叠辅音结构 "ᵼᵻ" 中，上辅音字母 "ᵌ" 同时又是前一音节结构 "ᵶᵻ" 的阻声辅音字母。但若按高棉语语音规则加以拼读，"ᵌ" 在此对 "ᵶᵻ" 起阻声作用却并不符合高棉语的阻声特点，于是字母 "ᵌ" 被更适合对 "ᵶᵻ" 起阻声作用的字母 "ᵶ" 所取代。

2.2.3.2.2.2　适应高棉语的读音规则和拼写规则

梵语源外来词在以形译方式被借入高棉语中后，若要真正融入高棉语词汇系统、成为其必要组成部分，必然要使自身的形译过程适应高棉语的读音规则和拼写规则。这成为梵语源外来词的又一形译特征。

高棉语在形译梵语词时，会依据本族语的读音规则对源词做适当调整，主要是对音节中元音的调整。例如 K.213 碑铭中的梵语源外来词 "ᵴᵻᵻᵻ（魔力；魔法）"，若完整形译为高棉语，应转写为 "ᵴᵻᵻᵻᵻ"。这是一个以阻声辅音结尾的词语。按照高棉语的读音规则，音节中的元音若为 "ᵕ"，该音节是不可以以阻声辅音结尾的，所以元音 "ᵕ" 就被换为与其音质最为相近且可接阻声辅音的元音 "ᵕ"，源词 "ᵴᵻᵻᵻ" 在高棉语中便被改写为 "ᵴᵻᵻᵻᵻ"。

---

① 在高棉语中，位于音节末尾，对音节的读音起阻碍作用的辅音称为阻声辅音，或称为尾辅音。代表阻声辅音音位的字母称作阻声辅音字母。

与此同时，梵语源形译词的书写形式也会为了顺应高棉语的拼写规则而做相应调整，主要是对阻声辅音字母和下辅音字母的调整。例如 K.810 碑铭中的梵语源外来词"ព្រះ（挑衅者；侵犯者）"，将其源词完整形译为高棉语词的词面形式应是"ព្រហ"。在这个词形中，辅音字母"ហ"做阻声辅音字母。但按照高棉语的拼写规则，阻声辅音/h/是不可由辅音字母"ហ"来呈现的，即辅音字母"ហ"是不可做阻声辅音字母的，阻声辅音/h/通常由阻声辅音字母"ស"或元音"◌ះ"来表达。于是对于不符合高棉语拼写规则的源词形式"ព្រហ"，人们选择了将"ហ"改写为"◌ះ"，"ព្រហ"由此变为"ព្រះ"。

2.2.3.2.2.3　顺应源形

顺应源形是指，梵语源外来词与其源词的词形保持着高度一致。

虽然高棉语在以形译手段吸纳梵语词时，会根据本族语的读音规则和拼写规则对源词做程度不一的调整，但通过前文的具体考释我们发现，在梵语源外来词输入高棉语中的最初阶段，这些词还是以顺应源形为主，形成了不同于高棉语固有词的书面特征。在此，我们以梵语语音符号的留存、对首辅音和尾辅音字母的选择为例加以说明。

在梵语源形译词中，有一些词附着有罗巴符号"◌̊"，让人一眼就可判断出它们源自梵语。因为罗巴符号"◌̊"是源自梵语的一种语音符号，是通过高棉语对梵语源词的完整形译而进入高棉语中的。并且罗巴符号"◌̊"被借入高棉语后，其应用范围未扩展，仅用于早期输入的梵语源外来词，成为其词形上的一种显著特征。所以罗巴符号"◌̊"的保留，体现了梵语源形译词对其源词词形的高度顺应。

在梵语源形译词中，有一部分词的首辅音字母是极其有特色的，直接显现出它们的词源属性。因为这些首辅音字母并非高棉语中常规的辅音字母，而是源自梵语的古字母，最初是伴随着梵语、巴语源外来词的借入而进入高棉语语言体系中的，之后逐渐演变为高棉语中的独立元音。由于独立元音原为梵语的古字母，所以它与梵语源外来词是相生相随的，成为其词形标志之一。高棉语中的独立元音共有 13 个，分别是 ឥ、ឲ、ឧ、ឩ、ឱ、ឰ、ឯ、ឯ、ឮ、ឩ、ឥ、ឥ。它们如果参与构词，几乎都位于词首。[①]可以肯定的是，但凡首辅音字

母为独立元音的词，或以独立元音单独构成的词，就不是高棉语固有词，而主要是源自梵语的形译词，以独立元音为首辅音字母便成为梵语源形译词顺应源形的重要表现形式之一。例如：

ឯ 至于，就……而言。（吴哥碑铭）

ឥសានវ្រិន 伊奢那跋摩。（K.22 碑铭）

ឥស្វរ: 湿婆神的别名。（K.91 碑铭）

ឲ្យ 给，给予。（K.39 碑铭）

ឧត្តល 无与伦比的。（吴哥碑铭）

ឥន្ទ្រ 因陀罗。（K.235 碑铭）

ឧត្សា 努力。（吴哥碑铭）

除了首辅音字母，部分梵语源形译词的尾辅音字母也是特色鲜明。高棉语固有词若含有阻声辅音字母即尾辅音字母，能够出现在尾辅音字母位置上的字母通常为 ក、ច、ត、ន、ប、ម、យ、ល、រ、ស，而以 ខ、ត、យ、ឌ、ដ、ឆ、ឈ、ណ、ច、ទ、គ、ព、ភ 为尾辅音字母的词通常是形译而来的梵语源外来词。长此以往，这 13 个尾辅音字母便成为梵语源形译词的又一词形标志，以其为尾辅音字母便成为梵语源形译词顺应源形的另一重要表现形式。例如：

គិរិបាទ 湿婆的脚。（K.344 碑铭）

វ្យាធ 猎人捕象。（K.276 碑铭）

យសោធ 美丽而光荣的。（K.70 碑铭）

អមោឃ 富饶的，肥沃。（K.221 碑铭）

2.2.3.2.2.4 删音简形

删音简形是指，高棉语在以形音兼借方式吸纳梵语词时，有时会先删减源词的音位或音节，而其结果一般是导致词形的简化。换言之，删音引起简形。

高棉语固有词以单音节词为主，其音节数目最长通常也不会超过 3 个，而梵语词多为多音节词，其音节数目超过 3 个的词比比皆是。所以，历史上高棉语在以形音兼借方式吸纳梵语词时，有时会先删减源词的音位或音节，通常导致其词形的简化。这成为早期输入的梵语源外来词在形译方面的重要特点之一。

例如 K.522 碑铭中的梵语源外来词"ចក្ស（眼睛）"，其源词在高棉语中的完整转写形式是"ចក្សុស"。但高棉语在以形音兼借方式借入该词时，将其尾辅音/h/省去，导致对应的尾辅音字母"ស"随之消失，从而使其书写形式"ចក្រស"简化成"ចក្រ"。再如 K.468 碑铭中的梵语源外来词"ទទឹម（石榴）"，若对源词完整借形，其在高棉语中应记写为"ទាឌិម"或"ឌាឌិម"或"ឌាលិម"。而高棉语在形译该词时，缩减了第一个音节中的元音"ា"，并对第二个音节做了一定调整，使其书写形式简化为"ទទឹម"。

2.2.3.2.2.5　删音留形

删音留形是指，高棉语在以形音兼借方式吸纳梵语词时，有时会先删减源词的音位或音节，但仍将其相应的书写形式保留在形译词中。

如前所述，历史上高棉语在以形音兼借方式吸纳梵语词时，有时会先删减源词的音位或音节，以符合高棉语音节简洁、短小的特征。正常情况下，音位或音节的删减必然会引起词形的简化，但有时高棉语也会对此做特殊处理，即虽然删减了源词的音位或音节，但仍在形译词中保留其相应的书写形式。早期输入高棉语的梵语源外来词中有相当数量的词属于删音留形的状况，这是其在形译方面的又一重要特征。

该特征首先体现在词尾的重叠辅音结构中。在早期输入高棉语的梵语源外来词中，有许多词的词尾虽是重叠辅音结构，却不按重叠辅音读音规则发音，而是只将重叠辅音结构中的上辅音字母按阻声辅音发音，下辅音字母不发音，但留其形。以 K.31 碑铭中的梵语源外来词"សូត្រ（吟诵；默诵；朗诵）"为例，其书面形式与其源词是完全一致的，但两者的读音却有区别："សូត្រ"的梵语源词读音为/so(t)ra(k)/，而其高棉语读音则为/so(t)/，源词的第二个音节/ra(k)/在高棉语中被删减，即词尾重叠辅音结构"ត្រ"的下辅音字母"្រ"不再发音，但其形仍得以存留。

再以 K.31 碑铭中的梵语源外来词"អនន្ត（无限的，无穷的）"为例，其对源词词形是完整转写的，但对源词读音却有所调整。"អនន្ត"的梵语源词读音为/ʔa(k)nɔnta(k)/，而其高棉语读音则为/ʔa(k)nɔn/，源词的末音节/ta(k)/在高棉语中被删减，即词尾重叠辅音结构"ន្ត"的下辅音字母"្ត"不再发音，但其形式仍保留在词中。在高棉语中，词尾若为重叠辅音结构，通常该结构按上辅音字母对应的阻声辅音发音，下辅音字母不发音，这已成为高棉语常见的语音现象，实际上是梵语源形译词"删音留形"的长期产物。并且，这种代表阻声辅音音位的重叠辅音结构一般是伴随着梵语源外来词进入高棉语中的，因此它成为梵语源外来词的词形标志之一。

删音留形特征的另一重要体现是高棉语的语音符号之一——取消符号"ّ"的存在。取消符号"ّ"的功能是，附着于词尾辅音字母或元音字母之上，表示该字母不发音。取消符号"ّ"通常出现于梵语源形译词词尾辅音或元音字母之上，使高棉语在借入该字母书面形式的同时舍弃其读音。例如K.176 碑铭中的梵语源外来词"ប្រយោជន៍（利益；功利）"，按其源词的字母构成——对应的高棉语转写形式为"ប្រយោជន"。但高棉语在形音兼借该词时，为了简化其语音，便将其词尾辅音字母"ន"的读音省去，但仍将字母"ន"保留在该词的词面形式中，为此便将取消符号"ّ"标记于字母"ន"之上，即 ប្រយោជន៍。

梵语源形译词删音留形的特征是在高棉语对梵语源外来词进行语音同化的进程中逐渐形成的。之前我们已提到，梵语源外来词在历史上是通过形音兼借的方式进入高棉语的。为了适应本族语的语音系统，这些外来词大多要经历不同程度的语音同化过程。高棉语音节简洁、短小的特征使缩减音节逐渐成为外来词语音发展的重要趋势。鉴于许多早期输入的梵语源外来词已通过形译方式有了较为固定的书面形式，并且相对于语音形式而言，这些词的书面形式在柬埔寨大众语言生活中也更为固化，不宜再做较大改动，对此人们便进行了上述形式的删音留形，即对位于音节末尾的辅音字母 ɪ 采取舍其音、留其形的处理方式；创制取消符号"ّ"，将其置于需要删音的词尾辅音字母之上，使该字母只见其形、不闻其音。

总之，删音留形既使早期输入的梵语源形译词在保持与源词词形高度一致的基础上简化了语音形式，也可以避免高棉语中出现更多的同音同形词，从而方便人们认读与记忆众多形译词。并且，删音留形，尤其是借助取消符号"ّ"的删音留形，不仅是高棉语采用形译方式吸收梵语源外来词的显著证明，而且是高棉语对梵语源外来词实行语音同化的特殊方式。

2.2.3.2.2.6　补形固音

补形固音是指，某些语音符号添加于梵语源外来词中，使之在书面形式上区别于高棉语固有词，并有助于提示梵语读音，进而使梵语读音在梵语源外来词中逐渐固化。

如前所述，在梵语源外来词输入高棉语中的最初阶段，这些词还是以顺应源形为主。这种通过严格对应源词字母构成形译外来词的方式虽然很好地体现了源词的书写特征，但与源词词形的完全匹配必然导致有异于本族语的语音形式的引入，从而不利于柬埔寨人的顺利拼读。尤其是某些梵语源外来词的书写形式符合高棉语拼写规则、而其读音却遵循梵语拼读规则的情况，就更是给柬埔寨人的认读造成了障碍，他们首先不知这些词是高棉语固有词，还是梵语源外来词，进而不知该按高棉语读音规则，还是按梵语读音规则拼读这些词。于是柬埔寨人将某些语音符号添加于这类词中，以使之在词形上与高棉语固有词有明显区别，并起到提示梵语读音的作用，从而使梵语源外来词的梵语读音不断固化下来。

例如 K.39 碑铭中的梵语源外来词"ព័ន្ធ（交错，交叉）"，其源词在高棉语中的完整转写形式是"ពន្ធ"。两相比较，"ព័ន្ធ"比源词多一强化符号"ៈ̆"附着于辅音字母"ព"之上。这是由于高棉语是通过形音兼借方式借用梵语词"ពន្ធ"的，按梵语读音规则，该词应读作/puəan/。这给柬埔寨人的拼读造成了障碍，因为在梵语词"ពន្ធ"的外形并无典型外来词特征的情况下，人们自然习惯按本族语词的拼读规则将其读作/pontho:/。于是强化符号"ៈ̆"被添加于辅音字母"ព"之上，以凸显该词的外源性，且表示其由高棉语读音/pontho:/变读为梵语读音/puəan/。

再如 K.40 碑铭中的梵语源外来词"បល្ល័ង្ក（王位；宝座，御座）"，若按其源词词形完整转写，其书面形式应为"បល្លង្ក"。按高棉语读音规则，"បល្លង្ក"中的第二音节应读作/lɔŋ/，但由于该词被借入高棉语中时是形音兼借的，因此其第二音节应按梵语读音规则读作/laŋ/。这给柬埔寨人的拼读造成了障碍，因为对于这个外形类似于本族语词的外来词，他们习惯于按本族语词的读音规则拼读。因此，为了便于柬埔寨人能正确认读该词，强化符号"ៈ̆"被添加于辅音字母"ល"之上，以表示音节/lɔŋ/变读为/laŋ/。

补形固音特征表明，在形音兼借梵语词的过程中，通过补充词形，源词的语音得以在高棉语外来词中实现准确对译。并且这一特征还体现了梵语源外来词中词形和语音之间的互动关系：词形的变化影响着语音的认同度，而语音的认同度又促成了词形的变化。正所谓以补形而固音，因音固而形存。直至今天，词形和语音之间的互动变化仍在高棉语外来词领域内缓慢进行着。

2.2.3.2.2.7 形译读音与音译读音的竞争

梵语源外来词进入高棉语后，在读音方面必然要经历形译读音与音译读音相互竞争的过程。在高棉语借用梵语词的最早期，即高棉文尚未诞生之前，主要采用的是音译方式。由于古高棉文是在古印度文的基础上创制而成的，所以随着古高棉文的出现，在音译的同时也借助形译，即以形音兼借方式来吸纳梵语词则更为便利，于是源词的语音形式和书写形式都被借入高棉语中。虽然古高棉文与梵文之间颇有渊源，然而高棉语与梵语毕竟是不同的语言，且各自的文字又都经历了不同的历史演变和发展，其字母组合方式和拼写规则必定不可能完全吻合，所以许多梵语源外来词的书写形式与源词相比都存在着程度不一的差异。"而书写形式（字母组合方式）本身又附带有语音符号功能，很大程度上会形成新的语音形式（我们称之为形译读音），于是音译读音和形译读音自然形成一种竞争关系。"[①]

表 2-2　早期输入的梵语源外来词的音译读音和形译读音

梵语源外来词	音译读音	形译读音
មោយ 无效；无益；无用	/mo:khea(k)/	/mo:(k)/
លេខ 数，数字；写；画；划	/le:kha(k)/	/le:(k)/
វិការ 疾病	/wika(k)ra(k)/	/wikɒ:/
វិកល 缺陷；残废	/wika(k)la(k)/	/wikɔl/
លោកិយ 世上的	/lo:kěi/	/lo:kějea(k)/
ត្រឹតក 奴婢	/phri(t)ta(k)ka(k)/	/phritɔ(k)/
វណ្ណវរ 盾牌；铠甲	/wiəna(k)wiərea(k)/	/wiəna(k)wiə/
វិចេស្តន 故作姿态	/wicaihsdɔn/	/wice:hsdɔn/
វិប្រធន 幽静的；神秘的	/wipra(c)cha(k)na(k)/	/wipra(c)chan/
ប្រិយប្រាយ 动听的话语	/prěipra:ja(k)/	/prěiprai/

---

① 易朝晖：《泰语外来词同化现象研究》，世界图书出版广东有限公司，2013 年，第199 页。

（续表）

梵语源外来词	音译读音	形译读音
កិន្នរ 神鸟紧那罗	/kĕnnɒ:/	/kĕnɒ:/
ក្រម 法典；法规	—	/krɒ:m/
ទឹម 套；扛	—	/tim/
ទុល 隆起；鼓起；突起；顶起	—	/tul/
ទ្វេក្រោស 困境	—	/thwe:kriəh/
កាណ៌（王族用语）耳	—	/ka:/
កាល 时候；时间	—	/ka:l/
មាស 月份	—	/miəh/
សុស 烧成灰烬	—	/soh/
គម្ប 目的；方向	/koumja(k)/	—
ទិនមុខ 黎明，清晨	/tinea(k)mu(k)/	—
ទ្រព្យា 所有财产，一切财富	/truəa(p)phiə/	—
នភមប្រាណ 风；空气	/nea(k)phea(k)mea(k)pra:n/	—
ប្រថពី 大地	/pra(k)tha(k)pi:/	—
មរកត 绿宝石	/mea(k)rea(k)kɔ(t)/	—
វិស្វភូ 毗舍婆佛	/wiswa(k)phu/	—
សន្រាសភាព 猝死，暴死	/sanja:sa(k)phiə(p)/	—

由上表可知，形译读音与音译读音竞争的结果有三种：一些词依然保留着音译读音，未生成形译读音；一些词的音译读音与形译读音并存；一些词的音译读音消失，形译读音胜出。

相对而言，在高棉语语音系统的制约和影响下，形译读音更易胜出，即使音译读音有时会通过补形固音的方式得以强化。形译读音胜出，是高棉语对梵语源外来词语音同化成功的标志。如果一些只有形译读音的梵语源外来词在外形上又无典型的外来词特征，那么它们极有可能会被误认为高棉语固有词。例如，កាណ៌（[王族用语] 耳）、ក្រម（法典；法规）、ទឹម（套；扛）、ទុល（隆起；鼓起；突起；顶起）、ទេព្រាស（困境）。这些梵语源外来词与纯高棉语词在音、形方面毫无二样，并且还是柬埔寨人日常交际中的高频词，只有通过查阅词典方可明确其外来词身份。这也说明高棉语对上述形音兼借词的同化达到了最高境界。

"音译读音淡出，因形译产生的新的形译读音胜出，形译读音有可能部分切断外来词和其外语源词之间的语音联系，干扰我们对语音同化中语音对应规律的研究。"[①] 所幸的是，高棉语中一些梵语源外来词既有形译读音，又保留了音译读音，使我们能从中洞察到外来词与其源词在语音方面的内在关联性。

在表 2-2 中，一些梵语源外来词就既有音译读音，又有形译读音，例如，"វិការ（病，疾病）"的音译读音为/wika(k)ra(k)/，形译读音为/wikɒ:/；"មោឃ（无效；无益；无用）"的音译读音为/mo:khea(k)/，形译读音为/mo:(kh)/；"វិកល（欠缺，缺陷；残废）"的音译读音为/wika(k)la(k)/，形译读音为/wikɔl/；"ប្រិយប្រាយ（动听的话语）"的音译读音为/prĕja(k)pra:i/，形译读音为/prĕipra:i/；"វណ្ណវរ（盾牌；铠甲）"的音译读音为/wiəna(k)wiərea(k)/，形译读音为/wiəna(k)wiə/。

由上述例词可知，音译读音与形译读音并存的现象具体又分为两种情况：一是音译读音与形译读音匹配同一语义，如"មោឃ"一词，其音译读音为/mo:khea(k)/，形译读音为/mo:(k)/，但都表示"无效；无益；无用"之意；二是音译读音与形译读音匹配不同语义，如"លេខ"一词，其音译读音为/le:kha(k)/，匹配"写；划；画"之意，其形译读音为/le:(kh)/，匹配"数字；号码"之意。

上述音译读音与形译读音匹配同一语义的情况主要是由于社会因素的作用。一方面，一些梵语源外来词早已融入高棉语词汇系统中，大多已成为柬埔寨人语言交际中的常用词，在本族语的语音同化下逐渐生成新的形译读音。另一方面，这些梵语源外来词本身又是婆罗门教或佛教教义中的常见词，其作为宗教用语的读音即音译读音有其不可替代性。对于具有深厚宗教传统的柬埔寨人而言，掌握这些宗教词语的音译读音自在情理之中，这是对宗教信仰心存虔诚的表现，这使得音译读音得以传承，即使在形译读音出现的同时，它也以浓

---

① 易朝晖：《泰语外来词同化现象研究》，世界图书出版广东有限公司，2013 年，第199 页。

郁的宗教性存在于高棉语语音体系内，与形译读音形成共存同义的效果。例如，"ប្រិយព្រាយ（动听的话语）"的音译读音/prĕja(k)pra:i/多用于宗教场合，其形译读音/prĕipra:i/多用于日常交际；"វិការ（病，疾病）"的音译读音/wika(k)ra(k)/更具浓郁的宗教性，其形译读音/wikɒ:/的宗教色彩则淡化许多；"វិកល（欠缺，缺陷；残废）"的音译读音/wika(k)la(k)/多用于宗教场合，其形译读音/wikɔl/多用于日常生活。

　　音译读音与形译读音匹配不同语义的原因则在于语义同化。梵语源外来词被借入高棉语后，在经历语音同化和词形同化的同时，通常还要接受语义同化。语义同化的重要特征是，外来词进入高棉语词汇系统后，其语义较之源词发生程度不一的变化，有些在源词语义基础上发展出新的义项。"由于形音兼借词兼有音译读音和形译读音两种读音选择，原有义项继续使用音译读音，新生义项匹配形译读音的可能性是很大的。"[1]梵语源外来词"លេខ"便属于这种情况。"លេខ"对应的源词本义是"写；划；画"，在进入高棉语经历了语音、语义和书面词形同化后，"លេខ"不仅生成了新的形译读音/le:(kh)/，而且还在本义"写；划；画"的基础上发展出新的义项"数字；号码"。结果是，原有义项"写；划；画"继续使用音译读音/le:kha(k)/，新生语义"数字；号码"匹配形译读音/le:(kh)/。

　　从表 2-2 中我们还发现，一些梵语源外来词进入高棉语后，依旧保留其音译读音，未生成新的形译读音，这是语言内在机制作用的结果。我们比较一下表 2-2 中仅有音译读音和仅有形译读音的两组词，显而易见的是，仅有形译读音的词多为高棉语中的常用词，如 ក្រម（法典；法规）、កាល（时候；时间）、មាស（月份）。而仅有音译读音的词在日常用语中则较少出现，如 និគមប្រាណ（风；空气）、មរកត（绿宝石）、វិស្សភូ（毗舍婆佛）。两相比较，仅有形译读音的词在日常交际中的使用频率要远远高于仅有音译读音的词。由此可知，梵语源外来词使用频率的高低对音译读音与形译读音间的此消彼长有着重要影响：若梵语源外来词使用频率高，则音译读音消失、形译读音生成的可能性就大；若梵语源外来词使用频率低，则音译读音消失、形译读音生成的可能性就小。此外，一些梵语源外来词仍保留其音译读音、未生成新的形译读音是

---

① 易朝晖：《泰语外来词同化现象研究》，世界图书出版广东有限公司，2013 年，第 203 页。

为了避免与高棉语固有词同音，如 កម្រ（目的；方向）。

本章小结

本章是对高棉语中梵语源外来词的溯源，重点考察的是，高棉语中梵语源外来词的文化源头及其在高棉文碑铭中的早期应用状况。依据《三国志》《晋书》《南齐书》《梁书》《隋书》《旧唐书》等中国古代史籍以及柬埔寨古代碑铭得以证实，正是印度文化在柬埔寨的传播及影响，导致了梵语源外来词对高棉语的大量输入。并且由上述史料可知，印度文化对柬埔寨文化的影响集中于宗教、建筑与雕刻艺术、文学等领域，随之传入的梵语源外来词也相应地分布于这些领域，其中早期输入的梵语源外来词主要出现于碑铭中。对此，我们可通过柬埔寨前吴哥王朝时期和吴哥王朝时期的碑铭原文作为梵语源外来词借入的形象证明。

1. 前吴哥王朝时期的代表性碑铭（参见附录一：前吴哥王朝时期的代表性碑铭）。

表2-3　前吴哥王朝时期代表性碑铭中梵语源外来词数据表

序号	碑铭名称	词语总数	梵语源外来词数量	比例
1	波罗勉寺碑铭（一）	98	37	38%
2	波罗勉寺碑铭（二）	117	42	36%
3	Ka7 碑铭	24	6	25%
4	Ka24 碑铭	14	3	21%
5	Ka26 碑铭	4	2	50%
6	Ka11 碑铭	192	25	13%
7	Ka12 碑铭	27	9	33%
8	Ka13 碑铭	88	20	23%
9	塔利雷瓦特碑铭	206	35	17%
10	九宫寺碑铭	208	19	9%

2. 吴哥王朝时期的代表性碑铭（参见附录二：吴哥王朝时期的代表性碑铭）。

表 2-4　吴哥王朝时期代表性碑铭中梵语源外来词数据表

序号	碑铭名称	词语总数	梵语源外来词数量	比例
1	德饶槟润寺碑铭（节选）	84	38	45%
2	棉花林碑铭	135	57	42%
3	Ka77 碑铭	33	11	33%
4	Ka67 碑铭	33	4	12%
5	K.1051 碑铭	85	44	52%
6	Ka17 碑铭	267	59	22%
7	Ka59 碑铭	64	19	30%
8	Ka212 碑铭	117	14	12%

由以上所有碑铭图文及相关数据可知，梵语源外来词在上述碑文中占有很大比例，足见梵语源外来词在前吴哥王朝时期、吴哥王朝时期的高棉语中所占据的重要分量。

通过考察柬埔寨历史上第一块高棉文碑铭——公元 611 年的安哥波利碑铭以及公元 7—14 世纪 122 块代表性高棉文碑铭，笔者考证出了最早出现于高棉语中的 5 个梵语源外来词，展现了高棉文碑铭中的梵语源外来词概貌，并通过对 118 个地名类梵语源外来词的重点考释，揭示了这类外来词的源词形式、总体特征、词汇类别以及词汇结构等。在考释基础上，笔者对早期应用中的梵语源外来词进行了适当的总体分析，重点就其借用方式、词形特征和形译特征做了相关分析。

第三章　高棉语中的巴利语源外来词溯源

随着小乘佛教在真腊王国的传播、兴盛并居于统治地位，小乘佛教文化也依托巴利语和巴利文、佛教典籍及其文学作品、建筑与雕刻艺术、佛教绘画、佛历节日等众多文化载体在真腊国内广泛流行开来，并逐渐成为真腊王国的主流文化。作为小乘佛教传经布道的宗教语言，巴利语在真腊发展得甚是迅速，取代梵语成为柬埔寨当时的官方语言，与民间语言高棉语展开了深入接触，巴利语源外来词由此大量进入高棉语中，成为小乘佛教文化在高棉语系统中的一种留驻方式和直接反映。

3.1　高棉语中巴利语源外来词的文化源头

在柬埔寨的真腊王国时期，随着小乘佛教被尊为国教，小乘佛教文化在真腊全国范围内迅速传播开来，与柬埔寨本土文化实现了全面接触，逐渐渗入到当地社会生活的各个领域，在宗教、文学、艺术、语言文字等方面对柬埔寨文化起着补充、改造和引导的作用，使柬埔寨文化的核心发生了重大变化，成为高棉语中巴利语源外来词的文化源头。

3.1.1　关于小乘佛教在柬埔寨传播的学术争论

关于小乘佛教（又称上座部佛教）在柬埔寨的传播，学界通常持有三种观点。第一种观点认为，小乘佛教是由暹罗（今天的泰国）传入真腊的。[①]13 世纪，随着真腊的衰落，原先在真腊控制下的暹罗逐渐兴起，并对真腊造成很大威胁。自 13 世纪中期起，暹罗与真腊开始了激烈的交战。当时的暹罗人已信奉小乘佛教，小乘佛教便是伴随着暹罗与真腊间的战争从暹罗传入真腊的。加之后来暹罗人在对柬埔寨大部分地区持续 3 个世纪的统治中大力推行小乘佛

---

① 小乘佛教传入柬埔寨时，柬埔寨处于真腊时代，确切地说，是处于真腊时代中的吴哥王朝晚期。

教，从而使绝大多数高棉人改信了小乘佛教。

对此，美国学者 L. P. 布里格斯（L. P. Briggs）持有异议，他认为"那些侵入柬埔寨的素可泰的泰人或暹罗人对上座部佛教传入柬埔寨实际上并没有起多大作用"[1]，他说："他们在高棉帝国相对来说是新来者，对高棉人或多或少是敌视的。因此，按常规，只能是这些新来者皈依当时高棉人信仰的大乘佛教。"[2] 他的看法引出了学界的第二种观点，即小乘佛教是由湄南河流域的孟族僧侣传入真腊的。在此之前，小乘佛教早已存在于孟族。12 世纪末，孟族高僧查帕塔将其传入缅甸，并仿照锡兰大寺派佛教在缅甸创立了一个上座部佛教的教团。[3] 该教团成员中便有一位高棉王子。某些近代学者认为，他可能是阇耶跋摩七世的儿子，他对小乘佛教在真腊的传播发挥了一定作用。后来，僧侣将小乘佛教由缅甸重新传播到湄南河流域孟族各国。13 世纪中叶，小乘佛教又从此地向外传播：向北传到泰族人地区，向东传到高棉人地区。当小乘佛教传入真腊后，立即为民众所接受，首先在他们当中传播开来。总之，关于小乘佛教在真腊的传播，第二种观点与第一种观点的相异之处在于，他们认为，小乘佛教不是由泰族人，而是由孟族人传入真腊的，真腊人不是被动地，而是主动地接受小乘佛教的。第二种观点看来不无道理，但即便如此，有一点不可否认的是，信奉小乘佛教的暹罗人对柬埔寨大部分地区的长期占领，对小乘佛教在柬埔寨的传播和发展无疑也是具有促进作用的。

第三种观点则是完全不同于前两种观点的新颖看法，其持有者是柬埔寨学者米赛达内（មីសែល ត្រាណេ）。他认为早在前吴哥时期即公元 8 世纪左右，小乘佛教就已存在于真腊，而非是在 13 世纪由泰族人或孟族人传入真腊的。这个观点出现于 21 世纪初，是伴随着 Ka110 碑铭被世人发现而诞生的。Ka110 碑铭成文于公元 761 年，发现于今天泰国东部巴真武里府地区的农沙巴。[4] 这块碑铭以古高棉文和巴利文共同书写而成，虽然其中古高棉文占多数，但它仍

---

[1] L. P. Briggs, *The Aneient Khmer Empire*, PhiladelPhia: White Lotus Co Ltd, 1951, p. 242.

[2] 同上。

[3] 大寺即摩诃毗诃罗，是斯里兰卡阿努拉达普拉城的上座部佛教中心。大寺派佛教即上座部佛教。

[4] 此地在当时属于柬埔寨的领土。

是柬埔寨历史上最早的巴利文碑铭。碑文是一首颂扬小乘佛教"三宝"①恩德的赞美诗，米赛达内正是由此推知小乘佛教早在公元 8 世纪左右就已出现于当时的柬埔寨，并否认小乘佛教是通过泰族人或孟族人传入的。至于当时小乘佛教是通过何种途径传入的，米赛达内却并未给出明确说法。

然而不管上述三种观点相异几何，有一点我们可以明确的是，公元 13 世纪小乘佛教已传入当时的柬埔寨即真腊，这有下列四点证据为证：1296 年到达真腊的元朝使臣周达观在《真腊风土记》中描述有真腊小乘佛教的情况；继公元 716 年 Ka110 碑铭之后所发现的最古老的巴利文碑铭成文于 1309 年；"因陀罗跋摩国王供奉了一座上座部佛教寺庙和佛陀塑像；标志着完全受上座部佛教影响的新宫廷传统的《高棉编年史》在 14 世纪中叶开始了它的记录。"②

3.1.2 小乘佛教在柬埔寨优势地位的确立

如上所述，公元 13 世纪小乘佛教已传入真腊，那么当时正值阇耶跋摩八世当政期间。此时湿婆教又重新被尊为国教。多年来信奉婆罗门教或大乘佛教的历代国王们大兴土木修建华丽庙宇，耗费大量的供品去供奉众多的神灵和菩萨，并为祭司和僧侣提供着奢侈豪华的生活。例如，阇耶跋摩七世为了其母死后能成佛，把拥有 79,365 人的 3140 个村庄专门划给其母作庙宇差役，庙里有 18 名高僧，2740 名主祭司，2202 名侍僧和 615 名舞女，花 11,000 多磅的金片银片作为装饰，每天供应大量的食物。③这使人民承担了繁重的劳役和赋税，人民为此苦不堪言。而小乘佛教倡导简单、俭朴、克己、苦行，不建庞大华丽的庙宇，不允许僧侣们享受豪华奢侈的物质生活，摒弃了繁琐的宗教仪式，这都迎合了广大真腊人民摆脱沉重负担的愿望。并且小乘佛教不像婆罗门教和大乘佛教那样由国王强迫人民接受，而是通过僧侣们的悉心讲解使人们明确教义

---

① 佛教三宝是指佛宝、法宝、僧宝。佛宝，是指已经成就圆满佛道佛教三宝的一切诸佛。法宝，是指诸佛的教法。僧宝，是指依诸佛教法如实修行的出家沙门。

②［新西兰］尼古拉斯·塔林：《剑桥东南亚史 I》，贺圣达、陈明华、俞亚克等译，云南人民出版社，2003 年，第 247 页。此处的因陀罗跋摩国王即 13 世纪末即位的因陀罗跋摩三世。

③［澳］威·贝却敌：《沿湄公河而上——柬埔寨和老挝纪行》，石英译，世界知识出版社，1958 年，第 52 页。

后自觉接受，这使小乘佛教赢得了民心，因而一经传入真腊便在民众间得到迅速而广泛的传播，逐渐在全国范围内形成了一场历史性的宗教改革。西方史学家认为这是一次自下而上的群众性运动，致使因陀罗跋摩三世在位时，把小乘佛教奉为国教。为表示对小乘佛教的虔诚信奉，他将小乘佛教的宗教语言巴利语定为官方语言，规定以巴利文取代梵文用于碑铭的雕刻，把国家财政收入的一部分捐赠给佛寺，甚至于他最后放弃了王位，去佛寺修行去了。从此以后，不再只是某些人、某个阶级或阶层在某段时期内信奉某种宗教或教派，而是整个高棉民族都长期信仰小乘佛教，成为它的忠实信徒。自此，"梵文碑刻被巴利文手稿取代；旧有的婆罗门教祭司阶层则被持钵游讨的僧侣取而代之。"[1] 虽然因陀罗跋摩三世之后的两位国王曾尝试复辟湿婆教、打压小乘佛教，然而这不过是昙花一现，他们最终未能阻挡住举国信奉小乘佛教的历史潮流。1296年到达真腊的元朝使臣周达观在描述当地的佛教徒时写道："为僧者呼为苧姑[2]，苧姑削发穿黄，偏袒右肩，其下则系黄布裙，跣足。"[3] 从其穿着打扮看，正是小乘佛教徒。并且周达观还在书中描写道："寺亦许用瓦盖，中止有一像，正如释迦佛之状，呼为孛赖[4]。穿红，塑以泥，饰以丹青，外此别无像也。"[5] 明确指出，当地寺庙中只供奉佛祖释迦牟尼的塑像，而不供奉其他任何神灵的塑像。并指明真腊寺院"无钟鼓铙钹"[6]，意即"不用乐"。这种"不用乐"的习俗与大多数小乘佛教地区至今保持的同类习惯相一致。关于僧人的日常生活，周达观在书中记载道："僧皆茹鱼肉，惟不饮酒"，"所诵之经甚多，皆以贝叶叠成，极其齐整。于上写黑字，既不用笔墨，但不知其以何物书写。"[7] 真腊僧人的"食鱼肉、不饮酒、诵读贝叶经"的习惯与当今小乘佛教徒的同类情况是一一对应的。从周达观对当时真腊宗教状况的描述来看，小乘佛

---

① ［新西兰］尼古拉斯·塔林：《剑桥东南亚史 I》，贺圣达、陈明华、俞亚克等译，云南人民出版社，2003 年，第 133 页。

② 苧姑是泰语 Chǎo Ku 的音译，意即小乘佛教僧人。参见陆峻岭、周绍泉：《中国古籍中有关柬埔寨资料汇编》，中华书局，1986 年，第 131 页。

③ ［元］周达观：《真腊风土记》，http://ishare.iask.sina.com.cn/f/11359997.html。

④ 为梵语 Prǎh 的音译，意即圣者。参见陆峻岭、周绍泉：《中国古籍中有关柬埔寨资料汇编》，第 131 页。

⑤ ［元］周达观：《真腊风土记》，http://ishare.iask.sina.com.cn/f/11359997.html。

⑥ 同上。

⑦ 同上。

教在当时的确已成为该国的主流宗教。

3.1.3 小乘佛教文化在柬埔寨的传播及影响

随着小乘佛教传入真腊并逐渐取代婆罗门教和大乘佛教的地位，真腊"由崇尚祭司的宗教文化变成崇尚僧侣的宗教文化"[①]。首先，巴利语及巴利文在真腊迅速发展起来，因为巴利语是小乘佛教传经布道的宗教语言，巴利文是记录小乘佛教典籍的书面文字。在小乘佛教兴起的因陀罗跋摩三世时代，这位国王将巴利语定为官方语言，将巴利文用于碑铭的雕刻上，以显示对小乘佛教的虔诚信仰。从此在真腊国内，巴利语取代了梵语的官方语言地位，巴利文碑铭和手稿替代了梵文碑铭。[②]

随着小乘佛教文化在真腊的传播与兴盛，除了僧侣们以巴利语这种小乘佛教的宗教语言传经布道外，以巴利文记录的小乘佛教典籍或文学作品也大量传入真腊，如由斯里兰卡传入的巴利文三藏，即律藏、经藏和论藏，以及其他各种巴利文佛教典籍。小乘佛教徒们为了在真腊弘扬佛法，在国内兴起一种"解经文学"，即把少数学问高深的文人才能读懂的巴利文三藏经翻译成高棉文，或是用高棉文进一步阐释小乘佛教教义，以期达到传教弘法的目的。柬埔寨的佛教文学就是从翻译、注释巴利文三藏经开始的。在这类作品中，常见的有：《巴利佛语》，即记录佛祖言语的作品；《佛语评注》，即对《巴利佛语》进行评注的作品；《释言》，即对《巴利佛语》中的专业词汇进行解释的作品；《释言注》，即对《释言》中的语言进行注疏的作品。

然而，真正被普通高棉百姓所熟悉和记住的并不是深奥烦琐、晦涩枯燥的佛教经典文献，而是那些以佛经故事为素材，经过高棉文学家的艺术加工和再创造，用活泼生动的语言讲述出来的文学作品。这类作品中的主人公和故事情

---

① ［新西兰］尼古拉斯·塔林：《剑桥东南亚史 I》，贺圣达、陈明华、俞亚克等译，云南人民出版社，2003 年，第 134 页。

② 柬埔寨最后一块梵文石碑出土于吴哥地区东北部的迦苾拉城（Kapilapura），时间约在公元 1330 年。

节基本上都能在《佛本生故事》[①]和《五十本生故事》[②]中找到原型。

高棉文三藏中记录的佛本生故事共有 550 个。这些故事不仅仅属于寺庙，它们已通过各种传播途径和媒介流传到高棉民众中。其中，最为高棉人熟知的是《毗输咀罗本生故事》。该故事的写作风格为散文体，但语句中也不乏韵词、韵音，因此读起来朗朗上口、深入人心。《毗输咀罗本生故事》还被当时的能工巧匠雕刻于各个庙宇的墙壁上或是画在大型画布上。在著名的巴扬古寺的石壁上就有大块关于这个故事的浮雕。柬埔寨高僧们在节日里颂唱经文时也常常将这个故事拿来诵读。在诵读过程中，僧人们通常会加入自己的理解和创作，使这些作品愈发体现出高棉民族性。

《五十本生故事》传入柬埔寨后，其中的许多故事也被高棉文学家拿来翻译或重新创作，如《索昆唐王子的故事》《苏密国王》《特明吉的故事》等。其中，《特明吉的故事》里的少年特明吉与《玛霍萨塔本生故事》[③]中的玛霍萨塔几乎完全相同。柬埔寨文学家纽泰姆（ញ៉ក ថែម）认为："这些故事成文于佛历 2000—2200 年，即公历 1457—1657 年间。这段时期正好是中南半岛国家的一些僧侣前往斯里兰卡学习佛法并学成回国的时期。而这些本生经故事正是僧侣们回国后陆续撰写的。"[④]

---

① 《佛本生故事》又称《佛本生经》，是小乘佛教经典中最具文学性的作品之一。《佛本生经》有广义和狭义之分：广义是指佛经中的一个部类，包括所有讲述释迦牟尼前生事迹的作品；狭义是指南传巴利文佛典小部中的一部佛经，它将一些关于佛陀前生事迹的故事编辑在一起，共计 547 个。《佛本生经》不仅是一部宗教典籍，而且是一部年代久远、规模宏大、流传极广的民间故事集。《佛本生经》中的 500 本生故事不仅在印度本土及南亚地区源远流长，而且随着小乘佛教的传播，在世界各地也广泛流传。在信仰小乘佛教的地区，《佛本生经》的本生故事几乎家喻户晓。许多国家既有巴利文原典，也有翻译和改写本，成为其民族文学的组成部分。

② 柬埔寨的《五十本生故事》又译作《般若本生故事》，源自泰国的《清迈五十本生故事》。《清迈五十本生故事》是由清迈一位高僧效仿《佛本生故事》以巴利文所著。此书原稿的文章结构、写作手法与《佛本生故事》相同，也包括今生故事、前生故事、偈陀、注释和对应五部分。由于东南亚各民族文化融合程度较高，因此无法确定《清迈五十本生故事》中的故事是纯泰族故事，但可以肯定的是，该文集的发源地是泰国的清迈，文集中的故事以清迈为中心传播到柬埔寨、老挝、缅甸等东南亚其他国家乃至更广的地区。

③ 《玛霍萨塔本生故事》是仅次于《毗输咀啰本生故事》在柬埔寨流传非常广的本生故事。

④ យើងហុកឌី. ទិដ្ឋភាពទូទៅនៃអក្សរសាស្ត្រខ្មែរ. បណ្ណាគារអង្គរ. ឆ្នាំ ២០០៣. ទំព័រទី ៧៨.

小乘佛教文化的传播与兴盛使这一时期真腊的建筑与雕刻艺术呈现出不同于以往的风格。在此之前，柬埔寨的建筑与雕刻艺术体现的是印度艺术的风格，具有婆罗门教或大乘佛教的艺术神韵，而此时则散发出浓郁的小乘佛教艺术气息。正如《真腊风土记》所载："每一村或有寺或有塔，人家稍密。"①此时真腊的佛教寺院在总体布局上呈现出的特点是：四周以矮墙围绕而形成一座长方形，规模不大，但空间开阔，根据实际情况灵活布置；建筑类型较少，在建筑造型上没有固定的形制；寺院一般包括佛殿、佛塔、鼓楼、僧舍和藏经室等部分，各部分之间没有明显的序列关系，只有主次关系，即以佛殿为中心，其余建筑物围绕于旁边；寺院中树木较多，多为菩提树。而此时的雕刻艺术中佛像是唯一题材。

小乘佛教文化的传播与流行使佛教绘画成为此时真腊绘画艺术的主要形式和典型代表。佛画广泛分布于真腊各地的寺庙和佛教徒家中，其主要创作者是小乘佛教徒，通常在寺庙的墙壁或白色的布卷上作画。佛画主题包括佛祖画像，佛祖从入胎、出生、出家、降魔、成道、转法轮直至涅槃的一生经历和佛经故事。寺庙的壁画以佛像和佛本生故事为蓝本，而佛教徒家中供奉的主要是在白布上创作的佛像。佛画的主要功能包括供佛教徒瞻仰敬奉、展现佛祖的威严、传播佛教教义、发展佛教美术。佛画的特点是栩栩如生、色彩艳丽。

小乘佛教文化在真腊的传播也为其带来了佛教历法。佛历是释迦牟尼佛悟道以后制定的历法，以释迦牟尼死后一年为纪元元年，比世界通用的公历早534年。从小乘佛教在真腊兴起至今，柬埔寨全国通行的历法一直是佛历。

与此同时，与佛历相关的节日及其节庆仪式也在真腊国内流行至今。周达观在《真腊风土记》中较为详细地记载了同佛历相关的每一年间的主要岁时节日。首先是佛历一月的节日及其节庆仪式，周达观如是记载道："每用中国十月以为正月。是月也，名为佳得。当国宫之前，缚一大棚，上可容千余人，尽挂灯球花朵之属。其对岸远离二三十丈地，则以木接续缚成高棚，如造搭扑竿之状，可高二十余丈。每夜或设三四座，或五六座，装烟火爆仗于其上，此皆诸属郡及诸府第认值。遇夜则请国主出观，点放烟火爆仗，烟火虽百里之外皆见之。爆仗其大如炮，声震一城。其宫属贵戚，每人分以巨烛槟榔，所费甚

---

① ［元］周达观：《真腊风土记》，http://ishare.iask.sina.com.cn/f/11359997.html。

夥，国主亦奉使观焉。如是者半月而后止。"①之后周达观又大致描述了其余一些佛历月份的节日情况："每一月必有一事，如四月则抛球，九月则压猎，压猎者，聚一国之众，皆来城中，教阅于国宫之前。五月则迎佛水，聚一国远近之佛，皆送水来与国主洗身。陆地行舟，国主登楼以观。七月则烧稻，其时新稻已熟，迎于南门外烧之，以供诸佛。妇女车象往观者无数。国主却不出。八月则挨蓝，挨蓝者舞也。点差伎乐，每日就国宫内挨蓝，且斗猪斗象，国主亦请奉使观焉，如是者一旬。其余月份不能详记也。"②从周达观对真腊佛历节日的亲历描述可以获悉，该国节庆仪式里常常使用鼓乐，僧侣及佛事法会亦掺入其中，这都是小乘佛教的重要习俗特征。

小乘佛教文化的传入与兴起也促成了真腊寺院教育体系的形成。寺院成为教育的中心，由僧侣组织实施。无论是穷人或富家子弟都是先进入寺院学习经文、读书认字，由僧侣担任教师。正如《真腊风土记》所载，当时真腊国"俗之小儿入学者，皆先就僧家教习。暨长而还俗，其详莫能考也"③。这种佛教教育与国民教育融为一体的现象与其他小乘佛教国家的教育状况存在着相当程度的一致性。

小乘佛教文化传播到真腊大地为高棉族全民信奉后，高棉人体验到的是一种全新的宗教文化，它蕴含了丰富的智慧和哲理，它对宇宙的阐释、对人生的洞察，对人性的反思、对概念的分析等都有十分独特而深刻的见解。高棉人需要用语言来表达他们接触到的这种全新的宗教文化，由于高棉语本族语词汇的空缺，他们只好借用巴利语词汇加以表述，从而使高棉语词汇体系中出现了大量的巴利语源外来词。这些外来词遍及宗教、哲学、文化、艺术、教育等各个领域，成为高棉语语言宝库中不可或缺的部分。例词列举见下表：

表 3-1　巴利语源外来词示例表

巴利语源外来词	释义
កឋិន	加顶节
កម្មវាចា	佛规

① ［元］周达观：《真腊风土记》，http://ishare.iask.sina.com.cn/f/11359997.html。

② 同上。

③ 同上。

（续表）

巴利语源外来词	释义
កុសល	功德；幸运
គម្ពីរ	经书
ចតុប្បារិសុទ្ធិសីល	四贞
ចតុរារិយសច្ច	四谛
ទស្សនវិជ្ជា	哲理
ធម្មទេសនា	宣讲佛法；传教；布道
នាគព័ន្ធ	蟠龙寺
នាដក	舞者
នាម	巴利语语法
ទន្តម័យ	象牙雕刻品；象牙制品
ទសមុខ	十首王①
ធម្មនិទ្ទេស	阐释教义
ធម្មមន្ទីរ	藏经阁
ធាតុចេតិយ	舍利塔
និម្មាបនកម្ម	建筑术；魔法，魔术
នេមិរាជ	佛本生故事之一
បក្តតននា	历法
បញ្ញាសាខា	五戒
បណ្ឌិត	圣贤；贤人
បព្វជ្ជវិធី	剃度仪式
បរមត្ថវិជ្ជា	玄学
បរលោក	来世

① 柬埔寨文学作品《林给故事》中的人物。

（续表）

巴利语源外来词	释义
បរិញ្ញា	博学
បរិវាសកម្ម	佛法中对比丘的刑罚
បរិវេណ	（寺庙的）回廊
បាណាតិបាត	杀生
បិណ្ឌបាតទាន	斋僧；布施

另外，我们还可通过碑铭、佛教典籍、贝叶经等文字载体作为巴利语源外来词借入的形象证明。此处内容详见本章小结。

3.2　巴利语源外来词在高棉文历史文献中的早期应用

小乘佛教文化在柬埔寨的广泛传播及深入影响为其注入了新鲜的文化血液，促使高棉语中出现诸多新颖的巴利语源外来词。这些巴利语源外来词通常存在于碑铭、佛教典籍、贝叶经等文字载体中，所以这些文字载体提供了丰富而又经典的巴利语源外来词语料，是我们考释早期借入的巴利语源外来词的重要依据。

3.2.1　最早的"高棉文+巴利文"碑铭与巴利语源外来词

柬埔寨历史上最早的"高棉文+巴利文"碑铭中含有大量颇具代表性的巴利语源外来词语料，为我们准确考察高棉语中巴利语源外来词的早期应用状况提供了极具说服力的一手资料。

3.2.1.1　最早的"高棉文+巴利文"碑铭概况

在柬埔寨，相比于梵文碑铭和高棉文碑铭，巴利文碑铭的数量极少。目前已知的柬埔寨最早的巴利文碑铭是雕刻于公元 761 年、发现于今天泰国东部巴真武里府地区的农沙巴的 Ka110 碑铭。严格来说，该碑铭并非一块单纯的巴利文碑铭，它由高棉文和巴利文共同书写而成，因此我们又可将其称为柬埔寨历史上最早的"高棉文+巴利文"碑铭。碑文共有 27 行文字：第 1—3 行、第 17—27 行以高棉文书写，第 4—16 行以巴利文书写，因此确切地说，Ka110

碑铭是柬埔寨历史上最早的一块"高棉文+巴利文"碑铭。Ka110 碑铭在柬埔寨碑铭领域具有非常重要的地位，它不仅是研究柬埔寨小乘佛教历史的基础性资料，而且还是巴利语源外来词开始进入高棉语中的最确凿的史料证据。

Ka110 碑铭的文章体裁是诗歌，具体而言是一首颂扬佛教三宝恩德的赞美诗，旨在教导众生在依照佛法修行的过程中要有极为纯净的心境，即皈依三宝时在心态上必须做到心诚意正。Ka110 碑文的创作者是一位名叫舍利弗（ពុទ្ធសិរី）的高棉人。其名借自小乘佛教中一位大比丘的名字，这位大比丘是佛陀十大弟子之一，以智慧第一著称。作者舍利弗在碑文中所书写的关于弘扬三宝的话语蕴含着清晰而又深刻的思想内涵，展现了前吴哥时期生活于这片真腊属地上的高棉人拥有有助于三藏经学习的经书法则，如语音学、语义学、韵律学、庄严论等，并展现了高棉佛教徒的高深学识和能力。同时，这篇碑文也向世人展示了古代柬埔寨同佛教古国斯里兰卡之间的宗教文化联系。

Ka110 碑铭中的诗歌体裁是十四言诗，这是古代巴利文诗歌体裁的一种，这种诗体每句 14 个音节，要求每句的第一、二、四、八、十一、十三、十四个音节相互押韵。Ka110 碑铭中的这首诗共包含有 168 个音节，分为 12 诗节。每一诗节有 14 个音节，包括 7 个重长音节和 7 个轻短音节。同时每一诗节又分为 3 小节，分别颂扬佛、法、僧三宝。并且诗歌中所使用的辞藻是经过精心挑选的，使用的是极其华丽、工巧而有文采的词语，可以表达出动听悦耳、芬芳馥郁而又清晰流畅的诗句内容。

这种精湛、高超的诗歌创作手法受到柬埔寨学者米赛达内的大加称赞，将这首十四言诗形象地比喻为一条智慧的念珠，将组成该诗的 168 个音节比作相连成串的 168 颗大大小小的珠子，认为大珠子代表佛、绳串代表法、小珠子代表僧，佛、法、僧三宝的精髓完全蕴含于这一串念珠之中，意即佛教的重心是正法，佛法由佛陀所证所说，由僧众能持能传。若要制成一条绝佳的念珠需要精挑细选出极为纯净、明亮的珠子，而这是要具备天赋的。这就是说需要有精选辞藻、遣词造句的天资，方可造就出一篇诗文佳作。而上述诗歌的 12 诗节被米赛达内喻为 12 条珠串，每条珠串上系有 14 颗珠子，比喻每一诗节有 14 个音节，其中 7 个重长音节被比作 7 颗大珠子，7 个轻短音节则被比作 7 颗小珠子。每条珠串又分为 3 小串，表示每一诗节又分为 3 小节。纵横交错的一条条珠串在一颗颗晶莹剔透、有序排列的明珠的映照下散发出璀璨夺目的光芒，令人目眩神迷。这就好比一个个华丽、工整的辞藻经过作者独具匠心的运用组织成了上述这首字字珠玑、句句经典的十四言诗，读后令人如沐春风、深受感化。

作为柬埔寨历史上最早的"高棉文+巴利文"碑铭，Ka110 碑铭的高棉文部分共有大约 132 词，其中巴利语源外来词共计 51 个，占 39%，这是巴利语源外来词正式出现于高棉语中的确凿证明（参见附录三：Ka110 碑铭）。

3.2.1.2　最早的"高棉文+巴利文"碑铭中的巴利语源外来词考释

在此，我们摘录该碑铭中高棉文段落的第 1—3 行作为考释对象。由上文可知，所摘录的碑文片段中含有大量的巴利语源外来词，如第 1 行碑文中的 សត្ត、ករុណា、 មោក្ខំ、ចន្ទ្រា 等，第 2 行碑文中的 យស្ស、សាតរ、សមុត្ត、សញ្ញកតី 等，第 3 行碑文中的 ទេយ្យ、តទុប្បមំ、ចិត្តា、លក្ខន្តំ 等。

由于 Ka110 碑铭是柬埔寨历史上最早的"高棉文+巴利文"碑铭，所以含有大量的巴利语源外来词，这对于巴利语源外来词的溯源研究具有重要意义。首先，这标志着巴利语源外来词正式出现于高棉语中。换言之，这说明我们已知的高棉语中最早的巴利语源外来词源自于公元 761 年的 Ka110 碑铭，意即它们在高棉语中最初出现的时间大约在公元 8 世纪中叶。其次，Ka110 碑铭中的巴利语源外来词展现了巴利语源外来词最早期的应用状况。

由于 Ka110 碑文所对应的高棉语处于古高棉语时期，所以存在于其中的巴利语源外来词也属于古高棉语形态。并且 Ka110 碑铭的文章体裁是古代巴利文诗歌体裁的一种，其中的巴利语源外来词多为诗歌词汇的专属形态，不同于与之对应的古高棉语一般词汇形态。将 Ka110 碑铭第 1—3 行的古高棉语原文与其现代高棉语译文加以比对，我们发现两者在字母组合、词汇结构、语法规则等方面都存在着诸多不同，以至于现代高棉语的规则已无法被运用来正确理解这块碑铭的内容。但我们仍可以上述现代高棉语译文为参照，对这块碑铭中的巴利语源外来词进行考释，以此了解古高棉语中巴利语源外来词的早期应用状况。下面，我们择其代表性词汇加以考释，例如：

សត្ត

其巴利语源词形式为"សត្ត"。[1] 该词词形是现代高棉语词"សព្វ"的早期状态。比较该词的古、今词形，不同之处在于与辅音字母"ក"搭配的下辅音

---

① 本书的巴利语源词一律采用高棉文转写的方式。

字母：在现代高棉语中为"្ង"，而在古高棉语中却是辅音字母"ព"自身相应的下辅音字母"្ព"。

សព្ វ 在 Ka110 碑文中做形容词，意为"全部的，一切的，所有的，整个的"。在 Ka110 碑铭中，សព្ វ 与另一巴利语源外来词"លោក（世界）"构成了一个复合名词"សព្ វ លោក"，意为"全世界；普天下"。在该复合词中，"សព្ វ"做定语，修饰中心词"លោក"，即：

សព្ វ +លោក→សព្ វ លោក

定语 中心词

按高棉语语法规则，定语必须后置。然而"សព្ វ"在此做定语却位于中心词"លោក"之前，这是因为"សព្ វ"作为源自巴利语的外来词，进入高棉语后，其语法属性未变，例如在此遵循的仍是巴利语的定语位于中心语之前的语法规则。

由 សព្ វ 做定语所构成的"定+中"结构的巴利语源佛教词语有很多，如：សព្ វ ញ្ញ តញ្ញ ាណ（全智，全慧，即佛智），សព្ វ ញ្ញ ុ ពុ ទ្ធ（大智大慧者，即佛陀），សព្ វ ញ្ញ ភាព（全智全慧，大智大慧），សព្ វ ន្ត រាយ（完全毁灭，绝灭），សព្ វ ទេ ញ្ញ（知音者），សព្ វ វិ ទូ（全知者，全智者，即佛陀）。

ករុ ណា

其巴利语源词形式为"ករុ ណា"。其词形未发生历史演变，延续至现代高棉语阶段。该词的读音遵循巴利语读音规则，读作/ka(k)runa:/。该词在 Ka110 碑文中做动词，意为"同情，怜悯"。其所在的古高棉语原句为"ករុ ណាធិ វ សោ"，对应的现代高棉语译文是"ទ្រង់ ប្រាសក្ដី ករុ ណា"，意即"脱离怜悯"。

មោ ក្ ខ

其巴利语源词形式为"មោ ក្ ខ"。"មោ ក្ ខ"属诗歌词汇形态，其对应的古高棉语一般词汇形态是"មោ ក្ ខ"。词形"មោ ក្ ខ"未发生历史演变，延续至现代高棉语阶段。该词的诗歌词汇形态与一般词汇形态的相异之处是，前者在词尾处比后者多一元音字母"ៈ"。

该词在 Ka110 碑文中做名词，表示"脱离苦海"之意。其所在的古高棉语原句为"មោ ក្ ខ ករោ"，对应的现代高棉语译文是"កន្ លែ ងរំ ដោះ ក្ តី ងងឹ ត"，意即"光明之地"。由 មោ ក្ ខ 组成的其他巴利语源佛教词语有：មោ ក្ ខ ធម្ មស្ស（脱离苦海之道），មោ ក្ ខ បាយ（脱离苦海之计）。

រវិ

其巴利语源词形式为"រវិ"。其词形未发生历史演变，在现代高棉语中仍写作"រវិ"。该词在 Ka110 碑文中做名词，意为"太阳"。其所在的古高棉语原句为"រវិកុលំបរ"，对应的现代高棉语译文是"ប៊ីដូចជាពន្លឺសែងអាទិត្យ"，意即"犹如阳光"。

ចន្ទា

其巴利语源词形式为"ចន្ទ"。"ចន្ទា"属诗歌词汇形态，其对应的古高棉语一般词汇形态是"ចន្ទ"。词形"ចន្ទ"未发生历史演变，延续至现代高棉语阶段。将该词的诗歌词汇形态与一般词汇形态加以比较可知，两者的不同之处在于，词中的重叠辅音结构"ន្ទ"在诗歌词汇形态中还附有元音字母"រា"，而在一般词汇形态中却未附有任何元音字母。该词一般词汇形态的读音遵循巴利语读音规则，读作/can/。该词在 Ka110 碑文中做名词，意为"月亮"。其所在的古高棉语原句为"បុណ្ណ ចន្ទា"，对应的现代高棉语译文是"ប៊ីដូចជាចន្ទ ពេញបូរមី"，意即"犹如满月"。

ញ្ញេយ្យោទធម៌

其巴利语源词形式为"ញ្ញេយ្យទធម្ម"。"ញ្ញេយ្យោទធម៌"属诗歌词汇形态，其对应的古高棉语一般词汇形态是"ញ្ញេយ្យទធម៌"。词形"ញ្ញេយ្យទធម៌"是现代高棉语词"ញ្ញេយ្យធម៌"的早期状态。比较该词在古高棉语中的诗歌词汇形态与一般词汇形态，不同之处在于在诗歌词汇形态中，第二个辅音字母"យ"附有元音字母"រា"；而在一般词汇形态中，第二个辅音字母"យ"单独存在，且做前一音节结构的阻声辅音字母。该词在 Ka110 碑文中做名词，表示"贤德；贤惠"之意。其所在的古高棉语原句为"ញ្ញេយ្យោទធម៌ សុរិប៊លំ សកលំ"，对应的现代高棉语译文是"ខ្ពស់បំផុតក្នុងលោកា ដែលជាទីគោរពរបស់មនុស្សក្នុងលោក"，意即"世界上最为高尚而又受人尊敬的"。

មុនិ

其巴利语源词形式为"មុនិ"。在现代高棉语中，该词有两种词形：一种是保持了"មុនិ"这一早期词形状态，另一种是演变为"មុនី"，即该词古高棉语中的词尾元音"ô̆/i/"到现代高棉语中演变为对应的长元音"ô̆/iː/"。该词为名词，意为"学者；智者"，在 Ka110 碑文中指代佛祖。文中以该词为基础构成的表示"佛祖"的其他代名词有：មុនិកុញ្ញា 先贤，មុនិន្ទ 最权威的智者，មុនិនាថ 智者的靠山，មុនិរាជ 智者之王。

យស្ស

其巴利语源词形式为"យស"。"យស្ស"属诗歌词汇形态，其对应的古高棉语一般词汇形态是"យស"。词形"យស"未发生历史演变，延续至现代高棉语阶段。该词的诗歌词汇形态与一般词汇形态的相异之处是：在诗歌词汇形态中，词尾辅音字母"ស"搭配有与自身相应的下辅音字母"្ស"；在一般词汇形态中，词尾辅音字母"ស"单独存在。该词在 Ka110 碑文中做名词，表示"权威"之意。

សមុត្ត

其巴利语源词形式为"សមុត្ត"。该词词形是现代高棉语词"សមុទ្ទ"的早期状态。该词古、今词形的不同之处在于词尾的重叠辅音结构：该结构在古代高棉语中为"ត្ត"，即高辅音字母"ត"与自身相应的下辅音字母"្ត"相重叠；在现代高棉语中为"ទ្ទ"，即高辅音字母"ត"对应的低辅音字母"ទ"与自身相应的下辅音字母"្ទ"相重叠。

该词的读音遵循巴利语读音规则，读作/sa(k)mu(t)/。该词在 Ka110 碑文中做名词，表示"海，大海"之意。其所在的古高棉语原句为"សំសារសាតរ សមុត្រនាយ សេតុម"，对应的现代高棉语译文是"ឆ្លងផុតពីមហាសមុទ្រ នៃវដ្ដសង្សារ"，意即"穿越六道轮回之海"。

ចិត្ត

其巴利语源词形式为"ចិត្ត"。"ចិត្ត"属诗歌词汇形态，其对应的古高棉语一般词汇形态是"ចិត្ត"。词形"ចិត្ត"未发生历史演变，延续至现代高棉语阶段。该词的诗歌词汇形态和一般词汇形态的不同点是，词中的重叠辅音结构"ត្ត"在诗歌词汇形态中还附有元音字母"ា"，而在一般词汇形态中却未附有任何元音字母。"ចិត្ត"的读音遵循高棉语读音规则，读作/cə(t)a:/。该词在 Ka110 碑文中做名词，表示"心；心意；精神；情绪"之意。

ផល

其巴利语源词形式为"ផល"。其词形未发生历史演变，在现代高棉语中仍写作"ផល"。其读音遵循巴利语读音规则，读作/phɒl/。该词在 Ka110 碑文中做名词，意为"果实；成果"。其所在的古高棉语原句为"ទទ នរា ផលមុលារតេរ៍ លភន្តិតំ"，对应的现代高棉语译文是"ក៏នឹងបានទទួលផលដ៏ច្រើនសន្ធឹក"，意即"也将得到丰硕的成果"。

ទសពលេ

其巴利语源词形式为"ទសពល"。"ទសពលេ"属诗歌词汇形态，其对应的古高棉语一般词汇形态是"ទសពល"。词形"ទសពល"未发生历史演变，延续至现代高棉语阶段。该词的诗歌词汇形态和一般词汇形态的不同点是，前者的词尾辅音字母"ល"附有元音字母"េ"，后者的词尾辅音字母"ល"未附有元音字母，且做前一音节结构的阻声辅音字母。

"ទសពល"的读音遵循巴利语读音规则，读作/tea(k)sa(k)pol/。该词为复合名词，由两个巴利语语素 ទស 和 ពល 组合而成，即：ទស 十＋ពល 力量→ ទសពល 十力（即具有十头象的力量），在 Ka110 碑文中意为"佛祖具有的十力"。由巴利语语素组合而成的外来词一般顺应巴利语的构词词序，以 ទសពល 这类偏正结构的复合词为例，这类外来词不再顺应高棉语的中心词在前、修饰词在后的词序，而是通常遵循巴利语的修饰词在前、中心词在后的词序。ទសពល 在 Ka110 碑铭中的古高棉语原句为"សព្ទា ទសពលនបិ សុប្បសត ចំ"，对应的现代高棉语译文是"ដោយសារតែព្រះធមិនេះ ព្រះទសពលទ្រង់បានសម្ដែង"，意即"由于佛祖十力所展现的这个教法"。

បុញ្ញ

其巴利语源词形式为"បុញ្ញ"。其词形未发生历史演变，在现代高棉语中仍写作"បុញ្ញ"。其读音遵循高棉语读音规则，读作/boin/。该词在 Ka110 碑文中做名词，意为"功德；善行；福"。其所在的古高棉语短语为"សទ មិត បុញ្ញ"，对应的现代高棉语译文是"មហាបុញ្ញ"，意即"伟大的功德"。

ខេត្តំ

其巴利语源词形式为"ខេត្ត"或"ខេត្រ"。"ខេត្តំ"属诗歌词汇形态，其对应的古高棉语一般词汇形态是"ខេត្ត"。词形"ខេត្ត"未发生历史演变，延续至现代高棉语阶段。该词的诗歌词汇形态和一般词汇形态的相异之处是，词中的重叠辅音结构"ត្ត"在诗歌词汇形态中还附有元音字母"ំ"，而在一般词汇形态中却未附有任何元音字母。

该词在 Ka110 碑文中做名词，表示"地域"之意。其所在的古高棉语原句为"នមស្ស្ច សទាមិត បុញ្ញ ខេត្ត"，对应的现代高棉语译文是"នមស្ការ ចំពោះ ព្រះសង្ឃ ដែលជាមហាបុញ្ញាខេត្ត"，意即"叩拜大地之上拥有伟大功德的僧宝"。

3.2.2 柬埔寨佛教文学作品与巴利语源外来词

柬埔寨佛教文学的源头是小乘佛教文化，深受源自印度的巴利文佛教文学的影响，因此作为小乘佛教宗教语言的巴利语必然会在柬埔寨佛教文学作品中留下诸多深刻的历史痕迹，主要表现为作品中含有大量的巴利语源外来词，这些作品因而成为研究巴利语源外来词的珍贵史料。

3.2.2.1 柬埔寨佛教文学作品概况

13 世纪以后，小乘佛教成为柬埔寨举国信奉的主流宗教，直至今天依然保持着国教地位。小乘佛教文化对柬埔寨的哲学思想和文学艺术等方面产生了重大而深远的影响，催生了柬埔寨的佛教文学。柬埔寨佛教文学的最初形式是"解经文学"，即把少数学问高深的文人才能读懂的巴利文三藏经翻译成高棉文，或是用高棉文进一步阐释、评注三藏经中的教义。在佛经注疏的基础上，柬埔寨学者以佛经故事为素材进一步拓展发挥，援引事例阐明佛教教义，或以散文、诗歌等文学形式传教弘法。柬埔寨的佛教文学作品，在主题思想、文体结构、写作手法、语言文字等各个方面无不体现出印度佛教文学的深刻影响。在源自印度的巴利文佛教文学作品中，《佛本生故事》堪称是代表作，它随着小乘佛教在柬埔寨的传播而广泛流传并深入人心，不仅成为柬埔寨文学艺术的启蒙作品，而且也是其文学艺术创作灵感和创作素材的重要来源。柬埔寨文学家以《佛本生故事》为素材，进行艺术加工和再创造，以生动活泼的语言描写出具有民族化特征的新的佛教文学作品。这类以佛本生故事为素材创作而成的作品在柬埔寨所有的佛教文学作品中数量最多、影响力最大，为当地百姓所喜闻乐见，在柬埔寨可谓家喻户晓、妇孺皆知。

在高棉文佛本生故事中，最为柬埔寨人熟知的是篇幅较长的最后十个故事，亦称"十本生故事（或十本生经）（ទសជាតក）"。这十个本生故事按先后顺序排列如下：

1. 德弥本生故事（តេមិយជាតក）

2. 加那格本生故事（មហាជនកជាតក）

3. 索瓦纳娑摩本生故事（សុវណ្ណសាមជាតក）

4. 奈弥利本生故事（នេមិរាជជាតក）

5. 普利达本生故事（ភូរិទត្តជាតក）

6. 山达古玛拉本生故事（ចន្ទកុមារជាតក）

7. 玛霍萨塔本生故事（មហោសថជាតក）

8. 那拉达本生故事（នារទព្រហ្មជាតក）

9. 韦土拉本生故事（វិធុរជាតក）

10. 毗输咀罗本生故事（មហាវេស្សន្តរជាតក）

在十本生故事中，最后一个故事《毗输咀罗本生故事》是在柬埔寨流传最广、最受推崇的一个故事。该故事改编自印度《佛本生故事》中的最后一个故事《须大拏本生》。故事讲述的是释迦牟尼在前世是一位极其乐善好施的国王，他甚至将自己的妻子和儿女都施舍予他人。《毗输咀罗本生故事》共包括13 卷，分别为：第一卷《十愿卷》、第二卷《雪山卷》、第三卷《布施卷》、第四卷《入林卷》、第五卷《具究格卷》、第六卷《小林卷》、第七卷《大林卷》、第八卷《កណ្ឌកុមារបព្ញ：》、第九卷《កណ្ឌមទ្រីបព្ញ：》、第十卷《កណ្ឌសក្តបព្ញ：》、第十一卷《កណ្ឌមហារាជបព្ញ：》、第十二卷《កណ្ឌឆក្សត្រ》、第十三卷《នគរកណ្ឌ》。《毗输咀罗本生故事》的文体是散文，文章行文流畅、语句优美，其中不乏韵词韵音，读起来朗朗上口、深入人心。

在深受印度佛教文学影响的同时，柬埔寨佛教文学还受到东南亚其他佛教国家的影响，其典型例子就是泰国的《清迈五十本生故事》在柬埔寨的传播。《清迈五十本生故事》是由清迈一位高僧效仿《佛本生故事》以巴利文所著。此书原稿的文章结构、写作手法与《佛本生故事》相同。柬埔寨文学家在翻译《清迈五十本生故事》的基础上，以凝练的语言、生动的描写、紧凑的结构改编并创作出了属于柬埔寨自己的《五十本生故事》（又译作《般若本生故事》）。

在柬埔寨流传甚广的经典长篇叙事诗《佳姬王后》是由乌栋王朝的安东国王以《清迈五十本生故事》中的《佳姬王后》改写而成。作品的主要情节是：婆罗玛多德国王的王后佳姬美貌绝伦，加之她生于木兰花丛中，因此所到之处都散发着迷人的花香，和她有过床第之欢的人也会沾上她的花香，七天后方可散去。金翅鸟迦楼罗化身英俊少年每日陪国王下棋，而国王迷恋下棋冷落了佳姬，佳姬对迦楼罗暗生情愫，频频向他示爱，使他无法抗拒，将佳姬带回天宫。当迦楼罗再次回来与国王下棋时，身上散发出佳姬的木兰花香而令国王生疑，便派谋臣贡潭查探佳姬的下落。贡潭变身为羽虱藏在迦楼罗的羽翼中随其来到天宫，并色诱佳姬俘获其芳心。勾引得逞后的贡潭当面耻笑迦楼罗的愚蠢，令迦楼罗勃然大怒，遂将佳姬交还给国王。为了惩罚佳姬的不贞，国王将她放于木筏之上随波流放。最后佳姬落入滚滚河水中。这部作品一方面鞭挞了女子的用情不专，教导妇女要恪守贞洁，另一方面宣扬了佛教的"因果报应"观。并且值得一提的是，作者并未拘泥于原版故事的体裁、情节和人物，而是发挥其丰富的想象力，将一个本生故事改编成了一首洋洋洒洒的叙事长诗，并将故事情节改写得更为丰富曲折，将主人公形象刻画得更为生动丰满，使这部作品成为柬埔寨文坛的传世佳作。

总之，在柬埔寨这样一个传统佛教国度，佛教文学在其文学发展史上占有非常重要的地位，它为本国人民提供了丰富的精神食粮，促进了柬埔寨文学的发展。并且它还是高棉语中巴利语源外来词的语料文本典范，上述代表性佛教文学作品的节选内容便可作为巴利语源外来词出现于高棉语中的形象证明。此处内容详见本章小结。

3.2.2.2　高棉文三藏经中的巴利语源外来词考释

高棉文三藏经中的高棉语与现代高棉语存在着诸多不同，却与柬埔寨最早的"高棉文+巴利文"碑铭（Ka110 碑铭）中的高棉语有着相似的形态，由此推断高棉文三藏经中的高棉语尚处于古高棉语时期，所以存在于其中的巴利语源外来词属于古高棉语形态。由于三藏经是用于吟唱的有韵律的经文，属于诗歌体裁，所以确切地说，三藏经中的巴利语源外来词属于古高棉语中的诗歌词汇形态。这些巴利语源外来词在字母组合、词汇结构、语法规则等方面与其对应的现代高棉语词有着明显不同，因此通过对其中的典型词汇加以考释，我们可窥知巴利语源外来词在高棉语中的早期应用状况。下面，我们选择高棉文三藏经《经藏》第 14、15 卷中的文字作为语料文本，从中择其代表性词汇进行考释，例如：

អរហាគោ

其巴利语源词形式为"អរហត្ត"。"អរហាគោ"属诗歌词汇形态，其对应的古高棉语一般词汇形态是"អរហត្ត"。词形"អរហត្ត"未发生历史演变，延续至现代高棉语阶段。该词的诗歌词汇形态与一般词汇形态的不同之处在词尾部分：前者为辅、元音字母组合"គោ"，后者为重叠辅音结构"ត្ត"。"ត្ត"是辅音字母"ត"自身相互重叠的结构。

សម្មាសម្ពុទ្ធស្ស

其巴利语源词形式为"សម្មាសម្ពុទ្ធ"。"សម្មាសម្ពុទ្ធស្ស"属诗歌词汇形态，其对应的古高棉语一般词汇形态是"សម្មាសម្ពុទ្ធ"。词形"សម្មាសម្ពុទ្ធ"未发生历史演变，延续至现代高棉语阶段。该词的诗歌词汇形态和一般词汇形态的不同之处是，前者在词尾处比后者多一重叠辅音结构"ស្ស"。"ស្ស"是辅音字母"ស"自身相互重叠的结构。

"អរហតោ"与"សម្មាសម្ពុទ្ធស្ស"在《经藏》第 14 卷中位于同一句，即：

នមោ តស្ស ភគវតោ *អរហតោ សម្មាសម្ពុទ្ធស្ស*។

在句中，"អរហតោ"做名词，意为"阿罗汉"；"សម្មាសម្ពុទ្ធស្ស"做名词，意为"释迦牟尼；佛祖"。"អរហតោ"与"សម្មាសម្ពុទ្ធស្ស"在此做同位语，两者并列呈现，同时修饰前词"ភគវតោ"，做其定语。

ឯកំ

其巴利语源词形式为"ឯក"。"ឯកំ"属诗歌词汇形态，其对应的古高棉语一般词汇形态是"ឯក"。词形"ឯក"未发生历史演变，延续至现代高棉语阶段。该词的诗歌词汇形态与一般词汇形态的不同之处是，前者的词尾辅音字母"ក"与元音字母"ំ"组合，而后者的词尾辅音字母"ក"单独存在。

សមយំ

其巴利语源词形式为"សមយ"。"សមយំ"属诗歌词汇形态，其对应的古高棉语一般词汇形态是"សមយ"。词形"សមយ"是现代高棉语词"សម័យ"的早期状态。该词的古代诗歌词汇形态与现代词形有两处不同：一是在古代诗歌词汇形态中，词尾辅音字母"យ"与元音字母"ំ"组合，而在现代词形中，词尾辅音字母"យ"单独存在；二是词中第二个辅音字母"ម"在现代词形中还附着有强化符号"័"。

អន្តរច

其巴利语源词形式为"អន្តរ"。"អន្តរច"属诗歌词汇形态，其对应的古高棉语一般词汇形态是"អន្តរ"。词形"អន្តរ"未发生历史演变，延续至现代高棉语阶段。该词的诗歌词汇形态与一般词汇形态的不同之处是，前者在词尾处比后者多一尾辅音字母"ច"。

សង្ឃៀន

其巴利语源词形式为"សង្ឃ"。"សង្ឃៀន"属诗歌词汇形态，其对应的古高棉语一般词汇形态是"សង្ឃ"。词形"សង្ឃ"未发生历史演变，延续至现代高棉语阶段。该词的诗歌词汇形态与一般词汇形态的不同有两处：一是词中的重叠辅音结构 "ង្វ" 在诗歌词汇形态中比在一般词汇形态中多一元音字母 "ɪ◌" 和尾辅音字母 "s" 与之组合；二是在诗歌词汇形态中，重叠辅音结构 "ង្វ" 还附着有强化符号 "◌̊"。

"ឯកំ" "សមយំ" "អន្តរច" "សង្ឃៀន" 四词在《经藏》第 14 卷中位于同一句，即：

ឯកំ សមយំ ភគវា អន្តរច រាជគហំ អន្តរច ទាន្យទ្ធ អន្ធានមត្ថប្បជ្ជិបន្ធោ ហោតិ ម ហាតា ភិក្ខុ សង្ឃៀន សន្ធិ បញ្ចមត្គេហំ ភិក្ខុសតេហំ។

在句中，"ឯកំ" 做数词，意为 "一"；"សមយំ" 做名词，意为 "时代；时期"；"អន្តរច" 做介词，意为 "在……中间"；"សង្ឃៀន" 做名词，意为 "僧；僧伽"。

在句中，"ឯកំ" 与 "សមយំ" 组合在一起构成名词短语 "ឯកំសមយំ"，意为 "某一时代"。在该短语中，"ឯកំ" 做定语，修饰中心词 "សមយំ"，且位于中心词之前，这与高棉语语法规则是不一致的。按高棉语语法规则，定语必须后置。然而 "ឯកំ" 在此做定语却位于中心词 "សមយំ" 之前，这是因为 "ឯកំ" 作为源自巴利语的外来词，进入高棉语后，其语法属性未变，例如在此遵循的仍是巴利语的定语位于中心语之前的语法规则。直至现代高棉语时期，即 "ឯកំ" 演变为现代词形 "ឯក" 后，"ឯក" 在名词短语中做定语，甚至在复合名词中做表示定语的构词语素时，它依旧遵循巴利语的定语位于中心语之前的语法规则，这是巴利语对高棉语语法产生影响的重要表现之一。

介词 "អន្តរច" 转译为现代高棉语是 "ក្នុងចន្លោះ…"，表示 "在……中间" 之意。在句中，"អន្តរច" 直接接地名 "រាជគហំ" "ទាន្យទ្ធ" 且位于其后，构成介词短语。

ព្រហ្មទត្តេន，ព្រហ្មទត្តោ

这两个词的词形是古高棉语词 "ព្រហ្មទត្ត" 的两种诗歌词汇形态，其巴利语源词形式为 "ព្រហ្មទត្ត"。词形 "ព្រហ្មទត្ត" 未发生历史演变，延续至现代高棉语阶段。该词的诗歌词汇形态与一般词汇形态的不同之处都存在于词尾的重叠辅音结构上：在一般词汇形态中，就只是一个最简单的重叠辅音结构 "ត្ត"，未附有任何元音字母或尾辅音字母；而在上述两种诗歌词汇形态中，前者附有元音字母 "ɪ◌" 和尾辅音字母 "s"，后者则附有元音字母 "ɪ◌ា"。

មាណវេន，មាណវោ

这两个词的词形是古高棉语词"មាណវ"的两种诗歌词汇形态，其巴利语源词形式为"មាណវ"。词形"មាណវ"是现代高棉语词"មាណព"的早期状态。该词的古代诗歌词汇形态与现代词形的不同都集中于词尾处：在现代词形中，就只是一个单纯的尾辅音字母"ព"；而在上述两种诗歌词汇形态中，前者是辅音字母"វ"与元音字母"េ"和尾辅音字母"ន"的组合，后者则是辅音字母"វ"与元音字母"ោ"的组合。

在上述四词"ព្រហ្មទត្តេន、ព្រហ្មទត្តោ、មាណវេន、មាណវោ"中，"ព្រហ្មទត្តេន"与"មាណវេន"位于同一句中且连用，"ព្រហ្មទត្តោ"与"មាណវោ"位于同一句中且连用，即：

សុប្បិយោបិ ខោ បរិញ្ញាជកោ អន្តរាច រាជតហំ អន្តរាច ទាន្យទ្ធំ អន្ទានមត្តប្បដិម ន្ធោ ហោតំ សន្នី អន្តេរាសិជា *ព្រហ្មនត្តេន មាណវេន*។

សុប្បិយោស្ស បទ បរិព្ចាជកស្ស អន្តេរាស៑ *ព្រហ្មទត្តោ មាណវោ* អនេកបរិយាយេ ន ពុទ្ធស្ស វណ្ណំ ភាសតំ ធម្មស្ស វណ្ណំ ភាសតំ សង្ឃស្ស វណ្ណំ ភាសតំ។

在上面两句中，"ព្រហ្មទត្តេន""ព្រហ្មទត្តោ"做形容词，意为"高尚的；优良的"；"មាណវេន""មាណវោ"做名词，意为"青年；小伙子"。在第一句中，"ព្រហ្មទត្តេន"与"មាណវេន"搭配，构成偏正结构的名词短语，即"ព្រហ្មទត្តេន"做定语，修饰中心词"មាណវេន"，且位于中心词之前；在第二句中，"ព្រហ្មទត្តោ"与"មាណវោ"搭配，也构成偏正结构的名词短语。这两个意义、结构都完全相同的偏正短语在处理定语与中心语的语序问题上，遵循的不是高棉语定语后置的语法规则，而是巴利语的定语在前、中心语在后的语法规则。这是因为"ព្រហ្មទត្តេន""ព្រហ្មទត្តោ"作为巴利语源外来词，进入高棉语后，保持了在源语中的语法属性，例如在此遵循的仍是巴利语的定语位于中心语之前的语法规则。

"ព្រហ្មនត្តេន មាណវេន"与"ព្រហ្មទត្តោ មាណវោ"这两个含有同质词汇的相同短语，之所以是 ព្រហ្មនត្តេន 与 មាណវេន 搭配、ព្រហ្មទត្តោ 与 មាណវោ 搭配，而非 ព្រហ្មនត្តេន 与 មាណវោ 搭配、ព្រហ្មទត្តោ 与 មាណវេន 搭配，是因为经文押韵的需要。巴利文三藏经经文是以韵文的形式存在的，有着较为严格的押韵规则，高棉文三藏经作为其形、音兼译的版本，同样保留其讲究韵律的特征，注重押韵，例如此处 ព្រហ្មនត្តេន 与 មាណវេន 搭配，就是因为两词同押"េ+ន/ein/"的韵，而 ព្រហ្មទត្តោ 与 មាណវោ 搭配，则是由于两词同押"ោ/o:/"的韵。

សមយេន

其巴利语源词形式为"សមយ"。"សមយេន"属诗歌词汇形态，其对应的古高棉语一般词汇形态是"សមយ"。词形"សមយ"是现代高棉语词"សម័យ"的早期状态。该词的古代诗歌词汇形态与现代词形有两处不同：一是在古代诗歌词汇形态中，词尾辅音字母"យ"与元音字母"េ"、阻声辅音字母"ន"组合，而在现代词形中，词尾辅音字母"យ"单独存在；二是词中第二个辅音字母"ម"在现代词形中还附着有强化符号"័"。

由前文可知，"សម័យ"也是"សមយ"的诗歌词汇形态，因此"សមយ"共有"សម័យ"与"សមយេន"两种诗歌词汇形态。至于在经文中选用"សមយ"的哪种诗歌词汇形态，则取决于其与所搭配词语间的相互押韵，例如：

ឯកំ *សម័យ* ភគវា អន្តរាច រាជគហំ អន្តរាច ទាន្យទ្ទំ

该句所押之韵主要是"័/ɔm/或/oum/"，如 ឯកំ 中的"កំ/kɔm/"、រាជគហំ 中的"ហំ/hɔm/"、ទាន្យទ្ទំ 中的"ទ្ទំ/toum/"相互押韵。而在"សមយ"对应的两种诗歌词汇形态"សម័យ"与"សមយេន"中，显然"សម័យ"符合该句的押韵要求，因此选用"សម័យ"。

សង្ឃស្ស

其巴利语源词形式为"សង្ឃ"。"សង្ឃស្ស"属诗歌词汇形态，其对应的古高棉语一般词汇形态是"សង្ឃ"。词形"សង្ឃ"未发生历史演变，延续至现代高棉语阶段。该词的古代诗歌词汇形态与一般词汇形态有两处不同：一是其诗歌词汇形态在词尾处比一般词汇形态多一重叠辅音结构"ស្ស"；二是词中的重叠辅音结构"ង្ឃ"在诗歌词汇形态中还附着有强化符号"័"。

由前文可知，"សង្ឃេន"也是"សង្ឃ"的诗歌词汇形态，因此"សង្ឃ"共有"សង្ឃេន"与"សង្ឃស្ស"两种诗歌词汇形态。至于在经文中何时选用"សង្ឃេន"、何时选用"សង្ឃស្ស"，则由两词与所搭配词语间的韵律关系所决定，例如：

ភគ្រ សុទំ សុប្បដិយោ បរិញ្ញជកោ អនេកបរិយាយេន *ពុទ្ធស្ស* អវណ្ណំ ភាសតិ

ធម្មស្ស អវណ្ណំ ភាសតិ *សង្ឃស្ស* អវណ្ណំ ភាសតិ។

该句所押之韵主要是"ស្ស/h/"，如 ពុទ្ធស្ស 中的"ស្ស/h/"、ធម្មស្ស 中的"ស្ស/h/"相互押韵。而在"សង្ឃ"对应的两种诗歌词汇形态"សង្ឃេន"与"សង្ឃស្ស"中，显然"សង្ឃស្ស"与 ពុទ្ធស្ស、ធម្មស្ស 相互押韵，因此选用"ស

ឱ្យស្ប្យ"。

3.2.2.3　柬埔寨佛本生故事中的巴利语源外来词考释

在此，我们以上述一些颇具代表性的柬埔寨佛本生故事为分析蓝本，对其中的典型性巴利语源外来词进行考释。

ភិក្ខុ

该词摘选自《加那格本生故事》。其巴利语源词形式为"ភិក្ខុ"。该词有两种读音：一种遵循巴利语读音规则，读作/phi(k)/；另一种遵循高棉语读音规则，读作/phi(k)kho/。该词意为"比丘；和尚"。其所在原句如下：

បន្ទូលនឹង *ភិក្ខុ*ឯងទាំងឡ្បាយ សូត្រជាបាទព្រះគាថា ថា ហៃ*ភិក្ខុ*ឯងទាំងឡ្បាយអើយ លុះព្រះបានត្រាស់ហើយ ព្រះអង្គមានព្រះ

ភិក្ខុ 的巴利语源词的语法范畴包含有"性"的变化和要求，其"性"的语法范畴仍被 ភិក្ខុ 所保留，即 ភិក្ខុ 为阳性词，其对应的阴性词为 ភិក្ខុនី，意为"比丘尼，尼姑；修女"，也出现于《加那格本生故事》中。例如：

ព្រាហ្មណ៍ទិសាបាមោក្ខ គឺជា*ភិក្ខុ*កស្សប ទេវការក្សាសមុទ្រ គឺជា*ភិក្ខុនី*ឧប្បលវណ្ណា

ភិក្ខុ 可与同义词 លោក 连用，即 លោកភិក្ខុ，仍表示"比丘；和尚"之意。លោកភិក្ខុ 这种同义词连用的形式，重复、衬托了"比丘；和尚"的意思，使意义深化。

ទាន

该词摘选自《索瓦纳娑摩本生故事》。其巴利语源词形式为"ទាន"。该词在《索瓦纳娑摩本生故事》中意为"施舍；布施"。其所在原句如下：

រឿះបាទពន្ធមរាជសោត ស្ដេចមានព្រះរាជបុត្រីពីរព្រះអង្គ ហើយទ្រង់ព្រះរាជ *ទាន* ខ្ញុំមចន្ទនោះទៅ ព្រះរាជបុត្រីច្បង រ៉ីសុពណ៌ាមាលាមាសនោះ ស្ដេចព្រះរាជ *ទាន*ឲ្យទៅព្រះ រាជបុត្រីឋ្អូន។

在其他的高棉文佛本生故事中，我们还发现 ទាន 与其他巴利语语素组合，构成与"施舍；布施"之意相关的一系列巴利语源复合词，例如：

ទាន＋កាម→ទានកាម 乐于布施者

ទាន＋បារមី→ទានបារមី 檀那波罗蜜

ទាន＋មយ:→ទានមយ: 功德

ទាន＋វត្ថុ→ទានវត្ថុ 布施物；赠品

ទាន＋សាលា→ទានសាលា 布施棚；布施所

ទាន+អានិសង្ស→ទានានិសង្ស 功德；好报

ទាន+ផស្សរ→ទានិស្សរ 施主

ទាន+អធិបតិ→ទានាធិបតិ→ទានបតិ→ទានបតី 施主

ទាន+ផស្សរ+អធិបតិ→ទានិស្សរាធិបតិ→ទានិស្សរាធិបតី 大施主（指国王、王族、贵族）

在上述巴利语源复合词中，前七个词是由 ទាន 与其他巴利语语素直接组合而成，后两个词则在 ទាន 与其他巴利语语素组合后又在高棉语中经历了不同的语音同化过程：ទាន 与 អធិបតិ 组合为 ទានាធិបតិ 后通过音节数量缩减而简化为 ទានបតិ，之后又经历了元音同化过程，即源词 ទានបតិ 末音节中的元音 ◌ិ 变为元音 ◌ី，其词形相应地变为 ទានបតី；ទាន 与 ផស្សរ、អធិបតិ 组合为 ទានិស្សរាធិបតិ 后也发生了元音同化，即源词 ទានិស្សរាធិបតិ 末音节中的元音 ◌ិ 也变为元音 ◌ី，其词形相应地变为 ទានិស្សរាធិបតី。

ព្រឹទ្ធាចារ្យ

该词摘选自《毗输呾罗本生故事》。其词形未发生历史演变，延续至现代高棉语阶段。其读音遵循高棉语读音规则，读作/prə(t)thiəca:/。该词在《毗输呾罗本生故事》中意为"长老；长者，长辈；前辈；德高望重者；族长"。其所在原句如下：

បារវស្សន្ត ជាអ្នកគតទោស នៅសព្ថ្ងៃនេះ តែងនឹងបម្រើម្ដាយឪពុក ទំនុកបំរុង ចាស់*ព្រឹទ្ធាចារ្យ*។

មានព្រាហ្មណ៍ម្នាក់ ឈ្មោះជួងគំ *ព្រឹទ្ធាចារ្យ*របអន្ធការ ស្តមច្រដោង ច្រមុះកោង ទ្រូង សុទ្ធតែឆ្អឹង សក់រីងក្រញ៉ាង ពោះធំកប៉ាង លោងសំពៀត ដំចារគ្រចៀកយុយោរក្រាស់ ដូចយួងផ្លើង។

该词的巴利语源词形式为"វុឌ្ឍាចរិយ"或"វុទ្ធាចរិយ"，其分解形式是：វុឌ្ឍ（或 វុទ្ធ）+អាចរិយ，即最初是由巴利语语素 វុឌ្ឍ（或 វុទ្ធ）与 អាចរិយ 组合而成。វុឌ្ឍ（或 វុទ្ធ）的意思为"年长的，年迈的，年老的"，អាចរិយ 表示"导师；教师；训导者；行为正派的人；主持人"之意，两者合二为一则自然形成"长老""长者""长辈"等意思。当巴利语语素 វុឌ្ឍ（或 វុទ្ធ）、អាចរិយ 进入高棉语并被高棉语逐渐同化后，两个语素的书面形式分别变为 ព្រឹទ្ធ 和 អាចារ្យ，ព្រឹទ្ធ 与 អាចារ្យ 组合在一起则最终构成 ព្រឹទ្ធាចារ្យ。

在柬埔寨其他的佛教文学作品中，我们还发现 ព្រឹទ្ធ 或其源词 វុឌ្ឍ（或 វុទ្ធ）与其他语素组合成词，例如：

វខ្សា（或 វខ្ទ）+ អបចាយន →វន្ទាបចាយន:→ព្រឹទ្ធាបចាយន: 尊敬，尊重；孝
顺。

បពិត្រ

该词摘选自《佳姬王后》。其巴利语源词形式为"បរិត្ត"。其读音兼具巴利
语和高棉语的双重特点，读作/pa(p)pi(t)/。该词在原文中意为"陛下，圣上"，
是对国王的敬称。其所在原句如下：

បពិត្រព្រះករុណាអម្មាស់តំកល់លើត្បូង ខ្ញុំបានជួបអគ្គមហេសីកាកីហើយ។

在句中，បពិត្រ 是谋臣贡潭对国王的敬称。បពិត្រ 属于敬语。高棉语中存
在着大量的敬语。敬语是柬埔寨人在言语交际活动中根据交际对象的层次以及
与自己的关系，向对方表示敬意以使交际顺利进行的一种语言表达形式。高棉
语中敬语的大量存在有其深刻的社会文化根源。柬埔寨是一个深受佛教文化和
王权思想熏陶的文明古国，宗教和国王是全体国民亘古不变的精神支柱，并形
成了清晰、严明的等级社会结构，因此自古以来柬埔寨举国上下极为推崇宗教
礼仪，全体国民有着很强的敬语使用意识。并且经过长期的发展，现代高棉语
中已形成相对严谨而又完善的敬语系统，敬语在柬埔寨人的言语交际实践中发
挥着重要作用。

ពោធិសត្ត

该词摘选自《普利达本生故事》。其巴利语源词形式为"ពោធិសត្ត"。其读
音遵循巴利语读音规则，读作/po:thisa(t)/。该词在汉语中音译为"菩提萨埵、
菩提索多、冒地萨怛缚"，简称"菩萨"。其所在原句如下：

ក្នុងអតីតជាតិមួយ មានព្រះ*ពោធិសត្ត*មួយអង្គ ព្រះនាមថា ភូរិទត្ត ដែលប្រកបដោយ
ទឹកចិត្តជ្រះថ្លាក្នុងព្រះពុទ្ធសាសនាណាស់។

在上句中，ពោធិសត្ត 加有前缀 ព្រះ，这是 ពោធិសត្ត 在高棉语中的惯常搭
配形式，表示菩萨的神圣不可侵犯性。

ពោធិសត្ត 一词由前缀 ពោធិ 和词根 សត្ត 组合而成，即：ពោធិ+សត្ត →
ពោធិសត្ត。其中，ពោធិ 表示"觉、智、道"之意，សត្ត 表示"众生；有情"
之意，两者合二为一意为表示"大觉有情、道心众生"之意，意即将自己和众
生从愚痴中解脱出来而得到彻底的觉悟，即自觉觉他，这种人便称作菩萨。

ពោធិសត្ត 的前缀 ពោធិ，其巴利语源词本为名词，而非词缀。当它进入高
棉语并被用于构造新词后，其词汇功能逐渐发生微妙的变化，即名词前缀的作
用渐渐凸显出来，从具有名词用法到兼有名词词缀功能，这是外来词在高棉语

语法体系的作用下实现功能扩展的重要表现之一。

在柬埔寨其他的佛教文学作品中，我们发现了由前缀 ពោធិ 构成的其他高棉语词。例如：

ពោធិ+កាល → ពោធិកាល 佛陀时代

ពោធិ+ញាណ → ពោធិញ្ញាណ 先知先觉

ពោធិ+ទ្រុម → ពោធិទ្រុម 菩提树

ពោធិ+ព្រឹក → ពោធិព្រឹក 菩提树

ពោធិ+បក្ខិយធម៌ → ពោធិបក្ខិយធម៌ 佛经；经典

ពោធិ+សម័យ → ពោធិសម័យ 佛陀时代

ពោធិ+សម្ភារ → ពោធិសម្ភារ 修行；修道；修身

ពោធិ+វង្ស → ពោធិវង្ស 僧王（僧侣的最高职位）

សារពិជ្ញ

该词摘选自《毗输咀罗本生故事》，其巴利语源词形式为"សព្ញ"。其读音遵循高棉语读音规则，读作/sa:ra(k)pe:(c)/。该词在原文中意为"佛陀；大智大慧者"。其所在原句如下：

វ្រៃព្រះប្រាថ្នា *សារពិជ្ញ*កាញ្ញាណឯណា គឺ ព្រះចាទស្រីវេស្សន្តរបរពោធិសត្ត កាលព្រះអង្គតាំងព្រះហប្ទ័យប្រាថ្នា នូវព្រះប្រាថ្នា *សារពិជ្ញ*កាញ្ញាណនោះឯងហើយ

សារពិជ្ញ 的另外四种书面形式是：សព៌ិជ្ញ、សរពិជ្ញ、សវរពេជ្ញ、សារវពេជ្ញ。សារពិជ្ញ、សព៌ិជ្ញ、សរពិជ្ញ、សវរពេជ្ញ、សារវពេជ្ញ 这五个异形词的读音存在差异。其中，សព៌ិជ្ញ 读作 /sa(k)rɔ:pua(c)/；សារពិជ្ញ 与 សារវពេជ្ញ 读音相同，读作 /sa:ra(k)pe(c)/；សព៌ិជ្ញ、សរពិជ្ញ、សវរពេជ្ញ 这三词读音相同，读作/sa(k)rɔ:pe(c)/。通过对三组读音的比较分析发现：

第一，三组读音均未遵循高棉语拼读规则，所依照的仍是巴利语读音规则，表现在：辅音字母 ស 和 វ 未按高棉语辅音字母正常发音，而是按照巴利语字母的发音规则以相应的辅音音位与元音音位/a/相拼。[1]

第二，在 សារពិជ្ញ、សព៌ិជ្ញ、សរពិជ្ញ、សវរពេជ្ញ、សារវពេជ្ញ 这五个异形词中，前三个词未含有辅音字母 វ，后两个词含有辅音字母 វ，但书面词形上未出现辅音字母 វ 的前三个词，其读音中仍包含着 វ 的读音。这是由于上述五个异形词虽然现在都存在于高棉语中，但它们实际上代表了源词词形在高棉语中的不

---

① 巴利语辅音字母的读音中通常含有元音音位/a/。

同同化程度：相比于含有字母 ៜ 的后两个异形词，前三个不含字母 ៜ 的异形词的词形被高棉语所同化的程度更高。而前三个不含字母 ៜ 的异形词的语音同化速度显然还不及词形同化，故其出现了词形与读音未完全匹配的特殊现象。但从另一方面而言，这也向我们展示了巴利语词 សញ្ញា 进入高棉语后在语音和词形方面的具体同化进程：

សាពៃជ្ញ → សារៃពជ្ញ → សរៃពជ្ញ

សាពៃជ្ញ → សពៃជ្ញ → សពិជ្ញ

ហប្ឫទ័យ

该词摘选自《加那格本生故事》。其在高棉语中的另一种书面形式是 ហទ័យ，其巴利语源词形式为 "ហទយ"。其读音遵循巴利语读音规则，读作 /ha(k)ritei/。该词意为 "心；心脏；心灵"。其所在原句如下：

ព្រះនាងមានសេចក្តីជ្រះថ្លាពុំអាចចប់ទល់ព្រះអង្គ ក៏ទ្រង់លួកព្រះហស្ថចាប់ព្រះហស្ថ ព្រះពោធិសត្តដោយព្រះរាជ *ហប្ឫទ័យ* ត្រកអរ។

ព្រះពោធិសត្តវ្លែក សៀងក្នុងព្រះ *ហប្ឫទ័យ* ប៉ុន្តែដោយការវាងវៃ ទើបព្រះអង្គដកព្រះ សុពណ៌ាស្ងចិ) សៀតព្រះកេសមាស (ហុចទៅដល់ព្រះនាងសិរីលៃ)

ហប្ឫទ័យ（或 ហទ័យ）一词属于王族用语，专用于表示 "国王及王室成员的心"，不可用于普通百姓。在上述第一个例句中，为了突出 ហប្ឫទ័យ 一词的王族用语性质，便在其前面加上 "រាជ（国王）" 一词，进一步明确指出 ហប្ឫទ័យ 在此是表示 "国王的心"。在上述例句中，ហប្ឫទ័យ 都与前缀 ព្រះ 连用，这是 ហប្ឫទ័យ 在高棉语中的固定搭配，表示国王心灵的高贵性。

ហប្ឫទ័យ（或 ហទ័យ）是高棉语中王族用语的代表性词汇。王族用语，顾名思义是国王及王室成员所使用的语词。王族用语在高棉语中的出现源自于柬埔寨自古以来 "国家、宗教、国王三位一体" 的精神信仰基本准则，源自于国王在柬埔寨国民心中神圣不可侵犯的至尊地位。它的出现证明了人的性别、年龄及社会地位等因素决定了语言使用上的差异，导致语言变体的形成。高棉语中的王族用语大多为梵语和巴利语源外来词，名词类的王族用语通常加前缀 ព្រះ，以增强尊贵的意味。

除了 ហប្ឫទ័យ（或 ហទ័យ）外，在柬埔寨各类佛本身故事中，还有一些王族用语表示国王其他身体部位，例如：

ហស្ថ（王）手	បាទ（王）足	កេស（王）头发
ទន្ត（王）牙齿	នេត្រ（王）眼	សោត（王）耳

ឱស្ឋ（王）口；唇　　នាសា/នាសិក/នាសិកា（王）鼻

ហប្ឫទ័យ（或 ហទ័យ）的源词 ហទយ 在巴利语中只是名词，当其被借入高棉语后，它不再只是名词，而是被用作构词材料，成为能产性构词语素。换言之，ហទយ 进入高棉语后在高棉语语法体系的作用下实现了功能扩展：从具有单一的名词用法发展为兼有构词语素的功能。由 ហទយ 构成的高棉语复合词散见于柬埔寨佛教文学作品中，例如：

ហទយ+ក័ណ្ណ→ហទយក័ណ្ណ 心房

ហទយ+កោស→ហទយកោស 心包

ហទយ+ពិការ→ហទយពិការ 心脏损伤

ហទយ+រូប→ហទយរូប 心脏

ហទយ+វត្ថុ→ហទយវត្ថុ 心窝

需要说明的是，上述由巴利语语素 ហទយ 构成的高棉语复合词结构遵循的仍是巴利语语法规则中的"定语+中心语"结构，而非高棉语语法规则中的"中心语+定语"结构。在高棉语中存在着为数不少的"定语+中心语"结构的复合词，有些是直接借用的梵语、巴利语源外来词，有些则是以梵语、巴利语语素为构词材料所构造的新词。这些词对"定语+中心语"结构的保留是梵语、巴利语对高棉语语法产生影响的重要表现之一。

ទេវតា

该词摘选自《佳姬王后》。其巴利语源词形式为"ទេវតា"，意为"神，神仙，仙人"。其读音遵循巴利语读音规则，读作/te:wea(k)da:/。其所在原句如下：

ព្រះមហាក្សត្រធ្វើញញឹក សំលឹងមើលទៅលើ ដូចកំពុងចង់សំលឹងរក*ទេវតា*នៅស្ថានលើ ដំមានវិទ្ធណាមួយ អោយមកជួយព្រះអង្គក្នុង រៀងបញ្ហាស្នេហានេះ។

យានតណ្ណាដែល មាន ត្រុខ និង កាកីជាអ្នកជិះ បានហោះទៅដល់ហានមួយទៀតថ្មីឆ្ងាយដុតពីហានមនុស្ស ហាន*ទេវតា* ជាស្ថានមួយឆ្ងាយសេនឆ្ងាយ។

ទេវតា 的读音是/te:wea(k)da:/，其中末音节发生变音现象：/ta:/变读为/da:/，即清辅音/t/变读为浊辅音/d/。这是由于在古高棉语时期的某一阶段，表示浊辅音/d/的辅音字母 ដ 尚未出现于古高棉语文字系统中，而辅音字母 ត 在当时则承担了既表示清辅音/t/，又表示浊辅音/d/的功能。[①]因此当含有浊辅音

---

① ឯៀវ កើស. ភាសាខ្មែរ. ភ្នំពេញ：ពុទ្ធសាសនបណ្ណិត្យ. ឆ្នាំ ២០០២. ទំព័រទី ៨០.

/d/的巴利语词借入高棉语中时，高棉语一律以字母 ត 来记录该音位。虽然到后来表示浊辅音/d/的辅音字母 ឌ 从梵文体系被引进古高棉文中，但以字母 ត 代表浊辅音/d/的形式仍存在于 ទេវត 这类梵语、巴利语源外来词中并延续至今，从而使"ត 变读为浊辅音/d/"成为一些梵语、巴利语源外来词的重要语音特征。

有一则关于 ទេវត 的谚语频繁出现于柬埔寨佛教文学作品中，那就是：

ចិត្តជាទេវទត្ត មាត់ជា ទេវតា។

心像提婆达多一般恶毒，[①]说话像神仙般动听。

此谚语形容为人阴险狡猾、嘴甜心毒。与之相对应的汉语成语就是"口蜜腹剑"。

ទេវត 一词中的巴利语语素 ទេវ 在巴利语中不仅可做名词，也可做构词语素。ទេវ 被借入高棉语后，其单独做名词的复现频率降低，但作为构词语素的语法功能则进一步增强，不断被用作构造新词的构词材料，成为能产性构词语素。再加之 ទេវ 总是与由其构成的源语言复合词一起进入高棉语，使人们对它的语法功能的认识有了先入为主的印象，认为 ទេវ 在高棉语中除了与其他成分组合构词外，不可单独使用。久而久之，ទេវ 的语法功能便逐渐转化：它由源语言中的自由语素变为高棉语中的黏着语素，由它参与构成的高棉语合成词都是派生词。

在柬埔寨各类佛教文学作品中包含有许多"ទេវ-"类派生词，例如：

ទេវ+កថា→ទេវកថា 神话；神话故事

ទេវ+កថាវិទ្យា→ទេវកថាវិទ្យា 神话学

ទេវ+កម្ម→ទេវកម្ម 神化；封神；敬之若神，奉若神明

ទេវ+ហាន→ទេវហាន 神庙；先贤祠；仙境；天堂

ទេវ+និយម→ទេវនិយម 有神论

ទេវ+បញ្ញា→ទេវបញ្ញា 神谕

ទេវ+វិទ្ទ→ទេវវិទ្ទ 神学家

ទេវ+វិទ្យា→ទេវវិទ្យា 神学；神学说；神学论

ទេវ+អធិបតេយ្យ→ទេវាធិបតេយ្យ 神权政治；神权政体

---

① 提婆达多：为佛陀叔父斛饭王之子。佛陀成道后，他随佛陀出家，善心修行、精勤不懈。后因未能得圣果而渐生恶念，破坏僧团，与佛陀敌对，成为恶比丘。

ទេវ+អភិសេក → ទេវាភិសេក 神化；封神；敬之若神，奉若神明

3.2.3　柬埔寨贝叶经与巴利语源外来词

柬埔寨贝叶经历史久远，所刻写的主要是佛教典籍，所以它包含了大量的巴利语源外来词典范语料，是除碑铭外承载巴利语源外来词的另一重要文献形式，是我们考释巴利语源外来词的又一可靠依据。

3.2.3.1　柬埔寨贝叶经概况

贝叶是贝多罗树的叶子。贝多罗树是生长于印度、东南亚等热带、亚热带地区的一种常见的棕榈类木本植物。贝叶狭长、不怕潮湿、耐久性强，早在两千多年前的古代印度就被作为一种重要的书写材料，犹如中国先秦时期的简帛一般。古代印度人用铁笔在贝叶上刻写佛教经文及其相关典籍，这便称之为"贝叶经"。唐代末期知名文士段成式在其所著的《酉阳杂俎》前集卷十八中记载道："贝多，出摩伽陀国，长六七丈，经冬不凋。此树有三种：一者罗婆力叉贝多，二者多梨婆力叉贝多，三者部婆力叉多罗多梨。并书其叶，部阇一色，取其皮书之。贝多是梵语，汉翻为叶，贝多婆力叉者，汉言叶树也。西域经书，用此三种皮叶，若能保护，亦得五六百年。"[1]

由于贝叶经主要刻写的是佛教典籍，所以它也就成为佛教经典的代名词，成为名僧、名士谈论佛理的象征语汇，并且在佛教东渐的历史进程中，贝叶经作为佛教文化的重要载体，发挥了传播佛教文化的重要作用。柬埔寨便是历史上佛教文化的重要辐射地之一。自佛教传入柬埔寨之日起，贝叶经便出现于当地了，所以贝叶经在柬埔寨存在的历史可谓源远流长。1296 年到达真腊的元朝使臣周达观在描述真腊的宗教状况时记载道："所诵之经甚多，皆以贝叶叠成，极其齐整。于上写黑字，既不用笔墨，但不知其以何物书写。"[2] 贝叶经对佛教在柬埔寨的流传和逐渐兴盛发挥着重要作用，正如柬埔寨学者米赛达内所言："如果没有贝叶经来弘扬佛法，佛教（在柬埔寨）便不可能具有生命力。"[3] 贝叶经随着佛教的传播进入柬埔寨后，当地人也逐渐学会将贝叶加工制

---

① 段成式：《酉阳杂俎》，中华书局，1981 年，第 177 页。

② ［元］周达观：《真腊风土记》，http://ishare.iask.sina.com.cn/f/11359997.html。

③ មីសែល គ្រាណេ. សាស្ត្រខ្មែររនៅភាគឦសានននៃប្រទេសថៃបច្ចុប្បន្ន. កម្ពុជសុរិយា លេខ ៤ ឆ្នាំ ទី ១៩៥៩.

作成书写材料，在贝叶之上刻写翻译成高棉文的佛教经文，或是刻写对佛经的评注，或是刻写各种法则、戒律，或是刻写高棉民族的历史和文化，等等，将贝叶经发展成为高棉民族传统文化的重要载体。可惜的是，经历了千百年来的风霜洗礼，特别是遭到常年战争的破坏，流传到今天的柬埔寨贝叶经已所剩不多。

一些有关法则、戒律的贝叶经历经岁月的洗礼和沉淀有幸保存至今，成为柬埔寨贝叶经作品中的不朽佳作。这类作品是针对古代柬埔寨各类群体的训诫书，例如《女训》就是专门针对古代柬埔寨女性的训诫书，主要阐述的是女性为人妻、为人母、为人女所应遵守的道德规范；《男训》就是专门针对古代柬埔寨男性的训诫书，主要阐述的是男性为人夫、为人父、为人子所应遵守的言行准则。这类作品通常为诗歌体裁，有的是六言诗（即每句有 6 个音节），有的是四言诗（即每句有 4 个音节），有的是六言、四言混合型诗歌。整首诗歌对仗工整、韵律和谐、词句优美，具有较高的审美价值和较强的艺术感染力。柬埔寨贝叶经训诫书包含在卷帙浩繁的传统典籍之中，反映了古代柬埔寨人的生存状况和社会地位，凝聚着高棉民族文化心理倾向的诸多方面，其思想内涵丰富、影响深远，并且因其含有古老、丰富的巴利语源外来词典范语料，因而是巴利语源外来词出现于高棉语中的形象证明。此处内容详见本章小结。

3.2.3.2 柬埔寨贝叶经中的巴利语源外来词考释

在此，我们以柬埔寨各类贝叶经训诫书为分析蓝本，对其中颇具代表性的巴利语源外来词进行考释。

នាគ

该词摘选自《女训》，其巴利语源词形式为"នាគ"。该词可音译为"那伽"，在原文中意为"龙"。其所在原句如下：

នាងនឹងគ្រាច់ត្រង់តាមផ្លូ ចេញចាកអំពី ពិភពនាគនេះ។

នាគ 在此表示"龙"之意，并且不是单独使用，而是与 ពិភព 构成复合词 ពិភពនាគ，意为"龙宫"。ពិភព 与 នាគ 也可相互调换顺序，变为 នាគពិភព，与 ពិភពនាគ 同义。

នាគ 一词是以形译（或借形）的方式借入高棉语中的，并且 នាគ 是顺应源形的，即进入高棉语后仍保留其巴利语源词的字母形式，使形译词 នាគ 形成与高棉语固有词不同的书面词形特征。在此表现为巴利语源外来词 នាគ 的阻声辅音字母即尾辅音字母为 ត，而高棉语固有词是不能以 ត 为尾辅音字母的，所以尾辅音字母 ត 便成为巴利语词源外来词的词形标志之一。[①]

នាគ 在源语中不仅是名词，而且还是能产性构词语素，由其参与构成的复合词较为丰富，并也如 នាគ 一样以完全忠实于源词的形式出现于柬埔寨贝叶经中，例如：

នាគ+ពិភព→នាគពិភព（或 ពិភពនាគ）龙宫

នាគ+ទន្ត→នាគទន្ត 象牙；（挂东西的）挂钩

នាគ+បាល→នាគបាល 龙形陷阱

នាគ+ប្រក់→នាគប្រក់（七头）蛇庇佑下的佛像

នាគ+ព័ន្ធ→នាគព័ន្ធ 蟠龙寺；蟠龙曲

នាគ+មាណវី→នាគមាណវី 龙女

នាគ+រាជ→នាគរាជ 龙王

នាគ+លោក→នាគលោក 龙宫

និព្ធាន

该词摘选自《法则》，在原文中意为"涅槃，圆寂"。其所在原句如下：

នរៈអ្នកណា	ទោះយកអាត្មា	ចូលសាសន៍ពុទ្ធរដ្ឋ
ចូរធ្វើអោយត្រង់	ដោយនូវបន្ធាត់	ហៅស្វែងសម្បត្តិ
	យកផ្លូវនិព្ធានៗ	
នរៈអ្នកណា	នឹងនាំអាត្មា	ឧស្សាហ៍អធ្យោគ
ស្វែងធម៌ជាផ្លូវ	ទៅកាន់បរលោក	ចូលមហាបថមោក្ខ
	គឺនិព្ធានហោងៗ	

និព្ធាន 的巴利语源词形式为"និវាន"。虽然 និព្ធាន 与其源词在词形上存在不一致之处，但 និព្ធាន 还是以形译方式进入高棉语的，只不过这种形译是隐性的。具体而言就是，源词中的辅音字母"វ"在 និព្ធាន 中变为重叠辅音结构"ព្ធ"，即辅音字母"វ"先转写为自身相重叠的辅音结构"ព្ធ"。在这个重叠辅音结构中，上辅音字母"វ"同时又是前一音节结构"និ"的阻声辅音字母。但若按高棉语语音规则加以拼读，"វ"在此对"និ"起阻声作用却并不顺口。之

---

① 在高棉语中还有其他一些尾辅音字母是巴利语词源外来词的词形标志，对此我们将在 3.2.4.2.1 节中详述。

后为了合乎高棉语的发音规律和拼读习惯，"ī" 逐渐被与其音质相近且更适合对 "និ" 起阻声作用的字母 "ព" 所取代。

និព្វាន 在源语中不仅是动词，而且还是能产性构词语素，与其他巴利语语素构成较为丰富的复合词，散布于柬埔寨贝叶经中，例如：

និព្វាន+គមន → និព្វានគមន 通往涅槃

និព្វាន+ធាតុ → និព្វានធាតុ 涅槃范围

និព្វាន+និន្ន → និព្វាននិន្ន 趋向涅槃的

និព្វាន+បជិសញ្ញត → និព្វានបជិសញ្ញត 关于涅槃的

និព្វាន+បត្ត → និព្វានបត្ត 达到涅槃的

និព្វាន+បត្តិ → និព្វានបត្តិ 到达涅槃

និព្វាន+បទ → និព្វានបទ 涅槃，圆寂

និព្វាន+បរិយោសាន → និព្វានបរិយោសាន 终成涅槃的

និព្វាន+សំវត្តនិក → និព្វានសំវត្តនិក 有助于涅槃的

និព្វាន+សច្ឆិកិរិយា → និព្វានសច្ឆិកិរិយា 对涅槃的领悟

និព្វាន+សញ្ញា → និព្វានសញ្ញា 对涅槃的感知

និព្វាន+សម្បត្តិ → និព្វានសម្បត្តិ 成就涅槃

និព្វាន+សម្បទា → និព្វានសម្បទា 为涅槃祷告

វេហាស់

该词摘选自《子孙训》，在原文中意为 "天空，苍穹"。其所在原句如下：

លោកថាសុរ្យសែង ក្លីចែង *វេហាស់* មោះពុំស្ងើនា ព្រះធមិព្រះពុទ្ធ។

វេហាស់ 的巴利语源词形式为 "វេហាស"。很明显，វេហាស់ 一词是以形译巴利语词 វេហាស 的方式进入高棉语中的。វេហាស់ 与源词外形基本一致，只是比源词多了一个取消符号 "ំ" 附着于词尾辅音字母 ស 之上，表示 ស 不发音。出现这一现象的原因在于，វេហាស 同其他巴利语词一样是以形译中的形音兼借方式借入高棉语中的，而 វេហាស 一词的音节数目略长，不符合高棉语词音节短小的特征，并且其词尾辅音字母 ស 无论是作为一个单独的音节发音，还是处理为前一音节的阻声辅音，都显得与高棉语拼读规则格格不入，所以该词被借入后，字母 ស 的读音需要被舍去。正常情况下，音位或音节的删减必然会引起词形的简化，但为了避免高棉语中出现更多的同音同形词，字母 ស 通过添加取消符号 "ំ" 得以留存，即 វេហាស 变为 វេហាស់。

សប្បុរស

该词摘选自《戈伽勒法则》，在原文中意为"仁慈，慈善；正直，正派；慈善者；老实人"。其所在原句如下：

សប្បុរសយល់ដោយមុខ   ស៊ុកគ្រលុកពេកពុំជា កំណាញ់ក្រៅតំរ   សោតស៊ីងអាប់ប្រយោជន៍យស។

សប្បុរសពេកចាញ់ធន   នាទុជិនចាញ់តន្រ្ទិយ ប្រពន្ធល្អច្រើនចាញ់ប្ដីពាក្យច្រើនភូត ចាញ់អាត្មា។

សប្បុរស 的巴利语源词形式为"សប្បុរិស"，当该巴利语词通过形音兼借方式被借入高棉语中时，由于其音节较复杂，不符合高棉语词音节简洁的特征，因而需要简化，于是其第三音节中的元音音位/ĕ/被删减。相应的，/ĕ/对应的元音字母"ិ"也被舍去，源词"សប្បុរិស"由此简化为"សប្បុរស"。

សប្បុរស 的源词 សប្បុរិស 在巴利语中只是名词，当其被借入高棉语后，它还逐渐具备构词语素的功能，可与其他语素组合，构成与"仁慈；正直"之意相关的一系列复合词。这些词散布于柬埔寨贝叶经中，例如：

សប្បុរស+ជន →សប្បុរសជន 善人，慈善者；正直的人

សប្បុរស+ត្រកូល →សប្បុរសត្រកូល 慈善人家；正派人家；厚道人家

សប្បុរស+កម្ម →សប្បុរសកម្ម 善举，善行

សប្បុរស+ចរិយា →សប្បុរសចរិយា 慈善行为

សប្បុរស+ជាតិ →សប្បុរសជាតិ 仁爱性，仁慈性

សប្បុរស+ធម៌ →សប្បុរសធម៌ 慈善，慈悲

សប្បុរស+វាចា →សប្បុរសវាចា 善言，良言

សប្បុរស+វាទ →សប្បុរសវាទ 善言，良言

សប្បុរស+វាទី →សប្បុរសវាទី 说善言的人

需要说明的是，上述由 សប្បុរស 构成的高棉语复合词结构遵循的仍是巴利语语法规则中的"定语+中心语"结构，而非高棉语语法规则中的"中心语+定语"结构。在高棉语中存在着为数不少的"定语+中心语"结构的复合词，有些是直接借用的梵语、巴利语源外来词，有些则是以梵语、巴利语语素为构词材料所构造的新词。这些词对"定语+中心语"结构的保留是梵语、巴利语对高棉语语法产生影响的重要表现之一。

អភ័ព្

该词摘选自《男训》，在原文中意为"不幸的，倒霉的，命苦的"。其所在

原句如下：

ស្មូមសុំឱយច្រៀក កុំបីរៀកទាំងមូលមិញ គួចំអោយច្រៀកចេញ តាមពាក្យ
ចាស់ថា *អភព្ទ*។

អភព្ទ 的巴利语源词形式为"អភព"，该源词是以形音兼借方式进入高棉语中的。按高棉语读音规则，源词"អភព"中的第二音节应读作/pho(p)/，但由于该词被借入高棉语中时是既借形，又借音的，因此其第二音节按巴利语读音规则应读作/phuəa(p)/。这给柬埔寨人的拼读造成了障碍，因为他们习惯按本族语词的拼读规则将其读作/pho(p)/。因此，为了便于柬埔寨人能正确拼读该词，强化符号"ö"被添加于该词需变音的辅音字母 ភ 之上，以表示/o/音变读为/uəa/音。

អភព្ទ 是一个派生词，由词缀"អ"和词根"ភព្ទ"组合而成。词根"ភព្ទ"既可做名词，又可做形容词，意为"运气；命运；幸运的，有福气的"。词缀"អ"是表示否定意义的前缀，意为"不、非、无、未"，可用于名词、形容词和动词之前。

否定前缀"អ"源自巴利语，现已成为高棉语中的能产性构词词缀，但最初该词缀并非单独被借入高棉语中用于造词活动，即不是在源语言语法认知基础上的词缀借用，而是伴随着大量的巴利语源外来词、以形音兼借方式进入高棉语的。在柬埔寨贝叶经中便含有许多由否定前缀"អ"构成的巴利语源派生词，例如：អកតញ្ញ（忘恩负义的），អកម្ម（消极的），អកប្បិយ（不合理的；不合适的），អកុសល（不幸的），អក្លន្តិភាព（无毅力，无恒心），អគណនីយ（无数的，不可胜数的），អគារវ:（不尊重；不关心）。

从严格意义上说，上述由否定前缀"អ"构成的派生词在进入高棉语的初期仅仅被看作一个多音节语素，而非语素的组合。"但同类结构词语大量借用的结果是人们对部分多次重复出现的语音符号形成了一定的语义认知，或者说这些语音符号经历了语义凸显的过程。"[①]柬埔寨人在对"អ"类派生词大量借用的过程中逐渐认识到"អ"有否定含义。"语义凸显带来了结构的凸显，而其在相同语法位置的反复出现自然会强化人们对此类成分语法功能的认知"[②]，因此巴利语前缀"អ"便被同化为高棉语中的构词前缀。

---

① 易朝晖：《泰语外来词同化现象研究》，世界图书出版广东有限公司，2013 年，第152 页。

② 同上。

ឧបមា

该词摘选自《教诲书》，在原文中意为"假定，假设；打比方"。其所在原句如下：

កូនអើយអាពុកបា នឹង*ឧបមា*មួយទៀតផងដង បាស្តាប់ក្រាប់ត្រងរង ទុកទុន្នានអង្គត្រន្រ្ទី
យ។

ឧបមា 的巴利语源词形式仍为"ឧបមា"，即该词以形音兼借方式被借入高棉语时，其词形与其源词保持着高度一致，从而形成了不同于高棉语固有词的书面特征。在此表现为 ឧបមា 的首辅音字母"ឧ"不是高棉语中常规的辅音字母，而是源自梵语的古字母。由于巴利语和梵语之间有着深厚的历史渊源和最近的亲属关系，所以巴利语中也含有这个古字母。它伴随着梵巴语源外来词的借入而进入高棉语语言体系中，之后逐渐演变为高棉语中的一个独立元音。由于独立元音"ឧ"原为梵巴语的古字母，具有梵巴语古字母的典型书面特征，所以以其为首辅音字母便成为梵巴语源外来词的词形标志之一。

ឥន្រ្ទីយ

该词摘选自《教诲书》，在原文中意为"感官"。其所在原句如下：

កូនអើយអាពុកបា នឹងឧបមាមួយទៀតផងដង បាស្តាប់ក្រាប់ត្រងរង ទុកទុន្នានអង្គ*ឥន្រ្ទី*
យ។

ឥន្រ្ទីយ 的巴利语源词形式为"ឥន្រ្ទិយ"。与源词外形相比，ឥន្រ្ទីយ 比源词多了一个取消符号"ʼ"附着于词尾辅音字母 យ 之上，且源词中的元音"ិ"在 ឥន្រ្ទីយ 中变为元音"ី"。发生这一词形变化的原因在于，高棉语是通过形音兼借方式吸纳巴利语词"ឥន្រ្ទិយ"的。该词第二音节/trĕi/中的元音/ĕi/在词中的对应结构为"-ិយ"，即由元音字母"ិ"和阻声辅音字母"យ"组合而成。而在高棉语中，本身就有一个元音字母"ី"发/ĕi/音，所以为简便起见，源词中的"-ិយ"结构进入高棉语后简化为"ី"的形式，但为了与源词的书面形式不发生太大出入，阻声辅音字母"យ"仍被保留，只是此时若再在词中保留它对应的/i/音就显多余，于是"យ"通过添加取消符号"ʼ"不再发音，仅保留其书面形式，源词"ឥន្រ្ទិយ"由此在高棉语中转变为"ឥន្រ្ទីយ"。

ឥន្រ្ទីយ 与其源词的词形大体一致，尤其是对梵巴语古字母"ឥ"的保留，仍毫无改变地以其为首辅音字母。字母"ឥ"伴随着梵巴语源外来词的借入而进入高棉语中，之后逐渐转变为高棉语中的一个独立元音，通常在词中做首辅音字母。字母"ឥ"在外形上有着梵巴语古字母的显著特点，与高棉语的固有字母是明显不同的，因而以其为首辅音字母便成为梵巴语源外来词的词形标志之一。

ម៉ជ្ជ

该词摘选自《古语训》，在原文中意为"光滑的"。其所在原句如下：

នឹងនីចង់ពិសា ខ្លួលទំ៣អោយ*ម៉ជ្ជ*ហ្លួង យល់នាមថាជាមង យល់ងជងងថាជាគុយ។

ម៉ជ្ជ 的巴利语源词形式为"មជ្ជ"。与源词外形相比，ម៉ជ្ជ 比源词多了一个变高符号"◌៉"附着于辅音字母 ម 之上。这是由于高棉语是通过形音兼借方式借用巴利语词"មជ្ជ"的，"មជ្ជ"的首辅音字母在此读作/mɒː/，而在高棉语音位系统中没有可直接对译的/mɒː/音，只有与之相近的/mɔː/音，其对应的字母为"ម"。为了将/mɔː/音变为/mɒː/音，变高符号"◌៉"被添加于字母"ម"之上，其功能就是，当其置于含有固有元音音位/ɔː/的辅音字母之上时，其固有音位/ɔ/变为/ɒː/。这表明，在形音兼借巴利语词的过程中，通过补充词形，源词的语音得以在高棉语外来词中实现准确对译。

សីល

该词摘选自《父训》，属宗教词汇，在原文中意为"戒，忌"。其所在原句如下：

សូរស្លាប់ទៅជា　　កុំបងំធម្មា　　តរិយា*សីល*គាប់

សីល 的巴利语源词形式仍为"សីល"，即该词以形译方式被借入高棉语时，是完全顺应源词词形的。但另一方面，សីល 的词形是不符合高棉语的拼写规则的。按照高棉语的拼写规则，当辅音字母与元音字母"◌ី"组合时，其后是不可再接阻声辅音字母的。因为元音字母"◌ី"的发音为双元音/ɤi/，按高棉语拼读规则，该双元音无法再与任何阻声辅音相拼，因此体现在书面形式上，/ɤi/对应的元音字母"◌ី"便不可再接阻声辅音字母。对于 សីល 这个有悖于高棉语常规词形的外来词，在词形和读音这两个层面上，人们选择了对其读音加以改造，即将"◌ី/ɤi/"变读为与之最为近似且可与阻声辅音相拼的元音"/ĕ/"。

សីល 的源词在巴利语中做名词，当其被借入高棉语后，它在高棉语语法体系的作用下实现了功能扩展：从具有单一的名词用法发展为兼有构词语素的功能，并且还是能产性构词语素。我们在柬埔寨贝叶经中便发现许多由其参与构成的复合词，例如：

សីល+កថា → សីលកថា 论德行之言

សីល+ខណ្ឌ → សីលខណ្ឌ 破戒

សីល+ភេទ → សីលភេទ 犯戒

សីល+លក្ខន្ត → សីលលក្ខន្ត 斋戒条件

សីល+គន្ត → សីលគន្ត 好名声

សីល+គុណ → សីលគុណ 斋戒的恩惠

សីល+ដប់ → សីលដប់ 十戒

សីល+ប្រាំបី → សីលប្រាំបី 八戒

សីល+តេជៈ → សីលតេជៈ 从善的威力

សីល+ទាយក → សីលទាយក 施斋者

សីល+ធន → សីលធន 视作财宝的德行

សីល+ធម្ម → សីលធម្ម 道德；品行

សីល+ធម៌និយម → សីលធម៌និយម 道德主义；伦理主义

សីល+និច្ឆ័យ → សីលនិច្ឆ័យ 道义；道德观念

សីល+និធិ → សីលនិធិ 视为宝藏的德行

សីល+មហាស្និទ្ធ → សីលមហាស្និទ្ធ 圣餐

សីល+វន្ត → សីលវន្ត 有道德的人

សីល+វិបត្តិ → សីលវិបត្តិ 破戒

សីល+អត់ → សីលអត់ 斋戒

សីល+វិសុទ្ធិ → សីលវិសុទ្ធិ 纯洁的品德

សីល+សមាទាន → សីលសមាទាន 持戒

សីល+សម្បត្តិ → សីលសម្បត្តិ 德高望重

សីល+សម្បទា → សីលសម្បទា 德高望重

សីល+សិក្ខា → សីលសិក្ខា 戒学

សីល+សិក្សា → សីលសិក្សា 戒学

លោកុត្តរ

该词摘选自《息瓦训》，其巴利语源词形式为"លោកុត្តរ"。该词属宗教词
汇，意为"说出世部"。其所在原句如下：

បី។ប្រាសលោក   បី។ថយថោក   ប្រាស *លោកុត្តរ*

ម្ដេចហៅប្រាសលោក 　　　ថយចោកពុំ- 　　　　　វិប្បលំ *លោកុត្តរ*
　　　　　　　　　　　　 អោយពិចារណា។

លោកុត្តរ 一词有两个读音：一个遵循巴利语拼读规则，读作 /lo:ko(t)ta(k)ra(k)/；另一个顺应高棉语拼读规则，读作/lo:ko(t)dɒ:/。换言之，前者为音译读音，后者为形译读音。*លោកុត្តរ* 一词是以形音兼借方式进入高棉语的，因而在读音方面必然要经历形译读音与音译读音相互竞争的过程，其竞争结果就是，该词的音译读音与形译读音并存。这主要是社会因素作用的结果。当 *លោកុត្តរ* 以形音兼借方式进入高棉语后，柬埔寨人首先接触到的是它的音译读音/lo:ko(t)ta(k)ra(k)/。而该词本身就是佛教教义中的常见词，其音译读音作为佛教用语的读音具有神圣性。对于笃信佛教的柬埔寨人而言，掌握该宗教词语的音译读音是对佛教信仰心存虔诚的表现，音译读音/lo:ko(t)ta(k)ra(k)/由此传承下来。即便之后 *លោកុត្តរ* 一词在高棉语的语音同化下逐渐生成新的形译读音/lo:ko(t)dɒ:/，音译读音/lo:ko(t)ta(k)ra(k)/也以其不可替代的宗教性与形译读音/lo:ko(t)dɒ:/并存于高棉语语音体系内。

លោកុត្តរ 一词最初是由巴利语语素 លោក 和 ឧត្តរ 组合而成，其具体诞生过程如下：

លោក+ឧត្តរ → លោក+អុត្តរ → លោកុត្តរ

在上述图示中，ឧត្តរ 中的首辅音字母为独立元音 ឧ，原为梵巴语古字母。若以高棉语字母音译 ឧ，其对应形式为 អុ，ឧត្តរ 因而转变为 អុត្ត。លោក 与 អុត្ត 组合产生语音融合现象："ក/k/" 与 "អុ/u/" 相拼实际上相当于 "ក/k/" 直接与元音 "◌ុ/u/" 相拼，体现在书面形式上就是 "ក+អុ" 简化为 "កុ"，"លោក+អុត្តរ" 由此融合成 "លោកុត្តរ"。

លោកិយ

该词摘选自《息瓦训》，其巴利语源词形式为 "លោកិយ"。该词在原文中意为"世界的"。其所在原句如下：

បីៗបរលោក 　　　　　បីៗពុំជោក 　　　　　បីៗ *លោកិយ*

ម្ដេចហៅបរលោក 　　 ពុំជោកនោះក្ដី 　　 ម្ដេចហៅ *លោកិយ*
　　　　　　　　　　 គួរដឹងសោះសា។

នាហៅ *លោកិយ* 　　　ពុំយល់អែងក្ដី 　　 មានច្បាប់សោតហោង

លោកិយ 一词有两个读音，即音译读音/lo:kěja(k)/，遵循巴利语拼读规

则；形译读音/lo:kěi/，顺应高棉语拼读规则。同 លោកុត្តរ 一样，លោកិយ 一词的音译读音与形译读音并存主要也是由于社会因素的作用。លោកិយ 虽非宗教词汇，但其音译读音/lo:kěja(k)/通常用于传经布道，具有一定的宗教性，这是形译读音/lo:kěi/所不具备的，因而音译读音/lo:kěja(k)/得以留存，与形译读音/lo:kěi/形成共存同义的局面。

លោកិយ 的源词在巴利语中做形容词，当其被借入高棉语后，它在高棉语语法体系的作用下发展为兼有构词语素的功能，与其他语素构成复合词，散布于柬埔寨贝叶经中，例如：

លោកិយ+ជន → លោកិយជន 世人

លោកិយ+មហាជន → លោកិយមហាជន 世人

លោកិយ+សត្វ → លោកិយសត្វ 世间动物

លោកិយ+សទ្ធា → លោកិយសទ្ធា 世人的信仰

លោកិយ+ទ្រព្យ → លោកិយទ្រព្យ 世间财富

លោកិយ+សម្បត្តិ → លោកិយសម្បត្តិ 人间财宝

通过对上述例词的分析可知，上述由巴利语源语素 លោកិយ 构成的高棉语复合词结构为"定语+中心语"结构，遵循的依然是巴利语语法规则，而未顺应高棉语语法规则中的"中心语+定语"结构，这体现出巴利语对高棉语语法规则的影响。

3.2.4　对早期应用中巴利语源外来词的总体分析

在前文我们以碑铭文学、佛教典籍、贝叶经等文字载体为分析蓝本，对典型性巴利语源外来词的早期应用状况进行了个别考释。在考释基础上，我们将对早期应用中的巴利语源外来词进行适当的总体分析，重点就其借用方式、词形特征和形译特征做相关分析。

3.2.4.1　早期应用中的巴利语源外来词的借用方式

通过前文对早期语料文本中巴利语源外来词的考释，我们发现这些外来词与其源词之间在语音和书写形式上存在着对应关系，可见历史上高棉语借用巴利语源外来词的主要方式是形译中的形音兼借。在此，我们整理出了早期语料文本中一些巴利语源外来词与其源词之间的音、形关系对照表，以对其所采用的形音兼借方式做一直观证明。

表 3-2　部分巴利语源外来词与源词间的音、形关系对照表

巴利语源外来词	巴利语源词	释义	析出文献
សព្វ/sɔ(p)/	សព្វ/sɔ(p)/	全部的，一切的，所有的	Ka110 碑铭
ម៉ដ្ឋ/mɔ(t)/	មដ្ឋ/mɔ:(t)/	光滑的	贝叶经《古语训》
សម្មាសមុទ្ធស្យ /samma:sampu(t)/	សម្មាសមុទ្ធ /samma:sampu(t)/	释迦牟尼；佛祖	《经藏》
ភិក្ខុ/phi(k)kho/	ភិក្ខុ/phi(k)kho/	比丘；和尚	《加那格本生故事》
ឧបមា /ʔupa(k)ma:/	ឧបមា /ʔupa(k)ma:/	假定，假设；打比方	贝叶经《教诲书》
មុនិ/muni/	មុនិ/muni/	学者；智者	Ka110 碑铭
ព្រឹទ្ធាចារ្យ /pri(t)thiɘca:/	វុទ្ធាចរិយ /wi(t) thiɘca(k)rěi/	长老；长者；前辈；族长	《毗输呾罗本生故事》
និព្វាន/nipiɘn/	និវាន/niwiɘn/	涅槃，圆寂	贝叶经《法则》
សមយ/sa(k)mai/	សមយ/sa(k)mai/	时代；时期	《经藏》
បពិត្រ/pa(p)ɨ(t)/	បវិត្ត/pawɨ(t)/	陛下，圣上	《佳姬王后》
ទាន/tiɘn/	ទាន/tiɘn/	施舍；布施	《索瓦纳娑摩本生故事》
វេហាស់/we:hiɘ/	វេហាស/we:hiɘh/	天空，苍穹	贝叶经《子孙训》
ទេវតា/te:wa(k)ta:/	ទេវតា/te:wa(k)ta:/	神，神仙，仙人	《佳姬王后》
សាពេជ្ឈ /sa:rɔ:pe:(c)/	សព្វញ្ញ /sappeain ɲo:/	佛陀；大智大慧者	《毗输呾罗本生故事》
ករុណា /ka(k)rona:/	ករុណា /ka(k)rona:/	同情，怜悯	Ka110 碑铭
នាគ/niɘ(k)/	នាគ/niɘ(k)/	龙	贝叶经《女训》
ហប្ឫទំយ/ha(k)ritei/	ហទយ/ha(k)tei/	心；心脏；心灵	《加那格本生故事》
អភព្ញ /ʔa(k)phuɘ(p)/	អភព្ញ /ʔa(k)phuɘ(p)/	不幸的，倒霉的，命苦	贝叶经《男训》

（续表）

巴利语源外来词	巴利语源词	释义	析出文献
ពោធិសត្ត /pɔ:thisa(t)/	ពោធិសត្ត /pɔ:thisa(t)/	菩萨	《普利达本生故事》
សីល/səl/	សីល/səl/	戒，忌	贝叶经《父训》
អរហាតោ /ʔa(k)ra(k)ha(k)tao/	អរហត្ត /ʔa(k)ra(k)ha(t)/	阿罗汉	《经藏》
ឥន្រ្ទិយ៍/ʔəntri:/	ឥន្រ្ទិយ/ʔəntrei/	感官	贝叶经《教诲书》
អន្តរាច /ʔanta(k)ra:(c)/	អន្តរ /ʔanta:/	在……中间	《经藏》
សប្បុរស /sa(p)boroh/	សប្បុរិស /sa(p)borĕh/	仁慈；正直；慈善者；老实人	贝叶经《戈伽勒法则》
មោក្ខំ /mo:(k)khɔm/	មោក្ខ /mo:(k)kha(k)/	脱离苦海	Ka110 碑铭

3.2.4.2　早期应用中的巴利语源外来词的特征

通过前文对早期语料文本中巴利语源外来词的考释，我们发现早期应用于高棉语中的巴利语源外来词具有显著的词形特征和形译特征。

3.2.4.2.1　词形特征

通过前文对早期语料文本中巴利语源外来词的考释，我们发现历史上高棉语借入巴利语源外来词的主要方式是形译，确切地说是形译中的形音兼借，因此在词形方面，巴利语源外来词，尤其是早期输入的巴利语源外来词，有着不同于高棉语固有词的显著特征。这一点我们通过对早期语料文本中典型性巴利语源外来词的考释已有所了解。并且通过考释，我们还发现早期应用中的巴利语源外来词通常包含有诗歌词汇形态和一般词汇形态。在这两种词汇形态中，巴利语源外来词呈现出不同的词形特征。

3.2.4.2.1.1　诗歌词汇形态的词形特征

诗歌词汇形态的词形特征集中体现于词尾处，主要表现为：
第一，词尾为辅音字母（或重叠辅音结构）与重叠辅音结构"ស្ប"的组合。[①] 例如：

ព្រាហ្មណស្ស（《论藏》）

បុល្លវគ្គស្ស（《经藏》）

ពុទ្ធស្ស（《经藏》）

យស្ស（Ka110 碑铭）

មហាកស្ស（贝叶经《ព្រះនិព្វានសូត្រ》）

បត្តេរស្ស（贝叶经《ព្រះនិព្វានសូត្រ》）

第二，词尾为辅音字母（或重叠辅音结构）与元音字母"កា"的组合。例如：

វគ្គា（《律藏》）

ភាគា（《经藏》）

សមណា（《经藏》）

ចន្ទា（Ka110 碑铭）

មោហិគា（Ka110 碑铭）

ធិវសា（Ka110 碑铭）

第三，词尾为辅音字母（或重叠辅音结构）与元音字母"ំ"的组合。例如：

អយំ（贝叶经《ព្រះនិព្វានសូត្រ》）

សកលំ（Ka110 碑铭）

មុនិទំ（Ka110 碑铭）

សទ្ធឹ（Ka110 碑铭）

ញ្ញានំ（《经藏》）

បរិបុណ្ណំ（《律藏》）

បរិសុទ្ធំ（《经藏》）

第四，词尾为辅音字母（或重叠辅音结构）与元音字母"កេ"、阻声辅音字母"ន"的组合。例如：

សមយេន（《律藏》）

សេនិយេន（《经藏》）

ពិម្ពិសាវេន（《经藏》）

---

① 例词中括号内的文献名称表示例词的出处。

មាគធេន（《论藏》）

អនេកបរិយាយេន（《经藏》）

ព្រហ្មទត្តេន（《经藏》）

需要说明的是，某些巴利语源外来词有不止一种诗歌词汇形态，选用何种形态则取决于韵文的押韵规则，即所选择的词尾形式要符合文章韵律和谐的要求。例如在高棉文三藏经中，“ព្រហ្មទត្ត”的两种诗歌词汇形态“ព្រហ្មទត្តេន”与“ព្រហ្មទត្តោ”，前者在文中与 មាណវេន 搭配，是因为两词同押“េ+ន/ein/”的韵，后者在文中与 មាណវោ 搭配，则是由于两词同押“ោ/o:/”的韵。“សមយ”的诗歌词汇形态之一“សមយំ”在文中与“ឯកំ”“រាជតបាំ”“ទានន្ទុំ”配合使用，是由于四词同押“ំ/ɔm/或/oum/”的韵。“សង្ឃ”的诗歌词汇形态之一“សង្ឃេន”在文中与“ពុទ្ធស្ស”“ធម្មស្ស”配合使用，是由于三词同押“ស្ស/h/”的韵。由此可见，词尾形式体现文章的韵律和谐，这实则是巴利语源外来词诗歌词汇形态的又一种词形特征。

3.2.4.2.1.2　一般词汇形态的词形特征

早期应用于高棉语中的巴利语源外来词在一般词汇形态上具有与梵语源外来词相近的词形特征，[①] 具体如下：

第一，以辅音字母 ឋ 为首辅音字母。例如：

ឋិត 处于，置于。（《毗输达罗本生故事》）

ឋាន 地方，地点。（《加那格本生故事》）

ឋានសួគ៌ 极乐世界。（《毗输达罗本生故事》）

ឋានមនុស្ស 人间，凡间。（《佳姬王后》）

ឋានទេវតា 仙界。（《佳姬王后》）

辅音字母 ឋ 是高棉语中的非常用字母，高棉语本族语词通常不使用该字母构词，高棉语中由 ឋ 构成的少量词汇均为巴利语源外来词，且大多是历史

---

① 早期应用于高棉语中的巴利语源外来词之所以具有和梵语源外来词极为相似的词形特征，是由于这两种外来词的语源——巴利语和梵语本身具有深厚的历史渊源，有着最近的亲属关系。在很多情况下，梵语词和巴利语词的词义是互通的，致使高棉语中的许多外来词同时兼具梵语和巴利语两种语源，加之高棉语对这两种语源的外来词都采取形音兼借的借用方式，使得这两种语源的外来词不仅在词形特征上具有高度相似性，而且在形译特征上更是如出一辙。

上较早输入于高棉语中的巴利语源外来词。这些词语几乎都是对巴利语源词的"完全借形"，这使得辅音字母 ឬ 在词中的位置与其在源词中一样固定，即通常做首辅音字母，因此以辅音字母 ឬ 为首辅音字母便成为早期输入的巴利语源外来词在词形上的又一显著特征。

第二，带有取消符号"◌៌"。例如：

សាសន៍ 宗教。（贝叶经《法则》）

កេរ្តិ៍កាល 赞颂，颂扬。（贝叶经《格佳法则》）

រាជសីហ៍ 狮子王。（《毗输达罗本生故事》）

មហាភិនិស្សមណ៍ 释迦牟尼的出家。（《加那格本生故事》）

历史上巴利语词大多为多音节，因此以形音兼借方式被借入高棉语中的巴利语源外来词也多为多音节词。而高棉语固有词的音节数目通常不超过 3 个，为了融入高棉语系统，巴利语源外来词必然要受到高棉语的语音同化，其主要表现便是缩减音节。由于早期输入于高棉语中的许多巴利语源外来词已有了形译而来的固定书面形式，不适宜再做大的改动，于是基于原有书面形式，取消符号"◌៌"被添加于词尾辅、元音字母之上，使其实现删音留形的改造。因此，取消符号"◌៌"便成为早期输入的巴利语源外来词的词形标志之一。

第三，带有强化符号"◌័"。例如：

ស្គាល័យ 仙境。（《阿垒萨塔法则》）

ទ័ព 军队。（《加那格本生故事》）

សម័យ 时代；时期。（《索瓦纳娑摩本生故事》）

ព័ទ្ធ 包围。（《加那格本生故事》）

强化符号"◌័"通常出现于"辅音字母／重叠辅音字母＋阻声辅音字母／ិ"结构的巴利语源外来词中，附着于其中的辅音字母或上辅音字母之上，提示人们该结构已不按高棉语读音规则拼读，而需依照巴利语读音规则拼读。

第四，以独立元音为首辅音字母。例如：

ឧបមា 比如；比方。（《毗输达罗本生故事》）

ឱវាទ 教导；教诲。（《加那格本生故事》）

ឥសី 隐士；隐修者。（《索瓦纳娑摩本生故事》）

ឧរ 心胸；心田。（《佳姬王后》）

如前所述，独立元音是高棉语中一类特殊的元音，是指无需依附于辅音字母可独立存在的元音。独立元音本为源自于梵语的古字母，最初正是通过高棉语对梵语词的"完全借形"而流入高棉语中的。它们同早期输入的梵语源外来词相生相随,成为其词形标志之一。由于巴利语和梵语之间有着深厚的历史渊源和最近的亲属关系,所以巴利语中也含有这些与梵语类似的古字母。它们出现于早期输入的巴利语源外来词中,同样以独立元音的形式呈现,同样几乎都位于词首,因此以独立元音为首辅音字母也成为早期借入的巴利语源外来词的一种词形标志。

第五,以同一辅音字母相重叠。例如:

វគ្គ 节;章。(《律藏》)

ធម្មស្សរ 经文;法规。(《论藏》)

យស្សរ 权威。(Ka110 碑铭)

ព្រហ្មទត្ត 高尚的;优良的。(《经藏》)

សព្វ 全部,一切。(Ka110 碑铭)

由于以同一辅音字母相互重叠的结构有悖于高棉语的读音规律,因此这类重叠结构是不会出现于高棉语固有词中的。而这类重叠结构却符合巴利语拼读规则,且经常出现在早期输入的巴利语源外来词中,所以此类重叠结构也成为巴利语源外来词在书面形式上的重要特征之一。

第六,阻声辅音字母为 ខ、គ、ឃ、ជ、ដ、ឌ、ឍ、ណ、ថ、ទ、ធ、ព、ភ。例如:

នាគ 蛇,那伽。(《普利达本生故事》)

មេឃ 天空。(《毗输达罗本生故事》)

ទសពិធរាជធម៌ 国王遵循的十项法则。(《加那格本生故事》)

លោភ 贪婪,贪心。(《索瓦纳婆摩本生故事》)

依照高棉语拼写规则,上述辅音字母不可充当阻声辅音字母。但在巴利语中,这些字母却可以做阻声辅音字母,并且这类组合形式随着早期形译式借用的巴利语源外来词而进入高棉语中,并成为其词形标志之一。

第七,以重叠辅音形式代表阻声辅音音位。例如:

សមុត្ត 海,大海。(Ka110 碑铭)

សម្មាសម្ពុទ្ធ 释迦牟尼;佛祖。(《毗输达罗本生故事》)

បុញ្ញ 功德;善行;福。(Ka110 碑铭)

បពិត្រ 陛下,圣上。(《佳姬王后》)

在高棉语中,有一类重叠辅音结构不按正常的重叠辅音发音规则发音,而是变读为阻声辅音音位，这是高棉语在早期以形译方式吸纳巴利语词并使其语音同化的结果，是早期输入的巴利语源外来词的又一区别性标志。

第八，有元音字母附着于阻声辅音字母或附着于起阻声作用的重叠辅音结构。例如：

មោក្ខំ 涅槃。（Ka110 碑铭）

បរិបុណ្ណា 丰富的；充足的。（《经藏》）

ខេត្តំ 地域。（Ka110 碑铭）

សុត្តំ 诵读，吟诵。（《律藏》）

在高棉语固有词中，元音字母是不会附着于阻声辅音字母或附着于起阻声作用的重叠辅音结构的，因为这样的结构违背了高棉语的拼读和拼写规则。但此类特殊结构却符合巴利语的拼读和拼写规则，并随着高棉语对巴利语词的早期形译式借用以及语音同化而存在于巴利语源外来词中，成为其区别于高棉语固有词的书面特征之一。

3.2.4.2.2　形译特征

由前文可知，历史上高棉语借用巴利语词的主要方式是形译中的形音兼借，并且之前通过对早期语料文本中代表性巴利语源外来词的重点考释，我们发现早期应用中的巴利语源外来词具有同梵语源外来词一样的显著形译特征。

3.2.4.2.2.1　隐性形译

在形译巴利语词时，高棉文字母对巴利语词词形的转写是隐性的，也就是说巴利语源外来词与其源词的词形表面上看是完全不同的，没有受过专门语言训练的人是不能立即判定出巴利语源外来词与其源词之间的借形关系的。这是因为高棉文和巴利文各自经历了长期的演变和发展，其字母的书写形式和排列方式都发生了巨大变化。即使高棉语文字系统自身在古、今形式上都存在着巨大差异，就勿论高棉文与巴利文之间的差异了。所以，高棉语对巴利语词的形译是隐性的。

另外，巴利语源外来词具有隐性形译的特点还由于重叠辅音现象的存在。历史上高棉语以形译方式借用巴利语词时，若源词中含有重叠辅音，转写为高棉语词后，会出现的变化是，源词中的上辅音字母在高棉语中被换成另外一个字母。但其前提条件是，上辅音字母同时又是前一个音节的阻声辅音字母。这种重叠形式的巴利语源形译词最初进入高棉语中时，具有与其源词完全一致的词形，但其上辅音字母若按高棉语语音对前一音节起阻声作用时却并不顺口，之后为了合乎高棉语的发音规律和拼读习惯，该上辅音字母逐渐被另一个更适合对前一音节起阻声作用的字母所取代。多为辅音字母 វ 被 ព 所取代，体现在音位上就是，双唇音"វ/w/"被另一个双唇音"ព/p/"所取代。

例如由前文对巴利语源外来词"និព្វាន"的考释可知，该词便具有隐性形译的特征，表现为该词源词"និវាន"中的辅音字母"វ"先转写为自身相重叠的辅音结构" វ្វ"，" វ្វ"最后又变为"ព្វ"。这是因为在重叠辅音结构" វ្វ"中，上辅音字母"វ"同时又是前一音节结构"និ"的阻声辅音字母。但若按高棉语语音规则加以拼读，"វ"在此对"និ"起阻声作用却并不顺口，于是字母"វ"逐渐被更适合对"និ"起阻声作用的字母"ព"所取代。

此外，巴利语源外来词所拥有的诗歌词汇形态也是促使隐性形译特点形成的原因之一。由前文可知，由于含有巴利语源外来词的早期语料文本多为韵文，因此其中的巴利语源外来词多为诗歌词汇的专属形态，不同于与之对应的一般词汇形态。它是在对一般词汇形态加以改造的基础上形成的，其改造的重点是词尾部分，目的是要突出词尾形式的韵律特征，实现词语之间的相互押韵，以符合原文韵律和谐的要求。因此，这些诗歌词汇形态的巴利语源外来词与其源词在词形上自然是有所不同的。以高棉文三藏经中的巴利语源外来词为例：

表 3-3　高棉文三藏经中的巴利语源外来词示例表

巴利语源外来词	源词	释义
អរហាតោ	អរហត្ត	阿罗汉
សម្មាសមុទ្ធស្ស	សម្មាសមុទ្ធ	释迦牟尼；佛祖
ឯកំ	ឯក	一
អន្តរច	អន្តរ	在……中间
សង្ឃេន	សង្ឃ	僧；僧伽
សមយំ	សមយ	时代；时期
ព្រហ្មទត្តន	ព្រហ្មទត្ត	高尚的；优良的

（续表）

巴利语源外来词	源词	释义
ព្រហ្មទត្តោ	ព្រហ្មទត្ត	高尚的；优良的
មាណវេន	មាណវ	青年；小伙子
មាណវោ	មាណវ	青年；小伙子
ពុទ្ធស្ស	ពុទ្ធ	佛，佛陀；浮屠
ធម្មស្ស	ធម្ម	经文；达摩
វគ្គោ	វគ្គ	组；帮
ភាគោ	ភាគ	功德；恩德
មាតធេន	មាតធ	摩揭陀
សេនិយេន	សេនិយ	守军
ពិម្ពិសារេន	ពិម្ពិសារ	频婆娑罗
សមយេន	សមយ	时代；年代
ព្រាហ្មណស្ស	ព្រាហ្មណ	修行者；修士
មហាយញ្ញោ	មហាយញ្ញ	祭祀
សមណោ	សមណ	沙门；息心；勤息
គោតមោ	គោតម	乔达摩
សក្យបុត្តោ	សក្យបុត្ត	释迦族后代
ព្យញ្ជនំ	ព្យញ្ជន	菜肴
បរិបុណ្ណោ	បរិបុណ្ណ	丰富；充裕
បរិសុទ្ធំ	បរិសុទ្ធ	纯洁的，无瑕的
ព្រហ្មចរិយំ	ព្រហ្មចរិយ	贞节

　　上述从高棉文三藏经中挑选出的部分巴利语源外来词均为诗歌词汇形态，由上表可知，它们在词形上与其源词之间相似，却也有着明显不同，这恰好体现了早期巴利语源外来词的隐性形译特征。

3.2.4.2.2.2 适应高棉语的读音规则和拼写规则

高棉语在形译巴利语词时，会依据本族语的读音规则对源词做相应调整，主要是对源词音节中元音的调整。例如，贝叶经《教诲书》中的巴利语源外来词"តន្រ្ទិយ（感官）"，其源词形式为"តន្ទ្រិយ"。与源词外形相比，តន្រ្ទិយ 比源词多了一个取消符号"់"附着于词尾辅音字母 យ 之上，且源词中的元音"ិ"在 តន្រ្ទិយ 中变为元音"ី"。发生这一词形变化的原因在于，巴利语词"តន្ទ្រិយ"在以形音兼借方式进入高棉语中时需要适应高棉语的读音规则。该词第二音节/trĕi/中的元音/ĕi/在词中的对应结构为"-ិយ"，即由元音字母"ិ"和阻声辅音字母"យ"组合而成。而在高棉语中，本身就有一个元音字母"ី"发/ĕi/音，所以为简便起见，源词中的"-ិយ"结构进入高棉语后简化为"ី"的形式，但为了与源词的书面形式不发生太大出入，阻声辅音字母"យ"仍被保留，只是此时若再在词中保留它对应的/i/音就显多余，于是"យ"通过添加取消符号"់"不再发音，仅保留其书面形式，源词"តន្ទ្រិយ"由此在高棉语中转变为"តន្រ្ទិយ"。

再如，《毗输达罗本生故事》中的巴利语源外来词"ធម្មសេនាបតិ（舍利佛）"，若按其在源语中的字母构成，在高棉语中应记写为"ធម្មសេនាបតិ"，但其最后一个音节中的元音"ិ"却被元音"ី"替换，该词便被改写为"ធម្មសេនាបតី"。出现调整的原因是，元音"ិ"是短元音，由其构成的音节若为尾音节，通常需要再接一个阻声辅音收尾，而其对应的长元音"ី"构成尾音节时则无需接阻声辅音，所以短元音"ិ"便被替换为对应的长元音"ី"，这样便符合高棉语的拼音规则了。

同时，巴利语源形译词的词面形式也会为了顺应高棉语的拼写规则而做适当调整，主要是对阻声辅音字母和下辅音字母的调整。例如，贝叶经《法则》中的巴利语源外来词"អភិវុឍ（繁荣昌盛）"，将其源词完整形译为高棉语词的词面形式应是"អភិវុឍ"。在这个词形中，辅音字母"ឍ"做阻声辅音字母。但按照高棉语的拼写规则，辅音字母"ឍ"是不可做阻声辅音字母的。为了符合高棉语的拼写规则，且不使外来词形式与源词形式出现太大差异，于是人们采取一折中办法，即仍在词尾保留辅音字母"ឍ"，但为该字母添加取消符号"់"，使其不再发音，仅保留书面形式，源词"អភិវុឍ"由此在高棉语中转变为"អភិវុឍ"。

再如，《加那格本生故事》中的巴利语源外来词"គម្ពីរ（经典，经书）"，若完整形译其源词，本应转写为"គម្ពីរ"。但在高棉语中，辅音字母 ក 做下辅音字母的情况并不多见，为了使外来词的书写形式更具有高棉语本族语词的特征，下辅音字母"ក"便被改写为对应的送气辅音字母"ខ"。"ក"与"ខ"音质相近，且使用频率高，适合作为转译外语词时的"ក"的替代物，源词 គម្ពីរ 由此变成 គម្ពីរ。

3.2.4.2.2.3　顺应源形

通过前文的具体考释我们发现，在巴利语源外来词输入高棉语中的最初阶段，这些词还是以顺应源形为主，其词形与其源词保持着高度一致，形成了不同于高棉语固有词的书面特征。

在巴利语源形译词中，有一部分词的首辅音字母是由独立元音充当的。独立元音本是源自梵语的古字母，最初是伴随着梵语源外来词的借入而进入高棉语语言体系中的。由于巴利语和梵语之间有着深厚的历史渊源和最近的亲属关系，所以巴利语中也含有这些与梵语类似的古字母。它们出现于形译而来的巴利语源外来词中，同样以独立元音的形式呈现，同样几乎都位于词首。所以，但凡首辅音字母为独立元音的词就不是高棉语固有词，而主要是源自梵语、巴利语的形译词，以独立元音为首辅音字母便成为巴利语源形译词顺应源形的重要表现形式之一。例如：ឱក "心胸；心田"（《佳姬王后》），ឥសី "隐士；隐修者"（《索瓦纳娑摩本生故事》），ឧបមា "比如；比方"（《毗输达罗本生故事》），ឱវទ "教导；教诲"（《加那格本生故事》）。

除了首辅音字母，部分巴利语源形译词的尾辅音字母也成为其顺应源形的一种重要表现形式。这些词以 ឌ、គ、ឃ、ជ、ឍ、ឌ、ឈ、ណ、ឋ、ទ、ធ、ព、ក 为尾辅音字母，而对于高棉语固有词而言，上述 13 个字母是不能够充当尾辅音字母的。所以，这 13 个尾辅音字母便成为巴利语源形译词的又一词形标志，以其为尾辅音字母便体现出巴利语源形译词顺应源形的特征。例如：ទសពិធរាជធម៌ "国王遵循的十项法则"（《加那格本生故事》），នាគ "蛇，那伽"（《普利达本生故事》），លោភ "贪婪，贪心"（《索瓦纳娑摩本生故事》），មេឃ "天空"（《毗输达罗本生故事》）。

3.2.4.2.2.4　删音简形

巴利语词多为多音节词，而高棉语固有词以单音节词为主。所以，历史上高棉语在以形音兼借方式吸纳巴利语词时，有时会先删减源词的音位或音节，而其结果一般是导致词形的简化。这成为早期输入的巴利语源外来词在形译方面的显著特征之一。

例如贝叶经《戈伽勒法则》中的巴利语源外来词"សប្បុរិស（仁慈，慈善；正直，正派；慈善者；老实人）"，其源词在高棉语中的完整转写形式是"សប្បុរិស"。当该巴利语词通过形音兼借方式被借入高棉语中时，由于其音节较复杂，不符合高棉语词音节简洁的特征，因而需要简化，于是其第三音节中的元音音位/i/被删减。相应的，/i/对应的元音字母"ិ"也被舍去，源词"សប្បុរិស"由此简化为"សប្បុរស"。

3.2.4.2.2.5　删音留形

高棉语在以形音兼借方式吸纳巴利语词时，有时会先删减源词的音位或音节，但仍将其相应的书写形式保留在形译词中。早期输入高棉语的巴利语源外来词中有相当数量的词属于删音留形的状况，这是其在形译方面的重要特征之一。

删音留形主要针对的是词中和词尾的部分音位或音节及其对应书写形式。该特征首先体现在辅音字母រ不发音现象中。以《索瓦纳娑摩本生故事》中的巴利语源形译词"សរ（箭）"为例，它的巴利语源词读音为/sara/，而它的高棉语读音为/sa/，源词的第二个音节/ra/被删减，但该音节对应的高棉语辅音字母រ仍得以存留。在高棉语中，辅音រ若位于音节末尾则不发音，这已成为高棉语常见的语音现象。这种现象不仅体现于外来词中，而且还延伸到许多固有词中，这实际上是形译词"删音留形"的长期产物。

巴利语源形译词的删音留形特征还体现于取消符号"់"在某些巴利语源形译词中的存在。取消符号"់"会出现于某些巴利语源形译词的词尾辅音或元音字母之上，使该字母在书面形式被借入的同时读音被省去。例如，贝叶经《格佳法则》中的巴利语源外来词"អាទិ៍（开始，开端；发起）"，按其源词的字母构成——对应的高棉文转写形式为"អាទិ"。高棉语在借入该词后，为了简化语音，便将其词尾元音字母"ិ"的读音省去，但仍将字母"ិ"保留在该词的词面形式中，为此便将取消符号"់"标记于字母"ិ"之上，即源词

"អាទិ"在高棉语中变为"អាទ៌".

再如,《毗输咀罗本生故事》中的巴利语源外来词"វេហាស៍（天空；苍穹）",其源词在高棉语中的完整转写形式是"វេហាស",由于词尾辅音字母 ស 无论是作为一个单独的音节发音,还是处理为前一音节的阻声辅音,都显得与高棉语拼读规则格格不入,所以该词被借入后,字母 ស 的读音被舍去,但为了使该词的外形与源词保持一致,便通过在字母 ស 之上添加取消符号" ̊ "将其留存下来,即 វេហាស 变为 វេហាស៍.

3.2.4.2.2.6　补形固音

由前文可知,在巴利语源外来词输入高棉语中的最初阶段,这些词还是以顺应源形为主。由于巴利语源外来词是通过形音兼借方式进入高棉语的,所以顺应源形必然导致不同于本族语的语音形式的出现,从而不利于柬埔寨人的顺利拼读。特别是对于某些词形类似于高棉语固有词的巴利语源外来词,柬埔寨人更是感到难以认读。为此,柬埔寨人将某些语音符号添加于这类词中,使其在书面形式上显现出外源性,并起到提示巴利语读音的作用。

例如贝叶经《男训》中的巴利语源外来词"អភ័ព（不幸的,倒霉的,命苦的）",若按其源词词形完整转写,其书面形式应为"អភព"。按高棉语读音规则,"អភព"中的第二音节应读作/pho(p)/,但由于该词被借入高棉语中时是形音兼借的,因此其第二音节按巴利语读音规则应读作/phuəa(p)/。这给柬埔寨人的拼读造成了障碍,因为他们习惯按本族语词的拼读规则将其读作/pho(p)/。因此,为了便于柬埔寨人能正确认读该词,强化符号" ̊ "被添加于该词需变音的辅音字母 ភ 之上,以表示/o/音变读为/uəa/音。

再如贝叶经《古语训》中的巴利语源外来词"ម៉ជ្ជ（光滑的）",其源词形式为"មជ្ជ"。与源词外形相比,ម៉ជ្ជ 比源词多了一个变高符号" ̊ "附着于辅音字母 ម 之上。这是由于高棉语是通过形音兼借方式借用巴利语词"មជ្ជ"的,"មជ្ជ"的首辅音字母在此读作/mɑː/,而在高棉语音位系统中没有可直接对译的/mɑː/音,只有与之最为接近的/cɔː/音,其对应的字母为"ម"。为了将/mɔː/音变为/mɑː/音,变高符号" ̊ "被添加于字母"ម"之上,其功能就是,当其置于含有固有元音音位/ɔː/的辅音字母之上时,其固有音位/ɔː/变为/ɑː/。源词"មជ្ជ"由此变为"ម៉ជ្ជ"。

3.2.4.2.2.7　形译读音与音译读音的竞争

在高棉语借用巴利语词的最早期，即高棉文未出现前，对巴利语词的译借主要采用的是音译方式，所以这一阶段的巴利语源外来词所呈现的是音译读音。古高棉文诞生后，由于其与古印度文存在发生学关系，因而以形音兼借方式来吸纳巴利语词则更为便利，于是源词的语音形式和书写形式都被借入高棉语中。在源词书写形式基础上生成的新的语音形式即形译读音随之出现，自然与音译读音形成一种竞争关系。

表 3-4　早期输入的巴利语源外来词的音译读音和形译读音

巴利语源外来词	音译读音	形译读音
ការុណិក 慈善者；慈善的	/ka:runěka(k)/	/ka:runě(k)/
គន្ធញ្ញធិប 东方持国天王	/keanthea(k)piəthipa(k)/	/keanthea(k)piəthi(p)/
គុណវិសេស 德行；功德	/kunwise:sa(k)/	/kunwisaih/
លោកិយ 世上的	/lo:kěi/	/lo:kějea(k)/
ទេពធីតា 仙女，天女	/te:pea(k)thi:da/	/te(p)thi:da/
ធម្មប្បដិបត្តិ 守法；执法	/thuəamma(p)pa(t)tě/	/thuəamma(p)pa(t)/
នរោត្តម 至高无上的	/nɔ:ro(t)ta(k)ma(k)/	/nɔ:ro(t)dɔm/
នាសនង្គ 违反戒法而受的处分	/niəsa(k)naŋkea(k)/	/niəsa(k)nɔ:ŋ/
យញ្ញ 祭祀；施舍	/juəinŋea(k)/	/juəin/
លោកន្តរ 地狱	/lokanta(k)ra(k)/	/lokndɔ:/
អធិប 国王；首领	/ʔa(k)thipa(k)/	/ʔa(k)thi(p)/
អធិមុត្តិ 获得神的启示的人	/ʔa(k)thimu(t)tě/	/ʔa(k)thimu(t)/
គោត្តកូល 家族；宗族	/ko(t)ta(k)ko:l/	/ko(t)ko:l/
អធិគម 知识；成果	/ʔa(k)thikea(k)mea(k)/	/ʔa(k)thikoum/
កវិក 黄莺	/ka(k)ra(k)wə(k)/	/kɔ:rɔ:wə(k)/
កុសុម 花	/kosomea(k)/	/kosom/

（续表）

巴利语源外来词	音译读音	形译读音
ទេស 国家；地方；布道，说教	/te:sa(k)/	/teh/
ការ 工作；事情；事务	/ka:/	—
កាយ 身体	/ka:i/	—
កាម 性欲；欲望	/ka:m/	—
កាលិក 时令之物	/ka:li(k)/	—
វាយ 风	/wiəi/	—
សុញ្ញ 空无；无计可施	/soin/	—
លោក 世间；世界	/lo:(k)/	—
សិត្ត 浇铸；梳理；刨光	/sə(t)/	—
សុបិន 梦	/sobən/	—
កណប 堆；捆；束	—	/ka(k)la:pa(k)/
កបិ 猴	—	/ka(k)pě/
កមល 莲花	—	/ka(k)mɒ:l/
កថិក 讲道者，说教者	—	/ka(k)thə(k)/
កង្ខា 疑虑；疑心	—	/kaŋkha:/
នាសនា 违反戒法而受的惩罚	—	/niəsa(k)na:/
បក្ខគននា 历法	—	/pa(k)kha(k)kea(k)na(k)niə/
បតនី 妻子	—	/pa(k)ta(k)ni:/
បរា 异样的；无用的	—	/pa(k)rao/

　　由上表可知，一些巴利语源外来词进入高棉语后，依旧保留其音译读音，未生成新的形译读音，这是由于语言内在机制的作用。我们比较一下表 3-4 中仅有音译读音和仅有形译读音的两组词，显而易见的是，仅有形译读音的词多为高棉语中的常用词，如 លោក（世间；世界）、ការ（工作；事情；事务）、សុបិន（梦）。而仅有音译读音的词在日常用语中则较少出现，如 បរា（异样

139

的；无用的）、កបិ（猴）、បតនី（妻子）。两相比较，仅有形译读音的词在日常交际中的使用频率要远远高于仅有音译读音的词。由此可知，巴利语源外来词使用频率的高低对音译读音的消失、形译读音的生成有着重要影响。此外，一些巴利语源外来词未生成新的形译读音是为了避免与高棉语固有词同音，如កមល（莲花）。

从表 3-4 中我们还发现，一些巴利语源外来词的音译读音消失、形译读音胜出。相对而言，在高棉语语音系统的制约和影响下，形译读音更易胜出，即使音译读音有时会通过补形固音的方式得以强化。形译读音胜出体现出高棉语对巴利语源外来词语音的高度同化。如果一些只有形译读音的巴利语源外来词在外形上又无典型的外来词特征，并在日常交际中被频繁使用，那么它们极有可能会被误认为是高棉语固有词。例如，ការ（工作；事情；事务）、កាយ（身体）、កាម（性欲；欲望）、កាលិក（时令之物）。

由表 3-4 我们还得知，高棉语中一些巴利语源外来词既有形译读音，又保留了音译读音。这使我们能从中洞察到外来词和其源词之间的语音联系，有利于我们研究语音同化中的语音对应规律。例如，"ការុណិក（慈善者；慈善的）"的音译读音为/ka:roně(k)/，形译读音为/ka:roněka(k)/；"គុណវិសេស（德行；功德）"的音译读音为/kunwisaesa(k)/，形译读音为/kunwisaesaeh/；"ទេវធីតា（仙女，天女；女神）"的音译读音为/te:wea(k)thi:da:/，形译读音为/te:wthi:da:/；"នរោត្តម（至高无上的）"的音译读音为/nɔ:ro:ta(k)ma(k)/，形译读音为/nɔ:ro:dɔm/；"ទេស（国家；地方；布道，说教）"的音译读音为/te:sa(k)/，形译读音为/te:h/。

由上述例词可知，音译读音与形译读音并存的现象具体又分为两种情况：一是音译读音与形译读音匹配同一语义，如"ការុណិក"一词，其音译读音为/ka:roně(k)/，形译读音为/ka:roněka(k)/，但都表示"慈善者；慈善的"之意；二是音译读音与形译读音匹配不同语义，如"ទេស"一词，其音译读音为/te:sa(k)/，匹配"布道，说教"之意，其形译读音为/te:h/，匹配"国家；地方"之意。

上述音译读音与形译读音匹配同一语义的情况主要是由于社会因素的作用。一方面，一些巴利语源外来词早已成为柬埔寨人语言交际中的高频词，在高棉语的语音同化下逐渐生成新的形译读音。另一方面，这些巴利语源外来词本身又是佛教教义中的常见词，其作为宗教用语的读音即音译读音有其神圣性，掌握其音译读音是对宗教信仰心存虔诚的表现，这使得音译读音得以传承，即使在形译读音出现的同时，它也以浓郁的宗教性存在于高棉语语音体系内，与形译读音形成共存同义的效果。例如，"នាសនង្គ（违反戒法而受的处分）"的音译读音/niəsa(k)naŋkea(k)/多用于宗教场合，其形译读音/niəsa(k)naŋ/多用于日常交际；"លោកន្តរ（地狱）"的音译读音/lokanta(k)ra(k)/更具浓郁的宗教性，其形译读音/lokandɒ:/的宗教色彩则淡化许多；"យញ្ញ（祭祀；施舍）"的音译读音/jaina(k)/多用于宗教场合，其形译读音/jain/多用于日常生活。

上述音译读音与形译读音匹配不同语义则是语义同化的结果。巴利语源外来词进入高棉语词汇系统后，除接受语音同化和词形同化外，通常还要经历语义同化，即其语义与源词相比发生不同程度的变化，有些在源词语义基础上发展出新的义项，从而使原有义项继续使用音译读音，新生义项匹配形译读音成为可能。巴利语源外来词"ទេស"便属于这种情况。"ទេស"对应的源词本义是"布道，说教"，在进入高棉语经历了语音、语义和书面词形同化后，"ទេស"不仅生成了新的形译读音/te:h/，而且还在本义"布道，说教"的基础上发展出新的义项"国家；地方"。结果是，原有义项"布道，说教"继续使用音译读音/te:sa(k)/，新生语义"国家；地方"匹配形译读音/te:h/。

本章小结

本章是对高棉语中巴利语源外来词的溯源，重点论述的是，高棉语中巴利语源外来词的文化源头及其在高棉文历史文献中的早期应用状况。通过对中国史籍《真腊风土记》、柬埔寨碑铭、佛本生故事、高棉文三藏经、柬埔寨贝叶经等大量史料的分析证实，从整体视角而言，高棉语中的巴利语源外来词源自于小乘佛教文化在柬埔寨的传播及影响，即正是小乘佛教文化的影响促使巴利语传入柬埔寨并取代梵语发展成为柬埔寨当时的官方语言，与民间语言高棉语并行使用并展开了深入接触，导致巴利语源外来词大量输入到高棉语中。并且由上述史料可知，巴利语源外来词涵盖柬埔寨社会生活的许多方面，集中分布于宗教、文学、建筑与雕刻艺术、历法、节日文化、语言文字等领域。其中早期输入的巴利语源外来词主要出现于碑铭文学、佛教典籍、贝叶经等柬埔寨古代文字作品中，具体如下：

第一，Ka110 碑铭是巴利语源外来词正式出现于高棉语中的确凿证明。作为柬埔寨历史上最早的"高棉文+巴利文"碑铭，Ka110 碑铭的高棉文部分共有大约 132 词，其中巴利语源外来词共计 51 个，占 39%（参见附录三：Ka110 碑铭）。

第二，下列节选的代表性佛教文学作品是巴利语源外来词出现于高棉语中的形象证明（参见附录四：代表性佛教文学作品语料文本）。

表 3-5 柬埔寨代表性佛教文学作品中巴利语源外来词数据表

序号	文献名称	词语总数	巴利语源外来词数量	比例
1	高棉文《经藏》第 14 卷（节选）	121	121	100%
2	《毗输呾罗本生故事》（节选）	299	82	27%
3	《普利达本生故事》（节选）	260	43	17%
4	《加那格本生故事》（节选）	273	59	22%
5	《索瓦纳娑摩本生故事》（节选）	403	65	16%
6	《佳姬王后》（节选）	325	52	16%

第三，下列柬埔寨代表性贝叶经也是巴利语源外来词早期输入于高棉语中的形象证明（参见附录五：代表性贝叶经语料文本）。

表 3-6 柬埔寨代表性贝叶经中巴利语源外来词数据表

序号	文献名称	词语总数	巴利语源外来词数量	比例
1	贝叶经《法则》（节选）	252	50	20%
2	贝叶经《戈伽勒法则》	576	69	12%
3	贝叶经《教诲书》	880	100	11%
4	贝叶经《古语训》	464	46	10%
5	贝叶经《父训》（节选）	294	30	10%
6	贝叶经《息瓦训》（节选）	399	83	21%

由以上语料文本及相关数据可知，巴利语源外来词在文本中占有较大比

例，直观地体现出巴利语源外来词在当时已大量借入高棉语中，占据了重要分量。

通过考察柬埔寨历史上最早的"高棉文+巴利文"碑铭——公元 761 年的 Ka110 碑铭，笔者考证出了最早输入到高棉语中的 51 个巴利语源外来词，展现了最早的"高棉文+巴利文"碑铭中的巴利语源外来词概貌。并且，通过重点考释上述 13 份文献以及贝叶经《男训》《女训》《子孙训》共计 16 份早期语料文本中的 32 个典型性巴利语源外来词，揭示了它们的源词状况、语音特征、韵律关系、语义状况、词汇结构、词汇功能、词汇形态、词形特征、语词搭配、语法功能等。在考释基础上，笔者又对早期应用中的巴利语源外来词进行了适当的总体分析，重点就其借用方式、词形特征和形译特征做了相关分析。

第四章　高棉语中的法语源外来词溯源

自 19 世纪下半叶柬埔寨逐步沦为法国殖民地后，法国文化传播到柬埔寨并形成全面渗透，对柬埔寨传统文化造成了强烈冲击，其间包含了法语和高棉语的碰撞与融合。柬埔寨文化与法国文化接触、高棉语和法语接触的必然结果就是，法语源外来词被大量吸纳到高棉语中，使高棉语烙上了法国文化的深刻印记。

4.1　高棉语中法语源外来词的文化源头

战争和殖民是文化传播、文化接触的一种特殊形式。自法国开启了对柬埔寨的殖民扩张行动后，法国文化便在柬埔寨逐渐传播，与柬埔寨传统文化发生接触，对其造成日趋强大的冲击与渗透，成为高棉语中法语源外来词的文化源头，从柬埔寨近代绵延流传至现代。

4.1.1　第二次世界大战之前的法属殖民地时期

19 世纪下半叶是法国实施对外殖民扩张政策的重要时期，柬埔寨以其在印度支那地区的战略地位以及所具有的经济价值成为法国的殖民目标。当时法国刚在越南南方站稳脚跟，而英国的势力则扩张至暹罗[①]，两国都伺机扩大自己在印度支那半岛的势力范围，进而实现对印支地区的最大控制。柬埔寨位于越南和暹罗之间，法国希望通过建立对柬埔寨的控制权，将英国的侵略触角阻止于暹罗，确立自己在印支地区的殖民优势地位。此外，就经济利益而言，夺取了柬埔寨，法国就获得了一个新的原料产地和商品销售市场。所以，柬埔寨成为继越南之后法国在印支半岛的下一个掠夺目标。

法国对柬埔寨的殖民扩张是以宗教文化的传播为先导的，天主教传教士在

---

① 暹罗是泰国的古代名称。1939 年改名为"泰国"，1945 年复名"暹罗"，1949 年再度改名"泰国"，沿用至今。

整个殖民扩张过程中充当着"开路先锋"的重要角色。他们被赋予了与外交官和军人同等的地位，其行为活动远远超出了宗教事务的范围。他们不仅从事宗教工作，而且还"参与了法国领土扩张的政治意图"[①]。法国对柬埔寨的殖民行动开启是以法国的米希主教到柬埔寨传教为标志的。19 世纪中叶，米希主教来到金边建立新的传教据点，并很快取得了安东国王的信任，成为他的顾问。他在柬埔寨大力宣传天主教，短短两三年间就发展教徒达 500 人，[②] 建立起以自己为首的特别牧师会。特别牧师会的成立不仅促进了天主教在柬埔寨的传播和发展，而且也有利于米希以宗教为掩护、以"发展法柬友好关系"为借口，帮助法国实现对柬埔寨的"保护"。

首先，米希竭力挑拨柬埔寨与暹罗的关系，以使柬埔寨摆脱暹罗的影响、接受法国的"保护"。自公元 15 世纪以来，柬埔寨长期处于邻国越南和暹罗的拉锯式争夺中，只是一个名义上的独立国家。即位于 1841 年的柬埔寨国王安东是在国家处于越南占领和控制之下由暹罗军队护送回国为王的，因此他对暹罗较有好感，他当政时期的柬暹关系也较为密切。有鉴于此，米希便将法国实现对柬埔寨"保护"的首要障碍归之于暹罗，因而向安东灌输暹罗制约了柬埔寨真正独立的思想，极力怂恿安东脱离暹罗的影响，并鼓吹法国是一个伟大而友善的国家，可为柬埔寨提供必要的帮助，以迎合安东渴求国家独立的心理，从而与法国发展"友好关系"。米希的此番行为并未获得他预想的成功。1853 年，安东在米希的说服下给法国皇帝拿破仑三世写了一封向法国表示亲善和友好的信，但在信中并未如米希所希望的那样，表示要脱离暹罗、获取法国的"保护"。米希在写给天主教传教士巴列古的信中便一再表示，"柬埔寨国王对法国抱有好感，只是因为害怕暹罗而绝不敢有所表示"。[③]

在使柬埔寨摆脱暹罗影响的行动未果后，米希主教采取的下一步行动便是，与德·蒙提尼[④]密谋草拟了强加于柬埔寨的不平等条约。1856 年 10 月，

---

① ［泰］姆·耳·马尼奇·琼赛：《泰国与柬埔寨史》，厦门大学外文系翻译小组译，福建人民出版社，1976 年，第 155 页。

② ［法］Ch. 梅尼雅：《在印度支那的第二帝国》，巴黎，1891 年，第 354 页，转引自［苏］捷缅茨也夫：《法国侵占柬埔寨的过程》，载《东南亚研究资料》，1962 年第 1 期。

③ 同上，第 357 页。

④ 德·蒙提尼是法国驻上海领事，在当时被法国政府授权兼管法国同越南、暹罗、柬埔寨等国的事务。

蒙提尼来到柬埔寨的贡布，在安东国王未在场、未与柬埔寨方面磋商的情况下，蒙提尼与米希按照事先的阴谋策划，草拟了一份法柬条约。该条约虽然在字面上承认了柬埔寨的独立，然而实质上却是一个使法国获取柬埔寨控制权、使柬埔寨丧失独立的条约。该条约由 14 项条款和附录组成。按照条约规定，柬埔寨有责任保护在柬的法国公民及其财产；法国人享有在柬埔寨王国领土内自由迁居、建筑教堂和房屋、公开信奉天主教以及购置土地等权利；开放全国贸易，法国人享有自由经商的权利；废止柬埔寨国王可以单独决定商业税数额的权利；法国军舰享有进出和停泊柬埔寨任何港口的权利，法国军舰在这些港口应享有与柬埔寨王国舰船相同的待遇；法国享有在柬埔寨王国任何居民点委派领事或代理领事的权利；天主教传教士有在柬埔寨王国境内活动的充分自由，柬埔寨承认天主教为国教之一。附录规定，法国获得控制富国岛的权利。[①]这份条约充分暴露了法国对柬埔寨的野心，面对这么一个使柬埔寨丧权辱国的不平等条约，无论米希等法国传教士如何施压，安东国王也不愿在上面签字。他在同年 11 月给蒙提尼的信中非常清楚地交代了他之所以不签订该条约的原因，那是"因为签订条约是关系到规定相互利益的一件大事，而且对今后也有长远影响。法国和柬埔寨贵族之间迄今还没有召开会议，讨论各自的得失，而后在这个基础上达成协议"[②]。法国这次传教士协助下的夺取柬埔寨的行动以失败告终。

然而，以米希主教为首的法国传教士们为法国控制柬埔寨所从事的"开路"行动还是有所收获的，那就是在他们的影响下，柬埔寨许多封建主上层人士和王国大臣纷纷倒向法国，一批亲法势力在柬埔寨得以形成。这股亲法势力位高权重，在他们的帮助下，法国人通过"圣经加炮舰"的侵略政策，于 1863 年 8 月 11 日与柬埔寨签订了《法柬条约》，使柬埔寨沦为法国的"保护国"。

总共 19 条的《法柬条约》使法国获取了包括宗教在内的许多权益，天主教在柬埔寨的合法地位被作为正式条款写入其中。条约第 15 条规定：天主教传教士可以在柬埔寨自由活动，并且有权修建教堂、宗教讲习所、学校等

---

①［法］Ch. 梅尼雅：《在印度支那的第二帝国》，巴黎，1891 年，第 403、409 页，转引自［苏］捷缅茨也夫：《法国侵占柬埔寨的过程》，载《东南亚研究资料》，1962 年第 1 期。

② 同上，第 428 页。

等。① 随着天主教合法地位的确立，该教在柬埔寨迅速传播开来并获得较快发展，法国由此逐步实现对柬埔寨的"文化殖民"和全面控制。至 1953 年柬埔寨独立前，柬埔寨的天主教教徒已发展到 12 万人，天主教仅次于小乘佛教而成为柬埔寨的第二大宗教。②

1887 年 10 月，柬埔寨被并入"法属印度支那联邦"。由于印度支那各个分区的法律地位有所不同，且在进入殖民地时代前其各自的社会政治背景及经济发达程度有较大差异，因此，法国采用殖民者惯用的分而治之的殖民统治方式，对不同的国家与地区、不同的民族、不同的社会集团采用不同的政策，③即：交趾支那是印度支那五个分区中唯一可与殖民地等同的分区，由法国政府直接管理；其余四个分区即安南、柬埔寨、老挝和东京都是保护国，④ 法国政府对其实行间接统治。例如法国对柬埔寨采取的就是"以越制柬"的间接统治方式，向柬埔寨境内大量移居越南人，并让他们在当地殖民机构中担任职位较低的官职，直接参与管理柬埔寨事务，以便使法国殖民者减轻负担，减少与当地居民的正面冲突。这种"分而治之"的统治方式使柬埔寨在"印度支那联邦"内处于非核心地位，它从属于越南，处于法国殖民统治的边缘地带。因此，法国对柬埔寨的重视程度远低于越南，这在教育领域体现得尤为明显。与越南相比，法国对柬埔寨教育事业的关注度不高，加之法国将柬埔寨变为其"保护国"后在当地推行愚民政策，从而阻碍了柬埔寨教育事业的发展。然而，为了巩固其殖民统治，法国殖民者还是向柬埔寨引进了西方教育制度，对其推行奴化教育，竭力以法兰西思想文化来教化当地人民。"他们自认为法兰西文明是世界上最优秀的文明，殖民地土著居民应通过受教育而接受法兰西文化"⑤。1867 年，在法国殖民当局的策划下，诺罗敦国王按照西方教育体制创办了柬埔寨历史上的第一所小学，在校学生 40 名。这标志着柬埔寨近代教育制度的开端。1911 年，柬埔寨历史上的第一所中学成立。1935 年，柬埔寨创

---

① រៀប សុផល. នយោបាយ សេដ្ឋកិច្ចសង្គមកម្ពុជា. រោងពុម្ពរោគជ័យ. ឆ្នាំ ២០០៩. ទំព័រទី ៩០.

② រៀប សុផល. នយោបាយ សេដ្ឋកិច្ចសង្គមកម្ពុជា. រោងពុម្ពរោគជ័យ. ឆ្នាំ ២០០៩. ទំព័រទី ៩៩.

③ 余定邦：《东南亚近代史》，贵州人民出版社，1996 年，第 337 页。

④ 交趾支那，即越南南部，又称南圻。东京，即越南北部，又称北圻。安南，即越南中部，又称中圻。

⑤ 李一平：《论法国对印度支那殖民政策（1887—1940 年)》，载《南洋问题研究》，2004 年第 4 期。

办了第一所高中。"正规小学开办后，教师大部分是法国人……直到 1938 年，小学教师中只有柬埔寨人 238 名。……至于中学教师，几乎全是法国人。"[①] 正如法国殖民者所言："柬埔寨农民之所以能比较和平与安静，主要原因就是缺乏可由土人教员造成的扰乱势力。"[②] 并且，这些小学和中学通常规定学生以学习法语为主，还开设法国历史等课程，但不开设柬埔寨历史、地理等课程。尽管在法国殖民统治时期，法国对柬埔寨的教育事业不够重视，在柬埔寨创办的学校数量十分有限，且实施的都是奴化教育，但这些按照法国模式建立起来的学校将西方现代化教育模式输入到柬埔寨，使柬埔寨初步建立起了近代教育制度，在一定程度上促进了柬埔寨近代教育的发展，并在客观上奠定了柬埔寨现代教育的基础。并且更为重要的是，法国式近代教育体制的推行使法兰西的思想文化意识形态和价值观念传入柬埔寨，一方面限制了柬埔寨本土民族文化的发展，另一方面又促进了柬埔寨近代新文化的发展，并在一定程度上加速了柬埔寨民族主义思想的觉醒。

法国殖民时代，柬埔寨的新闻出版业逐渐兴起，成为柬埔寨近代文化变迁的重要标志之一，被柬埔寨学者誉为"现代文化发展动力之代表"[③]。在法国殖民统治之前，柬埔寨本国没有印刷厂，更没有高棉文版的正规出版物。19 世纪末，法国殖民当局发行了法文简报。这是柬埔寨历史上的第一份正规出版物。20 世纪初，柬埔寨的新闻出版业获得了一定发展，各类出版物相继出版发行。1911 年，第一份法文报刊在柬埔寨出版发行；1925 年，《法柬小学教育》杂志正式出版；1926 年，《柬埔寨太阳》杂志创刊，这本杂志是研究柬埔寨历史、文化和佛教等方面的刊物，直至 2006 年停刊前在柬埔寨的人文研究领域都一直保持着不可低估的影响力。总的来看，这一时期柬埔寨发行的刊物绝大多数是以法文印刷出版的，从而促进了法国文化在柬埔寨的传播与流行，并有助于确立和巩固法国文化在柬埔寨的统治地位。

① 王民同、罗致舍、孙澄：《东南亚史纲》，云南大学出版社，1994 年，第 355 页。

② ［英］贝尔：《荷法远东殖民地行政》，苏鸿宾、张昌祈译，商务印书馆，1934 年，第 119 页。

③ ［柬］柴迪：《文化综述》，柬埔寨大学本科基础教材编写委员会印制，2010 年，第 115 页，转引自李轩志：《论法国殖民统治对柬埔寨社会文化的影响》，载《东方论坛》，2013 年第 5 期。

这一时期，法国文化在柬埔寨的传播与渗透也波及到了文学领域，具体表现为法国式的文学创作模式和现代小说题材传入柬埔寨文坛，使柬埔寨文学无论是语言、形式、内容和创作方法，还是作家的美学观念与品格，都开始有了新的尝试和变化。例如，在语言使用上，由过去被僧侣及王室阶层所恪守的梵语、巴利语书面文学创作逐渐过渡到被广大人民普遍接受的高棉语创作，且其中包含了大量的法语源外来词；在体裁上，打破了柬埔寨文学创作以古体诗歌形式为主流的传统，用白话文写成的近代小说作品开始出现；在内容上，过去主要取材于印度史诗《罗摩衍那》、佛教的本生故事或民间传说，情节单调、内容贫乏、脱离现实，而到了这一时期，一些表现对封建家庭的叛逆，反对封建包办婚姻，要求恋爱自由和个性解放的爱情题材占据主流。由于受到法国文化的影响，在这段时期的文学佳作中，有相当一部分作品是按照法国现代小说的模式进行创作的，如《拜林玫瑰》《梭帕特》《洞里萨湖泪》和《精神世界》等。其中，以颂扬纯真爱情为主题的《拜林玫瑰》和《梭帕特》堪称为开创柬埔寨近现代小说先河的经典之作。

4.1.2　第二次世界大战之后的法属殖民地时期

第二次世界大战期间，法国在东南亚战场不敌日本，因此不得不将印支三国拱手相让。日本于 1941 年 12 月进驻柬埔寨，利用法国在柬埔寨的殖民机构，对柬埔寨实行"间接统治"。第二次世界大战结束、日本投降后，法国殖民者又乘机卷土重来，恢复了对柬埔寨的殖民统治。

第二次世界大战之后的法国殖民统治时期，法国文化继续在柬埔寨传播并发挥着影响力，其中政治文化的表现尤为明显。这段时期，法国的政治文化集中传播到柬埔寨，使柬埔寨的政治生活深受其熏陶和影响。第二次世界大战结束后，柬埔寨重新置于法国的殖民统治之下。为了平息柬埔寨人民对重回殖民时代的不满与抗争，法国殖民者在统治方式上加以伪饰，即承认柬埔寨是"法兰西联邦内的一个自治国"。虽然这种"自治国"有名无实，本质上依然是法国的一个殖民地，但自此直到柬埔寨独立这段时期，柬埔寨的政治生态在法国政治文化的传播与侵染下、在法国殖民者的操控下还是假借了西方民主模式的外衣，先是 1947 年柬埔寨历史上第一部宪法颁布实施，之后又以 1947 年的《柬埔寨宪法》为准则实施了一系列颇具法国政治文化色彩的政治改革。

法国殖民者在对柬埔寨实施形式上的现代政治改革时，为其传输并选择了类似于英国、日本的君主立宪制度。在这种政体下，柬埔寨国王是国家的最高元首，是王国武装部队的最高统帅，拥有颁布法律、大赦和减刑、召集和解散国民议会、挑选首相、任命内阁大臣、授予军事和行政衔级以及任命外交使节等权力。但柬埔寨国王是"统而不治""临朝而不理政"的，他虽享有最高地位，但并不掌握实权，他只是中立、公正与王权的象征。法国殖民者之所以为柬埔寨选择了君主立宪制政体，是考虑到国王在历代柬埔寨民众心中的至高无上性。法国殖民者企图利用立宪制中的国王形象来为自己对柬埔寨的二度殖民统治披上"民主"的合法外衣，修复甚至美化自身在柬埔寨民众中的形象，缓和与柬埔寨各阶层间的矛盾，平息柬埔寨人民日益高涨的武装抗法运动。

法国人还将本国的议会民主制输入到柬埔寨的政治生活中，在柬埔寨实行两院制，设立国民议会和王国议会。国民议会是下议院，由普选产生，拥有立法权、内阁任免权和倒阁权；王国议会是上议院，其主要权限是对王国政府向其提出的一切问题进行答复，审查国民议会初步通过的法案并提供意见。当国民议会通过的法案被王国议会否决或修改时，若国民议会以绝对多数维持原议，则此法案仍可成立。

法国的民主多党制也传入柬埔寨并为其所用。当时的柬埔寨国内党派林立，其政治主张各异。其中最大的党派当属西哈努克的宿敌——民主党。民主党成立于 1946 年 4 月，到独立之时已发展成为柬埔寨党员人数最多、势力最大的政党。它高举民族和民主两面旗帜，在柬埔寨的小资产阶级中，特别是在教师、学生、中下级公务人员及一部分僧侣中拥有相当大的群众基础，并且具有比较丰富的议会斗争经验。在独立前举行的 1947 年和 1951 年国民议会选举中，民主党均大获全胜，取得组阁权。西哈努克素来与民主党处于对立状态，两者在争取国家独立和创建国家体制的问题上存在着重大分歧。西哈努克主张以和平的方式，在不破坏柬法关系的前提下，逐步为国家赢得独立；而民主党则主张通过与法国殖民者进行斗争使柬埔寨早日实现独立。在创建国家体制方面，民主党主张实行民主共和制，反对君主制。民主党在独立前的执政期间，利用议会多数派的优势，极力限制西哈努克作为国王的权力。而西哈努克凭借宪法所赋予国王的权力，曾于 1949 年 11 月和 1953 年 1 月先后解散民主党控制的国民议会，并于 1952 年 6 月解散民主党内阁。所以，用剑拔弩张来形容西哈努克与民主党之间的关系，一点也不为过。自由党是当时柬埔寨的第二大党，它是第二次世界大战后由法国殖民者扶植起来用以同民主党相对抗的政党，因而又曾被称为"法国政党"。该党主要由高级官吏、地主和富有的僧侣组成。其政治特点是亲法、拥护王室。在 1947 年和 1951 年的国民议会选举中，自由党均成为当时柬埔寨国民议会中仅次于民主党的第二大党。从柬埔寨当时的政党格局来看，由法国传入的民主多党制已扎根于柬埔寨的政治土壤中。

这一时期，法国文化的传播与影响在新闻出版业方面也有所表现。1946年《教师》杂志出版发行，1952 年《祖国》报出版发行，这两份刊物均是法国殖民时期柬埔寨国内颇具代表性的新闻出版物。到了法国殖民统治后期，柬埔寨铅字排版印刷研制成功，以高棉文创作并印刷出版的书籍和报刊相继问世，为柬埔寨独立后民族文化的复兴提供了广阔空间。但与此同时，法国殖民当局加强对新闻出版业的管制，禁止反映爱国抗法斗争作品的出版发行。总的来看，在法国殖民统治后期，柬埔寨发行的刊物仍多以法文印刷出版，有助于维持法国文化在柬埔寨的统治地位。

4.1.3 柬埔寨独立初期

1953 年 11 月 9 日，柬埔寨最终以西哈努克倡导并践行的非暴力方式赢得独立。在独立初期即西哈努克执政初期，法国文化，尤其是法国的政治文化仍在柬埔寨传播流行，并延续着其影响力，这与西哈努克的个人背景有着密切关系。

虽然西哈努克最初是以封建君主的身份步入政治舞台的，但由于所受教育的影响，他可称得上是最西化、最开化的东方君主之一。西哈努克小学刚毕业，便被父母送入了法国人在西贡办的沙士鲁·罗巴中学。这是当时拥有最好的法语教员的学校。在这里，西哈努克接受了完备的法式教育。西哈努克继承王位后，法国殖民当局专门为他配备了法国教育界的名师，使他进一步深入地接受法式教育。这一系列良好、专业的法式教育将西哈努克逐渐塑造成了一位非常西化的东方君主。他极为崇敬戴高乐将军伟大的思想品格，十分推崇斯图亚特、卢梭和孟德斯鸠的思想，并深为法国的政治制度所吸引。因此，柬埔寨独立之初，他以一个现代改革家的身份在国内推行了带有深刻法国政治文化痕迹的重大政治变革。具体内容如下：

第一，从君主立宪制到国家元首制度。

独立后的柬埔寨仍实行君主立宪制。1955 年 3 月，为了摆脱有职无权的王位的约束，以利于更加直接有效地投身政治，战胜对手，实现伟大的政治抱负，西哈努克采取了一个惊人之举：宣布逊位。紧接着，他的父亲诺罗敦·苏拉玛里特亲王被推选为国王。这样，西哈努克便以一个享有亲王头衔的平民身份，全力以赴地投入到了 1955 年大选的准备活动中。他组建了自己的政党——人民社会同盟，并任该党主席。在随后的大选中，人民社会同盟获得决定性胜利，西哈努克成为柬埔寨王国政府首相。

1960 年 4 月，苏拉玛里特国王驾崩。由于没有合适的新国王人选，从而给柬埔寨的政治生活带来不小的冲击，造成王位继承危机和宪政危机。为此，西哈努克决定利用自己的影响力修改宪法，设立国家元首一职。修改后的宪法规定：国家元首拥有君主的权力和特权。当不能依据现行宪法遴选国王或摄政委员会时，在国民议会议长的召集和主持下，两院联席会议可按照人民的意愿，将国家元首的权力和特权赋予普选所明确选定的人。经过人民的一致选举，西哈努克当选为国家元首，而他的母后则作为一个纯粹象征性的君主，对国家的政治生活不再起任何影响。至此，西哈努克具有了双重身份：既是政府首相又是国家元首。

第二，从议会民主制到国民代表大会制度。

柬埔寨在 1953 年独立后仍依照 1947 年宪法实行两院制。通过 1955 年的宪法修正案还在各省增设了省级国民议会。作为乡村居民与中级政府间的一条纽带，省级国民议会有权对省内各项事务提供意见和监督省级政府官员。

1955 年的宪法修正案将全国国民代表大会规定为一种国家制度。全国国民代表大会每年召开两次，由来自首都和各省的 2000 多名国民代表组成，他们在大会上提出人民的意见和要求，同内阁部长们以及各法定社团人员共同讨论与百姓利益相关的问题。首相、内阁成员、议员或省长都必须对群众的意见做出答复。西哈努克称国民代表大会是一种"亲近人民"的措施[①]。这是一种直接与人民群众协商的制度，类似于希腊的广场公民政治集会和罗马的卡皮托利山的公民代表大会。1960 年前后，经过西哈努克的努力，国民议会通过了一项提高全国国民代表大会地位和作用的宪法修正案。该修正案规定，全国国民代表大会是国家的最高决策机构，享有最高权力。大会沿用每年召开两次的

---

① ［柬］诺罗敦·西哈努克：《西哈努克回忆录——甜蜜与辛酸的回忆》，晨光等译，黑龙江人民出版社，1987 年，第 275 页。

程序，以制定国家的主要政策，并在国家面临危机时召开非常会议。由它产生的决议对国民议会具有约束力，政府产生的任何一项决定须由国民代表大会通过方可执行。同时，它还负责监督国民议会、政府机关和首相的工作。若国民代表大会的代表不能就某个问题达成协议，则可将此问题提交全国公民投票表决。而国民议会的作用则成为讨论、批准和执行国民代表大会的决议。若它拒绝批准国民代表大会的某项决议，则只能将其留给下一届国民代表大会再议，由后者做出最终决定。西哈努克说："只有通过这种方式，人民的意志才会得到真正的体现。农民和工人的意见对我们而言是宝贵的东西。人民的呼声应该被听取，且只有通过国民代表大会，才能最有效地被听取。"[①]

第三，从多党制到一党独大的格局。

柬埔寨从 1953 年独立后至 1955 年间仍实行民主多党制。这段时期，柬埔寨国内的主要政党有四个：民主党、自由党、人民派[②]和西哈努克领导的人民社会同盟。在柬埔寨独立后的首次大选，即 1955 年大选中，人民社会同盟凭借西哈努克的巨大威望以绝对优势胜出，一举拿下 83% 的选票和国民议会中的全部议席，成为柬埔寨唯一的执政党，且人民社会同盟一党执政的局面一直持续到 1970 年西哈努克被阴谋推翻。这期间，民主党和人民派因种种原因相继解散。因此，1955 年大选标志着柬埔寨民主多党制的结束和一党独大局面的形成。

人民社会同盟的党员约有 50 万，主要来自于高棉贵族、政府官员和职员。该党的指导思想是佛教社会主义。高棉民族主义、对君主的忠诚、反对不公正和贪污腐败、保护佛教是该党意识形态的主题。建党的基本原则是拥护国家、宗教和国王三位一体。该党的目标是建立一个真正民主的、平等的、社会主义的柬埔寨，恢复柬埔寨昔日的强盛。该党以独立、中立、和平、民主、廉洁为竞选口号，声称为了民族团结、为了维护国家独立和领土完整、为了经济和社会发展而奋斗，主张在政治、经济等各方面进行必要的改革，提高人民生活水平，促进社会、经济和文化的进步。西哈努克曾宣称："我们的同盟反对

---

① Malcolm Caldwell, Lek Tan, *Cambodia in the Southeast Asian War*, New York: Monthly Review Press, 1973, p. 110.

② 人民派是在曾经武装反抗法国殖民者的高棉人民革命党解散后，由其中的部分人员于 1955 年 7 月组建而成。后因柬埔寨国内的白色恐怖日益严重，该党自行消失。

不公正、贪污腐败、勒索、压迫和对我国人民和国家的背叛。"[1]他个人认为人民社会同盟不是一个政党，而是一个阵线或运动，是一个所有希望被选为忠于君主制的公职人员的柬埔寨人的汇合地，是一个灵活得足以容纳广泛政见的国家组织，是一个所有老政党和新倾向的巨大集合。他将其作为实现和维护民族团结的主要手段，号召全体人民和各党派加入到这个新组织中来。人民社会同盟成立后不久，朗诺的高棉复兴党、桑·萨里的人民党和温长顺的国家社会党这三个右派政党宣布解散，同时加入了该党。东北战胜党、国家民主党等小党派也陆续并入该党。自由党的一些领导人也加入该党。之后，一批有能力的左派知识分子也被西哈努克吸纳进来。人民社会同盟因而由最初的右派政党转变为包含各派的融合体。

第四，设立民众法庭。

西哈努克执政时期，柬埔寨司法领域的最大特色是，除设有例行的司法机构外，还设有民众法庭。民众法庭是政府倾听民众呼声，并为民众申冤的制度。政府官员一星期召见诉讼人两次，这些诉讼人绝大多数来自社会最底层。之后，诉讼人和被告人在国王面前接受公正的判决。由于国王从不偏袒权贵，所以诉讼的百姓在民众法庭上都很直率、坦诚。这种审判方法虽不能代替国家司法机构，但它却能促使司法机关秉公执法，为普通民众提供了另一条寻求正义、维护自身权益的途径。

从柬埔寨的法属殖民地时期直至其独立初期，法国文化一直都在柬埔寨传播流行着，并在与柬埔寨本土文化的接触中发挥着无与伦比的影响力。而战争和殖民等特殊形式的文化传播与接触是可以通过语言接触来表现的。"征服者往往会把自己的语言强加于被征服的民族，把语言这种符号表征作为胜利的旗帜高高举起。"[2]自 1863 年柬埔寨成为法国的"保护国"后，法语便被定为柬埔寨的官方语言，被法国殖民者在全社会强制推行使用。并且在长期的殖民语境下，使用法语或法语源外来词不仅仅只是满足交流之需，而且还逐渐演变成为柬埔寨人一种高贵身份的象征，这种现象一直延续到柬埔寨独立初期，即西哈努克执政时期，甚至于今天这种现象在柬埔寨社会中仍隐约可见。正如柬埔

---

① David P. Chandler, *The Tragedy of Cambodian History: politics, war, and revolution since 1945*, New Haven: Yale University Press, 1991, p. 79.

② 蓝鹰：《文化接触、接触语言学与汉语方言研究》，载《中华文化论坛》，2013 年第9 期。

寨学者宋修（សុង សីុវ）所言："法国殖民统治者的做法让许多柬埔寨人对本民族的语言产生了厌恶感，这种厌恶感不仅仅停留在表面，而是深入骨髓的，即使到独立后的西哈努克时代，仍然有柬埔寨人厌恶本民族的语言，以至于十分抵制使用高棉语进行交流和书信往来。对于西哈努克本人而言，虽然他大力提倡国民使用本民族的语言，并把高棉语作为官方语言写进宪法，但在实际工作中，他往往以法语为主，甚至一些书面文件也都使用法文，使得只懂高棉语的人只能傻傻地站在体制之外，无法进入政府工作。这便是法国殖民统治对柬埔寨民族语言影响的延续。"[①]

法语在柬埔寨的广为流行促使高棉语与法语形成直接接触与间接接触并重的语言接触模式，其参与者主要是柬埔寨的中、上级阶层。直接接触方面，从法属时期到西哈努克执政时期，柬埔寨王公贵族、政府官员、社会名流、学者等为显示自己的高贵身份，都习惯于不同程度地使用法语，经常是在口语交际中将法语和高棉语混杂使用，这成为两种语言密切接触的重要表现之一。就间接接触而言，从法属时期至西哈努克执政时期，柬埔寨王国政府的正式文件、官方文告、法律文书等通常使用法文。这一时期，法文简报作为柬埔寨历史上第一份正规出版物面世，之后各类法文报纸、杂志、著作等相继在柬埔寨出版发行。法语和高棉语由此形成了全面接触的态势，导致高棉语中法语源外来词的激增。例词列举见下表：

表 4-1　法语源外来词示例表

法语源外来词	释义
កាតូលិក	天主教徒；天主教的
វិហារកាតូលិក	福音堂
កាប៊ីណេត៍	办公厅；办公室；内阁
កាសែត	报纸
កុង្ស៊ីយ៍	大臣；议员；顾问
កុង្ស៊ីយ៍សេនាបតី	内阁
កុងស៊ុល	领事；商务审判官

---

① សុង សីុវ. ចលនាអារ្យធម៌. លោកស្រីប៊ុនជន. ឆ្នាំ ២០០៥. ទំព័រទី ២០៤-២០៥.

（续表）

法语源外来词	释义
កុងស៊ុលគោចរ	巡回领事
ស្ថានកុងស៊ុល	领事馆
អត្តកុងស៊ុល	总领事
កុម្មុយនិស្តនិយម	共产主义
កុម្ម៉ង់ដូ	突击队，别动队，特遣队
គុយរ៉េ	（天主教）神甫
ប៉ាប	罗马教皇
ប៉ារ៉ូស	堂区
ប៉ាស្ទ័រ	牧师
ប៉ាឡាដ្យូម	（守护特洛伊城的）帕拉斯女神塑像；（转）护城圣物
គណៈបក្ស(នយោបាយ)	政党
ប៊ីប	（基督教的）圣经；（转）权威著作，经典
សមីការ	方程式
ប៉ុងទីប	大祭司；（天主教）高级神职人员
ប៊ុល្លីតាំង	公报；通报
ប្រូតេស្តង់	新教的，耶稣教的
ប្លូក	集团；阵营
ផ្នូស៊ុល	守旧者；顽固者
ម៉ូត	时髦，时兴
យេស៊ូ	耶稣
វីឡា	别墅
ស៊ីញេ	签字，签名
មេស្ស៊ី	弥撒
របប	制度；体制

（续表）

法语源外来词	释义
កាសែត	报纸
ស៊ីវិល	公民的；国民的
ស៊ីវិល័យ	摩登；开化；文明
ហ្វាស៊ីស្	法西斯
អាបេអ៊ី	修道院
អាបេ	神父
បុល្លេតាំង	学生成绩表
អាប៉ាថេត	种族隔离
អេវ៉េត	主教
បោះពុម្ព	印刷
អំណាច	权力
ប្រលោមលោក	小说
សិទ្ធិ	权利
រដ្ឋធម្មនុញ្ញ	宪法
សភា	议会
គីមី	化学
ទស្សនាវដ្ដី	杂志
ប្រជាធិបតេយ្យ	民主

另外，我们选择了含有早期输入的法语源外来词的部分语料文本，作为其进入高棉语的形象证明。此处内容详见本章小结。

4.2　法语源外来词在高棉文历史文献中的早期应用

法国文化的传播及与柬埔寨文化的接触一方面使柬埔寨传统文化受到了严重冲击和压制，另一方面也为其注入了法兰西文化的新鲜气息，与之相伴随的便是表达新文化、新思想、新意识的法语源外来词的大量流入。在此，我们尽可能选择包含了早期输入的法语源外来词的柬埔寨近现代原始文本，以之作为考察法语源外来词早期应用状况的文献基础。

4.2.1　1863 年《法柬条约》与法语源外来词

1863 年《法柬条约》含有最早借入的法语源外来词典范语料，为我们准确考察高棉语中法语源外来词的早期应用状况提供了极佳的语料分析蓝本。

4.2.1.1　1863 年《法柬条约》简介

1863 年 8 月 11 日，法国人通过"圣经加炮舰"的侵略政策，强迫柬埔寨签订了《法柬条约》。法国人从该条约中获取了政治、经济、军事、宗教等方面的多项权益。其中最为重要的是，法国享有了对柬埔寨的宗主权，柬埔寨完全置于法国的"保护"之下。

《法柬条约》共计 19 条，在涉及柬埔寨国家主权之处，条约都有相关明确规定。如第一条载明，法兰西国王要"保护柬埔寨"，使柬埔寨成为法国的"保护国"。以此条款为前提，条约中的其他相关条款具体规定了法国如何对柬埔寨行使其"保护"权利。如第二条规定，法兰西国王将任命一名法国官员为领事，驻扎在柬埔寨朝廷……这位法国官员遵照西贡总司令的命令行事。柬埔寨国王也将指派一名柬埔寨官员担任领事，驻扎在西贡。第三条规定，如果一名法国官员依照第二条之规定以领事的身份驻扎在柬埔寨，应得到显贵的高官待遇，受到人们的敬畏。第四条规定，如有其他国家希望派驻领事驻扎于柬埔寨，柬埔寨国王和大臣必须在征得西贡总司令的同意后方可做出肯定答复，否则，任何国家不得向该国派驻领事。第七条规定，如果法国臣民和柬埔寨人发生纠纷，必须向法国领事提出申诉……如果柬埔寨人之间发生纠纷，法国领事不得干预……如果法国领事或法国官员均不在柬埔寨，西贡总司令有权代行领事权……此条款意味着法国人在柬埔寨获得了领事裁判权。第十条规定，法国商人到柬埔寨经商，只要他们持有西贡当局签发的允许入境的护照，柬埔寨海关就不得向其征收关税。此条款意味着柬埔寨丧失了独立制订关税的权利。第十二、十三、十四条与柬埔寨主权相关的内容是，法国臣民可以在柬埔寨全境自由活动、迁移和经商，且受到柬埔寨当局的保护。第十五条规定，法国的天主教传教士可以在柬埔寨自由活动，并且有权修建教堂、宗教讲习所、学校等等。第十七、十八条则使法国人获得了在柬埔寨租借土地和砍伐木材的权利。

对于上述侵犯了柬埔寨国家主权的种种条款，法国殖民者却在条约第十六条中将其粉饰成，为了帮助柬埔寨"维持和平和友谊，并保护柬埔寨免受各种形式的外部侵犯"。总之，1863 年《法柬条约》在原则上确立了法国对柬埔寨的宗主权，标志着柬埔寨丧失了国家主权地位，沦为法国的"保护国"。

4.2.1.2 1863 年《法柬条约》中的法语源外来词例释

1863 年《法柬条约》是历史上柬埔寨与法国签署的第一份条约文本，诺罗敦国王在当时签署的是由米希主教译成的高棉文版条约，这是高棉语和法语的第一次正式接触，所以条约中所含的法语源外来词是最早正式出现于高棉语中的法语源外来词，这对于法语源外来词的溯源研究具有极其重要的意义，这说明已知的高棉语中最早正式面世的法语源外来词源自于 1863 年《法柬条约》，意即它们在高棉语中最初正式出现的时间也大约就是 1863 年前后。更重要的是，1863 年《法柬条约》中的法语源外来词情况集中展现了高棉语中法语源外来词的最早期应用状况。具体如下：

表 4-2 1863 年《法柬条约》中的法语源外来词分析表

法语源外来词	法语源词	词性	释义	译借类型	语义类别	构词材料语源	造词方式	词语类别
អំណាច	pouvoir	名词	权力	意译	政治类	高棉语	语素增值词①	单纯词
តំណាង	représentant	名词	代表	意译	政治类	高棉语	语素增值词	单纯词
ទំនាស់	démêlé	名词	纠纷	意译	法律类	高棉语	语素增值词	单纯词
ប្ដឹង	porter plainte	动词	申诉	意译	法律类	高棉语	语素增值词	单纯词
បញ្ជូន	renvoyer	动词	遣送	意译	法律类	高棉语	语素增值词	单纯词

---

① 在意译的过程中使用现有语素翻译外来词，现有语素由此获得新的义项，成为语素增值词。

（续表）

法语源外来词	法语源词	词性	释义	译借类型	语义类别	构词材料语源	造词方式	词语类别
មាត្រា	article	名词	条款	意译	政治类	梵巴语	语素增值词	单纯词
ប្រទេស	Etat	名词	国家	意译	政治类	梵巴语	语素增值词	单纯词
អាជ្ញាធរ	autorités	名词	当局	意译	政治类	梵巴语	语素增值词	单纯词
សិទ្ធិ	droit	名词	权利	意译	政治类	梵巴语	语素增值词	单纯词
កាតព្វកិច្ច	obligation	名词	义务	意译	政治类	梵巴语	新造词	派生词
សេរី	libre	形容词	自由的	意译	政治类	梵巴语	语素增值词	单纯词
ពិគ្រោះ	discuter	动词	商讨	意译	政治类	梵巴语	语素增值词	单纯词
ពិភាក្សា	négocier	动词	协商	意译	政治类	梵巴语	语素增值词	单纯词
ឯកភាព	s'accorder	动词	相一致	意译	政治类	梵巴语	新造词	派生词
បដិសេធ	rejeter	动词	否决	意译	政治类	梵巴语	语素增值词	单纯词
ករណី	circonstances	名词	情况	意译	政治类	梵巴语	语素增值词	单纯词
អវត្តមាន	absentéisme	名词	缺席	意译	政治类	梵巴语	语素增值词	派生词
អនុវត្តន៍	exécuter	动词	履行	意译	法律类	梵巴语	语素增值词	单纯词
នាទី	pouvoir	名词	职权	意译	政治类	梵巴语	语素增值词	单纯词
សន្និសញ្ញា	traité	名词	条约	意译	政治类	梵巴语	新造词	复合词
ព្រះរាជាណាចក្រ	royaume	名词	王国	意译	政治类	梵巴语	新造词	复合词

（续表）

法语源外来词	法语源词	词性	释义	译借类型	语义类别	构词材料语源	造词方式	词语类别
ប្រទេសជាតិ	nation	名词	国家	意译	政治类	梵巴语	新造词	复合词
ជាតិសាសន៍	nation	名词	民族	意译	政治类	梵巴语	新造词	复合词
អធិបតេយ្យភាព	souveraineté	名词	主权	意译	政治类	梵巴语	新造词	派生词
ពលរដ្ឋ	citoyen	名词	公民	意译	政治类	梵巴语	新造词	复合词
រាជរដ្ឋាភិបាល	Le Gouvernement du Royaume	名词	（王国）政府	意译	政治类	梵巴语	新造词	复合词
អភ័យឯកសិទ្ធិ	immunité	名词	豁免权	意译	政治类	梵巴语	新造词	复合词
អគ្គទេសាភិបាល	gouverneur général	名词	总督	意译	政治类	梵巴语	新造词	复合词
ព្រះចៅអធិរាជ	roi	名词	国王	意译	政治类	梵巴语	新造词	复合词
អគ្គមេបញ្ជាការ	commandant en chef	名词	总司令	意译	政治类	梵巴语	新造词	复合词
រដ្ឋក្នុងអាណាព្យាបាល	protectorat	名词	保护国	意译	政治类	梵巴语	新造词	复合词
យុត្តិធម៌	justice	名词	公正	意译	法律类	梵巴语	新造词	复合词
វិនិច្ឆ័យទោស	condamner	动词	判罪	意译	法律类	梵巴语	新造词	复合词
ទឹកដី	territoire	名词	领土	意译	政治类	高棉语	新造词	复合词
រដ្ឋអំណាច	autorités	名词	当局	意译	政治类	梵巴语+高棉语	新造词	复合词
លិខិតអនុញ្ញាត	licence	名词	许可证	意译	政治类	高棉语+梵巴语	新造词	复合词
មន្ត្រីជាន់ខ្ពស់	haut fonctionnaire	名词	高级官员	意译	政治类	梵巴语+高棉语	新造词	复合词
ប្រព្រឹត្តិទោសកំហុស	commettre un crime	动词	犯罪	意译	法律类	梵巴语+高棉语	新造词	复合词

（续表）

法语源外来词	法语源词	词性	释义	译借类型	语义类别	构词材料语源	造词方式	词语类别
កុងស៊ុល	consul	名词	领事	音译	政治类	高棉语	新造词	单纯词
ដែនដី	territoire	名词	领土	意译	政治类	高棉语	新造词	复合词
តែងតាំង	nommer	动词	任命	意译	政治类	高棉语	新造词	复合词
របៀបរៀបរយ	rdre	名词	秩序	意译	政治类	高棉语	新造词	复合词
លុកដែលចូល	intervenir dans	动词	干预	意译	政治类	高棉语	新造词	复合词
សេចក្ដីស្ងប់ស្ងៀម	tranquillité	名词	安宁	意译	政治类	高棉语	新造词	派生词
លុកលុយ	envahir	动词	侵略	意译	外交类	高棉语	新造词	复合词
ធ្វើដំណើរទៅមក	les voyages	动词	活动	意译	日常类	高棉语	新造词	复合词
ទេសន្តរប្រវេសន៍	émigration	名词	侨居	意译	外交类	梵巴语	新造词	复合词
ធ្វើជំនួញ	faire du commerce	动词	经商	意译	经济类	高棉语	新造词	复合词
ផ្ដល់ដំណឹង	informer	动词	通知	意译	日常类	高棉语	新造词	复合词
ចាត់ចែងការងារនេះជំនួស	loi sur le nom de sb.	动词	代行	意译	政治类	高棉语	新造词	复合词
ភាគីទាំងពីរ	deux parties	名词	双方	意译	政治类	高棉语	新造词	复合词
ស្ថានកុងស៊ុល	consulat	名词	领事馆	意译+音译	政治类	梵巴语+高棉语	新造词	复合词
អង្កេត	enquete	动词	调查	音译	法律类	高棉语	新造词	单纯词
ចុះបញ្ជី	enregistrer	动词	登记	意译	政治类	高棉语+梵巴语	新造词	复合词
ចូលដែន	entrer dans un pays	动词	入境	意译	外交类	高棉语	新造词	复合词
អន្តោប្រវេសន្ត	émigré	名词	侨民	意译	外交类	梵巴语	新造词	复合词
លិខិតឆ្លងដែន	passeport	名词	护照	意译	外交类	高棉语	新造词	复合词

（续表）

法语源外来词	法语源词	词性	释义	译借类型	语义类别	构词材料语源	造词方式	词语类别
គយ	douane	名词	海关	意译	外交类	高棉语	语素增值词	单纯词
ពន្ធគយ	droits de douane	名词	关税	意译	外交类	梵巴语+高棉语	新造词	复合词
កាតូលិកសាសនា	religion catholique	名词	天主教	音译+意译	宗教类	高棉语+梵巴语	新造词	复合词
បុព្វជិត	missionnaire	名词	传教士	意译	宗教类	梵巴语	新造词	复合词
វិហារ	église	名词	教堂	意译	宗教类	梵巴语	语素增值词	单纯词
សន្តិភាព	paix	名词	和平	意译	政治类	梵巴语	新造词	派生词
មិត្តភាព	amitié	名词	友谊	意译	外交类	梵巴语	新造词	派生词
រដ្ឋមន្ត្រី	ministre	名词	部长	意译	政治类	梵巴语	新造词	复合词
ក្រសួងមហាផ្ទៃ	Département de l'Intérieur	名词	内政部	意译	政治类	高棉语+泰语	新造词	复合词
បញ្ញាការ	instruction	名词	指示	意译	政治类	高棉语	语素增值词	派生词
ជួលដី	Location de terrains	动词	租借土地	意译	经济类	高棉语	新造词	复合词

对上表中法语源外来词的各项数据统计：

一、比例：表中的法语源外来词共计 68 个，而《法柬条约》共包含 557 个词语，因此在该文本中，法语源外来词约占 12%。

二、语义类别：政治类 45 个，约占 67%；法律类 8 个，约占 12%；外交类 8 个，约占 12%；经济类 2 个，约占 3%；日常类 2 个，约占 3%；宗教类 3 个，约占 4%。

三、词性：名词 47 个，约占 70%；动词 20 个，约占 29%；形容词 1 个，约占 1%。

四、译借类型：音译式 2 个，约占 3%；意译式 64 个，约占 94%；音译+

意译式 2 个，约占 3%。

五、构词材料语源：高棉语 24 个，约占 35%；梵巴语 34 个，约占 51%；高棉语和梵巴语共同构成的有 8 个，约占 12%；高棉语和泰语共同构成的有 1 个，约占 1%。

六、造词方式：语素增值词 20 个，约占 29%；新造词 48 个，约占 71%。

七、词语类别：单纯词 20 个，约占 29%；复合词 40 个，约占 59%；派生词 8 个，约占 12%。

对上述统计数据的分析：

一、在这份篇幅不长的《法柬条约》中，法语源外来词却占有较大比例，这说明，《法柬条约》作为法国殖民者在自己的话语体系内编织的一套符合自身利益的条约，所包含的领事、领土、主权、民族、国家等词语不仅仅是高棉语中不曾有过的词语，更是区别于柬埔寨传统文化体系的崭新观念，即近代民族国家的主权意识形态，所以这些词语便集体以法语源外来词的身份大量输入到高棉语中。

二、这份《法柬条约》中的法语源外来词大多属政治类，这说明 1863 年《法柬条约》是一份政治性条约文本。这份条约关乎柬埔寨国家主权状况，正如汪新生所言："1863 年《法柬条约》的签订是关于柬埔寨主权问题国际争夺的重要转折，它改变了外部政治势力在印支半岛的均势，宣告了暹罗封建统治者挟制弱小邻国，与西方列强相抗衡政策的失败，东南亚封建君主的地区争夺让位于西方资本主义列强之间为获取殖民地及势力范围的斗争。"[1] 陈显泗认为："从总共 19 条的法柬条约中法国人获取了许多权益，包括政治的、军事的、经济的和宗教的，而最重要的是法国享有了对柬埔寨的宗主权。通过这个条约，把柬埔寨完全置于法国的保护下，成为法国的保护国。……法国殖民者所坚持和实行的宗主继承权通过 1863 年的法柬条约给予了肯定地承认。至此，在原则上确立了法国对柬埔寨的宗主权。"[2] 由此可见，1863 年《法柬条约》是一份标志着柬埔寨沦为法国"保护国"的政治文本，所以其包含的法语源外来词多属政治类。

---

① 汪新生：《19 世纪中叶柬埔寨主权问题上的国际斗争》，载《东南亚学刊》，1997 年第 1 期。

② 陈显泗：《柬埔寨两千年史》，中州古籍出版社，1990 年，第 565—566 页。

三、这份《法柬条约》中的法语源外来词几乎都是意译词，且大多为名词词性的新造词，这是因为经由这份条约输入到高棉语中的不单单是作为语言单位的新词语，而且还是一整套代表法国殖民者"条约想象"的政治文化概念，所以它们必然是以名词词性居多。并且，这些新词的法语源词多为多音节词，其词义中蕴含着的西方主权意识形态又迥异于柬埔寨民族文化理念，是柬埔寨国民从未接触过的全新政治观念，若全以音译方式借入，就是将一连串缺乏意义关联性的音节组合在一起来表达一系列陌生概念。这就无异于在说外语，不便于新词的称说和对条约原文的诠释，使柬埔寨人对条约内容形成理解上的阻滞，不利于该条约在柬埔寨全国范围内的传播推广，不利于法国殖民者达到以该条约把国家、民族、主权、和平、保护国等"文明观念"传播至柬埔寨，使柬埔寨国民甘愿接受法国"保护"的目的。所以米希主教在翻译该条约时，便将柬埔寨人深感陌生的新词以更符合柬埔寨人认知习惯的意译词形式呈现出来。

四、1863 年《法柬条约》中的法语源外来词以复合词居多，且超过了相应的法语源词，这是以意译方式引入法语源外来词的结果。具体而言分为三种情况：第一，以意译方式借入高棉语的法语源单纯词，有可能仍是单纯词。如 Le pouvoir-អំណាច，Etat-ប្រទេស，église-វិហារ，douane-គយ。但由于许多法语源单纯词在被意译成高棉语时需要经历语义分析的过程，常常表现为多个自由语素的组合，因而许多法语源单纯词被意译成高棉语后转变为复合词，如 ministre-រដ្ឋមន្ត្រី，traité-សន្ធិសញ្ញា，citoyen-ពលរដ្ឋ，émigré-អន្តោប្រវេសិន្ត។ 第二，通过意译方式进入高棉语的法语源派生词，一般会形成结构复杂的词语，既可能是派生词，又可能是复合词。但总的来看，还是以复合词居多。这在很大程度上是由于高棉语缺乏合适的派生词缀。高棉语固有词多为单音节自由语素，传统的构词词缀有限，因此构词方式以复合、重叠为主，这就导致许多法语源派生词意译后变成复合词。如 nation-ប្រទេសជាតិ，protectorat-រដ្ឋក្រុងអាណាព្យាបាល，condamner-វិនិច្ឆ័យទោស，émigration-ទេសន្តរប្រវេសន៍។第三，以意译方式借入高棉语的法语源复合词，通常仍为复合词。如 deux parties-ភាគីទាំងពីរ，passeport-លិខិតឆ្លងដែន，droits de douane-ពន្ធគយ，commandant en chef-អគ្គមេបញ្ជាការ។从另一角度来看，条约文本中法语源外来词相比其源词的类别变化，即由单纯词变为复合词、由派生词变为复合词，实际上是意译方式造成的结构繁化，是高棉语根据自身语言特点采取的一种语法同化策略。

4.2.2　柬埔寨第一部宪法与法语源外来词

在柬埔寨近现代文献资料中，1947 年的《柬埔寨宪法》作为柬埔寨历史上的第一部宪法，因其诞生于法属殖民地时期这一时代背景下，所以含有大量的法语源外来词，且其语料经典并具有浓郁的政治文化特征，适于作为分析高棉语中早期法语源外来词的重要语料文本。

4.2.2.1　柬埔寨第一部宪法——1947 年《柬埔寨宪法》简介

第二次世界大战结束、日本投降后，柬埔寨人民从日本侵略者手中夺回了政权。然而，法国殖民者又乘机卷土重来，柬埔寨再次被置于法国的殖民统治之下。面对战后柬埔寨人民要求国家独立的强烈呼声和轰轰烈烈的反法运动浪潮，为了掩盖其殖民统治的实质、缓解柬埔寨国内各种反法力量带来的压力，法国殖民者在统治方式上玩弄花招，先是于 1946 年 1 月 7 日与柬埔寨签订了一项临时协定，承认柬埔寨是"法兰西联邦内的一个自治国"。由于该协定规定柬埔寨国王签署的一切文件均须征得法国驻柬高级专员的同意，因此这种"自治国"有名无实，柬埔寨在本质上依然是法国的一个殖民地。之后法国以"为法属各殖民地及自治国提供民主"为幌子，通过法柬委员会为柬埔寨起草制定了该国历史上第一部宪法，并于 1947 年 5 月 6 日由西哈努克国王颁布实施。

1947 年的《柬埔寨宪法》共包括 10 章 107 条。第一章规定了国家的形式，即柬埔寨是君主立宪制国家，柬埔寨的官方语言是高棉语和法语。第二章规定了柬埔寨人的权利和义务。第三章解释了柬埔寨的法律和三权分立制度。第四章规定了国王的候选资格和各项权力以及王位委员会的人员组成等。第五章对国民议会的产生、组成、权力、运作等各项情况予以了解释。第六章解释了王国委员会的各项情况。第七章对政府各部部长的产生、权责等情况进行了解释。第八章是关于司法权。第九章是关于君主立宪这种政权组织形式的总体规定。第十章是关于过渡性规定。

对于这个柬埔寨历史上的第一部宪法，有学者认为其重大意义在于，"首次为柬埔寨带来了民主"[①]。这未免显得言过其实。的确，1947 年的《柬埔

[①] ក៏ឆ្ពិល ផែន៖. រដ្ឋធម្មនុញ្ញទាំងឡាយនៅកម្ពុជា. ទស្សនាវដ្ដីស្វែងរកការពិត លេខ៣៥ ខែវិច្ឆិកា និង លេខ៣៦ ខែធ្នូ ឆ្នាំ២០០៦.

宪法》奠定了柬埔寨的宪政基础，为后来柬埔寨不同历史阶段宪法的制定提供了模板。然而我们要看到，这部宪法毕竟是外部作用的结果，它并非是在柬埔寨本土"自然长成"的、符合本国国情和需要的原始宪法，而是法国殖民者假借"民主"之名输入到柬埔寨的"宪法制成品"。并且当时的柬埔寨作为一个受到长期殖民统治的非独立国，本无宪政经验，其宪法并不反映国家意志和政治权力形成的实际，不是政治过程的法律化，而是借用西方宪法的原理模仿生成的结果，实际上缺乏西方宪法的精神实质。

4.2.2.2　1947 年《柬埔寨宪法》及其修正案中的法语源外来词例释

在此，我们以 1947 年的《柬埔寨宪法》及其修正案为分析蓝本，从中精选出了一批颇具代表性的法语源外来词和短语，具体情况如下：

រដ្ឋធម្មនុញ្ញ 宪法

របប 制度；体制

សភា 议会

សហសភា 两院

ព្រឹទ្ធសភា 王国议会（或上议院）

រដ្ឋសភា 国民议会（或下议院）

អ្នកតំណាងរាស្ត្រ 议员，议会代表

សភាធម្មនុញ្ញ 制宪会议

ការបោះឆ្នោត 选举

បទបញ្ញា 法规

ប្រជាមតិ 民意

ប្រជាធិបតេយ្យ 民主

សេរីភាព 自由

សេរីភាពប្រជាធិបតេយ្យ 民主自由

គណៈបក្ស(នយោបាយ) 政党

សង្គមរាស្ត្រនិយម 人民社会同盟

នាយករដ្ឋមន្ត្រី 首相

ប្រមុខរដ្ឋ 国家元首

សមាជជាតិ 国民代表大会

តុលាការប្រជារាស្ត្រ 民众法庭

រាជាធិបតេយ្យផ្តាច់ការ 君主专制

របបរាជាធិបតេយ្យអាស្រ័យរដ្ឋធម្មនុញ្ញ 君主立宪制

របប/ប្រព័ន្ធពហុបក្ស 多党制

ទ្វេសភានិយម. របៀបនយោបាយនិយមសភាពីរ 两院制

(របប)សភានិយម. របៀបគ្រប់គ្រងអាស្រ័យសភា 议会制

លទ្ធិប្រជាធិបតេយ្យអាស្រ័យសភា 议会民主制

របបប្រមុខរដ្ឋ 国家元首制度

上述法语源外来语词的共同特点是：第一，在语义类型上，上述语词均属于政治用语；第二，在译借方式上，上述语词均为意译式，并且是通过综合运用高棉语本族语语言材料和梵语、巴利语语言材料对法语源语词进行意译而形成的。[①]

上述法语源外来语词构词材料的选用分为四种情况：第一，直接选用与法语源词意义相同或相近的高棉语本族语词来意译，例如 របប（制度；体制）。第二，直接选用与法语源词意义相同或相近的梵语、巴利语词来意译，例如 សភា（议会）、សេរីភាព（自由）、គណៈបក្ស（政党）。第三，选用语义相互关联的梵巴语词汇材料组合而成与法语源语词意义相同或相近的新语词，例如 រដ្ឋធម្មនុញ្ញ（宪法）、សហាសភា（两院）、សង្គមរាស្ត្រនិយម（人民社会同盟）、ប្រជាមតិ（民意）、ព្រឹទ្ធសភា（王国议会或上议院）、រដ្ឋសភា（国民议会或下议院）、សមាជជាតិ（国民代表大会、ប្រមុខរដ្ឋ（国家元首）。第四，选用语义相互关联的高棉语词汇材料和梵巴语词汇材料组合而成与法语源语词意义相同或相近的新语词，例如 របបប្រមុខរដ្ឋ（国家元首制度）、រាជាធិបតេយ្យផ្តាច់ការ（君主专制）、របបពហុបក្ស（多党制）、របៀបនយោបាយនិយមសភាពីរ（两院制）。

上述法语源外来语词的结构包括三种情况：第一，单纯由梵巴语语素组合而成的意译词一般顺应梵巴语的构词词序。以偏正结构为例，这类意译词通常遵循梵巴语的修饰词在前、中心词在后的词序。例如 រដ្ឋ 国家+ធម្មនុញ្ញ 宪章＝រដ្ឋធម្មនុញ្ញ 宪法，ប្រជា 人民+មតិ 意见，观点＝ប្រជាមតិ 民意。第二，由高棉语语素和梵巴语语素共同组成的意译词通常遵循高棉语的构词规则。这在偏正结构中表现得非常突出，即顺应中心词在前、修饰词在后的词序。例如 គំណាង

---

① 关于这一点，我们将在"4.2.4.2　早期应用中法语源意译词的构词原则"中进行详述。

代表+រាស្ត្រ 人民，百姓＝តំណាងរាស្ត្រ 议员，បទ 法则+បញ្ជា 命令＝បទបញ្ជា 法规。第三，上述法语源外来语词中的短语，无论是单纯由梵巴语词组成，还是由高棉语本族语词和梵巴语词组成，其结构通常都顺应高棉语的"中心语在前、修饰语在后"的语法规则。例如 សមាជ 代表大会+ជាតិ 国家＝សមាជជាតិ 国民代表大会，តុលាការ 法庭+ប្រជារាស្ត្រ 人民＝តុលាការប្រជារាស្ត្រ 民众法庭，របប 制度+ពហុបក្ស 多党＝របបពហុបក្ស 多党制。

在上述法语源外来词中，ប្រជាមតិ（民意）、ប្រជាធិបតេយ្យ（民主）这两个意译词都含有 ប្រជា 这个梵巴语语素。ប្រជា 意为"人；人民；人群"，虽为梵巴语语素，但已完全融入高棉语词汇系统中，从语音、书面形式来看与高棉语本族语词别无二样，经常被人误以为是高棉语本族语词，并被频繁用于创制新词，尤其是法语源意译词，成为富有能产性的构词语素。我们在近代高棉文文献中发现不少由 ប្រជា 构成的法语源意译词，例如：

ប្រជា 人民+កីឡា 体育→ប្រជាកីឡា 民间体育

ប្រជា 人民+កោលាហល 动乱，骚乱→ប្រជាកោលាហល 人民动乱，人民骚乱

ប្រជា 人民+ចលនា 运动→ប្រជាចលនា 人民运动

ប្រជា 人民+ជន 人，人们→ប្រជាជន 人民；民众

ប្រជា 人民+ជាតិ 民族；种族→ប្រជាជាតិ 民族

ប្រជា 人民+ទណ្ឌ 惩罚→ប្រជាទណ្ឌ 私刑拷打

ប្រជា 人民+និករ 群；种类→ប្រជានិករ 百姓；人群；人类；民众

ប្រជា 人民+និយម 主义→ប្រជានិយម 民粹主义；民粹派

ប្រជា 人民+នេសាទ 捕鱼；渔猎→ប្រជានេសាទ 渔民

ប្រជា 人民+ប្រិយភាព 温和；谦恭→ប្រជាប្រិយភាព 得民心；众望所归；大众化；民间性

ប្រជា 人民+ពលករ 劳动者→ប្រជាពលករ 劳动人民

ប្រជា 人民+ពលរដ្ឋ 公民；国民→ប្រជាពលរដ្ឋ 公民；国民

ប្រជា 人民+យុទ្ធករ 战士→ប្រជាយុទ្ធករ 民兵；卫队

ប្រជា 人民+រាស្ត្រ 人民，百姓→ប្រជារាស្ត្រ 人民，百姓

ប្រជា 人民+សង្គ្រោះ 救助；拯救→ប្រជាសង្គ្រោះ 社会救济；社会福利事业

ប្រជា 人民+សវនាការ 召见；接见→ប្រជាសវនាការ 人民来访；民事裁决

ប្រជា 人民+សហគមន៍ 公社→ប្រជាសហគមន៍ 人民公社

ប្រជា 人民 + សាស្ត្រ 知识 → ប្រជាសាស្ត្រ 人口统计学

ប្រជា 人民 + សិទ្ធ 权利 → ប្រជាសិទ្ធ 民权；全民投票，全民表决

ប្រជា 人民 + ហឹង្សក 暴力者 → ប្រជាហឹង្សក 暴君；专制君主；独裁者

ប្រជា 人民 + ហឹង្សា 暴力 → ប្រជាហឹង្សា 暴政；专制

有时，ប្រជា 与另一个梵巴语语素组合成词时会出现减音简形的现象，这是以梵巴语词汇材料构造法语源意译词过程中的一个典型现象。其变化规律是，当两个梵巴语语素组合成新词时，位于新词后部的语素若以 អ 为首辅音字母，那么字母 អ 及其对应的音节都不会存在于新词中。例如：

ប្រជា 人民 + អធិបតេយ្យ 最高权 → ប្រជាធិបតេយ្យ 民主

ប្រជា 人民 + អនុរាស្ត្រ 臣民；子民 → ប្រជានុរាស្ត្រ 人民，百姓

ប្រជា 人民 + អធិបតី 主持人；长 → ប្រជាធិបតី 帝王，君主

ប្រជា 人民 + អនុវត្តន៍ 执行，实行；实践 → ប្រជានុវត្តន៍ 民主化

ប្រជា 人民 + អភិបាល 管理者 → ប្រជាភិបាល 帝王；国王；君主；统治者

ប្រជា 人民 + អភិវឌ្ឍន៍ 发展 → ប្រជាភិវឌ្ឍន៍ 繁殖；移植

上文中从 1947 年《柬埔寨宪法》及其修正案中精选出的法语源外来词均属于政治用语。这些政治用语折射出了 1947 年至 1970 年间柬埔寨从殖民地转变为主权国家后其政治生活的发展变化，并对之进行了真实的记录。它们彰显了不同的政治文化内涵，抽象反映了柬埔寨独立前后某些具体的社会政治生活特征，昭示了这些社会政治生活最真实和最写意的一面。并且长达 90 年的殖民地历史使柬埔寨的政治生活深受法国政治文化的熏陶和影响，进而使上述政治用语带有法国文化的深刻烙印。

第二次世界大战结束后，法国殖民者重返柬埔寨，再次将柬埔寨置于自己的殖民统治之下，但在统治方式上加以伪饰，即承认柬埔寨是"法兰西联邦内的一个自治国"。虽然这种"自治国"有名无实，本质上依然是法国的一个殖民地，但自此直到柬埔寨独立这段时期，柬埔寨的政治生态在法国殖民者的操控下还是假借了西方民主模式的外衣，以 1947 年的《柬埔寨宪法》为准则实施了一系列政治改革。

在 1947 年的《柬埔寨宪法》中，"របបរាជាធិបតេយ្យអាស្រ័យរដ្ឋធម្មនុញ（君主立宪制）、(របប)សភានិយម.របៀបគ្រប់គ្រងអាស្រ័យសភា（议会制）、លទ្ធិប្រជាធិបតេយ្យអាស្រ័យសភា（议会民主制）、ទ្វេសភានិយម.របៀបនយោបាយនិយមសភាពីរ（两院制）、របប/ប្រព័ន្ធពហុបក្ស（多党制）"等法语源政治用语勾勒出了

柬埔寨当时的基本政治架构：实行君主立宪制，[①]推行议会民主制，实行民主多党制。

1953 年 11 月，柬埔寨最终以西哈努克倡导并践行的非暴力方式赢得独立。非暴力独立的实现成为西哈努克超越国内其他一切政治势力的最大资本。在这种巨大的政治优势下，西哈努克踌躇满志、信心百倍，决定在国内掀起一场轰轰烈烈的改革运动。犹如争取独立一样，他欲按照自己的战略为国家确立一套崭新的制度。1955 年和 1960 年宪法修正案中的法语源政治用语，如"សង្គមរាស្ត្រនិយម（人民社会同盟）、របបសមាជជាតិ（国民代表大会制度）、របបប្រមុខរដ្ឋ（国家元首制度）、តុលាការប្រជារាស្ត្រ（民众法庭）"等便彰显了西哈努克执政时期的重大政治变革：第一，从君主立宪制到国家元首制度；第二，从议会民主制到国民代表大会制度；第三，从多党制到一党独大的格局；第四，设立民众法庭。

4.2.3 《西哈努克争取柬埔寨独立简史》与法语源外来词

在柬埔寨近现代原始文本中，有一些历史文献含有早期输入的法语源外来词，《西哈努克争取柬埔寨独立简史》便是其中的一本代表性史书。该书不仅具有较高的史料价值，而且还具有重要的语料价值，是分析高棉语中早期法语源外来词的重要资料来源之一。

4.2.3.1 《西哈努克争取柬埔寨独立简史》简介

《西哈努克争取柬埔寨独立简史》一书的创作目的在于，真实记录西哈努克为实现柬埔寨和平独立所付出的艰辛努力，展现西哈努克在独立运动中所发挥出的非凡的聪明才智、准确的政治判断力、超群的活动能力，歌颂西哈努克为和平独立的实现所建立的卓越功勋，表达全体国民对"独立之父"和"民族英雄"西哈努克的感恩戴德和衷心爱戴。

这本书客观而又清晰地描述了西哈努克为国家寻求独立的具体过程。第二

---

① 从"របបរាជាធិបតេយ្យអាស្រ័យរដ្ឋធម្មនុញ្ញ（君主立宪制）"这个意译式短语的字面表述中，我们便可对柬埔寨的君主立宪制内涵窥知一二。该短语的字面翻译是：依赖于宪法的君主制，即君主制是基于宪法而存在的。这意味着君主的一切行动和政务都要遵照宪法的规定，完全服从内阁的控制与安排，意即君主立宪制下的国王是"统而不治""临朝而不理政"的。

次世界大战结束后，法国重返柬埔寨。1949 年底，西哈努克与法国当局就签订一个新的法柬条约进行谈判，以代替 1946 年的法柬临时协定[①]。西哈努克希望这个新条约会包含有完全独立的因素，并希望该条约成为进一步发展柬法关系的基础。在预备性会谈中，西哈努克郑重要求法国驻印度支那高级专员对柬埔寨现在和将来逐步获得完全的独立做出允诺和保证，法国政府对此表示同意。之后，柬法两国签署了新条约。根据这个新条约，柬埔寨仍为法兰西联邦成员，其政府在外交方面享有部分权力，例如接待外国使团，经法国批准可以向外国派遣使者等。此外，在暹粒和磅同地区行使军事自治权。但是财政、国防、司法、治安等大权仍由法国殖民当局控制，柬埔寨实际上并未获得完全的独立。新条约签订后，西哈努克致力于加速该条约的实施，努力争取各国对它的承认。到 1953 年，柬埔寨王国得到 35 个国家的承认。

由于由民主党控制的柬议会拒绝批准 1949 年法柬条约，于是西哈努克决定通过外交和心理攻势来开展他的"王家独立十字军东征"运动。1952 年 6 月 15 日，西哈努克在清除了国内有碍他实施自己独立计划的一切干扰和障碍后，庄严地向国民许诺，他将用 3 年时间实现国家的完全独立。1953 年初，西哈努克开始了他的"王家独立十字军东征"。为了不给法国造成舆论上的压力，他以度假的名义前往法国，就争取独立事宜与法国总统交涉。西哈努克致函给法国总统，要求法国扩大柬埔寨的独立范围。在未得到任何答复后，西哈努克又写了第二封信。在信中，他将柬国内的军事形势说得特别危急，声称如果继续拖延，王家军队的有生力量就可能瓦解。第二封信果然产生了效力，法国总统写了回信，但在实质性问题上并未给予西哈努克明确的答复。并且，西哈努克与法国总统的讨论也是一无所获。为此，他决定改变策略，准备游说各国，寻求国际支持和同情，对法国施加压力。其先后游说的国家是加拿大、美国、日本和泰国。通过加拿大电台，西哈努克向全世界发出了柬埔寨人民要求独立的声音。他向西方世界暗示，若不给柬埔寨以独立，共产主义就有可能在柬埔寨得胜。本来，西哈努克对美国这个"自由世界"的代表寄予很大希望，

[①] 第二次世界大战结束后，法国重返柬埔寨。因法国对柬埔寨的"保护制条约"在日本占领柬埔寨时期就已废除，为重新确立对柬埔寨的统治，法国与柬埔寨于 1946 年 1 月 7 日签订了一项关于承认柬埔寨是"法兰西联邦内的一个自治国"的临时协定。由于该协定规定柬埔寨国王签署的一切文件均须征得法国驻柬高级专员的同意，因此这种自治有名无实。

以为会获得它的理解和支持。然而令他大失所望的是，美国政府并未给他实质性的支持，但他还是利用美国新闻界的巨大影响力为其独立行动进行了宣传，警告说，如果法国人不给柬埔寨以独立，柬埔寨就会变成共产主义政权国家。这在全世界的舆论界引发了轩然大波。到了日本，西哈努克仅仅让天皇了解了柬埔寨的独立愿望后便离开了这个国家，因为他知道，这个战败国不可能给他以任何帮助。西哈努克在加拿大和美国发动的舆论宣传产生了效果，返回金边后，他收到了法国政府对他所提建议的反建议的特别案卷。然而在反建议中，法国几乎未做多少让步。为此，西哈努克不得不继续为国家独立奔走呼号。

为了摆脱法国的监护，西哈努克在他所管辖的军事自治区内的暹粒市建立了他的总部，号召一切伊沙拉克力量团结在他周围，并再次呼吁法国给予柬埔寨完全独立。西哈努克的上述举动，显然暗示了柬埔寨很有可能要对法国施加军事压力，甚至发展到军事对抗。与此同时，西哈努克决定继续进行他的"王家独立十字军东征"。这次他来到了泰国，因为那里有许多的外国外交官和外国记者，便于他为独立发动一场具有国际影响力的宣传攻势。然而他在泰国遭到冷遇，其计划处处受阻，因而无功而返。由于法国对西哈努克的要求始终置之不理，西哈努克决定待在军事自治区内的暹粒市，直至法国同意把它仍旧掌握着的权力移交给柬埔寨。并且，他对法国的调子也逐渐强硬起来。他决定进行军事动员，给法国造成更大压力。同年 8 月底，西哈努克组建了一支由 13 万人组成的装备简陋但斗志昂扬的军队，做好了与法国人进行武装对抗的准备。法国虽对西哈努克上述争取独立的行动严重不满，甚至一度准备与其进行军事摊牌，但考虑到柬埔寨国内要求独立的浪潮势不可挡，国际社会也普遍支持柬埔寨的独立要求，更重要的是法国当时在越南战场上连连溃败，已无力再在柬埔寨开辟第二战场，所以不得不于 1953 年 7 月 3 日宣布给予柬埔寨完全的独立和主权。1953 年 11 月 9 日，法国正式把权力移交给柬埔寨王国。

以上便是《西哈努克争取柬埔寨独立简史》一书的大致内容。此书是研究柬埔寨独立史以及西哈努克政治实践的珍贵资料，有助于我们全面、翔实地了解柬埔寨独立前夕历史事实以及西哈努克为国家争取独立的具体实践活动，并有助于我们从中洞悉西哈努克关于"国家独立"的政治文化理念。

4.2.3.2 《西哈努克争取柬埔寨独立简史》中的法语源外来词例释

在《西哈努克争取柬埔寨独立简史》这本书中，"ឯករាជ្យ"一词贯穿始终，凝聚着全书的主题内容，当属全书的核心词汇，同时它又是一个源自法语的外来词，具有颇高的语言分析价值。

ឯករាជ្យ，名词，意为"独立；独立性"。该词为意译词，是将梵语、巴利语语素 ឯក 和 រាជ្យ 组合在一起意译法语词"indépendance"而形成的复合词，也可写作 រាជ្យឯក。ឯក 在此意为"唯一的，单一的，独一无二的"，រាជ្យ 在此表示"统治"之意，两者合二为一所表达的意义在柬埔寨最权威的词典——《高棉语词典》（1967 年版）中被解释为：ភាពនៃរដ្ឋឬប្រទេសដែលមានសិទ្ធិនិង សេរីភាពពេញបរិបូរក្នុងការគ្រប់គ្រងខ្លួនឯង មិនមែនចំណុះប្រទេសដទៃ（一个国家或政权有着充分的权利和自由管理自身，不是他国的附属），[①]意即一个国家或政权不受别的国家或政权的控制而自主地存在，统治和管理这个国家或政权的权力由该国家的人行使。

由此可见，ឯករាជ្យ 一词最初是表示国家、民族、政权层面上的"独立"，以后才逐渐扩展为表示机构、个人层面的"独立"。总之，ឯករាជ្យ 一词准确、完整地表达出了法语源词的意义。

由于高棉语固有词大多具有短小、简洁的特征，因此在意译法语词时，在表义明确的前提下，人们尽量从高棉语中选取最少的语素来表达法语源词的意义，这一点在意译词 ឯករាជ្យ 上得到了较好体现。与法语源词"indépendance"相比，ឯករាជ្យ 一词在音节、语素的数目与构成上都更为简化。音节方面，indépendance 包含了 4 个音节，而 ឯករាជ្យ 只含有 2 个音节。语素方面，indépendance 由 in-、dépend、-ance 这 3 个语素构成，其中 dépend 是词根，-ance 是其名词后缀，in-是表示否定意义的前缀；而 ឯករាជ្យ 由 ឯក 和 រាជ្យ 这两个语素构成，两者同为词根，构成一个形式最简单的复合词。

在《西哈努克争取柬埔寨独立简史》一书中，包含着关于 ឯករាជ្យ 的一系列短语，例如：

ឯករាជ្យជាតិ 国家独立；民族独立

ប្រទេសឯករាជ្យ 独立国家

រដ្ឋពាក់កណ្ដាលឯករាជ្យ 半独立国家

ឯករាជ្យនយោបាយ 政治独立

ឯករាជ្យសេដ្ឋកិច្ច 经济独立

---

① ជួន ណាត. វចនានុក្រមខ្មែរ. ពុទ្ធសាសនបណ្ឌិត្យ. ឆ្នាំ ១៩៦៧. ទំព័រទី ១១៤៧.

ឯករាជ្យយោធា 军事独立

ឯករាជ្យវប្បធម៌ 文化独立

ឯករាជ្យម្ចាស់ការ 独立自主

ការពារឯករាជ្យ 捍卫独立

រក្សាឯករាជ្យជាតិ 维护国家独立

ទាមទារឯករាជ្យ 争取独立

គោរពឯករាជ្យរបស់ប្រទេសដទៃ 尊重别国的独立

គោរពឯករាជ្យរបស់ប្រទេសនានា 尊重各国独立

ទាមទារឯករាជ្យដោយ(ប្រើប្រាស់គោលការណ៍)អហិង្សា 非暴力独立

上述短语折射出西哈努克关于"国家独立"的政治文化理念：首先，"ទាមទារឯករាជ្យ（争取独立）、ការពារឯករាជ្យ（捍卫独立）、រក្សាឯករាជ្យជាតិ（维护国家独立）、គោរពឯករាជ្យរបស់ប្រទេសដទៃ（尊重别国的独立）"等动宾短语中对宾语"ឯករាជ្យ（独立）"起支配作用的"ទាមទារ（争取）、ការពារ（捍卫）、រក្សា（维护）、គោរព（尊重）"等字眼，表达出了西哈努克及柬埔寨人民对国家和民族独立的强烈诉求与无限渴望，体现出"ឯករាជ្យ（独立）"这一概念在西哈努克以及柬埔寨人民的心目中占据着非常崇高的地位。其次，"ឯករាជ្យនយោបាយ（政治独立）、ឯករាជ្យសេដ្ឋកិច្ច（经济独立）、ឯករាជ្យយោធា（军事独立）、ឯករាជ្យវប្បធម៌（文化独立）"等短语体现了西哈努克眼中国家独立的基本表现形式。其中政治独立是柬埔寨作为主权国家正常生存和发展的最基本的前提条件之一，经济独立是国家生存和政治独立的基础，军事独立和文化独立则是国家独立的重要保障。最后，"ទាមទារឯករាជ្យដោយ(ប្រើប្រាស់គោលការណ៍)អហិង្សា（非暴力独立）"这一短语点明了西哈努克所认可的争取独立的方式和手段。正如西哈努克所形容的，"在不流一滴血的情况下"，为自己的祖国争得独立。具体言之就是，以谈判为合法手段，通过外交和心理攻势和平地争取独立。

4.2.4 对早期应用中法语源外来词的总体分析

上文涉及的语料文本所含具有语料价值的典型性法语源外来词多为意译词，因此在前文我们以这些语料文本为依托，主要是对早期输入的法语源意译词进行了案例式的深入考察。在此基础上，我们将对早期应用中的法语源意译词进行适当的总体分析，重点就其产生原因、发展历程、构词原则等做相关分析。

4.2.4.1 法语源意译词产生的原因及其发展历程

在考察法语源意译词产生的原因及其发展历程之前，我们先简要地对其定义做一明确的界定。

关于意译词，2006 年版的《现代汉语词典》的解释是，"同别种语言中的某个词相对应，但用本族语言的构词材料并且按照本族语言的构词方式所创造的词"[①]。普通语言学对意译词的定义是，"根据外族语言里某个词的词义，用本族语言的构词材料和规则构成的新词"[②]。简而言之，以意译方式借入的外语词就是意译词。由此类推，高棉语中的法语源意译词是指以意译方式借入的法语词，其词义源自某法语词，却用高棉语的构词材料和规则创制而成。其产生是语言因素和社会因素共同作用的结果。

从语言层面看，音译方式固有的局限性和意译方式独有的优点是法语源意译词产生的内在动因。不可否认，音译的确是最简便、最快捷的借词手段，能够将大量的外语词迅速吸纳进本族语，这是它最显著的优势。然而，音译与生俱来的局限性也是明显的，那就是纯粹的音译词是由没有意义、只是表示读音的音节构成的，但凡音节数目一多，那么这一连串缺乏意义关联性的音节组合在一起，就会不便于称说和使用，使人形成理解和使用上的阻滞。况且法语源音译词中就有为数不少的多音节词，它们令柬埔寨人感到难认、难读、难写、难记，因而难以迅速普及。并且，柬埔寨自近代以来经历的第一次西方文化传播高潮[③]为其输入了数量庞大的新知识和新概念，如若全以音译词的形式呈现，那就好比在说外语，将严重影响人们的正常交流。再者，法属殖民地时期以来，柬埔寨学者对法语词的音译工作尚属个人行为，缺乏官方制定的统一的音译标准和指导，而个人在音译法语词时常存在一定的随意性，因而导致音译词的发音和书写不相一致的情况，或者出现由于翻译者不同，同一个法语源词

---

① 中国社会科学院语言研究所词典编辑室：《现代汉语词典》（第 5 版），商务印书馆，2006 年，第 1546 页。

② 叶蜚声、徐通锵：《语言学纲要》，北京大学出版社，1997 年，第 198 页。

③ 柬埔寨自近代以来经历了两次西方文化传播高潮：第一次是柬埔寨自 19 世纪中后期起逐步沦为法国殖民地后，法国文化传入当地；第二次是 20 世纪 90 年代柬埔寨结束战乱、实现和平重建后，美国文化传入该国。

转写而来的音译词就不同的情况。这一切都促使柬埔寨学者在译借法语词时不再以"音译"为先，他们思考着寻求更适合高棉语的借词手段，意译逐渐进入他们的视野。

相对于从发音、词义到词形都令柬埔寨人全然陌生的音译词而言，意译词以其与高棉语固有词相似的语音和词形外壳而更符合高棉语的认知习惯，因而更易被柬埔寨大众语言生活所接受，更易进入高棉语一般词汇。例如 droit-ច្បាប់（法律），article-មាត្រា（条款），population-ប្រជាជន（人口），législature-និតិកាល（议会任期），等等。这些词语频繁应用于柬埔寨大众语言生活中，以至于柬埔寨人已忘记它们的外来词属性，而把它们当作本族语固有词。对于多音节法语词，意译方式的优点就更加明显了，它比音译方式显得凝练而概括。例如 société-សង្គម（社会），attribution-មុខការ（职权），chapitre-ផ្នែក（章；回），Directeur de Service-នាយក្រម（处长），等等。

此外，高棉语词汇系统中由来已久且根深蒂固的梵语、巴利语语素为意译法语词提供了丰富的构词材料，是法语源意译词产生的重要外部条件。如前所述，梵语、巴利语外来词自古就伴随印度文化和小乘佛教文化的传播以形音兼借的方式大量输入高棉语中，弥补了高棉语文学词汇、宗教词汇、书面语词汇等相对贫乏的缺陷，发挥了高棉语固有词所不具备的指称抽象概念和复杂概念的作用，并且梵语、巴利语语素具有很强的构词能力和灵活丰富的表现力，所以许多梵巴语源外来词成为高棉语的基本词汇，其在高棉语词汇系统中的重要性绝不亚于固有词，与固有词相互补充、相辅相成。另外，由于婆罗门教和大乘、小乘佛教在历史上或在现今都在柬埔寨被尊为国教，在柬埔寨国民的精神领域拥有至高无上的地位，因此梵巴语源外来词在柬埔寨大众语言生活中被提升到一个崇高的位置，受到上至王公贵族、下至普通百姓的一致推崇和长期使用。而梵巴语源外来词在被柬埔寨人娴熟掌握和频繁运用的过程中也与高棉语固有词相互交融、难分彼此。凡此种种都为法语源意译词的产生提供了丰富的语言材料支撑。

法语源意译词的出现不仅仅有语言层面的原因，它还涉及关乎民族自尊心的社会层面的原因。从社会层面看，柬埔寨自 19 世纪中后期起逐步沦为法国殖民地后，法语取代高棉语成为柬埔寨的官方语言，法国殖民者在柬埔寨全国普及法语教育，这使得大量的法语源音译词融入高棉语词汇系统中，也使得当时的高棉语深受法语影响，表现在不仅使高棉语词汇出现了拼写不规范的现象，甚至于使一些高棉语语音规则及语法规则也发生了不同程度的变化。针对这种现象，20 世纪初，以高僧尊纳僧王为首的柬埔寨本土学者积极抵制法语对本民族语言的影响并提倡高棉语化，即不用直接音译法语词的方式，而用高棉语、梵语或巴利语语素意译法语词的方式创造新词来表达现代理念。总体而言，高棉语外来词（主要是法语源外来词）共经历过三次高棉语化过程。第一次是 1915 年柬埔寨成立了由精通巴利语和法语的学者组成的高棉语词典编纂委员会，其主要职责之一就是用巴利语语素来意译法语词，高棉语词汇系统中由此涌现了一大批由巴利语词汇材料构成的法语源意译词，使高棉语对法语词的吸收呈现出新的形式。第二次高棉语化是 1946 年柬埔寨文化委员会成立，创造了一批以梵语、巴利语语素为构词材料的法语源意译词，解决了高棉语中政治、科技类现代词汇大量缺乏的问题，使新一批意译词出现于高棉语词汇系统中。第三次高棉语化是 1967 年高棉语化国家委员会成立，该委员会的基本职责是意译法语中的专业词汇用于教学，以帮助学生们快速获取新知识。该委员会的翻译原则是，优先选用高棉语本族语词汇材料来意译法语专业术语，在本族语词汇材料不能满足翻译需要的情况下再考虑选用巴利语语素作为意译时的构词材料。[①]经历了上述三次高棉语化浪潮后，法语源意译词在高棉语中呈现出愈加蓬勃的发展态势。

总之，高棉语中的法语源意译词是在语言因素和社会因素的共同作用下产生的，其发展经历了从无意识到有意识、从无组织到有组织、从无序到有序的过程。

4.2.4.2　早期应用中法语源意译词的构词原则

通过对高棉文历史文献中早期法语源意译词的大量考察和深入剖析，我们发现其经过在高棉语中的早期使用、检验和逐步规范，形成如下一些构词原则。

4.2.4.2.1　本族语材料优先原则

这一原则是指，优先利用高棉语本族语的词汇材料构成与法语源词意义相当的意译词。高棉语本族语的构词材料是柬埔寨大众最为熟悉的，以其构造的

---

① ឈុន លិះ. ជ្រិន ភាក់. ពាក្យកម្ចីពីបាលី សំស្រ្កឹតនិងបរទេស. រោងពុម្ពឧន្នាយស្រី. ឆ្នាំ ២០១០. ទំព័រ ទី ២៩៣.

新词符合高棉语的认知心理，更容易为柬埔寨人所理解和接受，更便于迅速融入柬埔寨大众语言生活中。同时，优先利用本族语材料构词也具有经济性，使人们不必耗费时间与精力去寻找或创造新词、新语素。例如 អំណាច（权力），ទំនាស់（纠纷），របប（制度；体制），ការបោះឆ្នោត（选举）。

早期应用中的法语源意译词主要为仿译词和新造词，[①] 高棉语本族语构词材料参与仿译词的构造活动最为积极。受法语源词词汇结构的影响，这些仿译词多为合成词。但它们并不受法语源词词法规则的支配，仍遵循高棉语的构词规则，这突出表现在偏正结构中，即形成中心词在前、修饰词在后的词序。例如 ភាគីទាំងពីរ（双方），លិខិតឆ្លងដែន（护照）。

4.2.4.2.2　梵巴语材料有效参与的原则

这条原则是指，有效利用梵巴语词汇材料构成与法语源词意义相当的意译词。该原则体现了高棉语意译活动的特殊性。因为普通语言学将意译词定义为，"根据外族语言里某个词的词义，用本族语言的构词材料和规则构成的新词"[②]，而法语源意译词既使用了高棉语本族语的词汇材料和构词规则，又使用了梵巴语的词汇材料和构词规则，并不完全符合常规意译词的定义，但却凸显出高棉语的独特之处。

高棉语本族语词汇的特征是日常生活类词汇丰富，而文学词汇、宗教词汇、哲学词汇、书面语词汇等相对匮乏，不具备指称抽象概念和复杂概念的作用，所以当面对大量词义抽象、复杂且涵盖面广的外语词需要翻译时，高棉语本族语词常常会捉襟见肘。对此，已渗入高棉语体系深处且构成其必要组成部分的梵巴语源外来词进入柬埔寨学者的视野。梵巴语源外来词语义丰富，可以填补高棉语固有词的词汇空缺，可以指称综合抽象的概念，其词汇材料具有很强的构词能力和灵活丰富的表现力，加之柬埔寨人将梵语、巴利语视作神圣、高等的语言，所以意译法语词时，如果没有合适的高棉语本族语词汇材料，梵巴语词汇材料就会被有效利用以构造新词。通过参与构造法语源意译词，梵语、巴利语词进一步融入到高棉语语言体系中，与高棉语固有词形成浑然一体

---

① 仿译词是指，按照源词的组成和结构，用高棉语的构词材料一一对应翻译而成的新词。新造词是指，按照源词的词义，综合运用高棉语的构词材料以"重新命名"的方法创造出来的新词。新造词不仅构成成分与源词不相同，而且词语结构也与之不同。

② 叶蜚声、徐通锵：《语言学纲要》，北京大学出版社，1997年，第198页。

的状态。

选用梵巴语词汇材料构造法语源意译词包括三种情况：第一，直接选用与法语源词意义相同或相近的梵语、巴利语词来意译。例如 ឯករាជ្យ（独立），មាត្រា（条款）。第二，选用语义相互关联的梵巴语语素组合而成与法语源词意义相同或相近的新词。例如 សន្ធិសញ្ញា（条约），ព្រះរាជាណាចក្រ（王国）。第三，选用语义相互关联的高棉语语素和梵巴语语素组合而成与法语源词意义相同或相近的新词。例如 រដ្ឋអំណាច（当局），លិខិតអនុញ្ញាត（许可证）。

由梵巴语语素单独或参与构成的法语源意译词遵循不同的构词规则，其具体情况如下：第一，单纯由梵巴语语素组合而成的法语源意译词一般顺应梵语、巴利语的构词词序。以偏正结构为例，这类意译词遵循梵语、巴利语的修饰词在前、中心词在后的词序。例如 រដ្ឋធម្មនុញ្ញ（宪法），សហាសភា（两院）。第二，由高棉语语素和梵巴语语素共同组成的法语源意译词通常遵循高棉语的构词规则。这在偏正结构中表现得极为突出，即顺应中心词在前、修饰词在后的词序。例如 មន្ត្រីជាន់ខ្ពស់（高官），របបពហុបក្ស（多党制）。

4.2.4.2.3　区别性原则

该原则是指，词汇材料的选择要起到区别的作用，使所构造的法语源意译词表义明确，即能准确表达法语源词的意义，避免歧义。区别性原则在一定程度上可以说是法语源意译词构成的最重要的原则。因为只有在准确、完整地表达法语源词意义的前提下，才能进一步去考虑如何选择合适的词汇材料去构造法语源意译词。

具体言之，区别性原则包含三方面内容：第一，法语源意译词表义明晰，不能造成意义上的费解和歧义。如 សន្តិភាព（和平），មិត្តភាព（友谊）。第二，某法语源意译词的意义不能与其他词语的意义相混淆。如 ព្រឹទ្ធសភា（王国议会），រដ្ឋសភា（国民议会）。第三，意译多义法语词时必须分工明确、意义单一、避免歧义。法语词常有一词多义的现象。若某个法语词的几个意义都有借入高棉语的需要，那么这几个意义通常会被不同的高棉语词一一对译。如 ministre 意为"部长；公使"，高棉语分别用 រដ្ឋមន្ត្រី（部长）、អគ្គរដ្ឋទូត（公使）来对译。又如 humanité 表示"人类；人道"之意，高棉语分别用 មនុស្ស ជាតិ（人类）、មនុស្សធម៌（人道）来对译。

4.2.4.2.4　俗成性原则

该原则是指，某一法语源词在高棉语中意译形式的定型是由柬埔寨民众通过长期实践认定而形成的。

荀子曰："名无固宜，约之以命，约定俗成谓之宜，异于约谓之不宜。名无固实，约之以命实，约定俗成谓之实名。"[①]一语点出了事物名称的约定俗成性。语言是一种约定俗成的符号系统，经社会集团公认并赋以一定的价值后才能成为交际工具。它是一种社会行为，强调遵从社会大众的使用习惯，否则就难以运用语言来进行交际活动。所以，法语源意译词的构造也要尊重柬埔寨大众的语言习惯，必须符合俗成性原则。有些法语源意译词的形式在反复使用中已被柬埔寨社会成员认可和习用，它们一旦约定俗成，就不能随意更改。如 ពន្ធគយ（关税），អភ័យឯកសិទ្ធិ（豁免权），អធិបតេយ្យភាព（主权）。

4.2.4.2.5　从简原则

该原则是指，力求法语源意译词构造的最简化，意即尽量从高棉语中选取最少的语素来表达法语源词的意义，使法语源意译词的语素和音节实现最简化。通常人们在使用语言时尽量耗费最小的力气去获得最大的认知效果，即获取或表达最多的交际信息，这就是省力原则。从简原则正是省力原则作用的结果。

如前所述，促使法语源意译词在高棉语中产生的语言因素之一是多音节法语源音译词缺乏语义关联，不便于称说和使用，难以在社会大众中迅速普及，因此法语源意译词的凝练、概括和经济便是其相对于法语源音译词的最大优势，这对意译工作提出的相应要求就是，避免解释性译语，力求使新造的法语源意译词结构紧凑、语义凝练、语音经济。

在高棉语固有词中，单音节词占主导地位，短小、简洁的音节更符合柬埔寨人的发音习惯和认知心理，因此构造法语源意译词时若能以单音节词呈现就用单音节词；若不能构成单音节词，就构成双音节词；若不能构成双音节词，就构成三音节词。逐一类推。总之，只要不影响对法语源词意义的表达，就尽可能地使其意译词的形式简化。例如 សិទ្ធិ（权利），គយ（海关），ពលរដ្ឋ（公民），សភា（议会）。

---

① 荀况:《荀子》，上海古籍出版社，1989 年，第 132—133 页。

需要说明的是，从简原则是建立在区别性原则的基础上的，即形式简单的法语源意译词仍然能够做到表义明确、避免歧义。当从简原则和区别性原则发生冲突时，前者要让位于后者，即如果用最少的语素无法准确表达出外语源词的意义，那么就要增加构词材料，乃至放弃从简原则。例如 អគ្គទេសាភិបាល（总督），នាយករដ្ឋមន្ត្រី（首相），អគ្គមេបញ្ញាការ（总司令）。

本章小结

本章是对高棉语中法语源外来词的溯源，重点考察的是，高棉语中法语源外来词的文化源头及其在高棉文历史文献中的早期应用状况。笔者认为，高棉语中的法语源外来词源自于法国文化在柬埔寨的传播及其影响，这在对中、西方学者以及柬埔寨学者的相关史书分析中得到了充分证实。法国文化的传播及与柬埔寨文化的接触促使法语传入柬埔寨并发展成为柬埔寨当时的官方语言，与民间语言高棉语并行使用并实现了深度接触，导致法语源外来词对高棉语的大量输入。在此，我们选择了含有早期输入的法语源外来词的部分语料文本，作为其进入高棉语的形象证明（参见附录六：含法语源外来词的代表性语料文本）。

表 4-3　代表性语料文本中法语源外来词数据表

序号	文献名称	词语总数	法语源外来词数量	比例
1	1863 年《法柬条约》（节选）	403	73	18%
2	1947 年《柬埔寨宪法》（节选）	325	41	13%
3	1949 年《法柬条约》（节选）	546	109	20%
4	译著《古今格言录》（节选）	88	24	27%
5	专著《关于民主》（节选）	325	64	20%
6	《西哈努克争取柬埔寨独立简史》（节选）	845	110	13%

由以上所有语料文本及相关数据可知，法语源外来词在文本中占有较大比例，直观地体现出法语源外来词在当时已大量借入高棉语中，占有重要分量。

通过重点考察 1863 年《法柬条约》、1947 年《柬埔寨宪法》、《西哈努克争取柬埔寨独立简史》这3份早期语料文本中的110个典型性法语源外来词，主要是法语源意译词，揭示了它们的语义演变状况、语义类型、译借方式、语词搭配、构词材料的选用情况、构词规则、语词结构、词汇功能、词形同化状况、文化内涵等。在此基础上，笔者又对早期应用中的法语源意译词进行了适当的总体分析，重点就其产生原因、发展历程、构词原则等做了相关分析。

第五章 高棉语中的英语源外来词溯源

冷战时期的柬美关系曲折迂回、沐雨经风，既经历过亲密时期，又遭遇过敌对阶段。相应的，这一时期的美国文化，主要表现为"美援"文化，在柬埔寨的传播也是起起伏伏、一波三折。冷战结束后，美国文化随着经济全球化向柬埔寨形成强大的辐射力，其在柬埔寨全国的强势传播直至今日依然保持着难以遏制的扩张势头。英语随之在柬埔寨逐渐得到了广泛推广和使用，与本土语言高棉语形成了长期深入的接触，其必然结果便是受惠语言高棉语对施惠语言英语中语词的大量吸收。

5.1 高棉语中英语源外来词的文化源头

自 20 世纪 50 年代起，美国文化逐渐取代法国文化成为在柬埔寨传播势头最为强劲的一股外来文化，与柬埔寨本土文化发生了深刻接触，对其造成巨大的影响与冲击，成为高棉语中英语源外来词的文化源头，绵延冷战以来的大半个世纪，且在冷战时期和冷战结束后表现出不同的特征：冷战时期，美国文化在柬埔寨的传播显得起伏不定，期间既有发展，又有停滞，且流传的主要是"美援"文化；冷战结束后，美国文化在柬埔寨的流传显得日益迅猛、不可阻挡，其流势是全方位、多领域的。

5.1.1 冷战时期

1950 年 2 月，美国在柬埔寨首都金边设立公使馆，与柬埔寨建立了官方联系。柬埔寨自 1953 年 11 月摆脱法国殖民统治，获得独立后，从安全角度考虑，西哈努克希望重新得到一个区域外大国的保护。[①] 对于美国这个西方阵营的"领头羊"，刚独立的柬埔寨怀有较多好感，认为美国与法国不同，没有殖

---

① 西哈努克担忧近邻泰国和越南这两个历史宿敌因缺少法国的制约而重新谋求对柬埔寨的争夺，使柬埔寨再次回到受两国夹攻的痛苦境地。

民野心，又富有民主传统，^①因而将目光投向了美国。并且，独立之初的柬埔寨百废待兴，必须依靠外国援助才能完成国家重建。而在西方阵营，以往的宗主国法国已退出印支且自顾不暇，只有美国有能力提供援助。鉴于柬埔寨将是美国构筑的东南亚反共军事链条中不可或缺的一环，美国也愿意为其提供援助。这样，双方一拍即合。1954 年 10 月上旬，美国将美柬关系升格为大使级。从同年 11 月份起，柬美两国经过一轮轮谈判，先后就经济援助和军事援助达成协议，美援开始源源不断地流入柬埔寨，柬美关系也随之步入亲密时期。

然而，美国不满意柬埔寨虽然"亲美"但基本上中立的外交路线，他需要的是柬埔寨放弃中立，加入东南亚条约组织，彻底成为美国在东南亚的反共盟友。1955 年，美国国务卿福斯特·杜勒斯和中央情报局局长艾伦·杜勒斯先后以不同方式劝说西哈努克让柬埔寨加入东南亚条约组织，均遭到西哈努克的拒绝。美国又利用其盟国菲律宾以邀请西哈努克访菲为契机，游说柬埔寨加入东南亚条约组织，但也未获成功。

西哈努克对中立政策的一再强调，尤其是 1956 年 2 月对社会主义中国的访问，引起了美国的极大警觉和敌视，美国军方威胁要削减甚至终止对柬援助。美国在东南亚的两个忠实盟友泰国和南越也开始对柬埔寨进行经济封锁和领土侵犯。为了表示对柬埔寨发展与社会主义阵营关系的不满，美国决定减少 1956 年下半年和 1957 年的对柬经济援助。之后，柬埔寨又屡遭南越的军事挑衅。鉴于美国与南越的亲密关系，西哈努克多次呼吁美国加以干预，然而美国对此不予理会。面对迫在眉睫的国家安全威胁和美国明显的偏袒立场，西哈努克决定通过进一步加强与社会主义阵营的关系来缓解来自南越乃至美国的安全压力。其重要举措之一就是，1958 年 8 月柬埔寨与社会主义中国建立了外交关系。

柬埔寨与中国的建交标志着美国对柬埔寨的政策彻底失败，也大大超越了美国对柬埔寨中立政策的容忍底线。美国迅速对此事做出了强烈反应，宣布召回驻柬大使回国述职，并决定大幅削减对柬经济援助。1959 年，美国中央情报局策动柬埔寨王室高级顾问桑·萨里和暹粒省省长兼军区司令琼·莫舒皮发

---

① United States Department of State, *Foreign Relations of United States, 1952-1954, Vol. 13*, Washington, D.C.: U.S. Government Printing Office, 1952-1954, p. 1676.

动兵变。然而，这次精心策划的军事政变被西哈努克及时挫败。之后，美国又支持山玉成领导的"自由高棉"在柬埔寨国内进行各种颠覆破坏活动。

美国对柬埔寨的这一系列赤裸裸的干涉行为和公开颠覆活动，引起了西哈努克政权和柬埔寨人民的强烈不满。1963 年 11 月 5 日，柬埔寨王国政府限令美国关闭"自由高棉"电台。与此同时，西哈努克也深感到美援的严重危害。1963 年 11 月 20 日，柬埔寨王国政府照会美国政府，宣布拒绝美国的一切援助，并限定美国于 1964 年 1 月 15 日之前撤出其所有驻柬机构和人员。1965 年 5 月初，美国轰炸了柬埔寨境内的鹦鹉嘴地区，炸死炸伤几十名柬埔寨农民。这使西哈努克对美国的侵略行径达到无法容忍的地步。1965 年 5 月 3 日，西哈努克正式宣布与美国断绝外交关系。

随着美国在越南的战争不断升级，几乎蔓延至柬埔寨的越战战火，邻国的敌视态度，以及与正值"文革"时期的中国关系的波动，令西哈努克日益感到莫大的孤立和无助。于是，他把目光又悄悄地移向了美国。反映此意向的第一个举动就是，1967 年 10 月西哈努克邀请美国前总统肯尼迪的夫人杰奎琳·博维尔·肯尼迪访柬。虽然这次访问是私人性质，丝毫不涉及政治和外交，然而这一访问本身就向美国政府传递了一个意味深长的信息。适逢此时美国军方基于战略上的考虑，迫切希望柬埔寨能停止让越共使用其领土，于是趁着肯尼迪夫人访柬所创造的良好气氛，1968 年 1 月，尼克松总统的特别代表、美国驻印度大使切斯特·鲍尔斯访问了金边。在此期间，宋双首相要求鲍尔斯说服白宫恢复两国关系，并做出尊重柬埔寨现有边界的保证。然而美国并未立即满足柬方的要求。因此，这一次西哈努克向美国倾斜的努力并未收到多少实际效果。

1968 年 3 月 18 日，美国实施了代号为"早餐行动"的轰炸，轰炸断断续续地持续了 14 个月，目的是铲除位于柬埔寨境内的越南劳动党南方局机关总部。这一系列轰炸惹恼了西哈努克，他一方面谴责美国对柬越边境的轰炸，指责美国在柬埔寨边境地区对越共的追击；但另一方面，西哈努克又再次提议同美国恢复外交关系，希望美国不要将柬埔寨拖入战争。

1969 年 4 月 16 日，在权衡了一切利弊之后，美国对西哈努克做出了让步，承认柬埔寨的现有边界。同年 6 月 10 日，柬美双方恢复了外交关系，并互派代办。然而，同美国的复交，未给柬埔寨带来任何好处，反而为西哈努克政权的垮台埋下了祸根。早已不信任西哈努克的美国利用重返柬埔寨的契机，进一步加紧扶植柬埔寨的亲美右派势力。

1970 年 3 月 18 日，西哈努克政权被美国支持的朗诺–施里玛达集团阴谋推翻。1970 年 4 月下旬，美国出动大批军队联合南越伪军公然入侵柬埔寨，以扶植朗诺政权。朗诺政权几乎完全依靠美国的援助维持统治。据统计，朗诺政权时期，美国共计给予朗诺政权 11.8 亿美元的军事援助和 5.3 亿美元的经济援助，仅 1971 年和 1974 年美国就分别援助朗诺政权 2.635 亿美元和 2.91 亿美元。①"3·18 政变"后，西哈努克于 1970 年 5 月 5 日在北京宣布成立柬埔寨王国民族团结政府，号召一切爱国力量团结起来，打败美帝国主义及其走狗。5 月 10 日，柬埔寨王国民族团结政府宣布与美国断交，并联合国内外一切爱国力量，依靠日益壮大的红色高棉武装力量同美军及朗诺集团进行了殊死斗争。1975 年 4 月 12 日，美国驻柬埔寨大使逃离金边，美国势力自此退出柬埔寨。

在上述跌宕起伏的柬美交往过程中，"美援"贯穿始终，是柬美关系的关键词之一，是影响冷战时期柬美关系发展的重要制约因素之一。"美援"文化作为附着于美援之上的一种政治文化形式也随之输入与渗透到柬埔寨政治生活中，成为当时美国文化传播至柬埔寨的主要表现形式。在此，我们重点考察的是西哈努克执政时期"美援"文化的输入与渗透情况。

独立伊始的柬埔寨对美援的迫切需求与美国欲利用援助将柬埔寨纳入其东南亚反共阵营的政策正相符合，两国经过一轮轮谈判，先后就经济援助和军事援助达成协议。1954 年 11 月美柬双方就经济援助问题基本达成协议后，12 月初，专门负责对柬经济技术援助事务的美国驻金边援外事务管理署（FOA）正式成立。1955 财政年度，美国向柬埔寨提供了 63.5 万美元的经济援助，这是美国对柬直接经济援助的开始并辅以技术援助。1956 财政年度，美国向柬埔寨提供了 740 万美元的资金和价值 100 万美元的实物物资援助。1957 财政年度，美国向柬埔寨提供了 850 万美元的资金和价值 100 万美元的实物物资援助。美国的经济援助推动了柬埔寨的基础设施建设。由美国出资修建的从金边到泰国湾的一条新公路，结束了柬埔寨对西贡港口的依赖局面，同时也便利了美国对该地区的物资运输。1958 年，美国又增加了对柬埔寨公路勘查项目的

---

① 李晨阳、瞿健文等：《列国志：柬埔寨》，社会科学文献出版社，2005 年，第 372 页。

投资，该年对一条长约 130 千米的双车道公路的修建金额就高达 2700 万美元。①

美国还通过向柬埔寨派驻技术人员来提供具体的技术援助。1956 年，美国向柬埔寨派出 18 名行政人员和 36 名技术人员。1957 年 6 月，美国派驻柬埔寨的行政人员增至 20 人，技术人员增至 47 人。12 月份又将技术人员增加到 53 人。美国国际合作处认为，到 1958 年财政年度，有必要将技术人员的援助人数增至 109 人。②

关于 1957—1959 财政年度美国对柬经济援助的总体情况可参见下表③：

表 4-4　1957—1959 财政年度美国对柬埔寨经济援助（单位：百万美元）

	1957 财政年度	1958 财政年度	1959 财政年度
经济援助	40.1	37.3	27.5
技术援助	1	1.9	2
信息服务	1	0.9	0.8
教育交流	0.19	0.25	0.34

美国对柬经济援助的具体使用情况如下④：

一、农业规划（1955—1959 年共计有 1000 万美元）：

1. 农业扩展。

2. 农业技术教育。

3. 灌溉系统和排水系统的建设（巴莱西部灌溉 73,000 公顷农田，以及在波礼坞、茂物和北罗加等地的灌溉水土资源的勘察）。

4. 发展农作物，增加产量和增加农作物的多样性。

---

① DDRS: Report on examination of economic and technical assistance program for Cambodia, WHITE HOUSE. CONFIDENTIAL. Issue Date: Jun 2, 1958, CK3100241655, DDRS. Gale Group, Inc..

② 同上。

③ DDRS: Report on U.S. policy in mainland Southeast Asia, National Security Council. SECRET. Issue Date: Jan 7, 1959, CK3100139975, DDRS. Gale Group. Inc.

④［法］F. 尼伏龙：《柬埔寨的外国援助》，若慧译，载《东南亚研究》，1960 年第 1 期。

5. 牲畜改良和病害控制。

6. 合作社的发展建设。

7. 开发林业资源。

8. 改进渔业。

二、对小型工业的援助（1958 年和 1959 年，援助款数为 150 万美元）。

三、从金边到新建西哈努克港的公路的建筑工程（3400 万美元），该公路全长约 232 千米，12 米宽；配合这条柏油公路，还建筑了 40 座桥梁（全长约1258 米），其中包括一座 100 米长的吊桥，并构筑了 48 个方形阴沟和 350 个管形阴沟。

四、公路和桥梁的重建（从 1955 年到 1959 年数额达 340 万美元）。

五、西哈努克港的疏浚工程费用（70 万美元，不包括 1955 年以前美国所送给柬埔寨的 4 架疏浚机的价值）。

六、暹粒、马德望、贡布、桔井、上丁、磅湛等地航空站的恢复和建设（从 1956 年到 1959 年，数额为 130 万美元）。

七、公共卫生（从 1956 年到 1959 年，数额在 200 万美元以上），扑灭疟疾，改进水供应和医药训练。

八、教育（从 1957 年到 1959 年，数额在 500 万美元以上）；职业训练和工业技术训练，农村教育建设，英语教师训练。

九、对警察的援助（从 1955 年到 1959 年，数额为 160 万美元），包括警察的训练、装备和组织。

十、公共交通的改进（从 1956 年到 1959 年，数额为 140 万美元）。

自 1955 年 5 月 16 日美国同柬埔寨签订了军事援助协定后，美国正式开始直接向柬埔寨提供军事援助，总体情况见下表[①]：

表 4-5　1955—1957 财政年度美国对柬埔寨军事援助

财政年度	金额（百万美元）
1955	25

[①] DDRS: Report on examination of economic and technical assistance program for Cambodia. WHITE HOUSE. CONFIDE-NTIAL. Issue Date: Jun 2, 1958. CK3100241639, DDRS. Gale Group, Inc. http://infotrac.galegroup.com/nenu.

（续表）

财政年度	金额（百万美元）
1956	24
1957	18

鉴于柬埔寨的警察部队是由各省和农村治安队组成，在各方面都很不正规，1955 年 6 月，美国决定向柬埔寨提供 77.48 万美元的援助，用于组织、武器装备、通信设施和交通设备等方面的培训，以提高柬埔寨警察部队的工作效率，增强其反抗国内共产主义颠覆的能力。

不可否认，美援为独立之初的柬埔寨政府提供了充裕的资金和多种多样的项目和技术支持，在一定时期内和一定程度上促进了柬埔寨的经济发展、增强了柬埔寨的自立和自卫能力。然而我们还应看到蕴藏于美援深处的政治文化内涵。美援绝非美国领导人和思想家所强调的，受人道主义和道德目标而不是自身利益的指导。就冷战时期的美国对柬援助而言，它是冷战时期美国对柬外交政策的一部分，美国企图凭借援助，增强柬埔寨的自立和自卫能力，培养柬埔寨的反共亲美情绪，使柬埔寨成为美国在东南亚反共阵营中的坚定一员。[①]

美援都附带着与柬埔寨主权不能相容的条件，阻碍柬埔寨获得真正的独立和捍卫国家安全。例如，美国并不满足于美柬关系的现状。视中立为"不道德和鼠目寸光"的美国不满意柬埔寨当时虽然"亲美"但基本上中立的外交路线，它动辄以美援为条件，要挟柬埔寨放弃中立，加入东南亚条约组织，彻底成为美国在东南亚的反共盟友。1955 年，美国国务卿福斯特·杜勒斯和中央情报局局长艾伦·杜勒斯先后以不同方式劝说西哈努克让柬埔寨加入东南亚条约组织，西哈努克均给予了同样的答复："柬埔寨对东南亚条约组织一点都不感兴趣。作为中立国和佛教徒，我们将会照顾自己。"[②]美国又利用它的盟国菲律宾以邀请西哈努克访菲为契机，游说柬埔寨加入东南亚条约组织。访菲期间，菲律宾政府对西哈努克用尽各种伎俩，想让柬埔寨放弃中立路线，投入东南亚反共阵营的怀抱，均遭到他的严词拒绝。之后西哈努克对中立政策一再强调，并于 1956 年 2 月对尚未与柬建交的社会主义中国进行了首次访问。在访

---

① Malcolm Caldwell and Lek Tan, *Cambodia in the Southeast Asian War*, New York: Monthly Review Press, 1973, p. 92.

②［柬］诺罗敦·西哈努克：《西哈努克回忆录——我同中央情报局的斗争》，王俊铭译，商务印书馆，1979 年，第 72 页。

问期间，西哈努克重申了柬埔寨奉行中立的外交政策，同意将柬中双边关系建立在和平共处五项原则基础之上，并接受中国的经济援助。这一切引起了美国的极大警觉和敌视，美国军方威胁要消减甚至终止对柬援助。为了表示对柬埔寨发展与社会主义阵营关系的不满，美国国务院决定减少 1956 年下半年和 1957 年的对柬经济援助。1958 年 8 月，西哈努克第二次访问中国并与其建立了外交关系。中柬建交标志着美国对柬埔寨的政策彻底失败，也大大超越了美国对柬埔寨中立政策的容忍底线。美国迅速对此事做出了强烈反应，宣布召回驻柬大使回国述职，并决定大幅消减对柬经济援助。1958 年 9 月，美国国务院与国际合作署就削减对柬援助一事举行了专门会议，决定 1959 财政年度对柬防务援助削减 10%，经济援助削减 50%。会议还商定，美国未来对柬援助将与柬埔寨的政治及外交走向紧密相关。①

再如，美国对柬军事援助也附带着许多苛刻的政治条件，从长远来看不利于提高柬埔寨军队的自卫能力，不利于维护国家主权与安全。虽然自 1955 年 5 月 16 日美柬军事援助协定签订后，美国开始了对柬埔寨的军事援助，但与此同时美国也在严格限制着柬埔寨军队的发展。1955 年 8 月 25 日，美国驻柬大使麦克林托克和柬埔寨防务大臣达成一项协议，规定将柬埔寨军队数量维持在 3 万 1000 人的水平。1955 年和 1956 年，柬埔寨军队数量仍高于美国参谋长联席会议的要求，因此美国对柬军事援助在 1955 年至 1957 年间减少了 28%，以限制柬埔寨军队的发展。1957 年，美国军事援助顾问团建议美国政府每年仅向柬埔寨提供 137 万美元的军事援助，以达到压缩柬埔寨军队规模的目的。在柬埔寨与社会主义阵营发展正常外交关系之后，柬埔寨屡遭南越的军事挑衅。鉴于美国与南越的亲密关系，西哈努克多次吁请美国加以干预，然而美国对此不予理会，反而警告西哈努克，"美国绝不允许柬埔寨利用美国的军事援助来对付美国的东南亚盟友，美援只能用于抗击共产党的侵略"②。

同时，美援对柬埔寨政治具有毒害和腐蚀作用。长期以来，柬埔寨政坛派系林立，政治斗争纷繁复杂。虽然独立后西哈努克通过组建人民社会同盟将国内各个政治派别纳入其中，但这仅在表面上实现了国内政治的统一，在人民社

---

① United States Department of State, *Foreign Relations of United States, 1958-1960, Vol. 16*, Washington, D.C.: U.S. Government Printing Office, 1958-1960, p. 252.

② Lavid P. Chandler, *A Tragedy of Cmboidan History*, New Haven: Yale University Press, 1991, p. 98.

会同盟内部依旧存在着左、中、右三派。其中，右派的势力相对较强。并且随着 50 年代中后期美援的不断流入，右派保守势力如蚁附膻，在美援的拉拢和腐蚀下更是如日中天，当之无愧地成为柬埔寨新一代精英阶层。许多国会议员成为这个阶层的一部分，蜕变为美国的傀儡和政治代言人，美援以此来发挥对柬埔寨政治的腐蚀作用。这种腐蚀作用不仅损害了政府的威信和削弱了政府的效能，而且分裂和瓦解了西哈努克的领导阶层，使美国得以扶植颠覆其政权的代理人和内应力量。正如西哈努克所言，美援的用意"是要把柬埔寨的经济不可改变地纳入所谓的自由制度中"，并在柬埔寨培养"一支致力于破坏中立政策和把柬埔寨置于东南亚条约组织保护下的政治上的第五纵队"[1]，最终导致丧失独立这一灾难性政治后果。为了抑制国民议会中买办阶层的势力，西哈努克将国民代表大会变成对国民议会进行制约的权力机构，但仍不能从根本上遏制美援对柬埔寨政治的腐蚀作用。坚守"亲美"路线的右派保守势力当然对西哈努克的中立外交表示反对，尤其是在西哈努克拒绝美援，甚至与美国断交，一步步走上"偏左"的中立外交之路后，他们更是视"中立"为眼中钉、肉中刺，进而在美国的支持下，处心积虑地将西哈努克政权阴谋颠覆。

这段时期，随着"美援"文化对柬埔寨政治生活的输入与渗透，与之相关的一大批英语源外来词也相应流入高棉语词汇系统中，为其平添了具有冷战气息的时代特征。这些外来词主要分布于政治、经济、外交、军事、安全等领域。例词列举见下表：

表 5-1　冷战时期的英语源外来词示例表

英语源外来词	释义
ជំនួយ	援助
ជំនួយសេដ្ឋកិច្ច	经济援助
ជំនួយយោធា	军事援助
ជំនួយបច្ចេកទេស	技术援助
ជំនួយហិរញ្ញវត្ថុ	财政援助

---

① ［柬］诺罗敦·西哈努克：《西哈努克回忆录——我同中央情报局的斗争》，王俊铭译，商务印书馆，1979 年，第 94 页。

（续表）

英语源外来词	释义
កុកតែ	鸡尾酒；鸡尾酒会
ក្យមេកុង	经互会
ក្លឹប	俱乐部
ជិម្ព័ង	倾销（国外市场）
ដុល្លារ	美元
មីទីង	大会；集会
លីវស្តេលិង	英磅
អង្គការបក្សសម្ព័ន្ធសេអាតូនៅអាស៊ីអគ្នេយ៍	东南亚条约组织
សេ.អ៊ី.អា	美国中央情报局
រដ្ឋដែលជាសម្ព័ន្ធមិត្ត	盟国
សម្ព័ន្ធមិត្ត	盟友
អគ្គលេខាធិការ	秘书长
លេខាធិការដ្ឋាន	秘书处
អព្យាក្រឹតភាព	中立
សេតវិមាន	白宫
ចុងបូព៌ា	远东
គ្រឿងការពារ	防务
ព័ត៌មាន	信息
កិច្ចសហប្រតិបត្តិការអន្តរជាតិ	国际合作
អនុស្សរណៈ	备忘录
ក្រុមប្រឹក្សាកិច្ចការរដ្ឋ	国务院
សម្ព័ន្ធភាពយោធា	军事同盟
បានដុង	万隆
កិច្ចព្រមព្រៀងហ្សឺណែវ	日内瓦协议

（续表）

英语源外来词	释义
ការមិនចូលបក្សសម្ព័ន្ធ	不结盟
អាវុធនុយក្លេអ៊ែរ	核武器
សង្គ្រាមត្រជាក់	冷战
អនុត្តរ(ភាព)និយម	霸权主义
ចក្រពត្តិនិយម	帝国主义

5.1.2　后冷战时期

冷战结束后，中断了十余年外交关系的柬美两国开始重新交往。1991年，美国向柬埔寨派驻大使。1992年1月，美国总统布什宣布解除自1975年以来美对柬实施的贸易禁令。1995年，美国将柬埔寨列为"军事交往合作国"。1996年10月，美国宣布同意给予柬埔寨贸易最惠国待遇。

"9·11"恐怖事件的爆发成为柬美关系获得突破性发展的契机。柬埔寨先以实际行动积极支持美国的反恐战争。洪森在事件发生后立即致函美国总统布什，表示柬埔寨支持美国及其盟国的反恐行动，支持其在阿富汗开展的军事行动。他甚至表示如果需要，柬埔寨愿意开放领空，为美国及其盟国军用飞机飞赴反恐前线提供便利。并表示柬埔寨愿意向阿富汗派出扫雷小组。美国对柬埔寨的反恐立场做出了积极回应，帮助柬埔寨警方捉拿了"柬埔寨自由军"头目春亚塞，并将柬埔寨从毒品走私和转运国名单中剔除，还改变了柬埔寨在非法移民国家名单中的类别，以肯定柬埔寨在打击贩卖人口方面做出的努力。

进入21世纪以来，柬美关系在些许波折中获得了全面而又深入的发展，双边交流与合作日趋加强。2002年4月，美国通过世界粮农组织向柬埔寨提供了24400吨大米和2300吨植物油的援助。同年7月8日，美国军方首次将越战时期美军飞机轰炸柬埔寨的详细资料交给柬政府，以帮助柬埔寨军方排除残留于柬境内的炸弹。2003年，美国向柬埔寨提供了4500万美元的援助，帮助柬埔寨防治艾滋病；柬埔寨和美国签订了禁止向美国出口高棉古文物的备忘录，以保护柬埔寨文物；美国向柬埔寨人权组织提供了950万美元的援助，帮助这些机构开展维护人权的活动；美国将柬埔寨的纺织品出口配额从每年增加12%提高到14%，以鼓励柬埔寨成衣厂在维护工人权益方面取得的进步。而柬埔寨也利用美国的反恐斗争，积极改善与发展对美关系。年内，柬埔寨主动销毁了库存的 233 枚 A-72 型肩式地空导弹，以彻底杜绝这批武器被恐怖分子利用的可能。美国对此表示支持，提供了 23 万美元协助销毁这批武器。

2004 年，美国对洪森政府的政策出现调整，从一贯敌视首相洪森和执政党人民党转变为开始有限度地接受洪森和人民党。2004 年初，美国负责东亚事务的助理国务卿马修·戴利访问了正处于政治僵局中的柬埔寨，表示美国不干涉柬埔寨内政，认为柬埔寨各方对政治僵局表现的克制态度清楚表明柬埔寨各方正在通过和平方式，依照宪法和法律解决问题，并认为目前的政治僵局是暂时的。年内，美国首次明确而清楚地向柬埔寨表明了对两国间敏感问题的态度和立场。美国对两国在反恐领域的良好合作给予高度评价，声明从来不支持柬埔寨自由军，并正对其采取法律行动。柬方对此反应积极，表示将继续在反恐等问题上给予美方支持。美国一直是柬埔寨纺织品和成衣出口的主要市场。柬埔寨对美国的成衣出口从 1998 年的 3.55 亿美元增加到了 2004 年的 17.4 亿美元。同年，美国政府通过美国国际开发总署、国务院、农业部、美国预防和检测疾病中心驻柬埔寨代表处、美国野生动物与渔业事务服务处等部门和机构向柬埔寨提供了 6500 万美元的援助。

2005 年，美国开始大幅调整对柬外交政策，改变以往以简单、粗暴的方式干涉柬内政的做法，且尽量减少对柬内部事务的横加干涉。但美国对柬外交目标并未改变，即促使柬埔寨成为符合所谓美国标准的"民主国家"的典范，利用柬埔寨特殊的政治、经济形态，在东南亚推行美国价值观。虽然美国对柬埔寨的民主和人权状况仍有诸多不满，但在与柬埔寨多年交往的过程中，美国逐渐意识到，以强制性的高压方式粗暴干涉柬内政并不能得偿所愿，反而不断削弱了自身在柬的影响力。为此，美国调整了对柬策略，开始肯定柬埔寨在民主、人权和新闻自由等方面取得的进步。并且，美国不再将柬埔寨视为专制国家。对于柬埔寨在反恐方面的支持与合作，美国给予了高度评价。两国的合作从经济、文化领域扩展到军事层面。美国驻柬大使表示，"近两年来两国的关系非常好，而且还在继续得到加强。柬埔寨是个非常好的伙伴"[①]。此外，美国刻意把政府的政策与国会参众两院的立场加以区别，以消除柬方的不满。美

---

① 邢和平：《2005 年：柬埔寨大吉大利的一年》，载《东南亚纵横》，2006 年第 5 期。

国声称，尽管参众两院一些议员主张中止对柬援助，但美国政府坚持认为向柬埔寨人民提供援助对于保持两国关系非常重要。美国还指出，每年美对柬援助为 6000 万美元，若按柬人口平均计算，美援是亚洲各国中最多的。[①]同时，美国鼓励柬埔寨公民，特别是青年学生到美国学习、工作和观光。

2006 年 7 月 14 日，柬埔寨商业大臣占蒲拉西与美国贸易副代表巴蒂亚签署了《柬美贸易与投资框架协议》。该协议旨在深化柬美两国的商业与贸易关系，为解决双边贸易问题提供了一个良好平台，将促进两国间的贸易与投资。这一年，两国开始谨慎地恢复军事接触。美国太平洋总部对近 20 名柬埔寨海军军官进行国际海军规则培训以及开展海上救援合作。同时，美国海岸警卫队向柬埔寨海军提供多艘内河巡逻艇，以提高其在泰国湾打击海盗和走私的能力。美国前太平洋总部司令法伦上将说，柬埔寨已经走出"20 年印度支那战争阴影"，重新成为美国地区安全合作的"亲密伙伴"。[②]同年，冷战时期充当美国外交橄榄枝的美国和平队在庆祝自己 45 周岁生日之际，向柬埔寨派遣了一支由 30 名年轻教师组成的小分队，开始他们的"历史性使命"。

2007 年 2 月 9 日，美国第 7 舰队的"加里号"导弹护卫舰抵达西哈努克港。这是美国军舰 30 多年来首次访柬。紧接着，根据 2 月 15 日通过的 2007 财政年度美国政府预算，美国将在此年度向柬埔寨提供大约 5600 万美元的援助，其中包括给予柬政府的直接援助。由此，美国恢复了中断长达 10 年之久的对柬政府的直接援助。11 月 26 日，美国再次派遣两栖攻击舰"艾塞克斯号"访问柬埔寨。访柬期间，美国军人在金边与柬埔寨反恐部队举行了联合军事演习。11 月，美国贸易代表施瓦布访柬。这是美国贸易代表首次访柬。施瓦布与柬埔寨商业大臣占蒲拉西就扩大和深化双边贸易和投资关系进行了会谈。这是双方首次在《柬美贸易与投资框架协议》下举行会谈。

2008 年 10 月 11 日，美国海军"马斯汀号"驱逐舰在西哈努克港停泊，对柬埔寨进行为期 5 天的访问。此外，美国还积极开展对柬埔寨特种部队的培训活动。2010 年 7 月，在美国的资助下，柬埔寨举行了"吴哥哨兵-2010"多国维和军事演习。这次军演共有来自 20 多个国家的近千名官兵参加。这是柬

---

① 自柬埔寨 1997 年"七月政变"后，美国就中止了对柬政府的直接援助。这里提到的美对柬援助都是对柬国内各类非政府组织的援助。

② 邢和平：《柬埔寨：2006—2007 年回顾与展望》，载《东南亚纵横》，2007 年第 4期。

埔寨王家军首次举办多国军事演习活动。7 月 18 日，美国政府向柬埔寨政府移交了 7 件吴哥时期的走私文物，以此作为柬美建交 60 周年的礼物。2011 年 11 月 16 日，美国富布莱特学友会在柬埔寨成立，并于 2012 年 5 月在柬埔寨举办美国教育展，目的是使赴美的柬埔寨留学生进一步了解美国的学习环境，促进柬美文化交流。2015 年 3 月 21 日，美国第一夫人米歇尔·奥巴马访问柬埔寨，呼吁柬埔寨各界关注柬埔寨女性教育"危机"，希望她们能享有与男性平等的受教育权利。2015 年，美国广播理事会公布了为柬埔寨等国制作面向年轻人的视频和数字产品的预算申请。

综上所述，柬美两国自 20 世纪 90 年代恢复外交关系以来，在政治、经贸、军事、安全、文化等领域的交流与合作不断加强。而美国文化则伴随其中，势如破竹般地在柬埔寨传播开来。同时美国文化随着经济全球化形成了一股强大的美国式力量，向世界各国辐射，处于战后重建中的柬埔寨自然也被囊括其中。美国文化适应了柬埔寨现代社会发展的需要，对这个传统的佛教古国具有巨大的吸引力和极强的渗透力，其在柬埔寨全国的强势传播直至今日依然保持着难以遏制的扩张势头，生活在柬埔寨的人们无不切身地感受到美国文化的无所不在。

美国是当今世界传媒最为发达的国家，它凭借自身强大的经济实力和先进科技，建立起了足以覆盖全球的信息传播体系。美国政府的"美国之音"电台、美国国会资助的"自由亚洲电台"都专门设有柬埔寨语广播。而经历了多年战乱的柬埔寨，本国媒体还比较落后，特别是国家电台资金短缺、设备落后，其节目信号还不能覆盖全国，尤其是农村地区，因而难以与经费充裕、设施先进的"美国之音"和"自由亚洲电台"抗衡，国内舆论阵地被其占领也在情理之中。柬埔寨民众关注国内政局的演变，尤其是无法从本地媒体获取的消息更能吸引他们。因此"美国之音"和"自由亚洲电台"主要是通过播出这类新闻节目来吸引当地民众，尤其是公务员听众和青年听众。并且"美国之音"和"自由亚洲电台"在舆论上支持反对党，它们经常报道关于柬埔寨政府和执政党的负面新闻，以增强柬埔寨本国听众的关注度，进而使其潜移默化地受到美国文化特性和价值体系的熏陶。柬埔寨本国数量众多的广播电台大多已成为各政党的宣传工具，即使是直属于柬埔寨新闻部的国家电台、金边电台和军队电台，也有着强烈的亲人民党（即执政党）的政治倾向。因此，就政治新闻而言，柬埔寨民众更愿从反对党电台寻求答案。而"美国之音""自由亚洲电台"与柬埔寨的反对党电台有着密切的节目合作关系，从而又通过这种间接方式扩大了自身在柬埔寨的收听率和美国文化的传播率。总之，以"美国之音"和"自由亚洲电台"为代表的美国传媒是美国在柬埔寨的代言人，它往往将美国文化和美国价值观渗透其中，将美国文化同自由、民主、个人主义、私有化市场经济等同起来，促进美国文化在柬埔寨的传播与扩张。

1991 年 10 月签署的《巴黎协定》结束了柬埔寨长达 20 余年的内战，之后联合国驻柬临时权力机构成立，实行民主政治和出版自由政策，由此吸引了战时移居美国、法国等地的柬埔寨记者和编辑纷纷重返祖国，加入到新闻队伍中。他们中的一些人在美国等西方国家的资助下创办了属于私营媒体机构性质的报纸，改变了 1975 年以来柬埔寨没有独立新闻机构的历史。1993 年柬埔寨联合政府成立后，蕴藏着诱人商机的柬埔寨新闻产业吸引了以美国人为主的外商前来投资办报，如《柬埔寨商业周刊》《柬埔寨之光》《柬埔寨时报》《湄公河》等等。这些外资报刊发行量虽然还不到柬埔寨全国报刊总发行量的 1/3，但凭借丰厚的资金来源、现代化的设备和新闻采访方式以及规范的经营管理模式，已成为柬埔寨本地报刊的强劲竞争对手，甚至于将一些本地报纸挤出了市场。并且，在以美国为首的西方国家的施压下，柬埔寨政府允许国内反对党和非政府组织创办自己的报刊，而这些报刊都主要由美国资助创办。这些外资报刊不仅发出了柬埔寨社会中不同力量的声音，而且也向柬埔寨源源不断地输出了以美国为代表的西方国家的文化。

20 世纪末，互联网开始进入柬埔寨，但由于受到各种因素的制约，其发展较为缓慢。进入 21 世纪后，在柬埔寨政府的大力支持和推动下，大量外资和技术不断涌入，柬埔寨互联网呈现出良好发展势头。尤其是 2008 年以来，柬埔寨移动互联网发展迅速。截至 2012 年，柬埔寨全国共有 12 家电信运营商。根据柬埔寨邮电部的统计数据显示，截至 2013 年，柬埔寨约有 250 万名网民，占柬埔寨总人口的 17.5%。[①]根据全球社交媒体专业传播公司发布的报告《数字、社交媒体及手机 2015》显示，截至 2015 年，柬埔寨网民数量约为 380 万人，占全国总人口的 25%，比 2014 年增加了 3 倍，增幅居亚太地区首

---

① 勇平：《2014 年柬埔寨全国的互联网需求量》，载《柬华日报》，2014 年 2 月 11 日。

位。① 根据世界银行统计报告显示，柬埔寨互联网用户逐年增长 5%，这一数据将使柬埔寨的互联网流量发生巨大变化。② 智能手机等移动通信设备在柬埔寨迅速普及。2014 年，柬埔寨民众手机持有率为 93.7%，比上年度增长 3.6%。26.1%（城市居民 38.6%、农村居民 20.7%）的柬埔寨人至少拥有一部智能手机。③ 2015 年，柬埔寨移动服务的普及率（每 100 人的手机持有数）甚至超过了日本，高达 133.8%。④ 不可否认，柬埔寨互联网的蓬勃发展从根本上变革了柬埔寨对外文化交流手段，开辟了柬埔寨文化传播与交流的新时代。这固然有利于柬埔寨文化与世界其他文化之间的相互交流，但也为美国的文化霸权主义开启了方便之门。走在信息技术革命前列的美国是全世界互联网最发达的国家，掌控着网络世界的技术霸权和话语霸权，网络传播成为美国文化最有效的对外倾销渠道。每天美国通过互联网向世界各国发送着刻有美国文化印记的海量信息，向包括柬埔寨在内的欠发达国家和地区灌输其文化理念、价值观念和道德标准，使柬埔寨网民尤其是年轻网民潜移默化地受到美国文化的影响，逐渐认同并向往着美国式的生活方式、思维方式、价值观念，对既有的传统生活方式和行为准则产生动摇，进而怀疑甚至否定高棉民族的传统文化。

在美国文化对柬埔寨的传播中，好莱坞电影绝对是主角。在今天的柬埔寨，最受欢迎的电影是好莱坞电影。这些以大投入、大制作、大场面等为标识的美国好莱坞电影，主宰了柬埔寨电影市场。美国国家安全委员会前官员安东尼·J. 布林肯曾这样形容好莱坞电影的作用："好莱坞电影可以展示美国更为积极的一面，可以促进他国观众对美国政策的深入理解。"⑤ 的确，好莱坞电影以其无比豪华的制作、宏大壮观的场面和曲折动人的情节成为美国文化与价值观在柬埔寨传播的重要媒介。处于这样一个充斥着美国文化与精神并深深刻下

① 蔡倩：《网络正在改变柬埔寨》，http://news.163.com/15/0907/08/B2T64KFC00014Q4 P.htm。

② 勇平：《2014 年柬埔寨全国的互联网需求量》，载《柬华日报》，2014 年 2 月 11 日。

③ 蒋天：《移动互联网影响柬埔寨政坛生态》，载《中国青年报》，2015 年 2 月 7 日。

④ 蔡倩：《网络正在改变柬埔寨》，http://news.163.com/15/0907/08/B2T64KFC00014Q4 P.htm。

⑤ 明安香：《美国：超级传媒帝国》，社会科学文献出版社，2005 年，转引自叶思思：《通过美国大众文化的传播来看美国文化的强势输出》，硕士学位论文，东北师范大学，2010 年，第 5 页。

了美国神话般烙印的影像环境中，柬埔寨国民尤其是年轻人极易被其文化所吸引。

流行音乐代表了美国文化产业的中心方面，因此流行音乐的传播是美国文化在柬埔寨传播的核心之一。美国流行音乐包含有多种音乐曲风，例如乡村音乐、爵士乐、摇滚乐和说唱音乐。在今天柬埔寨的城市街头，这些音乐曲风随处可听。它们不像普通商品会被物化地消费掉，而是经年累月逐渐积淀、沉浸在柬埔寨大众的现代生活中，对柬埔寨大众特别是年轻人产生驱动作用。迈克尔·杰克逊、麦当娜、惠特尼·休斯顿、玛利亚·凯莉等星光熠熠的美国歌坛巨星们，每一个都是风靡全柬埔寨。他们的歌曲被当地年轻人传唱，他们的舞蹈被当地年轻人竞相模仿，他们的一举一动莫不引起当地人的关注，柬埔寨年轻一代对他们狂热追捧甚至到了奉为心中神祇的地步。随着美国流行音乐在柬埔寨的风行，柬埔寨的现代音乐中也会融入美国流行音乐的元素。如美籍柬埔寨裔歌手兼作曲家博淳·于把美国扭摆舞融入柬埔寨经典摇滚，将《我 16 岁》这首柬埔寨摇滚全盛时期的作品改编成一个全新的版本。她说："我赋予《我 16 岁》一种新的文化，它融合了我汲取到的所有：从在奥克兰的居住经历，到身为柬埔寨人的感受，再到成为美国人的感受。它是融合了柬埔寨和美国的作品。"[①]这类融合了柬埔寨与美国两种文化的音乐作品在当今柬埔寨日益流行，也日益受到柬埔寨人的欢迎和喜爱。

伴随美国文化进入柬埔寨的还有以肯德基、麦当劳、可口可乐等为代表的美国餐饮文化。美国式的快餐饮食不仅以完全不一样的食物风味吸引着柬埔寨大众，而且它还以省时、方便、快捷的特点适应了现代柬埔寨城市居民的日常生活需求。并且更为重要的是，美国餐饮文化已成为柬埔寨时尚文化的一种象征，享用美国式的"洋快餐"已成为柬埔寨新兴富裕阶层的时髦消费。美国餐饮带来的新式体验，满足了柬埔寨大众日益多元的消费需求。美国餐饮文化在柬埔寨的日益流行，在某种程度上体现了柬埔寨人尤其是年轻一代对美国文化的崇拜。

作为美国文化的舶来品，圣诞节、情人节、感恩节等西方节日自 20 世纪 90 年代中后期在柬埔寨逐渐流行。信仰佛教的柬埔寨民众不但庆祝本国传统

①《柬埔寨裔美国歌手博淳·于融合柬美文化创造出动听的音乐》，2012 年 2 月 16 日，http://www.hjenglish.com/popmusic/p457851/。

的佛教节日，也庆祝风靡全球的西方节日。以圣诞节为例，每年随着圣诞节的临近，柬埔寨首都金边的各大商家、酒店和餐厅便开始用各种圣诞元素来装点门面、增加节日气氛，"促销""甩卖"等字眼在金边的商场和超市门前随处可见，圣诞节前的半个多月是销售圣诞货物的最佳时期。然而与美国等西方国家不同的是，圣诞节在金边的宗教意义并不浓烈，大部分柬埔寨人对于圣诞节所蕴含的宗教意义并不了解，他们对于圣诞节的热情似乎只停留在节日气氛层面。圣诞节在柬埔寨的年轻人及学生们之中更为流行。对他们而言，过圣诞节更多的是代表一种时尚，这就是他们对圣诞文化的理解。在每年的圣诞节，他们都会互赠圣诞礼物，甚至有的还举办圣诞联欢会。

　　值得注意的是，柬埔寨民族文化是在参与全球化、追求现代化的进程中与美国文化发生接触的，因而不仅仅是接受美国文化的传播和影响，它还受到美国文化的强烈冲击。"全球化首先是经济的全球化。然而，全球化的内涵决不只局限于经济层面，它必然以某种方式渗透到政治和文化领域，必然包含着深刻的文化内涵。"① 的确，随着经济全球化的不断发展与深化，民族与国家间的藩篱被打破，整个世界连为一体，极大地促进了文化传播和交流，不同文化之间的相互联系越来越紧密、依存互动日益增强，实现了前所未有的全球互联与互通，从而使文化全球化成为不可阻挡之势。汤姆林森便断言道："全球化处于现代化的中心地位，文化实践处于全球化的中心地位。"②

　　文化全球化虽然是不同民族的文化在全球范围内的大规模开放、交流与互动的世界文化发展过程，虽然不同文化都是参与文化全球化进程的行为体，然而由于不同民族、不同国家的文化存在着实力差异，尤其是发达国家与不发达国家的文化实力对比悬殊，所以在世界文化发展过程中，实际上"存在着强势文化与弱势文化、存在着传播中心和边缘的区分，它们在力量对比上是不平衡的，在对外辐射和渗透力上也有明显的差异"③。因此以美国为代表的西方文化凭借其经济、科技、政治、教育等诸方面的绝对优势，在文化全球化进程中

---

① 衣俊卿：《全球化的文化逻辑与中国的文化境遇》，载《社会科学辑刊》，2002 年第 1 期。

② ［英］约翰·汤姆林森：《全球化与文化》，郭英剑译，南京大学出版社，2002 年，第 1 页。

③ 孙万超：《文化全球化与中国文化的现代化》，硕士学位论文，青岛大学，2005 年，第 6 页。

完全占据了主导地位，大力提倡和推行西方式的思想意识、价值体系、文化观念在全球范围内的扩张和深化，以实现世界文化的"美国化""西方化"。

经历了数个世纪摧残和破坏后的柬埔寨文化如今正处于复苏与发展期，同时又置身于以美国文化为主导的文化全球化浪潮中。一方面，这为实现柬埔寨文化的现代化提供了难得的历史契机，促进了柬埔寨文化与外来文化间的沟通、交流，为高棉文化吸收外来文化中的有益成分，进而提高未来的民族文化竞争力创造了有利条件。但另一方面，相对于美国为代表的西方文化而言，饱经风霜、艰难复苏中的柬埔寨文化显然属于弱势文化，所以文化全球化在给柬埔寨文化现代化提供机遇的同时，更多的是给其带来了严峻的挑战，其突出表现便是，在以美国文化为主导的文化全球化浪潮中，文化霸权主义或文化帝国主义日益凸显，使柬埔寨民族文化主权与安全受到威胁。

随着文化全球化的迅速发展，美国倚仗自身在政治、经济、军事、科技等方面的领先优势，推行文化霸权，对包括柬埔寨在内的发展中国家的文化主权造成冲击。"所谓西方文化霸权，就是把其物质生产方式、人生观和价值观作为一种普世的行为准则加以推行，赋予自己在文化上的支配地位，最终建立以其为核心的政治民主化、经济一体化、文化西方化的世界单一模式。"[1]就柬埔寨文化而言，它在参与文化全球化、追求现代化的进程中所受到的美国文化冲击体现在以下两方面：

第一，在物质文化层面上，美国的文化产品充斥于柬埔寨市场的每一个角落。冷战后，随着美国文化产业的迅猛发展，其文化产品在对柬贸易中的比重大幅增加，主要为批量生产的流行文化产品，包括电影、电视节目、音乐唱片、电脑软件、书籍、报刊等。这些裹挟着美国意识形态和价值观念的文化产品畅销于柬埔寨各地，受到柬埔寨人尤其是年轻一代的狂热追捧。美国学者约翰·耶马曾不加掩饰地指出："美国的战争武器是好莱坞的电影、麦迪逊大街的形象设计和马特尔公司、可口可乐公司的生产线。"[2]柬埔寨年轻人在消费这些文化产品时，便会潜移默化地受到蕴藏于其中的美国式生活方式、思维方式以及价值体系的影响，久而久之便会逐渐丧失柬埔寨民族文化精神和民族特性。可以毫不夸张地说，美国推行的文化霸权主义犹如一股强大的暗流潜伏于

---

① 孙万超：《文化全球化与中国文化的现代化》，硕士学位论文，青岛大学，2005年，第6页。

② 约翰·耶马：《世界的美国化》，载《波士顿环境报》，1996年7月28日。

文化全球化之内，在文化全球化的外衣下，以一种新的文化殖民形式向柬埔寨输出自己的强势文化，侵蚀着柬埔寨民族文化个性，威胁着柬埔寨文化主权与安全。

第二，在精神文化层面上，高棉民族的价值观念、思维方式、国民品性以及审美情趣受到美国精神和文化价值观的强烈冲击。美国主导下的文化全球化更多地表现为一种显性的、强制推行的文化的殖民化。例如，以普世主义的价值观取代相对主义、以经济利益压制国家主权、以全球性超越地区性和国别性、以民主体制取代权威体制、以人权代替国权，等等。21 世纪以来，尽管美国调整了对柬外交策略，但美国对柬外交目标并未改变，即促使柬埔寨成为符合所谓美国标准的"民主国家"的典范，利用柬埔寨特殊的政治、经济形态，在东南亚推行美国价值观。这致使柬美两国间始终存在着不可调和的矛盾，如：美国对柬埔寨的民主和人权状况一直存有诸多不满，经常向柬埔寨人权组织提供巨额援助，帮助这些机构开展维护人权的活动；不断加强对反对党的支持力度，每年通过美国的非政府组织为其提供资助；等等。

总之，在以美国文化为主导的文化全球化大背景下，在迈向现代化的征程中，柬埔寨文化在输入了大量美国文化产品的同时，也被美国式价值观念、意识形态、政治观念、文化观念所渗透，极易处于高棉民族精神和价值观被"美国化""西方化""殖民化"，高棉民族特性逐渐丧失的危险境地。

随着美国文化对柬埔寨的强势传播乃至强烈冲击，以及在英语成为全球通用语的背景下，英语不仅被柬埔寨王国宪法规定为与高棉语、法语并列的官方语言，而且还迅速取代了法语在柬埔寨的优势地位，在全国范围内得到了广泛推广和使用。特别是自 1999 年柬埔寨加入东南亚国家联盟以来，柬埔寨不断加强对外交流与合作、积极参与地区与国际事务，使英语在柬埔寨国内得到了更为广泛的使用，其影响力逐渐渗透到柬埔寨政治、经济、文化、社会生活的方方面面，成为柬埔寨人首选的第一外语，并通过学校教育、社会培训和提供良好前景的职业等方式日益得到强化。而随着英语在柬埔寨优势地位的不断巩固，其与本土语言高棉语之间的接触也日趋深化，既有口语交际形式的直接接触，又有以文字为媒介的间接接触。在直接接触方面，虽然柬埔寨人总体英语水平还比较低，但在柬埔寨首都金边及其他大城市，英语，确切地说是英语词汇和短语被广泛应用，主要表现为在高棉语交际中混杂使用英语成分。在间接接触方面，柬埔寨不乏纯英文的报纸杂志及网络媒体，即使在高棉文报纸杂志及网站资讯中，英语语词也是俯拾即是；纯英语的电视节目经常出现于柬埔寨荧屏；高棉文官方文件中频繁出现英语语词；许多大众化电器说明书只有英文版本；在柬埔寨首都金边，英文招牌和广告牌充斥着整座城市。英语和高棉语的这种深度接触促使大量的英语源外来词以强劲的势头涌入高棉语中，涵盖政治、经济、外交、日常生活等众多领域。例词列举见下表：

表 5-2　后冷战时期的英语源外来词示例表

英语源外来词	释义
កុំព្យូទ័រ	计算机，电脑
ក្លូន	克隆
តិន្នីស	网球
ប៊ីហ្គតិក	牛排
បុណ្យនៃគ្លិស្រឡាញ់	情人节
ហែមប៊ឺហ្គ័	汉堡包
និគីហ្សា	比萨饼
ធិព	小费
ទ្វីស	摇摆舞
ស្តៅត៍	烈性黑啤酒
ស្តុក	货物储存；存货
ហ្គកេ	曲棍球
ហ្គលហ្វ	高尔夫球
ហ្វីល	电影；胶片；胶卷
អរម៉ូន	激素，荷尔蒙
សកលភាវូបនីយកម្ម	全球化
ទំនើបការូបនីយកម្ម	现代化
អាមេរិកូបនីយកម្ម	美国化

（续表）

英语源外来词	释义
ភេរវកម្ម	恐怖主义
បម្រាណភាគ	配额
វិនិយោគ	投资
វីដេអូ	视频
ប្រព័ន្ធសារព័ត៌មាន	媒体，传媒
ផលិតផលឌីជីថល់	数字产品
ឌីជីថល់	数字；数码
មតិ	舆论
សេដ្ឋកិច្ចទីផ្សារ	市场经济
ឯកជននីយកម្ម	私有化
ជាតូបនីយកម្ម	国有化
បណ្ដាញអ៊ីនធើណេត	互联网
ទូរស័ព្ទដៃ	手机
អេឡិចត្រូនិច	电子的
អ៊ីម៉ែល	电子邮件
កិច្ចការពាណិជ្ជកម្ម	商务
បុណ្យអំណរគុណព្រះ	感恩节
បច្ចេកវិទ្យា	科技
ភ្លេងហ្ជាស	爵士乐
កូកាកូឡា	可口可乐
ម្ហូបឆ្អិនស្រាប់	快餐
បៀរ	啤酒
ប្រទេសអភិវឌ្ឍន៍	发达国家
ប្រទេសមិនអភិវឌ្ឍន៍	不发达国家

（续表）

英语源外来词	释义
សិទ្ធិមនុស្ស	人权
អូឡាំពិក	奥林匹克
អាស៊ាន	东南亚国家联盟
អ៊ុនតាក់(ឬ អ.អ.ស.ប.ក.)	联合国驻柬临时权力机构
ក្រុមប្រឹក្សាសន្តិសុខសហប្រជាជាតិ	联合国安全理事会
ហ្វូលដ័រ	文件夹；卷宗
ឌីស	唱片；光碟
ឡូហ្គោ	商标；徽标；标识语
ម៉ូនីទ័រ	屏幕；显示器
ហ្សែនដ័រ	性；性别

另外，我们选择了含有冷战时期、后冷战时期较早输入的英语源外来词的部分语料文本，作为其进入高棉语的形象证明。此处内容详见本章小结。

5.2　英语源外来词在高棉文文献中的早期应用

从冷战时期到冷战后，美国文化在柬埔寨的传播由起伏不定变为愈加迅猛。在美国文化对柬埔寨传统文化形成强烈冲击的同时，也为其注入了现代文化成分，并导致表达现代文化观念的英语源外来词对高棉语的大规模输入。在此，我们选取了含有英语源外来词典范语料的柬埔寨现代文献，以之为依托来考察高棉语中英语源外来词的早期应用状况。

5.2.1　最早期的美国对柬援助协定与英语源外来词

在柬埔寨重要的现代文献中，某些文献资料含有早期输入的英语源外来词，最早期的美国对柬援助协定便是其中的代表性文献之一。这类文献是高棉语中早期英语源外来词状况的一个缩影，是考察英语源外来词早期应用状况的重要资料来源之一。

5.2.1.1 最早期的美国对柬援助协定简介

独立之初的柬埔寨百废待兴，但它无法完全依靠自身力量完成国家重建的重任，必须依靠外国援助。而在当时，柬埔寨寻求外援的选择空间极为有限。越盟对柬埔寨的威胁使西哈努克对共产主义产生不满和抵触之情。[①]并且当时柬埔寨尚未与社会主义国家建交，对共产主义不甚了解，再加上西方阵营对共产主义的"妖魔化"宣传，更使柬埔寨对共产主义充满了误解、怀疑和恐惧，不愿也无法向东方阵营寻求援助。而在西方阵营，以往的宗主国法国已退出印支且自顾不暇，根本无力向柬埔寨提供足够援助，只有美国有能力提供援助。而对于美国这个西方阵营的"领头羊"，刚独立的柬埔寨则怀有较多好感，认为美国与法国不同，没有殖民野心，又富有民主传统，[②]因而将目光投向了美国。鉴于柬埔寨将是美国构筑的东南亚反共军事链条中不可或缺的一环，美国也愿意为其提供援助。[③]

1954年7月28日，柬埔寨外交大臣莫涅桑在与美国驻金边临时代办古德曼的会晤中点明了柬埔寨在国家重建中需要美国给予的具体援助事项：柬埔寨希望脱离与越南、老挝签署的关税同盟，[④]建立独立的货币体系；建立一个外贸港口，改变外贸完全依赖西贡港，从而受制于南越的被动局面；改善国内的

[①] 独立伊始，滞留在柬埔寨境内的越盟军队不断制造着反对柬埔寨王国政府的动乱，令西哈努克深感焦虑而又愤怒。由于越盟是越南共产党领导下的统一战线组织，因此越盟对柬埔寨的威胁自然被西哈努克看作是共产主义的威胁，对共产主义的不满和抵触之情也油然而生。

[②] United States Department of State, *Foreign Relations of United States, 1952-1954, Vol. 13*, Washington, D.C.: U.S. Government Printing Office, 1952-1954, p. 1676.

[③] 为了填补法国军事力量撤出印支而形成的权力"真空"，进而遏制所谓的"共产主义在印支的扩张"，1954年9月，美国与英国、法国、澳大利亚、新西兰、泰国、菲律宾、巴基斯坦八国在马尼拉签署了《东南亚集体防务条约》，建立了东南亚条约组织，企图在东南亚构筑一道反共军事屏障。条约还无视日内瓦停战协议中的"中立化"条款，单方面将柬埔寨、老挝和南越纳入该组织的"保护区域"。

[④] 1946年1月7日，法国与柬埔寨签订了一项关于承认柬埔寨是"法兰西联邦内的一个自治国"的临时协定，其中规定印支三国越南、老挝和柬埔寨成立一个关税同盟，实行统一的货币和关税。

交通运输与卫生保健状况；等等。[①] 对此，美国驻金边代办不断向美国国务院发回电文，吁请美国国务院直接向柬埔寨提供经济和军事援助。[②] "他们指出，日内瓦会议后，共产主义不会放弃控制整个印支的目标，但将不会直接采取武装入侵的方式，而是通过政治、心理以及舆论宣传等方式进行颠覆。因而，美国应通过向柬埔寨直接提供经济、军事援助，加强柬埔寨政府的力量，使之能有效应对共产主义分子的政治颠覆活动。"[③]

1954 年 10 月上旬，美国将美柬关系升格为大使级，并委派美国驻柬首任大使麦克林德克负责与柬埔寨政府谈判美援事宜。美柬两国关于经济援助的谈判进行得较为顺利，双方已于 11 月就经济援助问题基本达成协议。根据协议规定，美国将帮助柬埔寨修建一个深水港，并修筑一条连接金边与海港的公路。美国将在金边单独成立援外事务管理署（FOA），专门负责对柬经济技术援助事务。[④]

至于军事援助，美柬双方却进行得并不顺利。不顺利的主要症结在于，美国政府内部在对柬军事援助的前提条件上出现了分歧。美国军方认为，柬埔寨若要获得美国的军事援助，就必须先让法国军事顾问人员全部撤离柬埔寨，由美国向柬埔寨派驻军事顾问援助团，取代法国对柬埔寨军队的训练和指挥权，并监督军援的使用。而美国国务院则不同意军方在军援方面提出的先决条件。"国务院认为，对柬埔寨的军事援助并非单纯的技术性问题，它还涉及到美法关系以及美国在全球遏制共产主义的战略问题，必须谨慎对待，不可草率从事。国务院建议先不要求撤出法国在柬埔寨的军事顾问人员，仅就在柬埔寨成立美国军事援助顾问团与柬埔寨进行谈判，待条件成熟后，再逐渐取代法国军事顾问人员在柬埔寨军队里的训练、指挥权，最终使法国军事顾问人员全部撤

---

① United States Department of State, *Foreign Relations of United States, 1952-1954, Vol. 13*, Washington, D.C.: U.S. Government Printing Office, 1952-1954, p. 1886.

② 在 1954 年日内瓦会议前，由于对柬埔寨较少重视，美国仅通过法国每年向柬埔寨提供少量的经济、军事援助，以此增强柬埔寨抵抗北越共产党"侵略"的能力。

③ United States Department of State, *Foreign Relations of United States, 1952-1954, Vol. 13*, Washington, D.C.: U.S. Government Printing Office, 1952-1954, pp. 1800, 1900-1903, 1967-1972, 2061-2065.

④ Roger M. Smith, *Cambodia's Foreign Policy*, Ithaca: Cornell University Press, 1965, pp. 73-74.

出，由美国独家控制。"① 双方在这一问题上争执不下，之后因《法柬军事协定》的签署让美国措手不及，并使军方提出的上述先决条件更显得不合时宜。② 在此形势下，国务院设法软化了军方的立场，国防部最终同意不要求在美柬谈判签订双边军事协定时写上关于法国军事顾问人员必须撤离柬埔寨的具体条款，关于这一问题可以同柬埔寨政府做特别处理，即让柬埔寨向美国出具关于法国军事顾问人员将最终撤出的书面保证。③

1955 年 1 月 24 日，美国国务卿杜勒斯致电驻美国驻柬大使麦克林德克，授权他立即与柬埔寨政府就军援问题举行会谈。经过为其三个多月的紧张谈判，5 月 16 日，美柬两国终于签订了军事援助协定。协定规定：美国向柬埔寨提供军事援助，未经美国当局同意，柬埔寨政府不得将美援装备、物资、情报等转让给第三国；美国向柬埔寨派驻军事援助顾问团，负责执行援助计划、监督美援的使用；柬埔寨政府采取一切措施发展本国的防御力量，并为发展和维护"自由世界"的防御力量做出贡献；等等。④

5.2.1.2　最早期的美国对柬援助协定中英语源外来词例释

在最早期的美国对柬援助协定中，使用频率最高的词语莫过于英语源意译词 "ជំនួយ" 了。ជំនួយ 是高棉语本族语词，做名词，本义为"帮助"。当英语词 "assistance / aid（n. 援助）"需要被借入高棉语中时，柬埔寨人便以与其意义相近的 ជំនួយ 意译该词，ជំនួយ 随之获得了"援助"这一义项，意即 ជំនួយ

---

① 韦宗友：《论日内瓦会议后美国与柬埔寨关系的演变（1954—1960）》，载《东南亚研究》2006 年第 2 期。

② 日内瓦会议后，法国虽然被迫放弃了对印支三国的殖民统治，但在印支长期进行殖民统治所形成的殖民心态，使其极力要保留在印支的一点残存影响。为谨防美国染指自身在柬埔寨的军事训练权，于是法国力劝柬埔寨与其签署一项短期军事协定。而急需军事援助的柬埔寨政府对美国军方的僵硬立场也极其不满，为刺激美国迅速解决对柬军事援助事宜，并增加对美军事谈判的筹码，柬埔寨决定先与法国签订这项军事协定。1954 年 12 月 15 日，柬埔寨与法国秘密签订了一项为期 7 个月的军事协定。协定规定，法国在柬埔寨保留 500 名军事顾问人员，负责对柬埔寨军队的军事训练和指导。

③ United States Department of State, *Foreign Relations of United States, 1955-1957, Vol. 21*, Washington, D.C.: U.S. Government Printing Office, 1955-1957, pp. 413-415.

④ 世界知识出版社：《印度支那问题文件汇编》，世界知识出版社，1959 年，第 373—375 页。

通过意译英语源词，在原有义项"帮助"的基础上产生引申义"援助"。

ជំនួយ 一词属派生词，它是通过在动词词根 ជួយ 中插入中缀（或称之为词嵌）ំ 和 ន/ណ 的方式形成的。高棉语词的形态变化主要是通过附加词缀的方式实现的，并且附加中缀构词是高棉语重要而又特殊的语法手段之一。其中，中缀"ំ＋ន/ណ"通常插入单音节动词词根之中，由此派生成与词根意义相关的双音节名词。在高棉语中，中缀"ំ＋ន/ណ"的构词功能是比较强大的，由其派生而成的新词为数不少，例如：

តែន（动词）征用；招募→កំណែន（名词）征用；招募；劳役

អោយ（动词）给，给予→អំណោយ（名词）礼物；礼品；赠品

ដេក（动词）睡；躺→ដំណេក（名词）睡觉；睡眠；床

ទិញ（动词）买→ទំនិញ（名词）商品；货物

ចេះ（动词）会；懂→ចំណេះ（名词）知识

ពឹង（动词）依靠；依赖→ពំនឹង（名词）依靠；靠山；后台

សួរ（动词）问→សំនួរ（名词）问题

ជូន（动词）送；赠送→ជំនូន（名词）礼物；礼品；赠品

ជឿ（动词）相信→ជំនឿ（名词）相信；信任；信仰；信念

ជួញ（动词）交易，买卖→ជំនួញ（名词）交易，买卖；商业；贸易

សើច（动词）笑→សំណើច（名词）笑

គិត（动词）想；思考，考虑→គំនិត（名词）思想；意见；想法，主意

គូរ（动词）画，绘画→គំនូរ（名词）画；素描；图画

ចិត（动词）削；切→ចំណិត（名词）片；切片

ចាយ（动词）花费；耗费→ចំណាយ（名词）花费；费用；开支；消耗

សង់（动词）建造；修建；建筑→សំណង់（名词）建筑；建筑物；建筑工程

通常，高棉语词根与其派生词的意义是相互关联的，这在 ជំនួយ 的义项上得到了很好的体现。作为动词词根"ជួយ（帮助）"的派生名词，ជំនួយ 不仅有"帮助；援助"之意，而且还表示"帮助的人；援助者"的意思。

上文提到，中缀"ំ＋ន/ណ"通常嵌入单音节动词词根之中，使其转变为双音节名词。ជំនួយ 作为由 ជួយ 附加中缀"ំ＋ន"而形成的派生词，其词性自然也为名词。然而经过长期的演变发展，ជំនួយ 一词实现了语法功能扩展，即不仅做名词，而且还增加了形容词词性。这是由于高棉语是孤立语，缺乏狭义

形态标志，因而语法功能的发展所受限制较少，语法功能扩展的可能性就比较大，词类兼用情况便是其中的典型代表。没有形态的约束，高棉语各种词类在词形方面没有大的区别，一个词可以不经过任何变化而用作另一类词，所以词语跨类现象在高棉语中较为常见。ជំនួយ 一词便是在长期使用的过程中，尤其是在经常做定语的情况下逐渐发生了语义变化，衍生出了"帮助的；援助的；协助的；辅助的"之意，加之没有形态的羁绊，于是便随之增加了形容词词性。ជំនួយ 做形容词时参与构成的短语较为丰富，例如 ទ័ពជំនួយ（援军），ឯកសារជំនួយ（参考资料），កម្មាភិបាលជំនួយការ（干事），អ្នកជំនួយការ（助手，帮手；随行人员），ពេទ្យជំនួយ（助理医师），ប្រភពអគ្គិសនីជំនួយ（辅助电源），ថ្លៃប្រាក់ជំនួយ（补助；资助）。

当然，在 ជំនួយ 的所有义项中，还是"（名词）帮助；援助"的义项在语言使用中的复现频率最高，特别是 ជំនួយ 做英语源意译词时的"援助"之意在现代柬埔寨的政治、外交等领域使用得越来越频繁，已成为颇具能产性的语言材料，在其基础上诞生了一批具有现代政治文化内涵的新语词。例如：

ជំនួយអាមេរិក 美国援助（简称"美援"）

ជំនួយអាមេរិកចំពោះកម្ពុជា 美国对柬援助

ជំនួយ(ខាង/ផ្នែក)សេដ្ឋកិច្ច 经济援助

ជំនួយ(ខាង/ផ្នែក)យោធា 军事援助

ជំនួយ(ខាង/ផ្នែក)បច្ចេកទេស 技术援助

ជំនួយ(ខាង/ផ្នែក)បច្ចេកទេសហិរញ្ញវត្ថុ 金融技术援助

ជំនួយ(ខាង/ផ្នែក)វប្បធម៌ 文化援助

ជំនួយ(ខាង/ផ្នែក)ហិរញ្ញវត្ថុ 财政援助

ជំនួយ(ខាង/ផ្នែក)មនុស្សធម៌ 人道主义援助

ជំនួយបន្ទាន់ 紧急援助

ជំនួយឥតសំណង 无偿援助

ជំនួយអន្តរជាតិ 国际援助

ជំនួយសម្ភារៈ 物质援助

ជំនួយស្មារតី 精神援助

ជំនួយពហុភាគី 多边援助

ជំនួយទ្វេភាគី 双边援助

ជំនួយឯកតោភាគី 单边援助

ជំនួយឥតសំណងខាងឱសថ 无偿药品援助

ជំនួយឥតសំណងខាងឱសថបន្ទាន់ 紧急无偿药品援助

ជំនួយក្រៅប្រទេស 对外援助

នយោបាយអំពីជំនួយក្រៅប្រទេស 对外援助政策

ជំនួយសំរាប់អភិវឌ្ឍន៍ 发展援助

ប្រទេសផ្តល់ជំនួយ 援助国

ប្រទេសទទួលជំនួយ 受援国

បដិសេធជំនួយ 拒绝援助

ផ្តល់ជំនួយ 提供援助

ទីភ្នាក់ងារផ្តល់ជំនួយ. អង្គការជំនួយ 援助机构

កិច្ចព្រមព្រៀងផ្តល់ជំនួយ. កិច្ចសន្យាផ្តល់ជំនួយ 援助协定

គម្រោង/កម្មវិធីផ្តល់ជំនួយ 援助项目

គម្រោង/កម្មវិធីជំនួយចំពោះការកែទម្រង់ឧស្សាហកម្ម 工业改革援助项目

យន្តការផ្តល់ជំនួយ 援助机制

យន្តការសម្របសម្រួលជំនួយ 援助协调机制

ជំនួយដោយឥតលក្ខខណ្ឌអ្វី 没有附加条件的援助

ជំនួយដែលបន្ថែមលក្ខខណ្ឌនយោបាយ 附加政治条件的援助

ជំនួយដែលមិនបន្ថែមលក្ខខណ្ឌនយោបាយណាមួយ 不附加任何政治条件的援助

ផ្តល់ជំនួយដែលគួរតែមាននិងមិនបន្ថែមលក្ខខណ្ឌនយោបាយណាមួយ 提供应有的、不附加任何政治条件的援助

在上述语词和例句中，"ជំនួយអាមេរិក（美援）"不仅是一个英语源外来词，而且还是柬美关系的关键词之一，在其背后蕴含着深刻的政治文化内涵。它是以美国对外援助为载体的一种政治文化形式，是借助对外援助手段进行的一种外交活动，是美国实现自身利益的一种重要外交工具。作为美国对外政策的一部分，美援本身服务于美国国家利益和对外战略。美国通过对柬援助，向其传播美国的意识形态、价值观、文化特性等，使柬埔寨融入美国主导的政治经济秩序当中；通过对柬援助，塑造美国良好的国际形象，获得柬埔寨国内民众的支持；通过对柬援助，实现对柬埔寨的军事控制。总之，美国通过对柬援助的途径，以期达到建立、发展、维护与柬埔寨的关系，实现美国国家利益的目的。

5.2.2 英柬词典与英语源外来词

在柬埔寨现代文献中，所含英语源外来词较为集中、时间跨度较大、数量庞大且类型丰富的文献资料当属各类英柬词典，它们是考察英语源外来词早期应用状况的必要参考依据之一。

5.2.2.1 柬埔寨国内各类权威性英柬词典简介

20 世纪 90 年代以来，英语迅速取代了法语在柬埔寨的优势地位，在柬埔寨全国范围内得到了广泛推广和使用，柬埔寨人学习英语的热情日益高涨。为满足本国人民英语教学与学习的需要，方便学习者深入理解英语词汇原义，并通过对比高棉语和英语释义而逐步培养英语思维，第一部《英柬词典》于 2000 年在柬埔寨国内问世。该词典是在参考、研究美国英语词典、英国英语词典和澳大利亚英语词典的基础上编写而成，特别适合初级以及中级英语水平的学习者学习使用。该词典中词条的收入、词条义项的选择都以常见性和多用性为原则，偏词、非常用义项均不在这本词典的收入范围之内。该词典中的词条释义清晰明了而又趋于口语化。并且，高棉语释义的表达不仅注重准确传达英语单词的词义，更注重体现英语单词的用法，以免高棉语释义对英语词汇用法产生误导。该词典的大部分词条下都有搭配信息和常用词组，动词的不规则变化、名词复数的不规则变化以及形容词等级的不规则变化均予以标注并单列词条，有利于学习者对英语单词的扩展性掌握。

《柬英词典》和《现代柬英词典》分别出版于 2003 年和 2006 年，两部词典都经过精心编撰且具有较高的使用价值，在柬埔寨学界属于质量上乘的工具书。两部词典都收录了足以满足使用者基本需求的常用词条及相关短语，并且释义准确，但综合比较，《现代柬英词典》较之《柬英词典》更具有时代性、实用性和科学性。《现代柬英词典》还收录了反映当今时代特征的新词和一些旧词的新义、新用法，并且在某些重要词条下还配有高棉语与英语相对译的例句，能够体现同一词条在高棉语与英语中的不同使用方法和语法特点，便于学习者通过比较这两种语言的语法异同而更有效地掌握目标词汇。此外，《现代柬英词典》中许多词条的英语释义和例证的英语译文不仅讲究准确性，而且还强调发散性，即分别从组合关系和聚合关系两方面向学习者介绍若干种英语表达方式，能够迅速扩大学习者的知识范围。并且词条例证的英语译文还在语体方面与原文保持一致性：原文若为书面语，译文则为书面语；原文若为口语，译文则为口语。这使学习者在查阅词汇的同时能体会到特定语境下的语言形式特征。

第一部《英柬政治词典》出版于 2012 年，该词典主要收集政治用语，但因政治事务涉及领域广泛，也适当收录了一些与政治事务相关的外交、经济、法律、军事、文化、科技等词条。该词典对词条的收录和编排注重考虑柬埔寨政治事务的实际需要，注意选收具有较为长远使用价值的词汇，并注意反映近年来语言词汇的新变化。并且词汇释义准确而简明。

5.3.2.2 英柬词典中的英语源外来词例释

通过综合比较、全面考察上述各类英柬词典中的英语源外来词，我们从中收集到了一批较早出现于高棉语中且具有典型外来特征的英语源音译词。具体见下表：

表 5-3 英语源音译词示例表

音译词	英语源词	中文释义
ប៊ីហ្វស្ទិក /biːfstĕ(k)/	beefsteak /biːfsteɪk/	牛排
ស្គីហ្វ /skiːf/	skiff /skif/	轻舟，小快艇
ក្រាហ្វ /kraːf/	graph /græf/	图表；曲线图
ហ្វ្លាស់ /flaʃ/	flash /flæʃ/	闪光；反射
ហ្វាល់ /fal/	file /faɪl/	文件；档案
ហ្វ៊ីល /fiːl/	film /fiːlm/	电影；胶片；胶卷
ហ្វលដ័រ /foːdə/	folder /ˈfəʊldə/	文件夹；卷宗
អុហ្វសិត /ofsə(t)/	offset /ˈɔfset/	抵消；补偿
តិន្និស /tĕnniːs/	tennis /ˈtenis/	网球
ក្ល៊ាស /klas/	glass /glaːs/	玻璃
ឌីស /diːs/	disc /disk/	唱片；光碟
ហ្គាស /kaːs/	gas /gæs/	气体；汽油；瓦斯

（续表）

音译词	英语源词	中文释义
បារ៉ែល /ba:rail/	barrel /'bær(ə)l/	桶；枪管；炮管
ក្រេអុល /kre:ʔo:l/	Creole /'kri:əul/	克里奥尔人
ប៉េណាល់ទី /pe:nalti:/	penalty /'pen(ə)lti/	【体】罚点球
ស្តែនស៊ីល /stĕinsi:l/	stencil /'stensɪl/	蜡纸
ហ្គោល្ហ្វ /ko:l/	golf /gɔlf/	高尔夫球
ឡូហ្គោ /lo:ko:/	logo /'ləugəu/	商标；徽标；标识语
កុំព្យូទ័រ /komphju:tə/	computer /kəm'pju:tə/	计算机，电脑
ម៉ូនីទ័រ /mo:ni:tə/	moniter /'mɔnitə/	屏幕；监视器
ជែនឌ័រ /jɛ:ndə/	gender /'dʒendə/	性；性别
ស្នូកឃ័រ /sno(k)khə/	snooker /'snu:kə/	斯诺克台球

上述英语源音译词具有不同于高棉语固有词的典型外来特征，主要体现在词形和语音两方面：

第一，词形特征：某些音译词中出现了高棉语固有词中从未有过的"ហ្គ、ហ្គ"的重叠辅音形式。例如：ប៊ីហ្គស្ទិក、ស្ទីហ្គ、ក្រាហ្គ、ហ្គាល់、ហ្គាល់、ហ្គោល្ហ្វ、អុហ្គសិត、ហ្គោល្ហ្វ、ឡូហ្គោ。

根据高棉语重叠辅音规则，在高棉语 33 个辅音字母中，有 19 个辅音字母可配有字脚。这 19 个辅音字母是：ក、ខ、គ、ឃ、ច、ឆ、ជ、ឈ、ត、ថ、ទ、ធ、ប、ផ、ព、ភ、ម、ល、ស。很显然，辅音字母 ហ 不可配有字脚。然而，在上述例词中，ហ 却配上了字脚"្គ、្គ"，这显然是不符合高棉语重叠辅音规则的，而"ហ្គ"与"ហ្គ"的创制都是服务于高棉语音译英语词之需的，且两者用途不同。ហ 与 ្គ 相重叠是为了表示高棉语音位系统中欠缺的辅音音位/f/。ហ 与 ្គ 相重叠表示辅音音位/k/，而高棉语音位系统中已有此音位，其对应的辅音字母是 ក 和 គ，所以 ហ្គ 这个重叠辅音结构本质上等同于辅音字母 ក 和 គ。这意味着其实不需要专门创制 ហ្គ 用于音译对应的英语词音位，用高棉语固有的辅音字母 ក 和 គ 就可满足音译之需。实际上，柬埔寨人创制 ហ្គ，目的不在于弥补高棉语欠缺的音位，而是借由 ហ្គ 这一特殊重叠辅音结构来音译英语词，逐渐将其固化为高棉语外来词的一种词形标记。

第二，语音特征：某些音译词中出现了高棉语音位系统不曾有过的新音位，且某些固有辅音的音位组合角色发生变化。

如上文中提到的创制重叠辅音结构 ហ្ន 来表示辅音音位/f/，以弥补高棉语音位系统中唇齿音的空缺。并且在音位组合方面，"ហ្ន/f/"既可做首辅音，又可做阻声辅音即尾辅音。例如在 ហ្ន្លាស់/flaʃ/、ហ្ន្លាល់/fal/、ហ្ន្លេខ័រ/fo:də/这三个词中，"ហ្ន/f/"是做首辅音；在 ប៊ីហ្ន្ស្តៃក/bi:fstĕ(k)/、ស្ក៊ីហ្ន/ski:f/、ក្រាហ្ន/kra:f/、អុហ្នសិត/ofsə(t)/这四个词中，"ហ្ន/f/"是做尾辅音。

上述英语源音译词为高棉语音位系统增添的另一个新音位是舌尖齿龈后部摩擦辅音/ʃ/，以高棉语辅音字母 ស 来表示，如 ហ្ន្លាស់/flaʃ/。字母 ស 本身对应的音位是/s/，由于音位/s/与音位/ʃ/发音特征近似，也为舌尖齿龈摩擦音，只是其舌尖与齿龈摩擦的部位不像/ʃ/那般靠后，于是人们选择以字母 ស 来表示音位/ʃ/，即 ស 在音位学意义上既可发/s/音，又可发/ʃ/音。在音位组合方面，"ស/ʃ/"只可做尾辅音，不可做首辅音。

通过对上述英语源音译词的分析，我们发现，"ស/s/"的音位组合角色也在音译英语词的过程中得以丰富：在未承担音译英语词的功能前，"ស/s/"只做首辅音，如 សក់/sɔ(k)/、សង្ឃឹម/sɔŋkhim/、សណ្ដាប់/sɔnda(b)/、សន្ទូច /sɔntu:(c)/；在英语源音译词中，"ស/s/"还可做尾辅音，如 តិន្នីស/tĕnni:s/、ថ្លី ស/klas/、ឌីស/di:s/、ហ្ន្កាស/ka:s/。

舌尖齿龈边音/l/是高棉语音位系统中的固有音位，且在高棉语中发的是清晰音/l/，既可做首辅音，又可做尾辅音。当其做首辅音时，对应的辅音字母是 ល 或 ឡ；当其做尾辅音时，仅与辅音字母 ល 相对应。由上述音译词 បារៃ ល/ba:rail/、ក្រេអួល/kre:ʔo:l/、ប៉េណាលទី/pe:nalti:/、ស្ទីនស៊ីល/stĕinsi:l/、ហ្ន្គោល ហ្ន/ko:l/可知，舌尖齿龈边音/l/的含糊音也随着音译英语词的过程进入高棉语音位系统中。含糊音/l/本身只可做尾辅音，而清晰音/l/做尾辅音时是与字母 ស 相对应的，因此人们仍选择 ស 来表示含糊音/l/，这便丰富了字母 ស 的音位学含义：既代表清晰舌边音/l/，又代表含糊舌边音/l/。

在上述英语源音译词中，有一类带有高棉语强化符号"◌̊"的词，如 កុំព្យូ ទ័រ、ម៉ូនីទ័រ、ឃែនខ័រ、ស្កយ័រ。通过将这些词的读音与英语源词相比对可知，强化符号"◌̊"在此已失去其固有的语音含义。按照高棉语的发音规则，当强化符号"◌̊"附着于"低辅音字母＋ǐ"结构中的低辅音字母之上时，该结构的读音为/辅音+uəa:/，如 ជួរ/cuəa:/、ញួរ/ɲuəa:/、ទំពួរ/toumpuəa:/、ខ្ទួរ/khtuəa:/。但在 កុំព្យូទ័រ/komphju:tə/、ម៉ូនីទ័រ/mo:ni:tə/、ឃែនឌ័រ/jɛ:ndə/、ស្នុកឃ័រ/sno(k)khə/ 等英语源音译词中，该结构变读为/辅音+ə/。因为在音译英语词后缀"-er"时，柬埔寨人采取的是语音零差距原则，即以完全相同的音位来对译后缀"-er"，所以即使高棉语音位系统中有与元音/ə/非常相似的元音，他们也未直接利用，而是通过将"附着有强化符号的低辅音字母＋រ"结构变读的方式引入新音位/ə/，以完全准确地音译后缀"-er"。"带有强化符号的低辅音字母＋រ"结构的变读也意味着强化符号"◌័"的语音内涵发生了改变，即该结构在高棉语固有词中仍读作/辅音+uəa:/，而在英语源外来词中则读作/辅音+ə/。这使得"带有强化符号的低辅音字母＋រ"结构在某些情况下也成为高棉语外来词的一种词形标记。并且值得注意的是，该结构通常用于后缀"-er"的音译，对于音节形式的"er"，人们一般以高棉语中与之发音近似的元音加以替代，例如英语词 internet 的高棉语音译词为 អ៊ីនធឺណិត，其中"er/ə/"由高棉语元音"◌ឺ"对译。

在柬埔寨国内各类权威性英柬词典中，有一类英语源意译词较早呈现且颇具代表性，那就是表示使役关系的英语源派生词，其后缀表示"化"之意。具体见下表：

表5-4　表示使役关系的英语源派生词示例表

英语源派生词	英语源词	释义
ទំនើបនីយកម្ម, ទំនើបការូបនីយកម្ម	modernization	现代化
សកលការូបនីយកម្ម	globalization	全球化
សមាហរណកម្ម	integration	一体化
អន្តរជាតូបនីយកម្ម	internationalization	国际化
ប្រជាធិបតេយ្យូបនីយកម្ម	democratization	民主化
សេរីការូបនីយកម្ម, សេរីនីយកម្ម	liberalization	自由化
អាមេរិកូបនីយកម្ម	Americanization	美国化
ដុល្លារនីយកម្ម	dollarization	美元化
វៀតណាមូបនីយកម្ម	Vietnamization	越南化

（续表）

英语源派生词	英语源词	释义
ជាតូបនីយកម្ម	nationalization	民族化
ខេមរយានកម្ម	khmerization	高棉化
ឧស្សាហូបនីយកម្ម	industrialization	工业化
នីតិកម្ម	legislation	法制化
នីត្យានុកូលកម្ម	legalization	法治化
នគរូបនីយកម្ម	urbanization	城市化；都市化；城镇化
ឯកជនីយកម្ម	privatization	私有化
រដ្ឋូបនីយកម្ម, ជាតូបនីយកម្ម	nationalisation	国有化
យោធូបនីយកម្ម	militarisation	军事化
សក្តិភូមិកម្ម	monopolization	垄断化
មូលធនកម្ម	capitalization	资本化
សន្តិការូបនីយកម្ម	appeasement	绥靖化
ទុគ្គតការូបនីយកម្ម	immiserization; pauperization	贫困化
សង្គមូបនីយកម្ម	socialization	社会化
ប្រជាប្រិយនីយកម្ម, ឧត្តានកម្ម	popularization	大众化
សុខដុមនីយកម្ម	harmonization	和谐化
ធម្មានុរូបធម្ម, នីត្យានុកូលកម្ម	decriminalization; legalization; legitimation	合法化
ធម្មតូបនីយកម្ម	normalization	正规化
ឧត្តានកម្ម	popularization; vulgarization	通俗化；庸俗化
ឯកត្តកម្ម	personalization; individualization	个人化；个性化；个体化
ប្រក្រតីការូបនីយកម្ម	normalization	正常化
បមាណីយកម្ម, ស្ដង់ដារកម្ម	standardization; normalization; standardisation	标准化

（续表）

英语源派生词	英语源词	释义
និយតកម្ម, សនិទានកម្ម	rationalization	合理化
ស្វ័យប្រតិកម្ម	automation; robotization	自动化
៣ាក់កណ្ដាល	semi-automatization	半自动化
អសន្យាណាកម្ម	electronization	电子化
យន្តកម្ម	mechanization; mechanisation	机械化
ចេត្តូបនីយកម្ម	spiritualization	净化
ឯកទេសកម្ម	professionalization	专业化
សន្ឋបនីយកម្ម	sanctification; consecration	神圣化
សម្ភារកម្ម	materialization	物质化
ប្រព័ន្ឋកម្ម	systematization	系统化
ពត៌មានភាវូបនីយកម្ម	informatization	信息化

上述英语源意译词都有"使……转变成某种性质或状态"的含义，均带有表示"化"之意的后缀，其表现为四种形式：-កម្ម、-និយកម្ម、-ឧបនិយកម្ម、-ភាវូបនីយកម្ម，通常对译的是英语后缀"-ization（或-isation）"。这四个都意为"化"的后缀有如下基本特征：

第一，外源性。上述四个后缀实际上均为源自梵语、巴利语的外来词，它们最初以源语中的词干形式进入高棉语，作为能够自由活动的名词参与构词活动。随着构词活动的增加，它们在高棉语中逐渐实现了语义和语法的同化，获得了与高棉语固有词同等的地位。之后它们在意译外来词（主要是英语源外来词）的过程中获得了新的语法位置，词义逐渐虚化，词缀特征愈加明显，从而具备了转化为语法后缀的基本条件。随着现代表示"……化"之意的英语源外来词的不断输入，កម្ម、និយកម្ម、ឧបនិយកម្ម、ភាវូបនីយកម្ម 被有意识地频繁用作词缀参与外来词意译活动，使其新的语法特征不断得以强化，最终完成了语法化的过程。而语法化的实现又进一步增强了它们的组合成词能力。

第二，关联性。កម្ម、និយកម្ម、ឧបនិយកម្ម、ភាវូបនីយកម្ម 这四者之间在结构上存在着逐步衍生、层层扩展的关系。具体情况如下：

នីយ+កម្ម→នីយកម្ម

ឧបនីយ+កម្ម→ឧបនីយកម្ម

ភាវ(ភាព)+ឧបនីយ+កម្ម→ការូបនីយកម្ម

第三，依附性。"-កម្ម、-នីយកម្ម、-ឧបនីយកម្ម、-ការូបនីយកម្ម"词缀必须附着于词根之后才可表现出"化"的意义，并且它们同与之搭配的词根之间不是简单的意义相加，而是两者意义的相互融合。例如"សមាហរណកម្ម（一体化）、ទំនើបនីយកម្ម（现代化）、ឧស្សាហូបនីយកម្ម（工业化）、សកលការូបនីយកម្ម（全球化）"等均为一个个结构紧密、意义完整的词，不能分开也不能插入其他成分，否则便不能称之为表示使役关系的派生词了。"-កម្ម、-នីយកម្ម、-ឧបនីយកម្ម、-ការូបនីយកម្ម"词缀之所以具有依附性是由于它们已实现了语法化，已不是最初具有实在意义，且能自由活动的名词了，其词义已逐渐虚化，不能单独成词，只能依附于词根之后。

第四，能产性。"-កម្ម、-នីយកម្ម、-ឧបនីយកម្ម、-ការូបនីយកម្ម"词缀具有很强的构词能力，在构造新词时具有一定的类化作用。它们具有未完全虚化的"化"之意，这使其能够根据需要很容易地与其他词语组合成新词，满足柬埔寨大众的交际需求。由于由"-កម្ម、-នីយកម្ម、-ឧបនីយកម្ម、-ការូបនីយកម្ម"词缀构成的新词在现代高棉语中层出不穷，一般辞书根本来不及收录或无法尽收这类词语，这也从另一个侧面体现了"-កម្ម、-នីយកម្ម、-ឧបនីយកម្ម、-ការូបនីយកម្ម"词缀的能产性。

第五，标识性。"-កម្ម、-នីយកម្ម、-ឧបនីយកម្ម、-ការូបនីយកម្ម"词缀一方面有标识词性的作用，即由其构成的词均为名词词性；另一方面它们又有标识词汇基本结构的作用，即由其构成的词均为派生词。总之，这四个同义词缀以同样的方式构成一类表示"……化"之意的派生名词。

第六，定位性。"-កម្ម、-នីយកម្ម、-ឧបនីយកម្ម、-ការូបនីយកម្ម"词缀在高棉语词中的位置总是固定的，只能位于词尾，即只可充当后缀。

在构词规则方面，"-កម្ម、-នីយកម្ម、-ឧបនីយកម្ម、-ការូបនីយកម្ម"词缀通常与名词或形容词组合。其中名词性词根包含的概念较为复杂：有的表示具体事物或抽象事物，如 អេឡិចត្រូនិច（电子）、យន្ត（机械）、មូលធន（资本）、ដុល្លារ（美元）、ជាតិ（民族）、ប្រជាធិបតេយ្យ（民主）、អន្តរជាតិ（国际）等；有的表示地名，如 អាមេរិក（美国）、វៀតណាម（越南）、ខ្មែរ:（高棉）等；有的表示方位，如 សកលលោក（全球）等。

在语法功能方面，"-កម្ម、-នីយកម្ម、-ឯបនីយកម្ម、-ភាវូបនីយកម្ម" 缀词的语法功能如下：

第一，做主语。

"-កម្ម、-នីយកម្ម、-ឯបនីយកម្ម、-ភាវូបនីយកម្ម" 缀词在句中充当主语成分时，谓语通常为非动作义的词，即谓语并不表示实际的动作或变化，而是更趋向于陈述一个状态。例如：

នគរូបនីយកម្មហួសហេតុបាននាំមកបញ្ហាមួយចំនួន។

过度城市化带来了一系列问题。

ពតិមានភាវូបនីយកម្មធ្វើឱ្យជីវភាពប្រជាជនកាន់តែងាយស្រួល។

信息化使人们的生活更加便利。

第二，做宾语。例如：

វិធានការទាំងនេះបានជំរុញ ទំនើបនីយកម្មរាជធានីភ្នំពេញ។

这些措施推进了首都金边的*现代化*。

ហ៊ុន សែន នាយករដ្ឋមន្ត្រីនៃព្រះរាជាណាចក្រកម្ពុជាថ្លែងថា ចាំបាច់ត្រូវបន្តពង្រឹង *សុខដុមនីយកម្មរវាងសាសនិកនៃគ្រប់សាសនា។*

柬埔寨王国首相洪森表示，应当继续巩固各宗教教徒间的*和谐化*。

第三，做定语。例如：

ការកែទម្រង់ យោធូបនីយកម្មកំពុងតែធ្វើឡើងក្នុងប្រទេសនេះ។

*军事化*改革正在这个国家进行着。

យុវជនត្រូវតាមឲ្យទាន់បច្ចេកវិទ្យានៃសម័យ សកលភាវូបនីយកម្ម។

年轻人应赶上*全球化*时代的科技发展步伐。

在使用语境方面，"-កម្ម、-នីយកម្ម、-ឯបនីយកម្ម、-ភាវូបនីយកម្ម" 缀词一般用于书面语，但并非所有的书面语中都能大量使用这类词。通过对现有语料的分析可知，"-កម្ម、-នីយកម្ម、-ឯបនីយកម្ម、-ភាវូបនីយកម្ម" 缀词在现代高棉语政论语体中使用得最为频繁，其次是新闻语体、学术语体和文艺语体等。究其原因在于，"-កម្ម、-នីយកម្ម、-ឯបនីយកម្ម、-ភាវូបនីយកម្ម" 词缀意为"使……转变成某种性质或状态"，强调的是事物或表现情况从具体到抽象、从个性到共性的变化过程，重在陈述事实，因而具有很高的可信度以及很强的说服力。而这些特点都是政论文体或评论类文章所需要的要素，因此 "-កម្ម、-នីយកម្ម、-ឯបនីយកម្ម、-ភាវូបនីយកម្ម" 缀词更适合使用于这类文章中。

5.2.3　对早期应用中英语源外来词的总体分析

在前文我们以某些柬埔寨现代文献资料为分析蓝本，对英语源外来词的早期应用状况进行了案例式的深入考察。在此基础上，我们将对早期应用中的英语源外来词进行适当的总体分析，重点就英语源外来词的类别，音译的价值，英语源意译词的产生原因及其发展历程等做相关分析。

5.2.3.1　对早期应用中英语源外来词的分类

按借用方式进行分类，早期应用于高棉语中的英语源外来词可分为音译词和意译词两类。

5.2.3.1.1　英语源音译词

在对英语源音译词进行正式探讨之前，有必要将音译与音译词的定义界定清楚，以满足本研究的整体需要。

普通语言学对音译的解释是，将源语言的发音按本国语言的音位系统进行转写。《现代汉语词典》解释道："把一种语言的语词用另一种语言中跟它发音相同或近似的语音表示出来。"[1]高名凯、刘正埮对音译的定义是，"把外语中具有非本语言所有的意义的词连音带义搬到本语言里来"[2]。赵元任认为，"平常一个语言甲借语言乙里的一个词就是取乙的某词改用甲的音系里的可能的音当一个新词来用"，"借了外来词以后不但音会改变并且意义跟用法不一定跟原来一样。"[3]杨锡彭认为高名凯、刘正埮的"连音带义"说是值得商榷的，认为赵元任对音译的解释是比较准确细致的。因为在他看来，"音译的本质是借助声音替代的方式从别的语言里借用词语，而不是把外语词连音带义地搬进来"[4]。综合以上观点，我们认为，音译是用本族语言的语音形式记录外语词的语音形式以借用这个外语词。

关于"音译"的名称，有学者认为还不够准确。王力说："严格说起来，音译不能算是译，也只是采取接受原型的方式，不过因为汉字不是拼音文字，

① 中国社会科学院语言研究所：《现代汉语词典》（第 6 版），商务印书馆，2012 年，第 1544 页。

② 高名凯、刘正埮：《现代汉语外来词研究》，文字改革出版社，1958 年，第 8 页。

③ 吴宗济、赵新那：《赵元任语言学论文集》，商务印书馆，2002 年，第 605 页。

④ 杨锡彭：《汉语外来词研究》，上海人民出版社，2007 年，第 39 页。

所以好像是'译'了。"① 对此，杨锡彭认为，"音译既然是一种借词方式，其名称也许用'音借'更准确"，"但是'音借'顾名思义似乎只是借用语音，与通过语音形式的替代从外语中借用音义结合的语言单位的这一本质特点不相符合，表义似乎也不够明确。考虑到'音译'这个术语已经约定俗成，所以沿用这个术语是比较适宜的"。②

相应的，以音译方式借入的外语词就是音译词。普通语言学对音译词的定义是，"词义源自外族语中某词，语音全部或部分借自相对应的该外族语词所构成的词"③。由此类推，英语源音译词就是以音译方式借入的英语词，其词义源自某英语词，其语音全部或部分借自相对应的该英语词。

根据英语源音译词复制源词语音形式的情况，我们将其分为三类。

第一类：完整音译词。

完整音译词是指，用高棉语字母完整记录英语源词读音的新词。其读音与源词读音一一对应，没有删减。例如：

clone-ក្លូន

computer-កុំព្យូទ័រ

tennis-តិន្នីស

tip-ទិព

第二类：部分音译词。

部分音译词是指，用高棉语字母记录英语源词部分读音的新词。由于高棉语固有词以单音节为主，这使高棉语在音译多音节英语词时有时只借入其中的部分音节，且大多借入的是前部分音节，偶尔借入后部分音节。例如④：

disc-ឌីស

film-ហ្វីល

print-ព្រីន

inch-អ៊ិញ

第三类：附注音译词。

附注音译词是指，先按英语源词的语音进行音译，再按源词的语义用意义

---

① 王力：《论汉族标准语》，载《中国语文》，1954 年第 24 期。

② 杨锡彭：《汉语外来词研究》，上海人民出版社，2007 年，第 39 页。

③ 叶蜚声、徐通锵：《语言学纲要》，北京大学出版社，1997 年，第 198 页。

④ 英语例词中有下划线的部分在高棉语中已被缩略。

相近的高棉语语素与音译成分一起构成的新词。高棉语语素与音译成分之间是类名与子类的关系。例如：

jazz-ភ្លេងហ្សាស

beer-ស្រាប៊ីយែរ

pizza-នំភីហ្សា

Coca Cola-ទឹកភេសជ្ជៈកុកាកូឡា

5.2.3.1.2 英语源意译词

由前文意译词和法语源意译词的定义，我们可推知，英语源意译词是指以意译方式借入的英语词，其词义源自某英语词，却用高棉语的构词材料和规则创制而成。

根据英语源意译词的特点，我们将其分为两类。

第一类：仿译词。

仿译词是指，按照英语源词的组成和结构，用高棉语的构词材料——对应翻译而成的新词。仿译词在英语源意译词中占有很大比重，并且受源词结构的影响，英语源仿译词多为复合词。例如：

financial assistance-ជំនួយសេដ្ឋកិច្ច

mobile phone-ទូរស័ព្ទចល័ត

human rights-សិទ្ធិមនុស្ស

developed country-ប្រទេសអភិវឌ្ឍន៍

第二类：新造词。

新造词是指，按照英语源词的词义，综合运用高棉语的构词材料以"重新命名"的方法创造出来的新词。新造词不仅构词成分与英语源词不相同，而且词语结构也与之不同。例如：

memorandum-អនុស្សរណៈ

information-ពត៌មាន

terrorism-ភេរវកម្ម

quota-បម្រាណភាគ

5.2.3.2 音译作为英语源外来词早期借用方式的价值

第一，音译是现代高棉语吸收英语源外来词时最为简便而又快捷的手段。

在现代高棉语中，音译是最简便、最快捷的借词手段，所以它不仅是吸收英语源外来词的主要方式之一，也是首选方式。20 世纪 90 年代，柬埔寨终于摆脱了长年战乱，走上和平重建、对外开放的道路，接触到的是一个急剧变化、迅猛发展的世界，国门外的一切对于饱经战乱之苦的柬埔寨人来说是那样新鲜，而传自欧美发达国家的层出不穷的新事物、新现象、新概念更是令其应接不暇。因为来不及仔细斟酌代表新事物、新概念的英语词的含义，或是因为尚不能准确理解这些英语词的含义，或是因为无法从高棉语中找到相应的固有词来意译，所以柬埔寨人在借用这些英语词时往往优先采用音译的方式。而随着柬埔寨社会越来越开放、对外交往越来越频繁，越来越多由英语词承载的新事物、新现象和新概念如浪潮般涌入柬埔寨社会，使柬埔寨人无暇细细推敲其含义并精心意译，为了迅速吸纳这些不断涌现的英语词，音译无疑凭其简便、快捷的优势成为首选的借词手段。

收录于 2000 年出版的首部《英柬词典》中的英语源外来词属于较早出现于高棉语中的英语源外来词。据统计，这些英语源外来词共计 472 个，其中音译词有 264 个，占英语源外来词总量的 56%；意译词有 208 个，占英语源外来词总量的 44%。显而易见，在高棉语吸纳英语源外来词的早期阶段，以音译方式借用的英语词数量就多于以意译方式借用的英语词。这说明，在英语源外来词的早期输入阶段，音译的确是最为简便而又快捷的英语词借用手段，因此它不仅是现代高棉语借用英语词的基本方式，而且也是高棉语今后仍将继续使用的主要借词方式之一。

第二，音译可以避免意译英语词不当导致的译词语义缺失或文化亏损。

不同语言的词汇有不同的语义系统和文化背景，正如赵世开所言："每个词在各种语言中处于它自己的语言系统中，而且不同语言在划分语义场时并不相同（这跟文化背景有关）。"[1]当高棉语采用意译的方式吸纳英语词时，即使译词与源词意义相近，也往往无法译得十全十美。因为英语词指称的事物、现象、概念等往往是柬埔寨社会中所欠缺的，根本没有完全对应的高棉语固有语词来指称，意译不当要么会产生语义不确切甚至语义扭曲的译词，要么会造成文化缺省。赵世开便认为，"不同语言中的词应该按其本义来理解，靠翻译是

---

① 赵世开：《翻译和语境》，载《词库建设通讯》，1995 年第 7 期。

不准确的。这正是语言的复杂性和它的美妙之处"[1]。恰如唐代玄奘法师提出的"五不翻"原则：1.秘密故。如"陀罗尼"。2.含义多故。如"薄伽"，梵具六义。3.此无故。如"阎浮树"，中夏实无此木。4.顺古故。如"阿耨菩提"，非不可翻，而摩腾以来常存梵音。5.生善故。如"般若"尊重，"智慧"清浅。[2]这"五不翻"实则意译难以处理的五种情况。

对此，音译可以替代意译来处理其穷于应付之处。20世纪初的学者胡以鲁虽然主张"义译"（即"意译"），坚决反对随意"借用"（即"音译"），但也认为"事物固有比字属名以定其号而终不可题号者，则无妨从其主称"的音译办法。[3]赵世开甚至坦言道："借用外来词最保险的做法是全部照抄（包括语音）。现代日本人以及西方人多采用这方法。"[4]

例如，随着柬埔寨迈入和平重建、对外开放阶段，计算机这一人类发明史上的奇迹被引进柬埔寨社会。对于这种新颖、神奇而又全然陌生的高科技产品，柬埔寨人不知该用本族语中的何种词汇加以对译，于是直接采用音译的方式将英语词"computer（计算机，电脑）"译作高棉语"កុំព្យូទ័រ"。随着计算机在柬埔寨社会的日益普及和飞速发展，它对柬埔寨人的生产活动和社会活动产生了越来越重要的影响，"កុំព្យូទ័រ"这个音译词便在高棉语词汇系统中长期存在下来，并被频繁而又广泛地使用于柬埔寨大众语言生活中。与此同时，计算机的相关组成部分也被音译成高棉语词迅速运用于柬埔寨人的语言实践中，如monitor-ម៉ូនីទ័រ（显示器），adaptor-អាដាប់ទ័រ（适配器），modem-ម៉ូដឹម（调制解调器），kernel-ខឺណែល（内核），menu-ម៉ឺនុយ（菜单），applet-អាប់ភ្លេត（小应用程序）。不仅如此，计算机网络的发展开启了柬埔寨的信息时代，柬埔寨人实现了国内、国际间的信息交流与资源共享，与互联网相关的大量英语源音译词也随之应运而生，如 internet-អ៊ីនធឺណិត（互联网，因特网），web-វែប（网络），World Wide Web (WWW)-ទេ្យងរើលវ៉ាយវិប（万维网），email-អ៊ីមែល（电子邮件），blog-ប្លុក（博客），microblog-មីក្រូប្លុក（微博），WeChat-វិឆាត（微信）。

第三，音译英语词可以满足高棉语在某些场合的避忌之需。

"所谓避忌，即为了获得更好的表达效果，采用音译以避免政治、文化等

---

[1] 赵世开：《翻译和语境》，载《词库建设通讯》，1995 年第 7 期。

[2] 周定一：《"音译词"和"意译词"的消长》，载《中国语文》，1962 年第 10 期。

[3] 同上。

[4] 赵世开：《翻译和语境》，载《词库建设通讯》，1995 年第 7 期。

方面的禁忌。"[1]

柬埔寨是一个传统的佛教国度，对于"性感"这类语词通常是不习惯于在公开场合无所顾忌地加以使用的，以避免给人留下轻佻、风骚、具有挑逗性的不好印象。而"sexy"一词在英语中属于褒义词，是男、女性别特有的魅力之意，因此使用"sexy"对应的高棉语音译词"សិចស៊ី"远比使用高棉语固有语词显得含蓄，可以大大淡化放荡、轻佻的感觉。如：

ហ្គេតមកដល់ពេលនេះនៅក្នុងសង្គមសិល្បៈខ្មែរ គេសង្កេតឃើញថា មានសិល្បការីនីមិនច្រើនប៉ុន្មានទេ ដែលត្រូវបានមហាជនចាត់ថ្នាក់ចូលជាតារាស្រីដែលមានសម្រស់បែប *សិចស៊ី* ហ៊ានបញ្ចេញសាច់សខ្លីរបស់ពួកគេ ក្នុងនោះមានតារាខ្លះស្ទើរតែមិនដឹងខ្លួនផងពីការចាត់ថ្នាក់នេះៗ ទាំងនេះក៏ព្រោះតែសម្រស់ស្រស់សោភារបស់ពួកនាង និង ការហ៊ានលេងស្ទីលស្ញៀកពាក់*សិចស៊ី*បញ្ចេញសាច់ខ្លង បង្កើតលំ់សុដន់ បង្ហាញលំភ្លៅដំសខ្លីៗ។

ចង់ដឹងថាតារាស្រីៗណាខ្លះ ដែលត្រូវមហាជនចាត់ចូលជាតារា*សិចស៊ី* មានស្បែកស្អាត សាច់ខ្លងម៉ដួស រលើបរលោង ស្រមោចរជ្រែៈ មើលទៅគួរឱ្យទាក់ភ្នែក និង ក្លាញ់នោះៈ ពេលនេះ«ប្រជាប្រិយ»សូមបង្ហាញពីសម្រស់ដំ់គួរឱ្យក្លាញ់របស់សិល្បៈការីនី ១០ រូបដួចខាងក្រោម ៖......(«តារាស្រី១០ដួងសិចស៊ីហ៊ានបញ្ចេញសាច់ខ្លង» «ខ្មែរ»)

朝鲜半岛自分裂为北、南两部分之后，北、南双方便各自称为朝鲜和韩国，随之也分别把他们所使用的语言称为朝鲜语和韩国语。朝鲜和韩国用英语表示就是一个词"Korea"，朝鲜语和韩国语用英语表示也是一个词"Korean"。为了避免名称使用不当而可能引起的非学术性麻烦，柬埔寨人将英语"Korea"一词音译为"កូរ៉េ"来指称朝鲜或韩国。具体操作方式是，当只有朝鲜或只有韩国一方需要指称时，通常直接用"កូរ៉េ"来称说，若需要让人明晰是这两国中的哪一国，则像英语一样加上"north（高棉语为 ខាងជើង）"或"south（ខាងត្បូង）"来特别注明，即"កូរ៉េខាងជើង"表示朝鲜，"កូរ៉េខាងត្បូង"表示韩国；当朝鲜和韩国这两国需要同时指称时，则用"កូរ៉េខាងជើង"和"កូរ៉េខាងត្បូង"来分别称说。如：

ភ្នំពេញៈ ទីភ្នាក់ងារជន្រ្ញ ពាណិជ្ជកម្ម និងវិនិយោគ របស់*កូរ៉េ* ប្រចាំប្រទេសកម្ពុជាហៅកាត់ថា Kotra នៅរសៀលថ្ងៃទី៧ ខែធ្នូឆ្នាំ២០១៥នេះ បានរៀបចំឱ្យមានកា រជួបជុំគ្នាមួយរវាង ក្រុមហ៊ុនធំៗមកពី*កូរ៉េ* ប្រមាណជា១០ក្រុមហ៊ុន និងក្រុមហ៊ុនធំៗ ក្នុងស្រុកចំនួន ៦ ក្រោមកិច្ចសម្របសម្រួលពីរដ្ឋាភិបាលនៃប្រទេសទាំងពី ដើម្បីផ្ដល់ឱកាសឱ្យ ពួកគេ

---

① 杨锡彭：《汉语外来词研究》，上海人民出版社，2007年，第81页。

បានពង្រឹងភាពជាដៃគូក្នុងការអភិវឌ្ឍន៍លើហេដ្ឋារចនាសម្ព័ន្ធមួយចំនួនរវាងកម្ពុជា-*កូរ៉េ* («កម្ពុជា-កូរ៉េ ពង្រឹងភាព ជាដៃគូក្នុងការ ធ្វើកិច្ច សហប្រតិបត្តិការ ជាមួយកម្ពុជា» «គេហទំព័រដើមអម្ពិល»)

ក្រុងសេអ៊ូល: មន្ត្រីយោធាជាន់ខ្ពស់*កូរ៉េខាងជើងម្នាក់* បានគំរាមវាយប្រហារនុយក្លេអ៊ែរ លើសេតវិមាននិងមន្ទីរបញ្ញាកោណាបន្ទាប់ពីចោទប្រកាន់ក្រុងវ៉ាស៊ីនតោន ពីបទបង្កើនភាពតានតឹងនៅលើឧបទ្វីបកូរ៉េ។

(«កូរ៉េខាងជើងគំរាមវ៉ៃប្រហារសេតវិមាន» «ភ្នំពេញប៉ុស្តិ៍»)

ប្រព័ន្ធសារព័ត៌មានកូរ៉េខាងត្បូងបានអះអាងថា *កូរ៉េខាងជើងបានសាកល្បងបាញ់* បង្ហោះមីស៊ុលចម្ងាយជិត ៣ គ្រាប់ទៅកាន់លំហាសមុទ្រខាងកើតនៃឧបទ្វីបកូរ៉េ។ (China Radio International)

同样的，为了把似乎已是两种语言的朝鲜语和韩国语重新设定为一种语言，更是为了避免书面交际或口头交际中的尴尬现象，于是柬埔寨人采用英语词 "Korea" 的对应高棉语音译形式 "កូរ៉េ" 再加上高棉语固有词 "ភាសា（语言）"，构成短语 "ភាសាកូរ៉េ" 来指称朝鲜半岛上的这种单一民族语言。如：

បច្ចុប្បន្ន*ភាសាកូរ៉េ*ត្រូវបានពេលរដ្ឋខ្មែរខ្ញុំសិក្សាយ៉ាងផុសផុល ដោយឡ្យេកពីរ-បីឆ្នាំចុង ក្រោយនេះពេលរដ្ឋក្នុងស្រុកឈ្លក ខេត្តកំពត បានរៀនភាសាកូរ៉េយ៉ាងច្រើន ជាពិសេសយុវជន។ ថ្ងៃនេះ: Sabay សូមនាំប្រិយមិត្តទាំងអស់គ្នាទៅស្ដាប់មតិរបស់សិស្សដែលកំពុងរៀន *ភាសាកូរ៉េ*ថា អ្វីទៅជាមូលហេតុដែលនាំឱ្យពួកគេសម្រេចចិត្តរៀន*ភាសាកូរ៉េ*។ («ខ្ញុំចង់ទៅ កូរ៉េ ព្រោះប្រាក់ខែច្រើន»)

第四，音译英语词为高棉语创造出全新的词语，符合求新求异的语言心理。

求新求异是人们的正常心理，语言使用也是如此。自柬埔寨进入和平重建阶段后，整个社会便处于开放、变革的浪潮中，柬埔寨人尤其是年青一代更加具有追求自我、张扬个性的特点，对语言使用具有很强的求新求异心理，在使用高棉语的过程中已不满足于现有语词的表达，而是追求新颖的、与众不同的表达形式，而英语源音译词恰好满足了他们的需要。以音译方式吸纳的英语词不仅因其承载着欧美文化信息而为现代柬埔寨人所吸引，更是因为音译英语词可以创造出从语音到词形上都全然一新的词语，符合他们求新求异的语言心理。即使新创造的某个音译词所指称的事物、现象、概念等在高棉语中早已有词语加以指称，但求新求异的语言心理使柬埔寨年轻人更乐于使用这个新的同义英语源音译词，从而对高棉语固有词形成一种人为的冲击。

例如在高棉语中有好些固有词语可以指称"会议；集会"且沿用已久，如 សន្និបាត、សន្និសីទ、ការប្រជុំ 等，但英语源音译词 ម៉ីទីង 却被柬埔寨人在语言交际中使用得更为频繁。如：

អ្នកស្រីឡើងចេញច្រៀងនៅ*ម៉ីទីង*របស់អង្គការ។

(«មាសស្រោបនគរ ភាគមួយ»)

គេធ្វើ*ម៉ីទីង*មួយសម្រាប់មិនឱ្យយើងទាំងអស់គ្នា ខុសសីលធម៌ដូចបែបបទនារីនោះ។ («អង្គជំនុំជម្រះសាលាដំបូងស្តាប់ការថ្លែងទុក្ខសោករបស់ដើមបណ្ដឹងរដ្ឋប្បវេណី៣រូប»)

"小费"一词在高棉语中已有意译形式 កំរៃក្រៅ 或 លុយកំរៃក្រៅ，但柬埔寨人又从英语中引入该词的音译形式 ធិព។

同样的，高棉语中既有表示"签证"之意的意译形式 ទិដ្ឋាការ，也有借自英语的音译形式វិហ្សា；既有表示"出租车"之意的意译形式 ឡានរត់ឈ្នួល，也有借自英语的音译形式តាក់ស៊ី。诸如此类，不一而足。

第五，音译可以缩短一些较长的或含义丰富的英语词的形式。

在日常言语交际中，语言使用通常遵循经济原则，其实质是在保证实现语言交际功能的前提下，最大限度地简缩已知信息。从语词层面来看，就是缩略使用频繁的较长的语词形式。放眼恢复和平后的柬埔寨，全社会处于不断变革与快速发展之中，这使现代柬埔寨人的生活节奏日益加快，简洁、迅速地传递信息也显得越来越重要。就英语词的借用而言，现代柬埔寨人越来越需要简单易记的译词形式，而音译就可以满足他们的这种需求。音译可以简缩一些英语词的形式，缩短外来信息进入高棉语的过程，使语言经济简练、发音便捷、节律协调，提高语言的交际效率。

具体言之就是，一方面，音译可以简缩一些较长、较复杂的英语词的形式，实现化繁为简。例如，"Association of Southeast Asian Nations（东南亚国家联盟）"高棉语意译形式是"សមាគមប្រជាជាតិអាស៊ីអគ្នេយ៍"。该短语无论是英语原文的形式还是高棉语的意译形式都显得冗长，不便于称说。该短语的英语缩略语形式为"ASEAN"，对应的高棉语音译形式是"អាស៊ាន"。相对于意译形式，这一音译形式就显得简洁明了、便于称说，在高棉语中也比意译形式使用得更为广泛而频繁。同样的，"Asia-Pacific Economic Cooperation（亚太经济合作组织）"的高棉语意译形式是"អង្គការសហប្រតិបត្តិការសេដ្ឋកិច្ចអាស៊ីប៉ាស៊ីហ្វិក"，形式较长而复杂，所以柬埔寨人在现实交际中更乐于采用其简称

"APEC"的音译形式"អេប៉ិច"。如：

ប្រធានគណៈកម្មាធិការជាតិនឹងមួយៗនិងលេខាធិការដ្ឋានជាតិ*អាស៊ាន*កម្ពុជាមានតួ
នាទីជាអ្នកសំរបសំរួលលើកិច្ចសហប្រតិបត្តិការតាមជំនាញនឹងមួយៗរបស់ខ្លួនជាមួយ
លេខាធិការដ្ឋានជាតិអាស៊ាំទាំងអស់ លេខាធិការដ្ឋាន*អាស៊ាន* និងបណ្ណប្រទេសជាដៃគូ
ចរចារបស់*អាស៊ាន*។

（《ធម្មនុញ្ញនៃសមាគមប្រជាជាតិអាស៊ីអាគ្នេយ៍》）

另一方面，音译可以简化一些含义丰富的英语词的形式。例如英语词"dumping（倾销）"是指出口厂商以低于该商品国内市场出售的价格，在国际市场上销售，其目的是打开市场，战胜竞争对手，扩大销售或垄断市场。若以意译的方式借入该词，其高棉语意译形式将显得非常冗长，不便于称说，而其对应的高棉语音译形式"ដំភីង"则简练清晰、发音便捷，所以"dumping"一词最终以音译的方式进入高棉语。同理，英语词"clone（克隆）"在广义上是指利用生物技术通过无性生殖产生出与原个体具有完全相同基因组的后代的过程。该词含义丰富，所以不便于意译，而便于直接音译为高棉语词"ក្លូន"。

5.2.3.3　英语源意译词产生的原因及其发展历程

高棉语中英语源意译词是在语言因素和社会因素的共同作用下产生的。

从语言层面看，英语源意译词产生的原因与法语源意译词是相同的，即音译方式固有的局限性和意译方式独有的优点是英语源意译词产生的内在动因，可提供丰富构词材料的梵巴语语素是英语源意译词产生的重要外部条件。

从社会层面看，20世纪90年代，柬埔寨结束长年战乱，走上和平重建、对外开放之路，随着美国文化在柬埔寨的强势传播以及在英语成为全球通用语的背景下，英语迅速取代了法语在柬埔寨的优势地位，在全国范围内得到了广泛推广和使用。特别是自1999年柬埔寨加入东南亚国家联盟以来，其对外交流与合作进一步加强，对地区与国际事务的参与更加积极，使英语在本国得到了更为广泛的使用，越来越多代表新事物、新现象和新概念的英语词也由此源源不断地涌入柬埔寨社会。仔细斟酌、逐一推敲的意译方式显然难以满足迅速吸纳大量英语词的需要，音译无疑凭其简便、快捷的优势成为当时首选的借词手段。与此同时，柬埔寨本土学者开始担心英语源音译词的大量存在和迅猛发展会破坏高棉语的纯洁性、混淆正常的概念、扰乱社会信息交流，甚至会潜移默化地影响着柬埔寨人的价值观念和民族情感。为此，一些柬埔寨学者开始有意识地以意译取代音译来译借英语词。然而这种意译工作大多是无组织的个人行为且处于无序状态，其间虽有小范围的合作，但尚未形成规模。直到柬埔寨于 2000 年创建了国家语言研究院，意译词的创制工作才最终发展成为有组织和规范有序的国家行为。柬埔寨国家语言研究院的主要职责是规范外语词的翻译，使其实现标准化和统一化，并以意译方式创造了源自英语的各门学科、各种概念的高棉语对等词，如政治术语、经济术语、法律术语、科技术语等，并将其推广到柬埔寨全社会加以广泛使用。目前，这些统一、规范的专业术语类意译词陆续编辑成册，以词典的形式出现，已出版的词典包括政治词典、计算机词典、法律词典等。

综上所述，高棉语中英语源意译词的产生是语言因素和社会因素共同作用的结果，其发展轨迹是从无意识到有意识、从无组织到有组织、从无序到有序。

本章小结

本章是对高棉语中英语源外来词的溯源，重点考察的是，高棉语中英语源外来词的文化源头及其在高棉文文献中的早期应用状况。通过对大量史料的分析可证实，正是美国文化在柬埔寨的传播及影响，导致了英语源外来词对高棉语的大量输入。在此，我们选择了含有冷战时期、后冷战时期较早输入的英语源外来词的部分语料文本，作为其进入高棉语的形象证明（参见附录七：含英语源外来词的代表性语料文本）。

表 5-5　代表性语料文本中英语源外来词数据表

序号	文献名称	词语总数	英语源外来词数量	比例
1	《公民权利和政治权利国际公约》（1966 年）（节选）	143	10	7%
2	《联合国安理会第 745 号决议——柬埔寨过渡时期联合国权力机构》（1992 年）（节选）	468	67	14%
3	《柬埔寨政府关于建立东盟职能合作委员会的 27 号令》（1997 年）（节选）	208	20	10%
4	《互联网》（2000 年）	611	66	11%

（续表）

序号	文献名称	词语总数	英语源外来词数量	比例
5	《东盟宪章》（2007 年）（节选）	156	29	19%

由以上所有语料文本及相关数据可知，英语源外来词在文本中占有一定比例，直观地体现出英语源外来词在当时已借入高棉语中，占据了一席之地。

通过对大量史料的广泛考察笔者还发现，美国文化在柬埔寨的传播及影响横跨冷战与后冷战两个时期，展现出不同的特点，随之出现于高棉语中的英语源外来词也体现出不同的时代特征：冷战时期，美国文化在柬埔寨的流传是起伏不定的，且流传的主要是"美援"文化，随之产生于高棉语中的英语源外来词多具有冷战时代气息，主要分布于政治、经济、军事、外交、安全等领域；冷战结束后，美国文化在柬埔寨的传播显得势不可挡，其流势是全方位、多领域的，随之出现于高棉语中的英语源外来词富有现代文化气息，涵盖了柬埔寨社会生活的方方面面。

通过重点考察最早期的美国对柬援助协定、柬埔寨国内各类权威性英柬词典等 6 份早期语料文本中的 102 个典型性英语源外来词，揭示了它们的语义演变状况、语词结构、形态变化情况、构词功能、功能扩展状况、构词能产性、语词搭配、构词规则、使用语境、文化内涵等。在此基础上，笔者又对早期应用中的英语源外来词进行了适当的总体分析，重点就英语源外来词的类别，音译的价值，英语源意译词的产生原因及其发展历程等做了相关分析。

第六章　高棉语外来词溯源析论

外来词是语言文化接触的必然结果和直接反映。如中国语言学家史有为教授所言，"从发生学的角度看，则外来词又无疑是文化接触的结晶"[①]，"通过言语活动，这些外来词的文化形态就在不同程度上，以不同方式留驻于本语言系统。外来词就是一种留驻方式。这种方式是通过两种语言文化——固有语言文化和外来语言文化的消长、变化达到互相融合，最终以单一的面目出现的"[②]。换言之，从整体视角来看，不同文化的接触与影响既是外来词产生的直接原因，也是最重要的原因，因此高棉语外来词在宏观层面上必有其相应的文化源头，即高棉语主体性外来词是高棉文化与印度文化、小乘佛教文化、法国文化以及美国文化等外来文化接触的直接产物和必然结果，是这些外来文化在高棉语语言系统中留驻的深刻印迹。

从历时角度来看，高棉语各主要语源外来词的文化源头具有历史承继性；从共时角度来看，高棉语各主要语源外来词无论在其文化源头还是早期应用方面都各具特色，适于进行纵向和横向的比较。

6.1　对高棉语外来词溯源的纵向比较

对高棉语外来词溯源的纵向比较主要是对其文化源头的纵向比较，具体见下表：

表 6-1　高棉语外来词溯源的纵向比较

历史时期	主导性外来文化	主导性外来词
公元 1 世纪—13 世纪	印度文化	梵语源外来词
公元 13 世纪—19 世纪中叶	小乘佛教文化	巴利语源外来词

[①] 史有为：《外来词——异文化的使者》，上海辞书出版社，2004 年，第 3 页。
[②] 同上，第 18—19 页。

（续表）

历史时期	主导性外来文化	主导性外来词
公元 19 世纪中叶—20 世纪 50 年代	法国文化	法语源外来词
公元 20 世纪 50 年代至今	美国文化	英语源外来词

　　由上表可知，在柬埔寨历史发展的不同阶段，高棉语主要语源外来词的文化源头在外来文化对柬埔寨的传播历程中依次占据主导地位，导致其相应语源的外来词在高棉语借用外来词的过程中轮番扮演着主角，也导致高棉语外来词四足鼎立局面的形成。公元 1 世纪至 13 世纪，即柬埔寨历史上最早期的国家扶南王国建立之初至真腊王国的阇耶跋摩八世时代，高棉文化最早与印度文化发生接触，之后印度文化在柬埔寨的传播形成广泛、深入的局面，是这一历史阶段对高棉文化影响最深的外来文化。相应的，梵语源外来词是高棉语最早吸纳的一类外来词，也是这个时期外来词输入的主角。[①]公元 13 世纪至 19 世纪中叶，即真腊王国的因陀罗跋摩三世时代至柬埔寨遭受暹罗、越南的拉锯式争夺时期，随着小乘佛教在柬埔寨优势地位的确立，小乘佛教文化在柬埔寨全国范围内迅速传播开来，与柬埔寨本土文化实现了全面接触，成为这个历史时期对高棉文化影响最深的外来文化，巴利语源外来词随之成为这个时期输入高棉语的外来词主体。[②]公元 19 世纪中叶至 20 世纪 50 年代，即法国殖民统治确立至柬埔寨独立初期，法国文化在柬埔寨传播、兴盛，对柬埔寨传统文化造成强大的冲击与渗透，是这一历史时期对高棉文化影响最深的外来文化，法语源外来词随之成为这个时期外来词输入的主角。公元 20 世纪 50 年代至今，即柬埔寨独立之初至今，美国文化逐渐取代法国文化成为在柬埔寨传播势头最猛、对柬埔寨本土文化影响最深的一股外来文化，英语源外来词随之在外来词输入过程中占据了主导地位。[③]总之，上述四种外来文化源头及其相应语源的外来词

---

　　① 由柬埔寨历史上最早的"高棉文+巴利文"碑铭——公元 761 年的 Ka110 碑铭可知，巴利语源外来词在梵语源外来词输入的高潮期中也进入了高棉语，只不过与梵语源外来词相比，它在此时尚未形成大规模输入的状态。

　　② 在巴利语源外来词成为外来词输入主体的时期，梵语源外来词的输入并未中断，只是此时它已退居次要地位。

　　③ 冷战时期，美国文化在柬埔寨的传播以及英语源外来词的输入起伏不定，期间既有发展，又有停滞。冷战结束后，美国文化在柬埔寨的流传愈加迅猛，英语源外来词对高棉语的输入日渐增多、势不可挡。

沿着柬埔寨历史发展脉络前后相承：从古至今，对高棉文化影响最深的外来文化依次为印度文化、小乘佛教文化、法国文化、美国文化；相应的，每个阶段输入高棉语的外来词主角先后为梵语源外来词、巴利语源外来词、法语源外来词、英语源外来词。

6.2　对高棉语外来词溯源的横向比较

梵语源外来词、巴利语源外来词、法语源外来词、英语源外来词构成了高棉语外来词体系中的四大主体，这已通过前文对高棉语外来词词库的统计得到了验证。横向比较这四类语源外来词的数量，它们在高棉语外来词词库中所占比例情况是：梵语源外来词占 33%，巴利语源外来词占 47%，法语源外来词占 8%，英语源外来词占 6%。显而易见，巴利语源外来词所占比例最大，梵语源外来词紧随其后，法语源外来词次之，英语源外来词相比数量最少。统计数据说明，在柬埔寨不同历史阶段，这四类语源外来词的文化源头虽然都先后在柬埔寨占据主导，但就影响程度而言，小乘佛教文化无疑是其中对高棉文化影响最为深远的外来文化，乃至到今日，它已是柬埔寨传统文化的精髓与灵魂，深深植根于柬埔寨民众的精神沃土中。在高棉语四类主体性外来词中，英语源外来词虽然数量最少，但若结合其输入历史综合评估，它却是其中递增速度最快的。具体见下表：

表 6-2　高棉语主要语源外来词输入速度统计表（单位：词/年）

主要语源外来词	输入历史年限	输入数量	输入速度
梵语源外来词	1200 多年（公元 1 世纪—13 世纪）	3718	3
巴利语源外来词	600 多年（公元 13 世纪—19 世纪中叶）	5245	9
法语源外来词	100 多年（公元 19 世纪中叶—20 世纪中叶）	917	9
英语源外来词	60 多年（公元 20 世纪中叶至今）	636	11

由上表数据可知，在高棉语四种主要语源外来词中，英语源外来词输入历史最短、输入数量最少，但输入速度却是最快的。这说明，在这四种主要语源外来词的文化源头中，美国文化在柬埔寨的传播及影响势头是最为迅猛的，它凭借其对于高棉文化的绝对优势，凭借其在文化全球化浪潮中的主导地位，对

柬埔寨文化影响的迅猛程度是其他三种外来文化所无法企及的。由此也可推知，在未来的高棉语词汇系统中，英语源外来词将会持续激增，既把现代化、全球化之风引入高棉语社会，又将极大地丰富高棉语词汇，成为高棉语新词的主要来源。

对于高棉语四种主要语源外来词的早期应用状况，我们首先可就其早期应用载体类型做一横向比较。在早期应用载体类型上，梵语源外来词承载于碑铭之上，如最早输入的梵语源外来词诞生于柬埔寨历史上第一块高棉文碑铭——公元 611 年的安哥波利碑铭（K.600 碑铭）；前吴哥时期的一些梵语源外来词载体为波罗勉寺碑铭、塔利雷瓦特碑铭、Ka7 碑铭、Ka24 碑铭、Ka26 碑铭等；吴哥时期的一些梵语源外来词载体为德饶槟润寺碑铭、棉花林碑铭、Ka77 碑铭、K.1051 碑铭、Ka17 碑铭等。相比梵语源外来词，巴利语源外来词的早期应用载体类型则要丰富一些，它们承载于碑铭、贝叶经、纸质文献之上。相对而言，早期输入的巴利语源外来词更多地是承载于贝叶经与纸质文献中，如最早输入的巴利语源外来词源自于柬埔寨最早的"高棉文+巴利文"碑铭——公元 761 年的 Ka110 碑铭；早期输入的其他巴利语源外来词出现于贝叶经《法则》、贝叶经《教诲书》、贝叶经《古语训》、贝叶经《息瓦训》、高棉文《三藏经》、高棉文《佛本生故事》、《般若本生故事》等纸质文献中。法语源外来词的早期应用载体类型又回归单一状态，仅为纸质文献，如最早输入的法语源外来词源自于 1863 年《法柬条约》；早期输入的其他法语源外来词出现于 1947 年《柬埔寨宪法》、1949 年《法柬条约》、专著《关于民主》、《西哈努克争取柬埔寨独立简史》等纸质文献中。早期输入的英语源外来词也是仅仅承载于纸质文献之上，如它们出现于 20 世纪 50 年代美国对柬援助协定、《联合国安理会第 745 号决议——柬埔寨过渡时期联合国权力机构》、《柬埔寨政府关于建立东盟职能合作委员会的 27 号令》、《东盟宪章》等纸质文献中。

在上述早期应用载体类型中，碑铭是柬埔寨历史上年代最为久远的一种文字载体，其次是贝叶经，历史最短的则是纸质文献。由此可知，即便都处于早期应用于高棉语的阶段，这四种主要语源外来词的历史厚重程度仍存在深浅之分。在早期应用阶段，梵语源外来词以碑铭为唯一载体，因而其历史厚重程度最深；巴利语源外来词以碑铭、贝叶经、纸质文献为载体，且更多地是承载于贝叶经与纸质文献中，因此其历史厚重程度低于梵语源外来词；法语源外来词和英语源外来词均以纸质文献为载体，因而其历史厚重程度则又都低于梵语、巴利语源外来词。

对于高棉语四种主要语源外来词的早期应用状况，我们也可就其语义分布情况进行横向比较，具体情况见下表：

表 6-3　高棉语主要语源外来词语义分布表

主要语源外来词		释义	语义领域
梵语	ពិស្ណុ	毗湿奴	宗教
	សិវៈ	湿婆	宗教
	ព្រហ្ម	梵天	宗教
	ពុទ្ធ	佛，佛陀	宗教
	តុវេទ	梨俱吠陀	文学
	សាមវេទ	娑摩吠陀	文学
	អថព៌វេទ	阿达婆吠陀	文学
	រាមកេរ្តិ៍	罗摩衍那	文学
	ទេវរូប	神像	建筑与雕刻艺术
	ទេវស្ថាន	神宇	建筑与雕刻艺术
	វិឃ្នេស	维克耐斯神	宗教
	វិមាន	宫殿	建筑与雕刻艺术
巴利语	ចតុរារិយសច្ច	四谛	宗教
	កឋិន	加顶节	年节文化
	បញ្ចសាខា	五戒	宗教
	បរិវេណ	（寺庙的）回廊	建筑与雕刻艺术
	កម្មវាចា	佛规	宗教
	បិណ្ឌបាត្រ	化缘	宗教
	ធម្មមន្ទីរ	藏经阁	建筑与雕刻艺术
	មហាសជជាតក	玛霍萨塔本生故事	文学

（续表）

主要语源外来词		释义	语义领域
	ពុទ្ធសករាជ	佛历	历法
	តេមិយជាតក	德弥本生故事	文学
	កត្តិក	佛历十二月	历法
	ពិសាទបូជា	吠舍怯节	年节文化
	ចតុត្តិ	阴历	历法
法语	បា៉ស្ទ័រ	牧师	宗教
	បុល្លិតាំង	学生成绩表	教育
	កាសែត	报纸	新闻出版
	សិទ្ធិ	权利	政治文化
	អ្នកការសែត	记者	新闻出版
	មូលធននិយម	资本主义	政治文化
	សមីការ	方程式	教育
	យេស៊ូ	耶稣	宗教
	បោះពុម្ព	印刷	新闻出版
	គីមី	化学	教育
	ទស្សនាវដ្ដី	杂志	新闻出版
	មេស៊ី	弥撒	宗教
	ប្លុក	集团；阵营	政治文化
英语	សង្គ្រាមត្រជាក់	冷战	政治文化
	កុំព្យូទ័រ	计算机，电脑	科技
	អគ្គលេខាធិការ	秘书长	政治文化
	ម៉ូនីទ័រ	屏幕；显示器	科技
	រាសិន	东南亚国家联盟	政治文化
	ប៊ីយែរ	啤酒	餐饮文化

（续表）

主要语源外来词	释义	语义领域
ហ្វីលឯកសារ	纪录片	电影
ប្រព័ន្ធសារព័ត៌មាន	媒体	传媒
និក្សិហ្សា	比萨饼	餐饮文化
បុណ្យនៃគ្ដីស្រឡាញ់	情人节	年节文化
អ៊ីម៉ែល	电子邮件	网络
មតិ	舆论	传媒
ភ្លេងហ្សាស	爵士乐	音乐
ហ្វីលសង្គ្រាម	战争片	电影
បុណ្យអំណរគុណព្រះ	感恩节	年节文化
ឌីស	唱片；光碟	音乐

由上表可知，在早期应用阶段，梵语源外来词重点分布于宗教、建筑与雕刻艺术、文学等领域；巴利语源外来词主要涵盖宗教、文学、建筑与雕刻艺术、历法、节日文化等领域；法语源外来词集中分布于宗教、教育、新闻出版、文学、政治文化等领域；英语源外来词主要囊括政治文化、传媒、互联网、科技、电影、音乐、餐饮文化、年节文化等领域。由表6-3我们可得出三点结论：

第一，上述四种外来词的语义分布领域与其相应文化源头对高棉文化的辐射面是相互一致的。这说明高棉语外来词的确是外来文化与高棉文化接触的直接产物和必然结果，是外来文化在高棉语语言体系中留驻的文化表征。

第二，早期输入于高棉语中的梵语源外来词、巴利语源外来词和法语源外来词在语义分布上的共同之处是，都涵盖了宗教和文学领域。这是由于宗教本身就是人类传统文化的重要组成部分，是一种以信仰为核心的文化，是许多古老文化艺术的传承载体，并且宗教是文化传播的使者，具有文化交往功能，所以伴随外来文化输入于本族语中的外来词大多会先涉及宗教领域。而高棉语中的梵语源外来词、巴利语源外来词和法语源外来词，其相应的文化源头中都包含着丰富、发达的核心宗教文化，即梵语源外来词对应着婆罗门教和大乘佛教文化，巴利语源外来词对应着小乘佛教文化，法语源外来词对应着天主教文化，所以上述三种语源外来词在借入高棉语的过程中都会先集中分布于相应的宗教领域。此外，这三种语源外来词在早期输入阶段都涵盖了文学领域，这是由于文学是文化的丰富载体，反映广泛的文化内涵，同时也是传播文化的有力媒介，因此但凡某种文化中的文学发展水平较高，其传入他族语中的词语通常也会先涉及文学领域，上述三种语源外来词便体现出这一语义分布特征，如在早期输入阶段，许多梵语源外来词依托印度史诗《罗摩衍那》和《摩诃婆罗多》等经典作品进入高棉语，许多巴利语源外来词依托小乘佛教典籍和佛本生故事等佛教文学作品进入高棉语，许多法语源外来词依托法国经典文学作品进入高棉语。

第三，在上述四种外来词中，英语源外来词的语义覆盖范围相对最大。这是由于在上述四种外来词的文化源头中，英语源外来词的文化源头——美国文化对柬埔寨的辐射面是最广的，尤其是冷战结束后，美国文化作为文化全球化浪潮中的主导性文化以及相对于高棉文化的优势文化，其在柬埔寨的传播呈现出全方位、多领域的态势，这是其他三种外来文化所无法达到的传播状态，因而导致随之输入的英语源外来词相比其他三种外来词有着更为广泛的语义分布范围。

对于高棉语四种主要语源外来词的早期应用状况，我们还可对其借用方式进行横向比较，具体情况见下表：

表 6-4 高棉语主要语源外来词借用方式表

主要语源外来词		释义	借用方式
梵语	ឥន្រ្ទ	因陀罗神	形译
	វេស្សន្ត	春季，春天	形译
	ស្រីនរេន្រ្ទ	纳伦德拉神	形译
	វិទ្យា	知识；学识	形译
	វិជ័យន្ត	胜利的；凯旋的	形译
	រុទ្រ	楼陀罗神	形译
	ធន	财产；财宝	形译

（续表）

主要语源外来词		释义	借用方式
	អមរលោយ	仙境；天堂	形译
	ស៊ុន្ន	毁坏，毁灭	形译
	ប្រក្សេស	月亮	形译
巴利语	កណ្ឌ	册；部；本；卷	形译
	កសិណ	默修	形译
	គម្ពីរ	经典；经书	形译
	ទសបញ្ញត្តិ	十戒	形译
	តានបារមី	檀波罗蜜	形译
	ទេវទត្ត	提婆达多	形译
	ធម្មទាន	布道，讲经	形译
	ធម្មនិទ្ទេស	阐释教义	形译
	ធម្មបទដ្ឋកថា	法句经	形译
	ធម្មបាល	护法者	形译
	ធម្មវគ្គិត	法相应部，达摩育特派	形译
法语	គុយរ៉េ	（天主教）神甫	音译
	រដ្ឋធម្មនុញ្ញ	宪法	意译
	កុងស៊ីល	领事；商务审判官	音译
	ប្រជាមតិ	民意	意译
	កាប៊ីណេត៍	办公厅；办公室；内阁	音译
	សេរីភាព	自由	意译
	បុល្ល៊ីតាំង	公报；通报	音译
	រដ្ឋមន្ត្រី	部长；大臣	意译
	ស៊ីញ៉	签字，签名	音译
	មាត្រា	条款	意译

（续表）

主要语源外来词		释义	借用方式
英语	ក្រាហ្វ	图表；曲线图	音译
	កេរវកម្ម	恐怖主义	意译
	ឡូហ្គោ	商标；徽标	音译
	ទំនើបការូបនីយកម្ម	现代化	意译
	អេឡិចត្រូនិច	电子的	音译
	ព័ត៌មាន	信息	意译
	ឌីជីថល់	数字；数码	音译
	មីទីង	大会；集会	意译
	វីដេអូ	视频	音译
	សម្ពន្ធមិត្ត	盟友	意译

　　上表直观展现出在早期应用阶段，梵语源外来词和巴利语源外来词的借用方式是形译，法语源外来词和英语源外来词的借用方式是音译或意译。这是由于在这四种外来词相应源语的文字形式中，梵文、巴利文与高棉文最为相近，且古高棉文与古印度文之间还存在着发生学关系，因此形译方式成为高棉语借用梵语词和巴利语词的最佳选择。而法文和英文是与高棉文相去甚远的两种文字，所以音译凭借其最简便、最快捷地借用外语词等优势，意译以其更符合本族语认知习惯等优势成为高棉语译借法语词、英语词的主要方式。

第七章　结语

本书选择高棉语外来词作为研究对象，探究高棉语外来词的文化源头，厘清其历史流变轨迹，洞悉其演变特点和规律，从中管窥高棉文化融合外来文化因子的异质性和多元性。在研究过程中，本书大量使用历史文献进行论证，以文献文本的丰富性和文献来源的多元性为研究特色，注重数据统计分析。主要研究结论包括两大方面。

一、通过考察主要语源外来词的文化源头，我们发现：高棉语外来词是外来文化与高棉文化，外族语言与高棉语接触、互动的直接产物和必然结果。在不同时期，单一外来文化在柬埔寨境内占据主导地位，外族语言被直接引入使用，且高棉文化相对同期的外来文化、高棉语相对同期的外族语言均较为原生态，由此导致单一语源外来词同期大量生成。

（一）梵语源外来词源自公元 1 世纪至 13 世纪印度文化在柬埔寨地区的传播及影响。尤其是其在扶南王国时期、前吴哥王朝时期、吴哥王朝时期的三次传播高潮，直接推动梵语的传入。梵语作为官方语言被贵族官僚使用，平民百姓仍操高棉语。梵语和高棉语在并行使用的过程中实现了深度接触，导致梵语源外来词源源不断地涌入古高棉语词汇系统中。

（二）巴利语源外来词源自公元 13 世纪至 19 世纪中叶小乘佛教文化在柬埔寨的传播及影响。随着小乘佛教在柬埔寨的传播、兴盛并居于统治地位，小乘佛教文化依托佛教典籍及其文学作品、建筑与雕刻艺术、佛教绘画、佛历节日等众多文化媒介在柬埔寨地区广泛流行，并逐渐成为柬埔寨当时的主流文化。作为小乘佛教传经布道的宗教语言，巴利语在柬埔寨迅速传播普及，取代梵语成为当时的官方语言，与民间语言高棉语并行使用。巴利语源外来词由此大量进入高棉语中。

（三）法语源外来词源自公元 19 世纪中叶至 20 世纪 50 年代法国文化在柬埔寨的传播及影响。第二次世界大战之前的法国殖民统治时期，法国文化对柬埔寨文化的影响集中于宗教、教育、新闻出版业、文学等领域。第二次世界大战之后的法国殖民统治时期以及柬埔寨独立初期，法国文化继续在柬埔寨传播并发挥着影响力，特别是对政治文化的影响尤甚。法国文化的传播及与柬埔寨文化的接触促使法语传入柬埔寨，并发展成为当时的官方语言，与民间语言高棉语并行使用并实现了深度接触，由此导致法语源外来词对高棉语的大量输入。

（四）英语源外来词源自公元 20 世纪 50 年代至今美国文化在柬埔寨的传播及影响。冷战时期，美国文化在柬埔寨的传播以"美援"文化为标签，呈现出起伏不定的传播状态；后冷战时期，美国文化在柬埔寨的传播呈现出全方位、多领域、强劲、迅猛的态势。相应的，随美国文化的传播出现于高棉语中的英语源外来词也体现出不同的时代特征。

（五）主要语源外来词在柬埔寨历史上的不同时期先后成为外来词输入的主体。以统计数据为证：在公元 7—15 世纪的 18 块代表性碑铭中，梵语源外来词的比例范围是 9%—52%；在公元 8—19 世纪的碑铭、佛教文学作品、贝叶经这 3 种文献形式，共计 13 份代表性文本中，巴利语源外来词的比例范围是 10%—100%；在 1863—1953 年的 6 份代表性文本中，法语源外来词的比例范围是 13%—27%；在 1966—2007 年的 5 份代表性文本中，英语源外来词的比例范围是 7%—19%。

二、通过考察主要语源外来词的早期应用状况，特别是重点考察 122 块碑铭中的 123 个梵语源外来词、16 份早期语料文本中的 83 个巴利语源外来词、3 份早期语料文本中的 110 个法语源外来词、6 份早期语料文本中的 102 个英语源外来词，我们发现：

（一）早期借入的梵语源外来词和巴利语源外来词具有浓郁的宗教色彩，这与高棉文化浓厚的宗教性特征是相一致的；法语源外来词带有殖民文化的深刻痕迹；英语源外来词则与美国现当代强大的政治、经济、文化软权力息息相关。

（二）主要语源外来词的历史流变程度不同。梵语源和巴利语源外来词在语音和词形方面有较大变化；法语源和英语源外来词基本未发生变化。

（三）高棉语对早期借入的外来词在不同方面实施了不同的同化原则。语音方面：对源词的语音替代优先于完全借用。语义方面：在对源词语义实行分化、选择的前提下补偿指称缺失。语法方面：对源词语法内容进行解构及类推。词形方面：以与源词对应的字母记写为主，以非对应字母记写为辅。

（四）主要语源外来词对高棉语词汇系统的诸多方面产生了不同影响。

1. 语音影响：（1）对音位系统的影响。高棉语对梵语源、巴利语源外来词的"完全借形"，导致独立元音的借入及固化，并在此基础上促使高棉语元音系统逐渐定型。高棉语对法语源、英语源外来词的音译式借入，为高棉语音位系统增添了新的音位，且使某些固有辅音的音位组合角色发生变化。这丰富了高棉语的音位系统、完善了高棉语音位功能。（2）对超音段音位的影响。梵语源、巴利语源外来词的形音兼借式借入，一方面导致了高棉语某些超音段音位的显性化，另一方面也促成了高棉语某些超音段音位的隐性化。（3）对语音组合规律的影响。梵语源、巴利语源外来词的形音兼借式借入，使高棉语常规的辅、元音组合规律发生变化，并促使高棉语形成了重叠音节变化规律、阻声音节变化规律、阻声辅音音变规律以及语音符号音变规律。

2. 语法影响：（1）对语素系统的影响。高棉语对梵语源、巴利语源外来词的形音兼借，对法语源、英语源外来词的意译，为高棉语增添了大量的新语素，使固有语素发展出新义，并增强了词缀的丰富性、标准性和系统性。（2）对构词法的影响。高棉语对主要语源外来词不同方式的借入，导致复合构词法继续发展、派生构词法日趋繁荣、缩略构词法异军突起、短语词汇化颇具规模。（3）对词汇功能的影响。梵语源、巴利语源外来词的借入使高棉语某些词汇出现功能扩展、功能缩减或功能转化的现象。（4）对词汇结构的影响。梵语源、巴利语源外来词的借入使高棉语中合成词不断增加，使高棉语常规词序出现非常规变化。（5）对词汇形态的影响。梵语源、巴利语源外来词的借入使高棉语词汇的派生形态进一步完善，并使其屈折形态自成一体。

3. 语义影响：（1）填补了高棉语词汇在宗教信仰、政治外交、经济生产、科学技术等领域的语义空白，发挥了高棉语固有词所不具备的指称抽象概念和复杂概念的作用。（2）导致高棉语某些词汇义项的量变和语义适用范围的量变。（3）促使高棉语某些词汇出现语义引申甚至语义异变。（4）使高棉语词汇的语义范畴出现明显的结构性变化，主要表现为不同使用层次语词的体系化，以王族用词和僧侣用词的出现与完善为标志，还包括高棉语中书面语词和口语词的分化、精英阶层用词和普通百姓用词的分化。

4. 词形影响：（1）梵语源、巴利语源外来词的"完全借形"以及法语源、英语源外来词的音译式借入，使高棉语出现非常规重叠辅音结构。（2）高棉语对梵语源、巴利语源外来词的"完全借形"，丰富了阻声辅音结构的形式和首辅音字母的类型。

（五）外来词的早期应用状况异同参半，其中梵语源外来词和巴利语源外来词相似度高，法语源外来词和英语源外来词相似度高，而梵语源、巴利语源外来语与法语源、英语源外来词则差别较大。

1. 在载体类型上，梵语源外来词和巴利语源外来词较为接近，都使用了碑铭这一古老文字载体；法语源外来词和英语源外来词相同，都仅承载于纸质文献之上。

2. 在语义分布上，梵语源外来词和巴利语源外来词都涵盖宗教、建筑与雕刻艺术、文学等领域；法语源外来词和英语源外来词主要分布于带有较多现代文化气息的领域。

3. 在借用方式上，梵语源外来词和巴利语源外来词都采用形译方式，且二者具有相同的形译特征，即隐性形译、适应高棉语的读音规则和拼写规则、顺应源形、删音简形、删音留形、补形固音、形译读音与音译读音的竞争；法语源外来词和英语源外来词都采用音译或意译方式，其中二者各自意译词的产生都是语言因素和社会因素共同作用的结果，其发展都经历了从无意识到有意识、从无组织到有组织、从无序到有序的过程，且二者的意译词都采用了梵巴语材料有效参与的构词原则，即有效利用高棉语中丰富的梵巴语词汇材料构成与源词意义相当的意译词。

由于资料和笔者水平所限，本书尚存不妥和疏漏之处，敬请学界同行和各位专家不吝批评指正。并且通过本书的撰写，笔者发现在高棉语外来词及其相关领域还有广阔的研究空间，如对外来文化与高棉语外来词关系的进一步深入研究，高棉语外来词的现状，外来语言文化对高棉语词汇的影响，高棉语与其他语言的交融与冲突，高棉语对异质成分的改造和同化，等等。这些课题都值得学界进一步探讨。

参考文献

一、中文参考文献

［1］［北宋］欧阳修，宋祁，等．新唐书［M］．北京：国家图书馆出版社，2014．

［2］［汉］杨孚撰，吴永章辑佚校注．异物志辑佚校注［M］．广州：广东人民出版社，2010．

［3］［后晋］刘昫，等．旧唐书［M］．北京：国家图书馆出版社，2014．

［4］［晋］陈寿．三国志［M］．北京：国家图书馆出版社，2014．

［5］［梁］萧子显．南齐书［M］．北京：国家图书馆出版社，2014．

［6］［明］宋濂，等．元史［M］．北京：国家图书馆出版社，2014．

［7］［清］张廷玉，等．明史［M］．北京：国家图书馆出版社，2014．

［8］［宋］赵汝适．诸蕃志：卷上［M/OL］．http://wenxian.fanren8.com/06/05/256/1.htm．

［9］［唐］房玄龄，等．晋书［M］．北京：国家图书馆出版社，2014．

［10］［唐］魏徵，长孙无忌，等．隋书［M］．北京：国家图书馆出版社，2014．

［11］［唐］姚思廉．梁书［M］．北京：国家图书馆出版社，2014．

［12］［元］周达观．真腊风土记［M/OL］．http://ishare.iask.sina.com.cn/f/11359997.html．

［13］［澳］安东尼·瑞德，等．东南亚的贸易时代：1450—1680 第二卷［M］．吴小安，孙来臣，译．北京：商务印书馆，2013．

［14］［澳］安东尼·瑞德，等．东南亚的贸易时代：1450—1680 第一卷［M］．吴小安，孙来臣，译．北京：商务印书馆，2013．

［15］［澳］米尔顿·奥斯本．东南亚史［M］．郭继光，译．北京：商务印书馆，2012．

［16］［法］F. 尼伏龙. 柬埔寨的外国援助［J］. 若慧，译. 东南亚研究，1960（1）.

［17］［法］戈岱司. 希腊拉丁作家远东古文献辑录［M］. 耿昇，译. 北京：中华书局，1987.

［18］［法］梅耶，等. 历史语言学中的比较方法［M］. 北京：世界图书出版公司北京公司，2008.

［19］［柬］诺罗敦·西哈努克. 西哈努克回忆录：甜蜜与辛酸的回忆［M］. 晨光，等译. 哈尔滨：黑龙江人民出版社，1987.

［20］［柬］诺罗敦·西哈努克. 西哈努克回忆录：我同中央情报局的斗争［M］. 王俊铭，译. 北京：商务印书馆，1979.

［21］［美］埃里克·P. 汉普. 关于词源学［J］. 榕培，译. 外语与外语教学，1994（1）.

［22］［美］爱德华·萨丕尔. 语言论［M］. 陆卓元，译. 北京：商务印书馆，1985.

［23］［美］拉里·A. 萨默瓦，理查德·E. 波特. 跨文化传播［M］. 闵惠泉，等译. 北京：中国人民大学出版社，2004.

［24］［美］伍兹. 文化变迁［M］. 何瑞福，译. 石家庄：河北人民出版社，1989.

［25］［瑞士］费尔迪南·德·索绪尔. 普通语言学教程［M］. 北京：商务印书馆，2001.

［26］［瑞士］W. 瓦尔特布尔克. 论词源学［J］. 俞敏，译. 辞书研究，1984（2）.

［27］［苏］捷缅茨也夫. 法国侵占柬埔寨的过程［J］. 东南亚研究资料，1962（1）.

［28］［苏］柯杜霍夫. 普通语言学［M］. 北京：外语教学与研究出版社，1987.

［29］［泰］姆·耳·马尼奇·琼赛. 泰国与柬埔寨史［M］. 厦门大学外文系翻译小组，译. 福州：福建人民出版社，1976.

［30］［新西兰］尼古拉斯·塔林. 剑桥东南亚史 I［M］. 贺圣达，陈明华，俞亚克，等译. 昆明：云南人民出版社，2003.

［31］［英］D. G. E. 霍尔. 东南亚史［M］. 中山大学东南亚历史研究

所，译．北京：商务印书馆，1982．

[32][英]哈特曼，斯托克．语言与语言学辞典[M]．黄长著，等译．上海：上海辞书出版社，1981．

[33][英]约翰·汤姆林森．全球化与文化[M]．郭英剑，译．南京：南京大学出版社，2002．

[34]中国社会科学院语言研究所词典编辑室．汉英双语现代汉语词典[M]．北京：外语教学与研究出版社，2002．

[35]蔡倩．网络正在改变柬埔寨[N]．海南日报，2015-09-07．

[36]陈保亚．语言接触与语言联盟[M]．北京：语文出版社，1996．

[37]陈建民．语言文化社会新探[M]．上海：上海教育出版社，1989．

[38]陈显泗．柬埔寨两千年史[M]．郑州：中州古籍出版社，1990．

[39]陈原．语言和人[M]．北京：商务印书馆，2003．

[40]程爱勤．古代中印交往与东南亚文化[M]．郑州：大象出版社，2009．

[41]戴庆厦．社会语言学概论[M]．北京：商务印书馆，2004．

[42]戴炜华．新编英汉语言学词典[M]．上海：上海外语教育出版社，2011．

[43]戴昭铭．文化语言学导论[M]．北京：语文出版社，2005．

[44]杜继文．佛教史[M]．北京：中国社会科学出版社，1991．

[45]段成式．酉阳杂俎[M]．北京：中华书局，1981．

[46]方欣欣．语言接触三段两合论[M]．武汉：华中师范大学出版社，2008．

[47]冯承钧．中国南洋交通史[M]．北京：商务印书馆，2011．

[48]冯蒸．语言·人类·文化[M]．长春：吉林教育出版社，1991．

[49]符淮青．现代汉语词汇[M]．北京：北京大学出版社，1997．

[50]高名凯，刘正埮．现代汉语外来词研究[M]．北京：文字改革出版社，1958．

[51]顾嘉祖，陆升．语言与文化[M]．上海：上海外语教育出版社，2002．

[52]郭孟秀．三家子满汉语言文化接触与融合浅析[J]．黑龙江民族丛

刊，2004（3）.

［53］贺圣达．东南亚文化发展史［M］．昆明：云南人民出版社，1995.

［54］贺圣达，等．战后东南亚历史发展［M］．昆明：云南大学出版社，1995.

［55］胡晓清．外来语论［M］．北京：新华出版社，1998.

［56］黄平文．论文化接触对语言的影响：壮语演变的阐释［M］．北京：民族出版社，2010.

［57］黄葳威．文化传播［M］．台北：正中书局，1999.

［58］季羡林．论梵文 t d 的音译［G］// 中外文化关系史论文集．北京：三联书店，1982.

［59］贾稀儒．语言接触中的汉语青海方言词［J］．青海民族学院学报（社会科学版），2006（2）.

［60］蒋天．移动互联网影响柬埔寨政坛生态［J］．中国青年报，2015-02-07.

［61］蓝鹰．文化接触、接触语言学与汉语方言研究［J］．中华文化论坛，2013（9）.

［62］李晨阳，瞿健文，等．列国志：柬埔寨［M］．北京：社会科学文献出版社，2005.

［63］李如龙．词汇学理论与实践［M］．北京：商务印书馆，2001.

［64］李一平．论法国对印度支那殖民政策：1887—1940 年［J］．南洋问题研究，2004（4）.

［65］梁晓虹．佛教词语的构造与汉语词汇的发展［M］．北京：北京语言学院出版社，1994.

［66］梁英明．东南亚史［M］．北京：人民出版社，2010.

［67］梁志明，李谋，杨保筠．东南亚古代史［M］．北京：北京大学出版社，2013.

［68］梁志明．东南亚历史文化与现代化［M］．香港：香港社会科学出版社有限公司，2003.

［69］梁志明，等．古代东南亚历史与文化研究［M］．北京：昆仑出版社，2006.

［70］廖慈惠，李向奇．文化接触、语言接触与美国英语演变的类型和机制［J］．广东工业大学学报（社会科学版），2009，9（1）．

［71］林永福．语言·视野·文化［M］．北京：北京师范大学出版社，1990．

［72］刘叔新．词汇研究［M］．北京：外语教学与研究出版社，2006．

［73］刘占和．从日语外来语泛滥谈外来语的功与过［J］．牡丹江教育学院学报，2010（4）．

［74］刘志强．占婆与马来世界的文化交流［M］．北京：社会科学文献出版社，2013．

［75］卢军，郑军军，钟楠．柬埔寨概论［M］．广州：世界图书出版广东有限公司，2012．

［76］吕叔湘．中国文法要略［M］．北京：商务印书馆，1942．

［77］罗常培．语言与文化［M］．北京：语文出版社，1996．

［78］罗美珍．论族群互动中的语言接触［J］．语言研究，2000（3）．

［79］戚雨村．语言学引论［M］．上海：上海外语教育出版社，2000．

［80］申小龙，张汝伦．文化的语言视界：中国文化语言学论集［M］．上海：上海三联书店，1991．

［81］申小龙．汉语句型研究［M］．海口：海南人民出版社，1989．

［82］申小龙．汉语人文精神论［M］．沈阳：辽宁教育出版社，1990．

［83］申小龙．历史比较语言学方法论溯源［J］．平顶山师专学报，2004（3）。

［84］申小龙．人文精神，还是科学主义？［M］．太原：学林出版社，1989．

［85］申小龙．文化语言学［M］．南昌：江西教育出版社，1993．

［86］申小龙．语文的阐释［M］．沈阳：辽宁教育出版社，1991．

［87］申小龙．语言的文化阐释［M］．北京：知识出版社，1992．

［88］申小龙．中国句型文化［M］．长春：东北师范大学出版社，1991．

［89］申小龙．中国文化语言学［M］．长春：吉林教育出版社，1990．

［90］申小龙．中国语言的结构与人文精神：申小龙论文集［M］．北京：光明日报出版社，1988．

［91］申小龙．中国语言学：反思与前瞻［M］．郑州：河南人民出版社，1993．

［92］石青青．结构主义语言学溯源［J］．佳木斯教育学院学报，2011（2）。

［93］史有为．汉语外来词［M］．北京：商务印书馆，2000．

［94］史有为．外来词：异文化的使者［M］．上海：上海辞书出版社，2004．

［95］世界知识出版社．印度支那问题文件汇编［M］．北京：世界知识出版社，1959．

［96］侍建国．历史语言学［M］．北京：中国社会科学出版社，2011．

［97］叔新，等．词汇学简说［M］．北京：语文出版社，2005．

［98］宋永培，端木黎明．中国文化语言学辞典［M］．成都：四川人民出版社，1993．

［99］宋哲美．东南亚史［M］．新加坡：东南亚研究所，1994．

［100］苏继庼．岛夷志略校释［M］．北京：中华书局，1981．

［101］苏新春，苏宝荣．词汇学理论与应用（二）［M］．北京：商务印书馆，2004．

［102］苏新春．文化的结晶：词义［M］．长春：吉林教育出版社，1994．

［103］苏新春．文化语言学教程［M］．北京：外语教学与研究出版社，2006．

［104］谭晓平．语言接触与语言演变［M］．武汉：华中师范大学出版社，2012．

［105］万红．当代汉语的社会语言学观照［M］．天津：南开大学出版社，2007．

［106］汪锋．语言接触与语言比较［M］．北京：商务印书馆，2012．

［107］汪新生．19世纪中叶柬埔寨主权问题上的国际斗争［J］．东南亚学刊，1997（1）．

［108］王钢．普通语言学基础［M］．长沙：湖南教育出版社，1997．

［109］王海飞．文化传播与人口较少民族文化变迁［M］．北京：民族出版社，2010．

［110］王建华．文化的镜象：人名［M］．长春：吉林教育出版社，1990．

［111］王介南．中外文化交流史［M］．太原：书海出版社，2004．

［112］王力．白话文运动的意义［M］．中国语文，1979（3）。

［113］王力．王力语言学论文集［M］．北京：商务印书馆，2000．

［114］王民同，罗致含，孙澄．东南亚史纲［M］．昆明：云南大学出版社，1994．

［115］王荣花．认知心理学的心理学及语言学思想溯源［J］．西北大学学报（哲学社会科学版），2010（6）．

［116］韦宗友．论日内瓦会议后美国与柬埔寨关系的演变：1954—1960［J］．东南亚研究，2006（2）．

［117］吴安其．历史语言学［M］．上海：上海教育出版社，2006．

［118］吴长安．文化的透视：汉字论衡［M］．长春：吉林教育出版社，1995．

［119］吴福祥．关于语言接触引发的演变［J］．民族语文，2007（2）．

［120］吴宗济，赵新那．赵元任语言学论文集［M］．北京：商务印书馆，2002．

［121］伍铁平．论词源学及其意义和研究对象［J］．外语学刊，1986（4）．

［122］伍铁平．普通语言学概要［M］．北京：高等教育出版社，2007．

［123］夏鼐．真腊风土记校注［M］．北京：文物出版社，1982．

［124］谢建明．文化传播及其整合［M］．南京：江苏人民出版社，1994．

［125］邢福义．文化语言学［M］．武汉：湖北教育出版社，2000．

［126］邢和平．2005 年：柬埔寨大吉大利的一年［J］．东南亚纵横，2006（5）．

［127］邢和平．柬埔寨：2006—2007 年回顾与展望［J］．东南亚纵横，2007（4）．

［128］徐惠明．柬汉词典［M］．北京：外语教学与研究出版社，2008．

［129］徐通锵．历史语言学［M］．北京：商务印书馆，1991．

［130］薛才德．语言接触与语言比较［M］．上海：学林出版社，2007．

[131]杨同军.语言接触和文化互动:汉译佛经词汇的生成与演变研究[M].北京:中华书局,2011.

[132]杨锡彭.汉语外来词研究[M].上海:上海人民出版社,2007.

[133]姚亚平.文化的撞击:语言交往[M].长春:吉林教育出版社,1990.

[134]叶蜚声,徐通锵.语言学纲要[M].北京:北京大学出版社,1997.

[135]衣俊卿.全球化的文化逻辑与中国的文化境遇[J].社会科学辑刊,2002(1).

[136]易朝晖.泰语外来词同化现象研究[M].广州:世界图书出版广东有限公司,2013.

[137]尹湘玲.东南亚文学史概论[M].广州:世界图书出版广东有限公司,2011.

[138]勇平.2014年柬埔寨全国的互联网需求量[N].柬华日报,2014-02-11.

[139]游汝杰,邹嘉彦.社会语言学教程[M].上海:复旦大学出版社,2009.

[140]游汝杰.中国文化语言学引论[M].北京:高等教育出版社,1993.

[141]余定邦.东南亚近代史[M].贵阳:贵州人民出版社,1996.

[142]袁焱.语言接触与语言演变:阿昌语个案调查研究[M].北京:民族出版社,2001.

[143]张黎.文化的深层选择:心理·语义·逻辑[M].长春:吉林教育出版社,1994.

[144]张晓华.佛教文化传播论[M].北京:人民出版社,2006.

[145]张莹.中国语言学溯源[J].大江周刊:论坛,2012(10)。

[146]张永言.词汇学简论[M].武汉:华中工学院出版社,1982.

[147]赵世开.翻译和语境[J].词库建设通讯(香港中国语文学会),1995(7).

[148]中国社会科学院语言研究所.语言·社会·文化[M].北京:语文出版社,1991.

［149］中国社会科学院语言研究所词典编辑室．现代汉语词典：第 3 版 ［M］．北京：商务印书馆，1997．

［150］中国社会科学院语言研究所词典编辑室．现代汉语词典：第 5 版 ［M］．北京：商务印书馆，2006．

［151］中国社会科学院语言研究所词典编辑室．现代汉语词典：第 6 版 ［M］．北京：商务印书馆，2012．

［152］钟楠，郑军军，卢军．柬埔寨语语法［M］．广州：世界图书出版 广东有限公司，2011．

［153］周定一．"音译词"和"意译词"的消长［J］．中国语文，1962 （10）．

［154］周红红．汉语外来词的社会语言学研究［M］英文版．北京：北 京交通大学出版社，2009．

［155］邹嘉彦，游汝杰．汉语与华人社会［M］．上海：复旦大学出版 社，香港：香港城市大学出版社，2001．

［156］邹嘉彦，游汝杰．语言接触论集［M］．上海：上海教育出版社， 2004．

二、英文参考文献

［1］Bloomfield L. *Language* [M]. Beijing: Foreign Language and Study Press, 2002.

［2］Chhany Sak-Humphry. The Syntax of Nouns and Noun Phrases in Dated Pre-Angkorian Inscriptions [J]. *The Mon-Khmer Studies Journal*, 1993, 22: 1-126.

［3］DDRS: Report on examination of economic and technical assistance program for Cambodia [R]. WHITE HOUSE. CONFIDENTIAL. Issue Date: Jun 2, 1958, CK3100241655, DDRS. Gale Group, Inc..

［4］DDRS: Report on examination of economic and technical assistance program for Cambodia [R]. WHITE HOUSE. CONFIDE-NTIAL. Issue Date: Jun 2, 1958. CK3100241639, DDRS. Gale Group, Inc. http://infotrac.galegroup.com/nenu.

［5］DDRS: Report on U.S. policy in mainland Southeast Asia [R]. National Security Council, SECRET, Jan 7, 1959.

［6］Ferlus M. Essai de phonétique historique du khmer [J]. *The Mon-Khmer Studies Journal*, 1992, 21: 57-89.

［7］Ferlus M. Etude d'une strate de changements phonétiques dans l'ancien Cambodge [J]. *The Mon-Khmer Studies Journal*, 1977, 6: 59-67.

［8］Franklin E. Huffman. *An Outline of Cambodian Grammar* [D]. Cornell University, Ph. D., 1967.

［9］Franklin E. Huffman. Khmer Loanwords in Thai [G]// R. J. Bickner, et al. *A Conference on Thai Studies in Honor of William J. Gedney*. Ann Arbor, Michigan: Center for South and Southeast Asian Studies, The University of Michigan, 1986.

［10］Franklin E. Huffman. Thai and Cambodian - A Case of Syntactic Borrowing? [J]. *The American Oriental Society*, 1973, 93 (4).

［11］Gaudes R. Zur phonologischen Relevanz der sogenannten Register im modernen Kambodschanischen [J]. *The Mon-Khmer Studies Journal*, 1978, 7: 39-59.

［12］George Maspéro. *Grammaire de langue khmer* [M]. Paris: Errest Leroux, 1915.

［13］Hadumod Bussmann. *Routledge Dictionary of Language and Linguistics* [M]. Beijing: Foreign Language Teaching and Research Press, 2000.

［14］Haugen Einar. The Analysis of Linguistic Borrowing [J]. *Language*, 1950, 26.

［15］Hock H H, Joseph B D. *Language history, language change, and language relationship: an introduction to historical and comparative linguistics* [M]. Berlin, New York: Mouton de Gruyter, 1996.

［16］Howard Jackson, Etienne Zé Amvela. *Words, Meaning and Vocabulary: An Introduction to Modern English Lexicology* [M]. London: Continuum International Publishing Group, 2002.

［17］Jenner P. A minor Khmer ethical text of early date [J]. *The Mon-Khmer Studies Journal*, 1978, 7: 111-140.

［18］Jenner P. A note on lexical replacement in Khmer [J]. *The Mon-Khmer Studies Journal*, 1992, 21: 179-184.

［19］Jenner P, Pou S. A lexicon of Khmer morphology [J]. *The Mon-Khmer*

Studies Journal, 1980-1981, 9-10: 1-517.

［20］Jenner P. Anomalous expansions in Khmer morphology [J]. *The Mon-Khmer Studies Journal*, 1977, 6: 169-189.

［21］John Haiman. *Cambodian Khmer* [M]. John Benjamins Publishing Company, 2011.

［22］Judith M. Jacob. *Cambodian Linguistics, Literature and History* [M]. London: School of Oriental and African Studies, University of London, 1993.

［23］Judith M. Jacob. *Introduction to Cambodian* [M]. London: Oxford University Press, 1968.

［24］Judith M. Jacob. Sanskrit Loanwords in Pre-Angkor Khmer [J]. *The Mon-Khmer Studies Journal*, 1977, 6: 151-168.

［25］Judith M. Jacob. Some comments on the relationship between Khmer words having identical vowel nuclei and final consonants [J]. *The Mon-Khmer Studies Journal*, 1989-1990, 18-19: 67-76.

［26］Judith M. Jacob. Some observations on Khmer verbal usages [J]. *The Mon-Khmer Studies Journal*, 1978, 7: 95-109.

［27］Judith M. Jacob. The Deliberate Use of Foreign Vocabulary by the Khmer: Changing Fashions, Methods and Sources [G]// *Cambodian Linguistics, Literature and History*. ed. D. A. Smyth. School of Oriental and African Studies, University of London, 1993: 149-166.

［28］Karnchana Nacaskul. The syllabic and morphological structure of Cambodian words [J]. *The Mon-Khmer Studies Journal*, 1978, 7: 183-200.

［29］Khin Sok. L'inscription moderne de la Prom (Bati), K. 39 [J]. *The Mon-Khmer Studies Journal*, 1979, 8: 77-89.

［30］Khin Sok. Les chroniques royales Khmers [J]. *The Mon-Khmer Studies Journal*, 1977, 6: 191-215.

［31］Khing Hoc Dy, Khing J. Les recommandations de Kram Ngoy [J]. *The Mon-Khmer Studies Journal*, 1978, 7: 141-181.

［32］Khing Hoc Dy. Note sur le motif du cygne mecanique dans la littérature populaire khmére [J]. *The Mon-Khmer Studies Journal*, 1979, 8: 91-101.

［33］Laksmi Narayana Dasa. Sanskrit Inscription of Ancient Cambodia

[EB/OL]. (2013-01-18). http://www.iskconcambodia.com/2013/01/18/sanskrit-inscription-of-ancient-cambodia/.

［34］Lavid P. Chandler. *A Tragedy of Cambodian History* [M]. New Haven: Yale University Press, 1991.

［35］Long Seam. Khmer Toponymes of Sanskrit Origin [Z]. Institute of Oriental Studies Academy of Scienses USSR, Moscow, Rozhdestvenka 12/2.

［36］Long Seam. Les noms géographigue khmer d'après les inscriptions du Cambodge [J]. *The Mon-Khmer Studies Journal*, 1993, 22: 127-147.

［37］Long Seam. Quelques traits grammaticaux charactéristiques de l'ancien khmer [J]. *The Mon-Khmer Studies Journal*, 1991, 20: 19-30.

［38］Madeline E. Ehrman. *Contemporary Cambodian* [M]. Washington D.C.: Foreign Service Institute, 1972.

［39］Malcolm Caldwell, Lek Tan. *Cambodia in the Southeast Asian War* [M]. New York: Monthly Review Press, 1973.

［40］Michael Vickery. Evidence for Prehistoric Austronesian-Khmer Contact and Linguistic Borrowing [J]. *The Mon-Khmer Studies Journal*, 1992, 21: 185-189.

［41］Michael Vickery. Loan Words and Devoicing in Khmer [J]. *The Mon-Khmer Studies Journal*, 1989-1990, 18-19: 240-250.

［42］Naraset Pisitpanporn. Khmer vowels in transition [J]. *The Mon-Khmer Studies Journal*, 1998, 28: 160-162.

［43］Naraset Pisitpanporn. On the r > h shift in Phnom Penh Khmer [J]. *The Mon-Khmer Studies Journal*, 1994, 24: 105-113.

［44］Naraset Pisitpanporn. The Khmer rice cycle [J]. *The Mon-Khmer Studies Journal*, 1994, 24: 69-91.

［45］Naraset Pisitpanporn. The nasalisation of final stops in modern Khmer singing [J]. *The Mon-Khmer Studies Journal*, 2008, 38: 209-216.

［46］Orawan Boonyarith. Derivatives in Khmer compound words [J]. *The Mon-Khmer Studies Journal*, 2008, 38: 173-183.

［47］Orawan Poo-Isarakij. Some observations on Khmer discourse markers [J]. *The Mon-Khmer Studies Journal*, 1993, 23: 119-128.

［48］Phal Sok. L'amuïssement du r final en khmer: allongement et diphtongaison [J]. *The Mon-Khmer Studies Journal*, 2004, 34: 113-136.

［49］Philip Jenner and Saveros Pou. *A Lexicon of Khmer Morphology* [M]. Honolulu: University of Hawaii, 1980.

［50］Philip Norman Jenner. *Affixation in Modern Khmer* [D]. University of Hawaii Ph.D., 1969.

［51］Pinnow H.-J. Reflections on the history of the Khmer phonemic system [J]. *The Mon-Khmer Studies Journal*, 1979, 8: 103-130.

［52］Pinnow H.-J. Remarks on the structure of the Khmer syllable and word [J]. *The Mon-Khmer Studies Journal*, 1979, 8: 131-137.

［53］Piotr Woźnica. Remarks on Sanskrit and Pali Loanwords in Khmer [J]. *Investigationes Linguisticae*, 2010, XX: 186-199.

［54］Pou S. Des mots khmers désignant les documents écrits [J]. *The Mon-Khmer Studies Journal*, 1991, 20: 11-18.

［55］Prakorb Phon-Ngam. The problem of aspirates in Central Khmer and Northern Khmer [J]. *The Mon-Khmer Studies Journal*, 1993, 22: 252-256.

［56］Premin Karavi. Khmer loanwords: the linguistics alien fossilized in the southern Thai dialect [C]// *The Fourth International Symposium on Language and Linguistic*. Thailand, Institute of Language and Culture for Rural Development, Mahidol University, 1996: 1037-1050.

［57］Qin Xiaohang. Some Kam-Tai Loan-Words in Mon-Khmer Languages [J]. *The Mon-Khmer Studies Journal*, 1999, 28: 85-89.

［58］Qin Xiaohang. The Ancient Chinese Origin of Some Mon-Khmer Words [J]. *The Mon-Khmer Studies Journal*, 2005, 35: 183-187.

［59］R. L.Trask. *Historical Linguistics* [M]. London: Hodder Education Publishers, 1996.

［60］Ratree P. Wayland, Guion S G. Sound changes following the loss of /r/ in Khmer: a new tonogenetic Mechanism? [J]. *The Mon-Khmer Studies Journal*, 2005, 35: 55-82.

［61］Roger M. Smith. *Cambodia's Foreign Policy* [M]. Ithaca: Cornell University Press, 1965.

［62］Sacher R. Die inhärenten Widersprüche im System des Khmer [J]. *The*

Mon-Khmer Studies Journal, 1978, 7: 227-232.

［63］Sakamoto A. Case-marking of O and S in Khmer [J]. *The Mon-Khmer Studies Journal*, 2005, 35: 1-19.

［64］Sakamoto Y. The Sources Of Khmer /ɯə/ [J]. *The Mon-Khmer Studies Journal*, 1977, 6: 273-278.

［65］Sapir E. *Language. An Introduction to the Study of Speech* [M]. New York: Harcourt Brace, 1927.

［66］Sarah Grey Thomason. Contact as a Source of Language Change [G]// Brian D. Joseph, Richard D. Janda. *The Handbook of Historical Linguistics*. Oxford: Blackwell Publishing, 2003.

［67］Spatar N M. Imperative constructions in Cambodian [J]. *The Mon-Khmer Studies Journal*, 1997, 27: 119-127.

［68］Suwilai Premsrirat. Phonetic variation of final trill and final palatals in Khmer dialects of Thailand [J]. *The Mon-Khmer Studies Journal*, 1994, 24: 1-26.

［69］Tamara P. Copula of identity in Old Khmer [J]. *The Mon-Khmer Studies Journal*, 2010, 39: 61-74.

［70］Thach Ngoc Minh. Monosyllabization in Kiengiang Khmer [J]. *The Mon-Khmer Studies Journal*, 1999, 29: 81-95.

［71］Thomas D. On Khmer polar interrogatives [J]. *The Mon-Khmer Studies Journal*, 1976, 5: 97-100.

［72］Thomas D. On sesquisyllabic structure [J]. *The Mon-Khmer Studies Journal*, 1991, 21: 206-210.

［73］Thomasn S G, Kaufman T. *Language Cantact, Creolization and Genetic Linguistics* [M]. Oakland: University of California Press, 1988.

［74］U.S. Government Accountability Office. *Report on Examination of Economic and Technical Assistance Program for Cambodia, International Cooperation Administration Department of State*, Fiscal Years 1955-1957 [R]. Jun 2, 1958.

［75］United States Department of State. *Foreign Relations of United States, 1952-1954, Vol. 13* [M]. Washington, D.C.: U.S. Government Printing Office, 1952-1954.

［76］United States Department of State. *Foreign Relations of United States, 1958-1960, Vol. 16* [M]. Washington, D.C.: U.S. Government Printing Office, 1958-1960.

［77］United States Department of State. *Foreign Relations of United States, 1955-1957, Vol. 21* [M]. Washington, D.C.: U.S. Government Printing Office, 1955-1957.

［78］Vogel S. Deux marqueurs temporels du khmer moderne mun et miñ [J]. *The Mon-Khmer Studies Journal*, 2000, 30: 23-35.

［79］W. G. Burchett. *Mekong Upstream: a visit to Laos and Cambodia* [M]. Los Angeles: Seven Seas Publishers, 1959.

［80］Wayland R. An acoustic study of Battambang Khmer vowels [J]. *The Mon-Khmer Studies Journal*, 1998, 28: 43-62.

［81］Wayland R. Registronesis in Khmer: A phonetic account [J]. *The Mon-Khmer Studies Journal*, 2002, 32: 101-115.

三、高棉文参考文献

［1］ព្រះមហាវិរិយ. បណ្ណគោ ប៉ាង ខាត់. ពុទ្ធសាសនា ២៥០០.

［2］ឡុង សៀម. សិលាចារិកជាប្រភពនៃការសិក្សាអក្សរសាស្ត្រនិងប្រវត្តិសាស្ត្រនៃប្រទេសកម្ពុជា.កម្ពុជសុរិយា លេខទី ២ ឆ្នាំ ១៩៩៥.

［3］ឡុង សៀម. វាក្យស័ព្ទសំស្ក្រឹតដំបូងក្នុងភាសាខ្មែរបុរាណ. កម្ពុជសុរិយា លេខទី ១ ឆ្នាំ ១៩៩៦.

［4］ឡុង សៀម. ហាននាមខ្មែរមានប្រភពពីភាសាសំស្ក្រឹត. កម្ពុជសុរិយា លេខទី ១ ឆ្នាំ ១៩៩៦.

［5］សួន ឧសថ. វចនានុក្រម បាលី-ខ្មែរ-អង់គ្លេស. វិទ្យាស្ថានពុទ្ធសាសនបណ្ឌិត្យ. ឆ្នាំ ២០១១.

［6］ងឹម ហ្សួរ ។ល។. វេយ្យាករណ៍ខ្មែរ. វិទ្យាស្ថានភាសាបរទេសនៃសាកលវិទ្យាល័យភូមិន្ទភ្នំពេញ. ឆ្នាំ ២០០៦.

［7］ពៅ សាវ៉ាត. បញ្ហាភាសាខ្មែរ. វិទ្យាស្ថានភាសាជាតិនៃរាជបណ្ឌិត្យសភាកម្ពុជា. ឆ្នាំ ២០០១.

［8］គណៈកម្មការរៀបធម្មយ្យាករណ៍ភាសាខ្មែរ. មជ្ឈមណ្ឌលនិពន្ធកម្មវិធីនិង

សៀវភៅសិក្សា. ឆ្នាំ ១៩៨២.

[9] តន់ សុខហេង. ពាក្យកម្ចីបរទេសនិងលក្ខណៈសម្គាល់ពាក្យបាលីងសំស្ក្រឹតក្នុងភាសាខ្មែរ. រោងពុម្ពពេជ្រណែត. ឆ្នាំ ២០១១.

[10] សៀន ស៊ុនណារ៉េត ព្រហ្ម និង ខន់នី. វេយ្យាករណ៍ភាសាខ្មែរ. បណ្ណាគារស្វីកម្ពុជា. ឆ្នាំ ១៩៥៥.

[11] ហ៊ីន សុខ. វេយ្យាករណ៍ភាសាខ្មែរ. រាជបណ្ឌិត្យសភាកម្ពុជា. ឆ្នាំ ២០០៧.

[12] អៀរ កើស. ភាសាខ្មែរ. ពុទ្ធសាសនបណ្ឌិត្យ. ឆ្នាំ ២០០២.

[13] ចំន្ទ សំណព. បង្កើតពាក្យ បម្រើបម្រាស់ពាក្យ កម្មីពាក្យ. រាជបណ្ឌិត្យសភាកម្ពុជា. ឆ្នាំ ២០១០.

[14] រ. គោរវិទ. វចនានុក្រមពាក្យថ្មី. បណ្ណាគាររោងពុម្ពស្វី. ឆ្នាំ ១៩៦៧.

[15] ឈុន លិៈ. វេយ្យាករណ៍ខ្មែរ. បណ្ណាគារបន្ទាយស្រី. ឆ្នាំ ២០០៩.

[16] តន់ សុខហេង. វេយ្យាករណ៍ខ្មែរនិងបំណិនផ្សេងៗ. រោងពុម្ពពេជ្រណែត. ឆ្នាំ ២០០៨.

[17] ធន់ ហ៊ិន. វេយ្យាករណ៍ខ្មែរ. រាជបណ្ឌិត្យសភាកម្ពុជា. ឆ្នាំ ២០១១.

[18] ឡេង សៀម. បញ្ញាចនសព្ទវិទ្យាខ្មែរ. ព្រឹទ្ធសហាការិបណ្ឌិត្យសភាវិទ្យាសាស្ត្រ សហព័ន្ធរុស្ស៊ី. ឆ្នាំ ១៩៩៩.

[19] កេង វ៉ាន់សាក់. មូលភាពនៃការបង្កើតពាក្យថ្មីៈរាជបណ្ឌិត្យសភាកម្ពុ . ឆ្នាំ ១៩៦៩.

[20] ឧ.យីម និងតាម មុនី. វេយ្យាករណ៍ខ្មែរ. បណ្ណាគាររងួនហ្គុត ដីង . ឆ្នាំ ២០០៨.

[21] ពូរ អ៊ុម. វេយ្យាករណ៍ខ្មែរពិស្តារ. រាជបណ្ឌិត្យសភាកម្ពុជា. ឆ្នាំ ១៩៦៨.

[22] ទូច គឹមស្រៀង. ភាសាវិទ្យាបាលី សំស្ក្រឹត. សមាគមទ្រទ្រង់អក្សរសាស្ត្រនិងវប្បធម៌ខ្មែរ. ឆ្នាំ ២០១០.

[23] សន្ទានុក្រមពាក្យខ្មែរបុរាណ. បណ្ណាល័យនៃសាកលវិទ្យាល័យ សែន ហ៊ុន. ភូមិនភ្នំពេញ.

[24] ឧ គាម. ការសិក្សាវិត្តនៃអក្សរខ្មែរ. បណ្ណាល័យ ហ៊ុន សែន នៃសាកលវិទ្យាល័យភូមិនភ្នំពេញ(ប្រើប្រាស់ផ្ទៃក្នុង).

[25] ក្រមសាស្ត្រាចារ្យ. វចនានុក្រមអង់គ្លេស-ខ្មែរ. ឆ្នាំ ២០០១.

[26] លាង ផេង និង ចិត្រា ទីម. វចនានុក្រមខ្មែរ-អង់គ្លេសទំនើប. ឆ្នាំ ២០០៦.

[27] គុន ស្គ្រីន. វចនានុក្រមបច្ចេកទេសខ្មែរ-អង់គ្លេស. ក្រុមសៀវភៅយុននិងណេត្រី. ឆ្នាំ ២០១២.

[28] គី ស៊ុនណេ. វចនានុក្រមខ្មែរ-អង់គ្លេសនយោបាយនិងរដ្ឋាភិបាល.

ឆ្នាំ ២០១២.

［29］យិន គឹមរណា. ប្រភពរប្បធម៌អារ្យធម៌ចរិតខ្មែរ. រោងពុម្ពម៉េងហារ. ឆ្នាំ ២០១០.

［30］ឪន ឈាន. វេយ្យាករណ៍ខ្មែរ. បណ្ឌាល័យ ហ៊ុន សែន នៃសាកលវិទ្យាល័យ ភូមិនភ្នំពេញ(ប្រើប្រាស់ផ្ទៃក្នុង).

［31］យ៉ឹង ហុកឌី. អក្សរសិល្ប៍ខ្មែរសតវត្សទី ២០. បណ្ណាគារអង្គរ. ឆ្នាំ ២០០៧.

［32］សូ មុយយៀង។ល។. អក្សរសិល្ប៍ខ្មែរ. គ្រឹះស្ថានបោះពុម្ពផ្សាយអប់រំ. ឆ្នាំ ១៩៨៨.

［33］យ៉ឹង ហុកឌី. ទិដ្ឋភាពទូទៅនៃអក្សរសាស្ត្រខ្មែរ. បណ្ណាគារអង្គរ. ឆ្នាំ ២០០៣.

［34］អក្សរសាស្ត្រខ្មែរ. គ្រឹះស្ថានបោះពុម្ពនិងចែកផ្សាយនៃក្រសួងអប់រំ យុវជន និង កីឡា. ឆ្នាំ ២០១១.

［35］លាង ហាប់អាន. សិក្សាប្រវត្តិអក្សរសាស្ត្រខ្មែរ : សម័យនគរភ្នំដល់សម័យ ឧដុង្គ សតវត្សទី១ ដល់ ១៨៥៩. បណ្ណាគារ គឹម-អេង. ឆ្នាំ ១៩៦៧.

［36］លី ធាមតេង. អក្សរសាស្ត្រខ្មែរ. បណ្ណាគារ សេង-ងួន-ហ៊ុត. ឆ្នាំ ១៩៦០.

［37］យ៉ឹង ហុកឌី. មាលិចទអក្សរសិល្ប៍ខ្មែរសតវត្សទី១៩. បណ្ណាគារអង្គរ. ឆ្នាំ ២០០៣.

［38］យ៉ឹង ហុកឌី. មាលិចទអក្សរសិល្ប៍ខ្មែរសតវត្សទី២០. បណ្ណាគារអង្គរ. ឆ្នាំ ២០០២.

［39］លាង ហាប់អាន. សិក្សាស្មារដែអក្សរសិល្ប៍ខ្មែរ. រោងពុម្ព សិង ហោង. ឆ្នាំ ១៩៦៦.

［40］អេង សុត. មហាបុរសខ្មែរ. គ្រឹះស្ថានបោះពុម្ពនិងចែកផ្សាយនៃក្រសួងអប់រំ យុវជន និង កីឡា. ឆ្នាំ ២០០៣.

［41］គ្រឹង ងា. ប្រវត្តិសាស្ត្រខ្មែរ. គ្រឹះស្ថានបោះពុម្ពនិងចែកផ្សាយនៃក្រសួង អប់រំ យុវជន និង កីឡា. ឆ្នាំ ២០០១.

［42］ខៀវ សំផន. ប្រវត្តិសាស្ត្រកម្ពុជាថ្មី១នេះនិងគោលជំហររបស់ខ្ញុំជាបន្លបន្ទាប់. រោងពុម្ពពន្លឺខ្មែរ. ឆ្នាំ ២០០៤.

［43］ម. ត្រាណា. ប្រវត្តិសាស្ត្រកម្ពុជា. ពុទ្ធសាសនបណ្ឌិត្យ. ឆ្នាំ ២០០២.

［44］សូរ អៀ. ប្រវត្តិសាស្ត្រនៃប្រទេសកម្ពុជា : ជាមួយប្រទេសអណ្ណាមនិងប្រទេស សៀមក្រោយសតវត្សទី ១៦ ពិស្តារ. គ្រឹះស្ថានបោះពុម្ពនិងចែកផ្សាយនៃក្រសួងអប់រំ យុវជន និង កីឡា. ឆ្នាំ ១៩៩៩.

［45］តែរ ណារុំ. កម្រងរប្បធម៌ខ្មែរ. ឆ្នាំ ២០១០.(ប្រើប្រាស់ផ្ទៃក្នុង)

［46］ជយ ចាប. វប្បធម៌ទូទៅ. ឆ្នាំ ២០១០.(ប្រើប្រាស់ផ្ទៃក្នុង)

［47］ជៀប សុផល. ប្រវត្តិសាស្ត្រប្រទេសកម្ពុជា. រោងពុម្ពសុខលាភ. ឆ្នាំ ២០០៨.

［48］ត្រឹង ងា. អរិយធម៌ខ្មែរ. ឆ្នាំ ១៩៧៥.

［49］រ. គោវិទ. ពាក្យថ្មី. បណ្ណាគារ រោងពុម្ព ស្ទី. ឆ្នាំ ១៩៦៧.

［50］ស៊ីម ថៃ និង រស់ ឆោម. សម្គាល់ពាក្យខ្មែរ. បណ្ណាគារ ឡាង ហាក់ ហេង.

［51］ប៉ាង ខាត់. កម្រងសិក្សាកថាវប្បធម៌ខ្មែរ. គ្រឹះស្ថានបោះពុម្ពផ្សាយអង្គរ. ឆ្នាំ ២០១០.

［52］មីសែល ត្រាណេ. វប្បធម៌ខ្មែរសុរិន្ទ្រ(ភាគទី ១). ពុទ្ធសាសនបណ្ឌិត្យ.

［53］កែវ ណារុំ និង ប្រាំ. ស៊ីសាជាឆ្នោរចាំអប្បរា. គណៈកម្មការស្រាវជ្រាវសិល្បៈ វប្បធម៌ ក្រសួងវប្បធម៌ និង វិចិត្រសិល្បៈ. ឆ្នាំ ២០០៣.

［54］សេង គឹមលី. ប្រវត្តិសិល្បៈខ្មែរ. ក្រសួងវប្បធម៌ និង វិចិត្រសិល្បៈ. ឆ្នាំ ២០០២.

［55］សំរាំង កំសាន្ត, អ៊ុន ទឹម, ស៊ីក ប៊ុនហុក. គោលទស្សន៍ជំុ១ចំពោះវប្បធម៌ខ្មែរ និងការអភិវឌ្ឍន៍. មជ្ឈមណ្ឌលវប្បធម៌ និង វិបស្សនា. ឆ្នាំ ២០០២.

［56］ប៉ាង ខាត់. វប្បធម៌អរិយធម៌ខ្មែរ ផ្ណោ. ឆ្នាំ ១៩៧០.

［57］សរ សារុន. វប្បធម៌និងអរិយធម៌ខ្មែរ: អធិប្បាយបែបទស្សនវិជ្ជា. បណ្ណាគារ ពន្លឺវិទ្យា. ឆ្នាំ ១៩៧០.

［58］មីសែល ត្រាណេ. វប្បធម៌ អារ្យធម៌ខ្មែរ:អំពីសាសនាខ្មែរគាំងពីសម័យបុរ ប្រវត្តិសាស្ត្រ. ឆ្នាំ ២០០៤.

［59］មីសែល ត្រាណេ. ប្រវត្តិសាស្ត្រនៃព្រះរាជាណាចក្រកម្ពុជា ចក្រភពកម្ពុជ ទេស ពីស.វ.ទី ៩ ដល់ ស.វ.ទី១៣ នៃគ.ស. ឆ្នាំ ២០០៦.

［60］មីសែល ត្រាណេ. ពង្សាវតារស្តេចកន. បណ្ណាល័យអប្បរា. ឆ្នាំ ២០០១.

［61］មីសែល ត្រាណេ. រឿងព្រេងខ្មែរស្តីអំពីប្រវត្តិភ្នំ. រោងពុម្ពវិទ្យាស្ថានពុទ្ធសាសន បណ្ឌិត្យ. ឆ្នាំ ២០០១.

附录一：前吴哥王朝时期的代表性碑铭

一、前吴哥王朝时期的代表性碑铭

1. 波罗勉寺碑铭（一）（សិលាចារឹកព្រៃវែង），见以下图文：

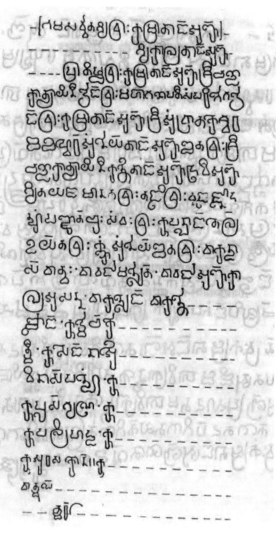

图1-1　波罗勉寺碑铭（一）

注：碑文为古高棉文形态。

文中梵语源外来词对应的现代高棉文形态分别为：

第 1 行：ព្រះកម្រតាងអញ

第 2 行：តាងអញ

第 3 行：ប្រតិមា ព្រះកម្រតាងអញ គ្រីចណ្ឌ

第 4 行：កាត្យាយិនី ព្រះ មហាគណបតិ បរិភោគ

第 5 行：ព្រះកម្រតាងអញ គ្រី កេតូរ

第 6 行：តាងអញ ៣ ព្រះ គ្រី

第 7 行：ចណ្ឌ កាត្យាយិនី តាងអញ ទេវី អញ

第 8 行：យជមាន ព្រះ ព្រះ

第 9 行：ព្រះ

第 10 行：ឧយ ព្រះ ៣ ព្រះ

第 11 行：វោ វោ អញ

第 12 行：អសន្ធ

第 13 行：（无）

第 14 行：（无）

第 15 行：វិនាសិ

第 16 行：（无）

第 17 行：បលិ ហាជ្ត

第 18 行：អរស

第 19 行：（无）

第 20 行：（无）

2.波罗勉寺碑铭（二）（សិលាចារិកព្រៃវែង），见以下图文：

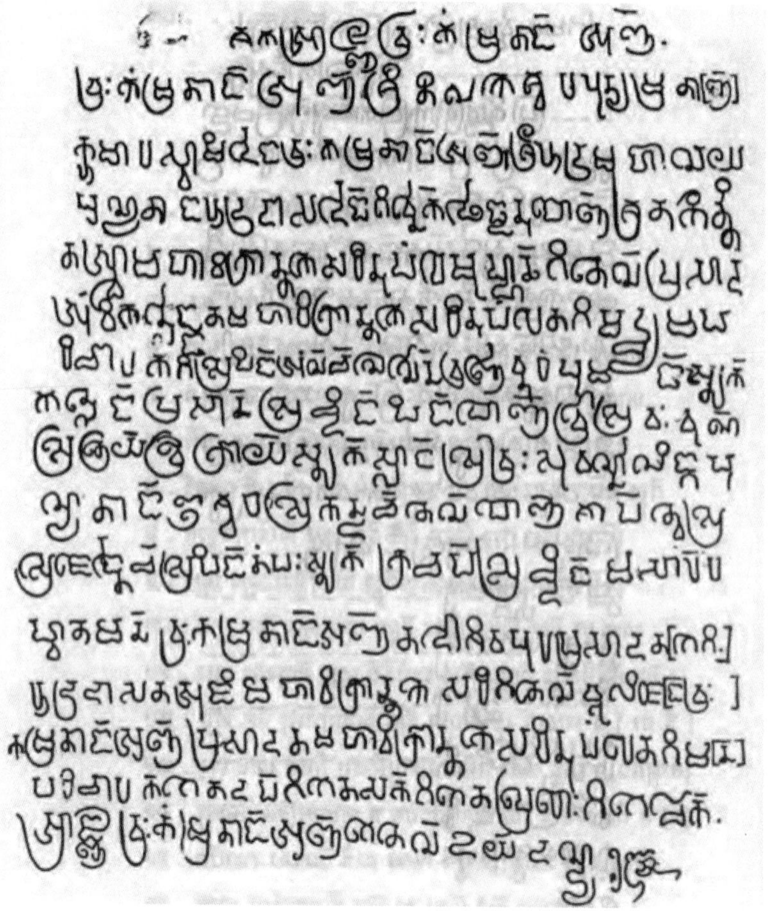

图 1-2　波罗勉寺碑铭（二）

注：碑文为古高棉文形态。

文中梵语源外来词对应的现代高棉文形态分别为：

第 1 行：អាជ្ញា ព្រះកម្រតាងអញ

第 2 行：ព្រះកម្រតាងអញ ត្រី កេស្វរ បុន្យ

第 3 行：កុមារ ស្វាមិ ព្រះកម្រតាងអញ ត្រី រូទ្រ មហាលយ

第 4 行：បុណ្យ រូទ្រ ទាស ជោង្គ ក្រតកីត្តិ

第 5 行：មហាវិក្រាន្តកេសរី មុហ្ខាន ប្រសាទ

第 6 行：កន្លោង្គ មហាវិក្រាន្តកេសរី មទ្ឈម

第 7 行：បរិចារក

第 8 行：（无）

第 9 行：ព្រះសុវណ្ណលិង្គ បុណ្យ

第 10 行：ឥគូរ

第 11 行：ព្រះកំម្រតាងអញ គិរិបុរ ប្រសាទ

第 12 行：រុទ្រ ទាស អជិ មហាវិក្រាន្តកេសរី

第 13 行：ព្រះកំម្រតាងអញ ប្រសាទ មហាវិក្រាន្តកេសរី

第 14 行：បរិចារក

第 15 行：（无）

第 16 行：អាជ្ញា ព្រះកំម្រតាងអញ ឱយ ទណ្ឌ្យ

3. Ka7 碑铭，见以下图文：

图 1-3　Ka7 碑铭

注：碑文为古高棉文形态。

下文是其对应的现代高棉文形态，文中突出显示者为梵语源外来词：

វិហារ បុណ្យចិងគ
អម្មោយតវិហារកំរា
ជនាជិរុប្បារវាសុ
លបតកុអញ្ញាំប្លេ
ស្រលញ្ញកានកុបៅ
តែករាំមន---តំហុ
បោអញ្ញទោកមានជា
សស្រគេះគិនេះអំ
នោយតវិហារ

4. Ka24 碑铭，见以下图文：

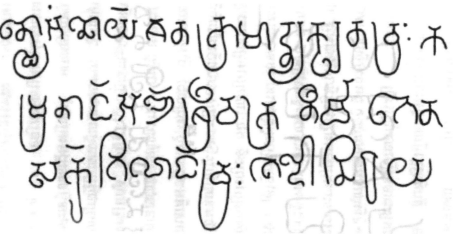

图 1-4　Ka24 碑铭

注：碑文为古高棉文形态。

下文是其对应的现代高棉文形态，文中突出显示者为梵语源外来词：

ភ្គាំនោយតតក្រមាឲ្យក្សតជ្រះក
ម្រតាអញ ត្រីវក្រតីចិគេត
សកតិលាងជ្រះគេទោនិយ

5. Ka26 碑铭，见以下图文：

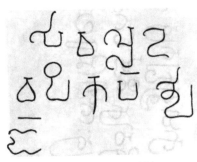

图 1-5　Ka26 碑铭

注：碑文为古高棉文形态。

文中突出显示者为梵语源外来词，其对应的现代高棉文形态分别为：

បោរស្លូទេ

របិកបត្រោ

ង

6. Ka11 碑铭，见以下图文：

图 1-6　Ka11 碑铭

注：碑文为古高棉文形态。

下文是转写为现代高棉文形式的碑文中的梵语源外来词:

第1行:ព្រះកម្រ

第2行:អ(ញ)

第3行:ឣ្ឋត

第4行:ឆ្ពាទ កោនុ

第5行:មាស្រ អញ

第6行:(无)

第7行:(无)

第8行:ស្តោហ្ ជំនាហ្

第9行:អ្ង រេមញ សោមកីត្តិ ប្រទាន

第10行:ឆ្ពាស្យ ពូ អហ្ ពូ

第11行:ជំនាហ្ កុមារ

第12行:ក្លុល ព្រហ យោគ្រ(រេល)

第13行:ក្លួទ្តុ ប្រាប្យ យោគ្របកាត

第14行:វៃគ្យ

第15行:សប្បារៃគនិរៃយ្យ

7. Ka12 碑铭,见以下图文:

图 1-7　Ka12 碑铭

注:碑文为古高棉文形态。

下文是其对应的现代高棉文形态，文中突出显示者为梵语源外来词：

អាជ្ញា ព្រះ កម្រតាង អញ
ឱយតិ៑ ស្រុកបុទោកតម្រ
តាញ កម្រតាង ប្រង្គោស
ទ្រោងតិ៑ ស្រុកប្រមានតិ៑
គេតប្រលកតិ៑ បង្ឆ្ល្ង៑
មាសកទ្ទិមោយ។

8. Ka13 碑铭，见以下图文：

图1-8　Ka13 碑铭

注：碑文为古高棉文形态。

下文是其对应的现代高棉文形态，文中突出显示者为梵语源外来词：

ស្រ អំនោយ ចោញ វិនយគាន
មាស ៣ ប្រក សោ និប្រូយ តិ៑ជ្យ
ង ៩០ ចន្លេក យុគល យៅ...

អំរល យៅ ២ តិ៖ នេះ នៃ ព្រះឧត្ត
ន្ត តិ៖ នេះ មាន នុ តិ៖ ក្បែក្ត្រ ស្រ
អំនោយ ចោញ ខេង មាស ១ ស្រ
អំនោយ ចោញ វិទ្យាទេ មាស ១
វា ភ្ញុំ ព្រះ គេល ឱយ ត ព្រះ គុរ ថ្ងៃ ៣
សគ្រេ ព្រះ ត តិ៖ ត្រ្ត ត មោយ លះ ១ ចន លេ
ក យៅ ២ តតិ៖ សំត្បូវ ត មោយ្យ តិ៖ នោ
ចាតុជា តក ប្រមាន នុ គេ យជមា
ន ព្ក កលៃង្ត តិ៖ នុ ព្រះ ទង ម...
ជា ស្តិតតិ៖ ធម្ម នា គេ ទៅ...

9. 塔利雷瓦特碑铭（សិលាចារឹកចលាបរិវ័ត្ត），见以下图文：

图1-9　塔利雷瓦特碑铭

注：碑文为古高棉文形态。

下文是转写为现代高棉文形式的碑文中的梵语源外来词：

第 1 行：ស្ទេ ទ្វើយ

第 2 行：ឭ ព្រះកម្រតាងអញ សុវណ្ណលិង្គ

第 3 行：ធម្ម

第 4 行：កម្លុំង អនរោក

第 5 行：ឭ

第 6 行：ឭ

第 7 行：ឭ ព្រះកម្រ

第 8 行：តាងអញ ត្រី ចណ្លោ

第 9 行：មកុដ ត្រី បាទ

第 10 行：（无）

第 11 行：ទនហុំ ជតរ

第 12 行：ភាជន

第 13 行：ព្រះគស់ បរោយ

第 14 行：អន្តិស

第 15 行：អរស ត្វរ

第 16 行：（无）

第 17 行：កុមានរ អញ

第 18 行：យេឭ

第 19 行：ឭ

第 20 行：（无）

第 21 行：ប្រតិទ្វ ឭ

第 22 行：អញ ត្រី ទិង្គត្វរ

10. 九宫寺碑铭（សិលាចារឹកលាបរិវត់），见以下图文：

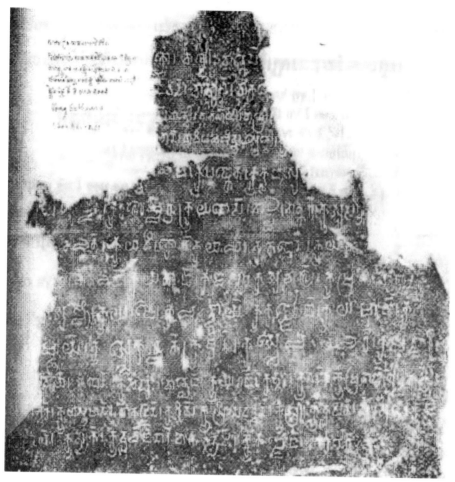

图 1-10　九宫寺碑铭

注：碑文为古高棉文形态。

下文是转写为现代高棉文形式的碑文中的梵语源外来词：

第 1 行：（无）

第 2 行：ក្យច

第 3 行：（无）

第 4 行：វៃមចិត្ត អ្ង

第 5 行：（无）

第 6 行：វេណាច្ច យនោស អសុរ

第 7 行：ឯត

第 8 行：ឯង

第 9 行：យមៃ យមាង

第 10 行：អ្មេ អ្មេ ឯរ មញ្ជរី

第 11 行：យហ្វង

第 12 行：យស្តមាន ទគ្លិន

第 13 行：ហ្វិល វ្រះ

附录二：吴哥王朝时期的代表性碑铭

1. 德饶槟润寺碑铭（សិលាចារិកត្រពាំងរុន），见以下图文：

图 2-1　德饶槟润寺碑铭第一部分

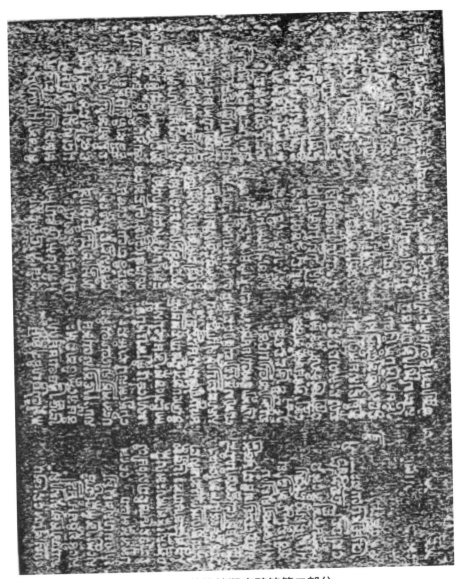

图 2-2　德饶槟润寺碑铭第二部分

注：碑文为古高棉文形态。

下文是转写为现代高棉文形式的碑文节选中的梵语源外来词：

第 1 行：ជ្យេស្ឋ ក្សត្រ ព្រះកម្រតេងអញ ត្រិជយវរម្មទេវ

第 2 行：ព្រះរាជនុត្តក ព្រះត្រិយគោ ធរបុរី

第 3 行：វិន្ទ្រ ភូមិ ព្រះករុណា ប្រសាទ

第 4 行：ព្រះទាន បំផ្លន្ត ព្រះកម្រតេងអញ នារាយន ស្ថាបនា

第5行：មាត្តប្យ ព្រះករុណា ប្រសាទ ព្រះរាជ្យ ព្រះបាទ បរមេគ្ធវ ព្រះករុណា កម្រតាញ

第6行：គនគ្យ ភូមិ ភូមិ អនិនន្ទិត និម្មល

第7行：ប្ឫស្រុក ព្រះ

第8行：ព្រះទាន បិជ្ជុន ព្រះ បុន្ស្យ ព្រះករុណា ឧយ ប្រសាទ

2. 棉花林碑铭（សិលាចារឹកព្រៃកប្បាស），见以下图文：

图 2-3　棉花林碑铭

注：碑文为古高棉文形态。

下文是转写为现代高棉文形式的碑文中的梵语源外来词：

第1行：គគ គត្តិ វៃគាខ អាទិត្យវារ អញ្ញត

第2行：ស្ថាបនា គិរិលិង្គ អាសន កម្រតេង៌ជគតិ លិង្គ បូរ ព្រះ បយ្យក

第3行：កម្រតេង៌ជគតិ លិង្គ បូរ សិកគត

第4行：វ្គ្មេវ ចាម្រ មសិ អញ

第5行：ខិយ ព្រះកំម្រតេង៌អញ គិរិលិង្គ ព្រះ វថិ វិង វ្ម្រគ្រម

第 6 行：ឱយ អរល្វ មយុត គិរជាម្ងំ ន:ហា

第 7 行：ភិម ឱយ

第 8 行：ភ្មប្ស អញ ប្រតិបក្ស

第 9 行：អាថ្មិ ជគតិ លិង្គ

第 10 行：ប្ូរ អ្នាកិ បិទេយ ជាម្ងំ

第 11 行：នរក សន្ទាន អ្នាក្ក អង្ង

第 12 行：រុទ្រគ្រម បរិបាល ជាម្ងំ

第 13 行：ឯ អញ ឱយ គិរណាយរ

第 14 行：ប្រាហ្ល

3. Ka77 碑铭，见以下图文：

图 2-4　Ka77 碑铭

注：碑文为古高棉文形态。

下文是其对应的现代高棉文形态，文中突出显示者为梵语源外来词：

៩៨៨ គកគគិទគម៉ិរោច
ផ្សេប្ម ចន្ទ្រារតិនុសប្រតិ
ប្ម្រៈនេៈរិប្រៈនេៈនុគំន្រ
នេៈនុវៃាននេៈព្រាគគុរុ
សោមង្គុល អាចាយ៍ ៨
មិប្ររគឆ្លោកប្រគម្ូរនេៈ

4. Ka67 碑铭，见以下图文：

图 2-5　Ka67 碑铭

注：碑文为古高棉文形态。

下文是其对应的现代高棉文形态，文中突出显示者为梵语源外来词：
ឱិនមគ្តិវាទិក្សោគុក្សៈ

។ ៨៦៩ គกងកาទតិ.កេត.ថៃត្រ
នុกំ.ម្រេគេងជគគ្រី.ឫទ្ធ
គូរ គគា គ.ស្រ.អាយ.គ្រី
នូប គិន្ទ.បុរនេះគិ.ពោះ
ហា ក.ល្យ.ណា.ព្រះ.ក.ម្រេគេ
ងអ.ញ.គ្រីនូប.គិន្ទ.រ.មៃ

5. Ka1051 碑铭，见以下图文：

图 2-6　Ka1051 碑铭

注：碑文为古高棉文形态。

下文是转写为现代高棉文形式的碑文中的梵语源外来词：

第1行：រាជ ព្រះ បាទ កម្រតេង អញ

第2行：វ្រៃលោក តក ព្រះ កម្រតេង អញ

第3行：ចន្ទគិខរ ព្រាហ្មណ

第4行：ងឥត្តិកា ប្រាសាទ ស្ថាបនា ព្រះ

第5行：កម្រតេង អញ នារាយន ត្រី វិគត្តិជ្ជន

第6行：ភូមិ ព្រះ រាជ

第7行：ធម្ម ព្រះ វ្យរ បក្សណៃាច

第8行：ព្រហ្ម ចន្ទ្រាណិ

第9行：បក្ស

第10行：សុកទ្រា ភូមិ ឰវ៏

第11行：ទក្សិណ បត្តិម

第12行：ឧត្តរ បាបាណ្យ

第13行：ទ្រោះហ រាជ្យាទ្រោហ គិរទ្រោហ

第14行：ព្រំហ្ញាក្យាមាន្ត អ្មក្ ធម្ម

6. Ka17 碑铭，见以下图文：

图 2-7　Ka17 碑铭

注：碑文的前 26 行为梵语，从第 27 行起为高棉语，为古高棉文形态。

下文是转写为现代高棉文形式的碑文中的梵语源外来词：

第 27 行：តកនរមិរោច រ្ហាស្យតិវរ ្រ៖ បាទ កម្រតេង អញ

第 28 行：គ្រីជយវីរម្ម៌ ទេរ ្រ៖ ្រ៖ ្រ៖ ជយេន្ទ្រគិរិ

第 29 行：គ្រី វៃជយេគូរម្ម៌ ប្រតស្ត ្រ៖ ករុណា

第 30 行：គ្រី វៃជយេគូរម្ម៌ គុណាទោរបទគំ ឦយ ្រ៖

第 31 行：ប្រតស្ត ស្ថាបនា ្រ៖ បុន្យ ្រ៖

第 32 行：គ្រី ឲ្យិរិន្ទ្រម្ម៌ គុណាទោរបទគំ អញ

第 33 行：គ្រី លក្ស្មីន្ទ្រម្ម៌ គ្រី វិកមមេម្ម៌

第 34 行：គ្រី សក្យម្ម៌ រ្យាបារ

第 35 行：រល

第 36 行：រល មុខ បត្រការ រល អាភប

第 37 行：រល ្រ៖ បីថធារិ រល

第 38 行：្រ៖ កម្រតេង អញ គ្រី វៃជយេគូរាទយ គិរ សុវណ្ណ

第 39 行：ឲ្យៅ ឌិម

第 40 行：សនច គិណ្ណ្រាច

7. Ka59 碑铭，见以下图文：

图 2-8　Ka59 碑铭正面

图 2-9　Ka59 碑铭背面

注：碑文为古高棉文形态。

下文是其对应的现代高棉文形态，文中突出显示者为梵语源外来词：

Ka59 碑铭正面：

第 1 行：៩៣៨សក ព្រះ បាទ កម្រ

第 2 行：(តេង) អញ ស្រី សូយ៌ជយវម្ម

第 3 行：ទេវបន្ទុលប្រេ គ្មាកសិករិ

第 4 行：ថៅមាតបក្សសិគ្មាង្គោល

第 5 行：... ត រ វ ហារ ត តំ វុល

第 6 行：(ឡ្យ)យ សេនាបតិ (ត) ...

第 7 行：វ៉ត ភូមិគ្មាង្គោលនេះ សង្កោល (១)

第 8 行：ឧយ វិង្ឋ ព្រះ គ្មាង្គោលត កន្ទាយ

第 9 行：មាតុបក្សកំស្ទេងចំ ...

第 10 行：ឧម!

Ka59 碑铭背面：

第 1 行：... ចំ ស្រៅតំវុង ចំជរ ចំស្រៅ

第 2 行：ស្យៅ ចំ ស្រៅខ្ទាយ ចំចង្ងរជ្រៅ

第 3 行：ចំ មាងវោក ស្រុកផ្ង្វាន ចំជ្រះ

第 4 行：... ថ្វុល ចំប្រៃផ្ញៀង ចំ្រេត

8. Ka212 碑铭，见以下图文：

图 2-10　Ka212 碑铭

注：碑文前两行为梵语，其余为高棉语，为古高棉文形态。

下文是已转写为现代高棉文形式的碑文节选内容，文中突出显示者为梵语源外来词：

អ្នក្ត ផ្ទះ យោក៌ភាកិៗតៃក្ខាង១ៗយោបរោយៗតៃក្ប

ចិ។យោសុនហា។យោទ្រោង។យោវត្សរាជ។ហា
នេង។យាកំវៃ។គ្គាលិតផ្កេរ។គ្គាលិប្រមាទីយ្យ
។យោមានស្នេហា។យោកព្ញេ។យោងុត។
យោភ្ញំចញ្ញ។គ្គាលិកន្ទិតិ។តៃក្ញេវ។តៃរាលិ។
តៃកន្ទេបិ។តៃបិត្តេវ។តៃទនៃ។តៃសេស។
តៃសុភារុ។តៃកន្ឡោះ។តៃប្រះចង។តៃកនុ
បិ។តៃក្សបិអំប្បុលិ។តៃសំអបិ។តៃ
ក្ឡះ។តៃភ្ញុំ។តៃជយទេវី។តៃយភ្ការិ។តៃ
កព្ញេ។តៃកន្ទ្រតិ។តៃច្ហាតិ។តៃកំបិ
តិ។តៃអទ្រោតិ។តៃសនិរ។តៃរាជលក្សី
។ ស្រក្សនិមោង។ព្រះភ្ការ។ចោកិព្រាហុ។
ទុរិងប្រៃស្ត្រេង ... អាយ្ណរភ្ការ។

附录三：Ka110 碑铭

图 3-1　Ka110 碑铭近图

图 3-2　Ka110 碑铭远图

Ka110 碑铭中的高棉文段落

៩. យោ សព្ព លោកមោហាគោ ករុណាធិវាសោ
មោគ្ឃំ ករោ រវិកុលំបរ បុណ្ណ ចន្ទោ
ញេ្យយ្យោទធម៌ សុរីបុល័ សកល័
វិពុឡ្ឋោ លោកុតុត្តម៌ នមថ គំ សិរសា មុនិទំ

២. សោបនមាលមមល័ វិទេសាល យស្បូ
សំសារសាគរ សមុត្តូរនាយ សេតុម
សញ្ញុកតគី ភយ វិជូត ខេម មត្តម

៣. ទេយ្យុំ តទប្បមបិ យត្តុ បសន្ន ចិត្តា
ទត្តុ នរោ ផលមុលារតរំ លភន្តិគំ
សព្ពទា ទសពលេនបិ សុប្បូសតថំ សម្បូ

នមស្សថ សទាមិត បុញ្ញ ខេត្តុ។

៤. ៦៨៣ ស.ក ឆ្ន នក្សត្រ មារោច ជ្យេម្ម

វុទ្ធ វ ន្ រា តេង វុទ្ធ សិរិប្រតិម្ម

ប្រះ គាប្ឋ នោះ

......

៥. ប្រះ គោ នោះ ជោង គិ អញ ជាន ត កម្រតេង ···

··· ត ប្រះ បាទ នេរង្ឆក្ត បញ្ញ ···

··· អ្នក្ត សិលា បញ្ញ បារិខា ···

··· រុំអាច្ឋិ ប្រស ណោយ្ឌ លេង ឞ្លាយ នោះ ······

··· អ្នក្ត នោះ រុំ អាច គិ យោក បឞយ ···

··· រុំ អាចគិ យោក ឞបឞយ ត ក្ឌន ··· រុំ អាច គិ

··· យ ថៃយ

៦. ··· ក្ឭ ឞុឝ្យ នោះ កិរិយា ឞុណ្យបារមី

··· គោត្រ កុល បាទ វ ···

··· ប្រះ បាទ ឞតិម្ម កម្រតេង

··· ចរចា លេក គោត្រ កុល បាទ វ ···

注：碑文中突出显示者为巴利语源外来词。

附录四：代表性佛教文学作品语料文本

1.高棉文三藏经《经藏》第 14 卷（节选）

ងវាម្មុ សុត្តំ។ ឯកំ សមយំ ភគវា អន្តរាច រាជគហា អន្តរាច ទានូទុំ អន្នានមត្តុប្បជិប ន្ធោ ហោតិ មហាតា ភិក្ខុសង្ឃេន សន្ធិ បញ្ចមត្តេហិ កិក្ខុសគេហិ។ សុប្បិយោបិ ខោ បរិព្ពាជា ជគោ អន្តរាច រាជគហា អន្តរាច ទានូទុំ អន្នានមត្តុប្បជិប ន្ធោ ហោតំ សន្ធិ អន្តេវាសិ ជា ព្រហ្មទត្តេន មាណាវេន។ ភត្រ សុទំ សុប្បិយោ បរិព្ពាជគោ អនេកបរិយាយេន ពុទ្ធ ស្ស អវណ្ណំ ភាសតិ ធម្មស្ស អវណ្ណំ ភាសតិ សង្ឃស្ស អវណ្ណំ ភាសតិ។ សុប្បិយោ ស្ស បទ បរិព្ពាជកស្ស អន្តេវាសី ព្រហ្មទត្តោ មាណវោ អនេកបរិយាយេន ពុទ្ធស្ស វណ្ណំ ភា សតិ ធម្មស្ស វណ្ណំ ភាសតិ សង្ឃស្ស វណ្ណំ ភាសតិ។ ឥតិហ តេខភោ អាចរិយន្តេវាសី អញ្ញម ញ្ញស្ស ឧជុវិបច្ចនិកវាទា ភគវន្តំ បិដ្ឋិតោ បិដ្ឋិតោ អនុពន្ធា ហោន្តំ ភិក្ខុសង្ឃ្ញ។ អថ ខោ ភ គវា អម្ពលដ្ឋិកាយំ រាជាគារកេ ឯករត្តិវាស់ ឧបកញ្ញំ សន្ធិ ភិក្ខុសង្ឃេន។ សុប្បិយោបិ ខោ ប រិព្ពាជគោ អម្ពលដ្ឋិកាយំ រាជគារកេ ឯករត្តិវាស់ ឧបកញ្ញំ សន្ធិ អន្តេវាសិនា ព្រហ្មទ ត្តេន មានវេន។ ភត្របិ សុទំ សុប្បិយោ បរិព្ពាជគោ អនេកបរិយាយេន ពុទ្ធស្ស អវណ្ណំ ភា សតិ ធម្មស្ស អវណ្ណំ ភាសតិ សង្ឃស្ស អវណ្ណំ ភាសតិ។ សុប្បិយស្ស បទ បរិព្ពាជកស្ស អន្តេ វាសី ព្រហ្មទត្តោ មាណវោ អនេកបរិយាយេន ពុទ្ធស្ស អវណ្ណំ ភាសតិ ធម្មស្ស អវណ្ណំ ភា សតិ សង្ឃស្ស អវណ្ណំ ភាសតិ។

注：文中突出显示者为巴利语源外来词。

2.《毗输呾罗本生故事》（节选）

ពុដ៏កាលនោះ រវីង ព្រះនាងសុចារុសុប្បតី ជាស្រីល្អអស់អង្គ ទ្រង់នូវរូបមានលក្ខណា ប្រសើរនោះ ព្រះនាងទទួលយកព្រះពរ ទាំង១០ប្រការ អំពីព្រះតម្រ្តាធិរាជហើយ ក៏ច្យុត ស្រុកចុះមក ចាប់បដិសន្ធិ ពុដ៏ផ្ទៃអគ្គមហេសី នៃព្រះបាទមទ្ទរាជ ពុដ៏មាតុលនគរ។

រីព្រះនាងសុចារុសុប្បតីសោត កាលណាព្រះនាង ប្រសូត្រ ចេញមកអំពីផ្ទៃ នៃអគ្គ មហេសី ព្រះបាទ មទ្ទរាជនោះហើយ មានសម្បុរនោះល្អ បីដូចអ្នកយកន្លរលម្អិតខ្លឹមចន្ទ មកលាបស្រលាបអស់អង្គ ហេតុតែព្រះនាងមានកំណើតដូច្បោះ ទើបលោកមកសន្តតកត៌ សម្គាល់នូវព្រះនាមថា ព្រះនាងសុចារុសុប្បតីកុមារី។ លុះព្រះនាងចំរើនចំឡើង ព្រមន្ធរ អស់បរិវារ ផងទាំងឡ្បាយ មានព្រះរូបឆោមល្អ បីដូចស្រីទេពអប្បរបវរកញ្ញា នៅនាស្ងួតិ

294

នាយហោង។

បពិត្រអើយ វីព្រះនាងសុចារុសុប្បតិកុមារី លុះព្រះនាងមានព្រះជន្មបាន ១៦ ព្រះ វស្សា បរិបូណ៌ហើយកូរ ព្រះបាទ សិរិមហារាជ ឲ្យទៅយាងព្រះនាង មកអភិសេក មួយអន្លើនឹងចៅសញ្ជ័យ កុមារ ឲ្យឡើងសោយរាជសម្បត្តិ ទុកព្រះនាងជាអគ្គមហេសីធំ ត្រៃលែង អស់ស្រីស្នំផងទាំងឡាយ ១៦ពាន់។ ហេតុនោះហោង ព្រះអង្គមានព្រះបន្ទូល នឹងព្រះសារីបុត្តត្ថេរ សូត្រនូវបាទ ព្រះគាថា ដូច្នេះថា ហៃធម្មសេនាបតីស្រីសារីបុត្តអើយ វី ព្រះនាងសុចារុសុប្បតិទៅវី ព្រះនាង ច្យុតស្រតចាកទេវលោក ក៏បានមកកើតក្នុងត្រកូល ក្សត្រ ខត្តិយវង្ស ហើយបានជាអង្គអគ្គមហេសី នៃព្រះបាទ សញ្ជ័យ ជាក្សត្រថ្លៃប្រសើរ សោយរាជសម្បត្តិ បិតនៅនាជេតុត្តរនគរ។

គ្រានោះ សម្ដេចស្តុកទេវរាជ បិតនៅនាសួគ៌ត្រៃត្រឹង្សទេវលោក ស្ដេចបើទិព្វចក្ខុ មិលមើលចុះមក យល់ព្រះនាង សំរិទ្ធិ នូវព្រះពរទាំង ៩ប្រការ បរិបូណ៌ដូចព្រះនាង ប្រាថ្នានោះកូរ ព្រះតន្ត្រ ក៏ទ្រង់ពឹងដូច្នេះថា ឱព្រះឲ្យប្រសិទ្ធិ ប្រការ ដែលអញ១០ព ! ហើយ នៅសល់ខានតែពរបរិបូណ៌ប្រការនោះ ព្រះនាងបាន៩នោះមិញ នាពរទាំងនាងទៅ មួយ ព្រះនាង ប្រាថ្នាឲ្យបានព្រះរាជបុត្រនោះមិញ ពុំទាន់បានបរិបូណ៌នៅឡើយ ថាបើ ដូច្នេះកូរ អញនឹងបំពេញឲ្យបានដូចក្ដី ប្រាថ្នានោះហោង។

注：文中突出显示者为巴利语源外来词。

3.《普利达本生故事》（节选）

ក្នុងអតីតជាតិមួយ មានព្រះពោធិសត្ត្វមួយអង្គ ព្រះនាមថា ភូរិទត្ត ដែលប្រកបដោយ ទឹកចិត្តជ្រះថ្លាក្នុងព្រះពុទ្ធសាសនាណាស់។ ថ្ងៃមួយទ្រង់ក៏បានសូមព្រះរាជបិតា និងមាតា ដែលសោយរាជ្យ សម្បត្តិនៅនគរភុជង្គនាគ ដើម្បីយាងទៅកាន់សីល។

ជារៀងរាល់ថ្ងៃ ពួកនាគីតែងតែមកថ្វាយកម្រងផ្កាមិនឈប់ឈរ ប្រហែលជាក្នុង ន័យប្រាថ្នាចង់រួមរក្សាកាមជាមួយ ម្ល៉េះហើយ ព្រះបុត្រានាគក៏សម្រេចព្រះទ័យយាងទៅ ស្ថានមនុស្សម្តង ដើម្បីកាន់សីលបន្តនៅតាមដងព្រៃភ្នំ។

នៅថ្ងៃមួយ ក្នុងខណៈ ដែលព្រះអង្គកំពុងការនាធម៌ ស្រាប់តែមានមាណពម្នាក់បាន មកដល់ទីនោះ។ ឃើញដូច្នេះ ព្រះពោធិសត្ត្វក៏នាំមាណពនោះ ទៅកាន់ស្ថាននាគមួយរយៈ ពេលដ៏ខ្លីសិន។

នៅគ្រាមួយទៀត មានស្ដេចគ្រុឌដែលជាសត្រូវពួជជាមួយពួកនាគ ក៏បានជេញ ចាប់ពួកនាគ ជាហេតុធ្វើឲ្យអាស្រមរបស់មហាឥសីម្នាក់ខូចខាតជាដំណាំ។ ដើម្បីលុបលាង នូវបាបកម្ម ដែលបណ្ដាលមកពីអំពើមិនគាប់បី គ្រុឌនោះក៏សុខចិត្តថ្វាយគាថាចាប់ពស់ មួយយ៉ាងសក្ដិសិទ្ធទៅតាបសប្បុសីនោះជាសំណងទៅ។

ក្រោយមកទៀត មានមាណពម្នាក់ទៀតក៏បានចូលព្រៃ ដើម្បីស្វែករៀនក្បួនយុទ្ធ សីល ហើយក៏បានអង្វរស្នើមមហាសីខាងលើឲ្យជួយបង្រៀនខ្លួន នូវមន្ត្រអាគមអាលម្ភាយ នោះៗ ក្រោយពីរៀនចប់សព្វគ្រប់ បុរសនោះ ក៏មានបំណងទៅចាប់ព្រះពោធិសត្ត្វភូវិត្ត, យកទៅសម្លែតាមទីតាំងផ្សេងៗឲ្យអ្នកស្រុកមើល ដើម្បីវែអង្គាសលុយៗ

ដំណឹងអាស្រូវនេះ បានពូដល់ព្រះវរជបិតា និងមាតា ស្ដេចទាំងពីរអង្គក៏បានត្រាស់ បង្គាប់ឲ្យព្រះរាជបុត្រានាតទាំងឡ្ប្បាយឲ្យទៅជួយសង្គ្រោះព្រះភូវិត្តពីគ្រោះភ័យៗ ហើយ នៅទីបញ្ចប់ បុរសចេះមន្ត្រអាគមអាលម្ភាយ ត្រូវបានផ្ដាញ់ ហើយព្រះពោធិសត្ត្វក៏ត្រូវដោះ ជាស្ថាពរៗ យាងត្រឡប់មកកាតកុជដ្ឋនាតវិញ ព្រះភូវិត្តទ្រង់ក៏បានប្រទានការសម្លែងធម៌ ទេសនា ដើម្បីឲ្យព្រជរាជវង្សានុវង្សជុតពីទុក្ខៗ

注：文中突出显示者为巴利语源外来词。

4.《加那格本生故事》(节选)

ថ្ងៃមួយភិក្ខុទាំងឡ្ប្បាយអង្គុយនិយាយសសេីរមហាភិនិស្ក្រមណ៍នៃព្រះតថាគតក្នុងធម្ម សភាៗ ព្រះសាស្ដាទ្រង់ព្រះបុច្ឆាថា: ម្នាលភិក្ខុទាំងឡ្ប្បាយ អ្នកទាំងឡ្ប្បាយ ប្រជុំនិយាយនូវ រឿងអ្វី? ភិក្ខុទាំងឡ្ប្បាយក្រាបបង្គំ្ទូលតាមដងណើរសេចក្ដីៗ ទើបព្រះជិនស្រីទ្រង់មានព្រះ ពុទ្ធដីកាថា: មិនតែឯឡ្បូរនេះទេ ពីដើមដែលតថាគតជាពោធិសត្ត ក៏ចេញសាងមហាភិ និស្ក្រមន៍យ៉ាងនេះដែរៗ ព្រះសាស្ដាដែលភិក្ខុទាំងឡ្ប្បាយអារាធនា ក៏ទ្រង់សម្ដែងអតីត និទានដួចតទៅនេះថា:

អតីតេ ភិក្ខុវេ វិទេហរដ្ឋ មិថិលាយំ មហាជនកោ នាម រាជា រជ្ជំ ការេសិ ម្នាលភិក្ខុ ទាំងឡ្ប្បាយ ក្នុងកាលកន្លងទៅហើយ ព្រះរាជាព្រះនាម មហាជនកសោយរាជ្យក្នុងនគរ មិថិលា ដែនវិទេហរាស្ត្រ ទ្រង់មានព្រះរាជបុត្រ២ព្រះអង្គ ព្រះនាមអរិដ្ឋជនក១ ចោល ជនក១ៗ ទ្រង់ព្រះរាជទាន ហាន: ឧបរាជដល់ព្រះអរិដ្ឋជនក ហាន: សេនាបតីដល់ព្រះ ចោលជនកៗ ចំណេរកាលមកខាងក្រោយ កាលព្រះមហាជកទ្រង់សោយព្រះទីវង្គតទៅ ព្រះអរិដ្ឋជនកជាព្រះមហាឧបរាជបានសោយរាជ្យ ទ្រង់ព្រះរាជទានទីឧបរាជដល់ព្រះ ចោលជនកៗ អាមាត្យម្នាក់ចូ្ញ្ញង់ព្រះមហាក្សត្រ ឲ្យចាប់ព្រះចោលជកដាក់ច្រវាក់យំ្ទុក ក្នុងផ្ទះជិតព្រះរាជនិវេសន៍ៗ ព្រះចោលជនកដោះច្រវាក់បើកទ្វារបាន ចេញទៅគង់នៅឯ ស្រុកបច្ចន្តគ្រាមមួយ មានមនុស្សចុះចូលច្រើន ប្រជុំជាកងទ័ពឡ្បោមព័ទ្ធចាប់ព្រះបាទអរិ ដ្ឋជនកធ្វើគុតទៅ ហើយបានសោយរាជ្យតមកៗ គ្រាច្ឆ្បាំង ព្រះទេវីរបស់ព្រះបាទអរិ ដ្ឋជនក ទ្រង់តគិគ្រប់ខែជ្រាបថាព្រះស្ថាមិសុគត ក៏យកប្រាក់មាស និងវត្ថុមានតម្លៃដាក់ក្នុង បាតកញ្ជើគ្របសំពតដាក់អង្ករពីលើ ផ្តែងព្រះអង្គជាស្រីកំសត់ទ្ទួលកញ្ជើរត់ទៅតាមទ្វារ ខាងជើង បានជួបនឹងព្រះតនេដែលនិម្មិតជាព្រាហ្មណ៍ចាស់បរវេ:បព្ចេ:នាំទៅដល់នគរ

កាលចម្បាក ទៅនៅសំណាក់អាស្រ័យនាផ្ទះអាចារ្យ ទិសាបាមោក្ខ នាមឧទិច្ចព្រាហ្មណ៍ មិនយូរប៉ុន្មានព្រះនាងក៏ប្រសូតព្រះរាជបុត្រ។

注：文中突出显示者为巴利语源外来词。

5.《索瓦纳娑摩本生故事》(节选)

កាលកុលបុត្របានស្តាប់ព្រះធម៌ទេសនាហើយ ក៏បានយើញទោសក្នុងកាមទាំង ឡាយ និងបានកំណត់អានិសង្សនៃបព្វជ្ជា។ លុះដល់បរិស័ទគ្រប់គ្នាគ្រឲ្យប់ទៅវិញអស់ ហើយ ទើបថ្វាយបង្គំព្រះដ៏មានព្រះភាគ ទូលសុមបព្វជ្ជា។ ព្រះអង្គទ្រង់គ្រាស់ដល់ កុលបុត្រនោះយ៉ាងនេះថា ព្រះតថាគតទាំងឡាយមិនញ៉ាំងបុត្រដែលមាតាបិតាមិនទាន់ បានអនុញ្ញាតឲ្យបព្វជ្ជានោះឡើយ។ កុលបុត្រនោះ កាលបានស្តាប់នូវព្រះពុទ្ធដីកាដូច្នោះ ហើយ ទើបថ្វាយបង្គំព្រះមានព្រះភាគ ក្រាបទូលលាត្រឡប់មកគេហដ្ឋានវិញ ដល់ហើយ បានក្រាបសំពះមាតាបិតាដោយសេចក្តីគោរព រួចបានពោលថា បពិត្រ លោកឪពុក អ្នកម្តា យ កូននឹងបួសក្នុងសម្នាក់ព្រះតថាគត។

លំដាប់នោះ មាតាបិតារបស់កុលបុត្រនោះ បានស្តាប់ពាក្យរបស់កូនហើយ ក៏មាន សភាពដូចជាបែកបេះដូងជាៗចម្រៀក ព្រោះមានបុត្រតែម្នាយ ញាប់ញ័រដោយសេចក្តី ស្នេហាចំពោះបុត្រ បានពោលថា កូនសម្លាញ់ កូនជាទីពាំងនៃត្រកូល ហាក់ដូចជាកែវភ្នែ ឬដូចជាជីវិតរបស់យើងទាំងពីរនាក់។ ឪពុកនិងម៉ែ បើរៀបចាកកូនហើយ នឹងមានជីវិតបាន ដូចម្តេចទៅ ជីវិតរបស់យើងទាំងពីរក៏ចាស់ណាស់ទៅហើយ នឹងស្តាប់ក្នុងថ្ងៃនេះ ថ្ងៃស្អែក ឬក៏ខានស្អែក យ៉ាងនេះ កូននៅព្រាត់ថាចាកចោលឪពុកម្តាយទៅទៀតឬ។ ធម្មតា បព្វជ្ជាគឺ បុគ្គលធ្វើបានដោយលំបាកក្រៃលែង កាលត្រូវការក្រៀក ក៏រមែងបានក្តៅ កាលត្រូវការ ក្តៅ ក៏រមែងបានត្រជាក់ ព្រោះហេតុនោះ កូនកុំបួសឡើយ។ កុលបុត្រនោះ បានស្តាប់ ញ៉ពាក្យរបស់មាតាបិតាដូច្នោះហើយ ក៏ដល់នូវទុក្ខ ទោមនស្ស អង្គុយឈនមុខ សៅសោក មិនបរិភោគអាហារអស់៧ថ្ងៃ។ លំដាប់នោះមាតាបិតារបស់កុលបុត្រនោះ បានគិតគ្នាថា បើកូនរបស់យើងមិនបាននូវការអនុញ្ញាតឲ្យបួសទេ មុខតែនឹងស្តាប់ជាមិនខាន ហើយយើង នឹងមិនបានយើញកូនទៀតឡើយ តែបើកូនបានរស់នៅក្នុងភេទជាអ្នកបួស យើងគង់នឹង បានជួបប្រទះយើញមុខគ្នាទៅទៀត។ កាលបានគិតគ្នាហើយ ទើបអនុញ្ញាតថា នៃកូន សម្លាញ់ មាតាបិតា អនុញ្ញាតអោយកូនហើយ ចូរកូនបួសចុះ។ កុលបុត្រនោះ បានស្តាប់ ដួច្នោះ មានចិត្តក្រេកអរ បង្ហោនសរីរៈទាំងអស់ចុះ ក្រាបទៀបបាទានៃមាតាបិតា ថ្វាយបង្គំ លា ចេញពីក្រុងសាវត្ថី ទៅកាន់ជេតពនមហាវិហារ។ ទៅដល់ហើយ បានក្រាបថ្វាយបង្គំ ព្រះភក្តា ទូលសុមបព្វជ្ជានឹងព្រះអង្គ។ ព្រះបរមសាស្តាបានត្រាស់បង្គាប់អោយភិក្ខុម្នាយ អង្គ បំបួសកុលបុត្រនោះជាសាមណេរ។ ចាប់តាំងអំពីសាមណេរនោះបួសហើយ លាភស

ក្ការបានកើតឡើងយ៉ាងច្រើនដល់លោក។ សាមណេរនោះបានញាំងអាចារ្យនិងឧបជ្ឈាយ៍ឱ្យត្រេកអរ លុះគ្រប់ព្រះជន្មហើយ ក៏បានឧបសម្បទាជាភិក្ខុ សិក្សាព្រះធម៌ ព្រះវិន័យបានផ្សេកគំនិតថា យើងនៅក្នុងទីនេះ ច្របូកច្របល់ទៅដោយពួកញាតិជាដើម មិនសមគួរដល់យើងឡើយ។

注：文中突出显示者为巴利语源外来词。

6.《佳姬王后》(节选)

ព្រះបាទព្រះហ្លួទត្ត សោយរាជ្យ សម្បត្តិក្នុងនគរពោរាណសី ព្រះអង្គជាព្រះ មហាក្សត្រមួយអង្គ មានឫទ្ធិអំណាចដ៏ខ្លាំងក្លា មានស្តេចមួយរយ នគរជា ចំណុះនាំស្វយសារអាករមក ថ្វាយមិនដែលខាច់។ ព្រះអង្គមានអាមាត្យដ៏ជិត ស្និតម្នាក់ឈ្មោះ គន្ធាន់។ គន្ធាន់ចេះ សិល្បសាស្ត្រ មានឫទ្ធិ អំណាចខ្លាំងពូកែលើ ល្បីល្បាញសុះសាយពេញអស់ភពផែននគរ ក្រៅពីនោះ គន្ធាន់ចេះដេញ ពិណ ច្រៀងជាបទទំនាច្យ ប្រលៀចល្បោយ យ៉ាងពិរោះផក់ ចិត្តចំពោះជុំជន ទាំងឡាយទៀតផង។ ព្រះបាទព្រះហ្លួត្តមានព្រះអគ្គមហេសីមួយអង្គ ព្រះ នាម កែវកាកី នាងប្រសូតចេញពីផ្កា គនិការ មានរូបឆោមល្អដូចផ្កាកំពុងរីក មានក្លិនពិដោរ ក្រអូបល្ហួយល្ហបដូចលំអងគន្ធា បើបុរសណាបានរួមរ័កស្នេហា លុះប្រាពីរាត្រីទើប អស់ ក្លិនក្រអូបដោយគន្ធានោះ។ ព្រះបាទព្រះហ្លួត្ត ទ្រង់សព្វរាជហរទ័យ ស្រលាញ់នាងកែវ កាកីណាស់ ព្រះអង្គបានតែងតាំងនាងជាព្រះរាជ អគ្គមហេសី ខ្ពស់លើសអស់ស្រីស្នំស្រីស្ង្គារទាំងឡាយនៅ ក្នុងវាំង។

ស្ដេចគ្រុឌ គ្រប់គ្រង នៅនគរសិម្ពលី មានវិមាននៅលើកំពូលភ្នំព្រះសុមេរុ មានឫទ្ធិតេ ជ៖ បារមីខ្លាំងក្លាអស្ចារ្យ គ្រុឌអាចហោះឆ្លងគិរីបុព្វតា និងឆ្លងមហាសាគរដ៏ជ្រៅជ្រះបានយ៉ាង ឆាប់ហ័ស មិនតែប៉ុណ្ណោះសោត ស្ដេចគ្រុឌចេះសិល្ប៍មន្តវិជ្ជាការ អាចបែងប្រាណប្រែក្រ លាទៅតាម ការប្រាថ្នាផ្សេងៗ ទៀតផង។ ជារៀយៗ ស្ដេចគ្រុឌតែងហោះឆ្លងគិរីបុព្វតា មហាសមុទ្រ ទៅលេងកំសាន្ត បាស្ការជាមួយព្រះបាទព្រះហ្លួត្តនៅង នគរពោរានសី។

នៅជាយនគរពោរាណាសី មានដើមព្រៃមួយដើមធំ បែកមែកសាខា មានម្លប់ត្រលឹង ត្រលៃ ជាទីជម្រកនៃហ្វងបក្សាបក្សីទាំងឡាយ ហើយ ជាទីដែលស្ដេចគ្រុឌចូលទៅតាំង សមាធិ បែងបំប្លែងកាយប្រែក្រលា ជាកំលោះម្នាក់ ដ៏មានរូបឆោមសង្ហាល្អល្អ៖ គួរជាទីពេឭ ពិលមិលមើល និង ជាទីប្រាថ្នាស្រលាញ់ប្រតិព័ទ្ធងបាននៃនារីក្រមុំទាំងឡាយ។ ប្រែក្រ លារួចស្រេចកាលណា គ្រឌក៏ចូលទៅកាន់ព្រះបរមរាជវាំងនៃព្រះ បាទព្រះហ្លួត្ត។ គ្រឌ កំលោះ ចូលក្រាបកាលព្រះមហាក្សត្រ ដោយគោរពឱនលំជាទីបំផុត។ ព្រះបាទព្រះហ្លួត្ត ទតយល់កំលោះសង្ហាមកដល់ក៏ ទ្រង់ហៅឱយចូលមកជិត ហើយទ្រង់គ្រាស់បញ្ញាអោ យ អាមាត្យបំពើរៀបចំក្ការបាស្ការ នឹងកំសាន្តលេងជាមួយកំលោះយើង។

注：文中突出显示者为巴利语源外来词。

附录五：代表性贝叶经语料文本

1. 贝叶经《法则》(节选)

ច្បាប់ក្រម

១ - នេះគឺច្បាប់ក្រម ប្រសើរឧត្តម ទន្លានអ្នកផង
ប្រើអោនលំទោន កុំបីមានឆ្លង ប្រាជ្ញា បុណ្យផង
កើតដោយប្រណិបត្តន៍។

នរអ្នកណា ទោះយកអាត្មា ចូលសាសន៍ ពុទ្ធ រដ្ឋ
ចូរធ្វើអោយត្រង់ ដោយនរបន្ទាត់ ហៅស្វេងសម្បត្តិ
យកផ្លូវនិព្វាន។

នរអ្នកផង ទោះដឹងយល់ហោង ចិត្តនោះអោយហ៊ាន
បំពេញព្រះធ្មួស ដោយព្រះទូន្លាន កុំធ្វើលិកលាន
ដោយចិត្ត អន្ធពាល។

ម្នាយឱពុកសោតណា ស្រលាញ់សូនភ្នា ហៅកូនសង្សារ
អាចមកបំបួស ហេតុចង់សម្ងារ ប្រើបង់អន្ធពាល
រៀនដោយក្រមច្បាប់។

៥ - សង្ឃាតសរសេរ អស់អញ្ចុំខ្ទិល ទើបបានជាតាប
សង្ឃាតសូត្ររៀន ដោយគ្រូប្រញ្ញប្ញិ កុំធ្វើលេលាប់
ដោយចិត្តមាក់ងាយ។

ហៃអស់សាមណេរ ម្នាយមកបង្វែរ អ្នកជាបាច្បាយ
សង្ឃាតសូត្ររៀន ដូចលោកទាំងឡាយ កុំធ្វើពាយងាយ
ដូចនៅគ្រហស្ថ។

កុំធ្វើរាយមាយ នឹងគ្រូបាច្បាយ ទុកស្មើអម្ចាស់
សង្ឃាតសរសេរ សូត្ររៀនអោយណាស់ ប្រាជ្ញាយល់ច្បាស់

នាំញាតិទាំងឡ្បាយ។

អាសូរមេបា ចិញ្ចឹមរក្សា កុំឱ្យអន្តរាយ
អាចយកមកធ្វើ នឹងគ្រូបាច្បាយ ហេតុចង់ពណ្ណរាយ
ប្រយោជន៍ទាំងប៊ី។

មួយចង់ក្ដីច្បាប់ ឱ្យខ្លួនបានគាប់ នៅនាលោកិយ
មួយចង់ប្រាជ្ញា មិនឱ្យអប្រិយ មួយចង់បារមី
នាំញាតិទាំងឡ្បាយ។

90 - ហោអស់សាមណេរ កុំធ្វើដែលដែរ ត្រង់ក្ដីៗយដាយ
លំអុតបំពេ អ្នកជាបាច្បាយ ជូនបុណ្យទៅម្ដាយ
ឌីពុកទីទៃ។

សង្ឃាតស្ត្រ្តៀន កុំធ្វើអៀនប្រៀន ក្នុងចិត្ត សព្វថ្ងៃ
លំអុតបំពេ ផ្គាប់ដោយហរិទៃ បារម្ភមៃ។
ក្ដីច្បាប់កុំបង់។

ច្បាប់នេះសោតណា ទុន្ធានអាត្មា ដោយនូវក្រិស្យសង្ឃ
ត្រង់ណាហៅច្បាប់ កាន់ខ្លាប់កុំបង់ ចំណេរទៅលង់
ខ្លួនបានជាធំ។

សព្វថ្ងៃសោតណា ទុន្ធានអាត្មា ដោយនូវក្រឹស្យក្រម
បំពេបាច្បាយ ឱ្យមានបារម្ភ ទៃបខ្លួនជាធំ
ទៅដល់មហាក្ស្យត្រ្ទិយ។

ច្បាប់នេះសោតណា ទុន្ធានអាត្មា ចេរនៅពុំបាត់
ទោះខ្លួនឥត បុណ្យ បំពេមហាក្ស្យត្រិទ្យ គោរពប្រតិបត្តិ
យសនោះពុំលែង។

注：文中突出显示者为巴利语源外来词。

2. 贝叶经《戈伽勒法则》

ច្បាប់កេវ្ដ្ការ

9 កេវ្ដ្ការលពីព្រេងព្រិទ្ធ សាងសុចរិតទុកទៅ្ងនៅ សេដ្ឋីផ្ដល់ប្រដៅ បុត្រសង្វារទុកក្រោយហោង។

កូនអើយកេរ្តិ៍មេបា ធម្មតាអ្នកជាជាតិ តាក់តែងខ្ញុំកំដរ

៥ ធ្វើស្រេទិសប្រាំបី ឲ្យមានភ្លើបាអ្ម ដេកយប់អោយរាងទ្វារ សារពើទ្រព្យអ្វីៗ កុំអាងមានទ្រព្យច្រើន

១០ រទេះសេះដំរី សប្បុរសយល់ដោយមុខ រក្សាខ្លួនឲ្យរូង អោយមានតាំងចិត្តស្មោះ ទ្រព្យធនទោះជោកថ្លៃ

១៥ ទុកចិត្តខ្ញុំមើលដាក់ ធ្វើអ្វីធ្វើអោយហើយ ដំណេកដេកជាខ្នាត គ្រឹះហារអោយផ្ធិតផ្ធង់ អញ្ចូលទុកអោយគង់

២០ សារពើសរៀនរិះ សប្បុរសពេកចាញ់ធន លើផ្ធេច្រើនចាញ់ស្ទើក ដេកយប់កុំដំអក់ ចងទុកចោះបង្គោល

២៥ រៀនរិះសារពើក្តី ការក្រកុំភិតងាយ រៀនរិះរួសរវាំង ផ្ធុរៀចកុំបោះបង់

ចូររក្សាគន់តិតគ្រង ការគេអាទិ៍ឲ្យគិតគូរ ចេញទៅរកធ្វើស្រេក្តី ខ្ញុំប្រុសស្រីចេញជួយផង ធ្វើស្រេកុំចោលចំការ ទ្រព្យសម្រាលរៀបប្រយ័ត្ត ប្រុងស្ថារើទុកអោយឈ្មុ ពុំក្រវើនរកផ្ធត់ផ្ធង់ រាប់បញ្ញើកុំឲ្យឃ្លាត ស៊ុកគ្រួសួ្រកពេកពុំជា រៀងឧត្ដុងឧត្ដមខ្ពស់ កុំអាឡ្មោះអាល័យស្ងួន កុំដាក់ដៃអោយតែកូន ស្នើវើភ្នែកខ្លាក់ទាំងសងខាង កុំទុកឡ្បើយបង្កើតកិរ អោយសំអាតសំអាងជា កុំឲ្យផ្ធង់ដុះយធ្ធល ព្រាក់ក្នុងថង់ទុកអោយជា អោយចាំចេះ ១ចាំចេង នាទុជិនចាញ់ផ្ធ្ថិយ ត្រីច្រើនទឹកល្ងក់ពុំជា អោយលង់លក់ក្រៅសុចរិត រិរកផ្ធោលពូយុផ្ធ ទោះស្រដិកាន់ពាក្យស័ត្យ ការសម្ងាយជាកំរោល ធ្វើស្រេប្រាំងស្រេស្ស្រា ផ្ធុវណាគ្រង់កុំដើរហោង

ថៃទាំចំរុសរុង កុំខ្លិលដេកទទ្ទួរ ចិញ្ចើមគោក្របី មើលផ្ធុះស្រុះរបង ដឹងដែកកាំបិតព្រា ចងទុកកុំឲ្យសាត់ អុសទឹកស្រូវអង្ករ យកចាយចាយដោយបម ខ្ញុំណាមានមាយាទ កំណាញ់ក្រៅតំរា ប្រដាប់ដោយសំត្តិយស ទ្រព្យនេះនឹងនាំខ្លួន នូវរស់ទាំងបងឫូន អោយកូនគន់មើលតាង សំអាតអស់សរិល ទើបទេវតា រក្សា ជំរះចារបាសដី ប្រើខ្ញុំមើលមុខ ចង់គាប់ប្រើស្ទ្វេស្ធេង ប្រពន្ធលួច្រើនចាញ់ថ្ម ទ្រព្យច្រើនព្រួយរក្សា ខ្ញុំណាមានតំនិត ការខ្យល់កាចពុំជា ចាំក្សនចាំអោយស្ត្ត សន្សើកុំបំបោល ធ្វើស្រេមានចំណារ ដើរដោយផ្ធុគន្លង

ប្រុងប្រយ័ត្ត ប្រយោជន៍ឃ្យ៑រ៑ ដល់ថ្ងៃរពេញព្នី៑រ កៃខ្យរស្លើបោះក្រោលឈ្មុង៑ រាំងចំណារគួរក្សា៑ ទុកអោយជាកុំឲ្យបាត់៑ ផ្ធៈបាត់បែកផ្ធាប់ទល់ទ្រ៑ យកចេញចាយមានកំណត់៑ ទោះនឹងទុក ១ដោយខ្លាត៑ ទុកដាក់ដែឲ្យរក្សា៑ សោតស៊ីងអាប់ប្រយោជន៍យស៑ ខ្លួនជាធំឲ្យថៃថ្ធន៑ ទៅបរលោកពុំសោះ សួ្ញ៑រ៑ អ្នកជៃទេរក្សាតាង៑ ស្ន្ធើភ្នែកម្ធ្ងងពុំពេញព្ន៑រ៑ កុំអោយមានភ្លើមន្ធិល៑ ចំពើនសុខសើរសួ្ស្ធិ៑ អោយហ្ធត់ហ្ធ្ធ៑ងកើតសុខា៑ ទោះកាចជាមើលឲ្យស្ធេង៑ រករៀនរិះសារពើក្តី៑ ពាក្យច្រើនភូតចាញ់អាត្មា៑ ទ្រព្យតិចណាព្រួយរិះតិត៑ គួរអោយគិតប្រណិរា៑ ក្រៃងពានការបោកបែកបាត់៑ កុំអ្ធៀនរៀនសមពាក្យពេល៑ ក្រៃងពុំដល់ដួចប្រាថ្ម៑ ធ្វើចំការចារបង៑ គំរាយអ្នកចាស់បុរាណ៑

ផ្ទែជាឡ្បបាយនី ដេកនៅដីចាំផុននធាន គ្រឿងសិកទុកទាហាន កេ្វីតម្ល័រទុកប្រាជ្រប្រាយ។

៣0 យល់គួចកុំអាលខំ ទោះយល់ផំកុំអាលស្រាយ តិតក្ដីកុំតិតងាយ មេពិនិស្យ ពិនិស្ស័យ។

កូនអើយកេ្វីមេបា ច្បូវរក្សាចាំសព្ថៃ្ង ត្រូវរក្សាកុំបីផ្ងោះយ។

ពក្យនេះជាត្រកាល ជាខ្លឹមសារទៀងទុកអោយ ទ្រព្យននទោះផ្ងាកត្ថៃ តែងទុក្ខានអង្គអាត្មា។

ថ្ៃទាំទីបគង់ទ្រព្យ រៀបរណ្ដប់ទុកទីបជា កូនចៅនៅងក្រោយ សិងវិនាសននធានផង។

បានមកទុកអោយគង់ កុំអោយបង់បាត់បំណង ចាយវាយក្រៅតំរ៉ យកចេញចាយដោយរដូវ្រ។

៣៥ ដឹងហាបឡ្បដឹងតុល ភ្ញែកឡ្បយល់ទៀងក្រាច្ច រៀនវិរក្សាត្រង កីចច្ឆ្លោះកុំបីមាន

ពក្យនេះស្ង្វីខ្លួនហើយ កូនចៅអើយច្បូវចាំប្រាណ តិតត្រង់សព្ថដោយផ្លូរ ជាស្ថរចេបណ្ដាំហោង។

អស់អាថិ ឧរិទទាន

注: 文中突出显示者为巴利语源外来词。

3. 贝叶经《教诲书》

ច្បាប់ទុន្ទ្ឃាយខ្លួន

១ មនុស្សរាចចកុំប្រសព្ថ កុំទៅតប់និងចោរក្ទុញ គេចាប់ចងទៅក្រោយ វាយបណ្ដើរយល់អប្រិយៗ។

កុំតប់និងខ្ញុំគេ កុំប៉ាំ្ទែ្បខ្លល់និងស្រី កុំផ្ងុញនិងមន្ត្រី និងខាតទុនធននងហោង។

កូនអើយអាពុកបា និងខុមមាមួយទៀតផ្ដង បាស្ថប់ត្រាប់ត្រងរង ទុកទុក្ខានអង្គ ឥន្ទ្រិយ។

គេដើរកុំអាលបាញ្ញ បើស្រលាញ្ញកុំអោយខ្ជី នៅគង់ជាភ្លាយ៉ីនឈ្លរ៉ា។

៥ ស្ថ្ចូលកុំអោយចេញ ស្ថរអោយទិញកុំអោយដូរ សាច់ញាតិអោយប្រមូល កុំស្រដីពក្យសល់វល់។

មនុស្សរាចចកុំបីប្រើ ការក្រឡ្ធើកុំអោយសល់ ចែកទានកុំអោយយល់ ពក្យបញ្ញោះកុំអោយមាន

ពក្យខុសកុំអោយស្ថ្ថប់ សេចក្ដីគាប់អោយតិតឡ្មន អំពើបាបកុំអោយមាន សីលនិងទានអោយវិ:តិត៉

សីលសោតគួរក្សា ខ្ញុំ្រាថ្ងាអោយបានជត ពិបាកអោយគន់តិត រកគំនិតតិតអោយដល់។

ស្ថប់គេកុំអាលជា មានប្រាថ្ងាអោយចេះយល់ ពក្យភួកស្ថ្ថប់គួរផ្ងល់ មានកង្វល់កុំអោយថែង។

៩0 ពក្យក្រកុំអោយប្រាប់ ពក្យ ឥត សិ្ទ្ធុកុំអោយថ្ងៃង ពក្យពិតកុំអោយចែង ពក្យពិតស្ង្វេងពុំគួរលាក់៉

គេប្រាប់កុំអោយក្រាន គេបញ្ញោតកុំអោយភ្លាក់ សិកដេញកុំអោយបាក់ គ្ងាជកកប្រើដោះសា។

គេរត់កុំអាលដេញ គេលើកចេញកុំអោយជា សិកដល់កុំអោយឆ្ងា រិ:ចារកុំអោយយក៉

គេប្រើកុំអោយទៅ គេអោយហៅកុំអាលមក គេអោយកុំអោយយក គេសង្ឃ្រកកុំអោយថយ៉

ខ្លួនគួចកុំខំការ ខ្លូនអ្នកជាកុំតិតផ្ងោយ អោយតិតក្រែងក្រក្រោម ខ្លូនខ្ញាត់ខ្ញោយអោយចារម្ម៉។

ច្បាប់ផ្ដាថ្ងៃងដោយក្រិស្សក្រម ពក្យនេះជាឧត្តម ច្បូវបាខំ្រ្រងក្រាប់។

១៥ ទំលៀមទំនឹមព្រេង ផ្ងូញលក់ទិញតាមច្បាប់ ខ្ញាត់គ្ងានឃ្ងាតស្ថិស្ថាប់ កុំខុសច្បាប់ព្រះធម្ម៉។

សង្ឃ្ឃាតរកស៊ីចុក ជាតិមុនសាងទានសីលា ទីបកើតជាតិនេះណា មានទ្រព្យននត្ថិតទានគេ៉។

មានទ្រព្យត្ថិតសំណាង ចៅរបាខំ្រ្រងគ្រាប់៉

បើខ្លួនមានសក្តិបុណ្យ
សុីបាន១នឹងខំ
២០ ល្អនៅលោកិយ
ព្រះទ្រង់ទេសនាមក
គួរតែសាងសីលទាន
អស់ទ្រព្យសម្បត្តិនៅ
អស់ទាំងគ្រឿងរបស់
២៥ គួរដឹងវិៈគិតឆ្លាន
បើបាធ្វើតែបាប
បើបាបានធ្វើបុណ្យ
ខ្លួនធំខំកសុី
មួយសោតកុំស្នេហ៍ស្ន្ទិ
៣០ ដល់ខ្លួនលេងជាតិនោះ
យមបាលត់ទៅព្រោម
មានខ្លួននោះដាចដាច់
ហើយឆ្លាក់ពីបន្លា
ហើយហែលក្នុងទឹកនោះ
៣៥ រូចនោះបានមកកើត
រូចនោះជាខ្មែរខ្មើយ
មួយសោតឪពុកផ្ទា
ដីកស្រាជាអ្នកកាច
នៅនាលោកិយហោង
៤០ នៅតែឯងចិបាក
ដែកក្តៅនេះជាភ្លើង
ទាក់កទាញផ្លែកផ្តួល
ពាក្យនេះមិនថាងង
គិតគូរគួរអោយចាំ
៤៥ ហែអស់កូនៅអើយ
រកសុីគិតពីក្តី

បានទ្រព្យធនខ្ពុំពលរហ៏
លោកកាយដំគេជៀតជៀន
លុៈដល់ក្ស័យជីវិកហើយ
គួរតែយកទុកសុិរសា
នោះនឹងបានបុណ្យលាងបាច
មិនបានទៅតាមខ្លួនឡើយ
ខ្ញុំស្រីប្រុសធទាំងឡាយ
គួរអោយមានធ្វើបុណ្យទៅ
មិនសុភាពចិត្តកាលន់
បានសងគុណម្ងាយឪពុក
ចាស់ព្រីទ្ធិគួរអនិច្ចា
កុំមានចិត្តគិតកាន់កូច
នឹងចូលចុៈនរកណា
កាន់គ្រឿងចេាមចាក់ទីទៃ
អស់ទាំងសាចាំលើខ្លោចផ្សា
ដើមកាដែលធំនោះ
ស្គាប់ហើយរស់លំបាកប្រាណ
យកកំណើតមនុស្សនេះណា
កូនៅអើយកុំប្រមាទ
ច្បាបចាំកុំដីកស្រា
ពុំក្រេងខ្លាចអ្នកទៃ
អស់អ្នកធងគេនិន្ទា
ខ្លួនលោកនឹងដែកក្តៅ
ផ្សែងផ្សុ្សឡើងលីតគីក
នឹងបង្កោលដែកទាំងឡាយ
មានពីក្រេងព្រះទេសនា
សីលណែនាំអោយល្អក្រៃ
ចាំអោយហើយធម៌ទេសនា
គិតលោកិយយបរលោកឯង

ធ្វើចិត្តអោយគ្រង់គ្រៃ
បំបាត់ទ្រព្យគេផ្ទៀត
ទល់ទុព្ផុំដែលស្ពៀយ
មនុស្ស សត្តឯងក្តីណា
រក្សា សីលឪរាប
មានតែសីលទានហើយ
សិងខានចាលនៅអាយ
ទាន់ខ្លួនជីវិកនៅ
ធ្វើបាបមិនធ្វើបុណ្យ
អោយមានចាំសីលសុខ
កើតជាមនុស្សនេះណា
ភិយាគេកុំលួច
នឹងឡើងដើមរកោ
ផ្សែកត្បាតឯងដើងដៃ
វាគ្រូនឹងបន្លា
ផ្លាក់ចុៈក្នុងទឹកខ្ទុ
ពីរាពាន់ឆ្នាំទើបបាន
ហេតុកម្មៀៀរោ
កិរិយាគេមិនឈ្លោត
វាទាំចិត្តពាលា
វាទាំបាត់ស្មារតី
លុៈខ្លួនជួនមរណា
អស់ធ្វើមប្រមាត់នៅ
យមបាលសោតបំដឹក
មាត់នោះនេះព្រោងព្រាយ
អ្នកណាបរទារការ
រៀនធម៌ គម្ពីរ៉ែ
អ្នកមិនធ្វើកុសា
ក្រេងខ្លួនជួនមកយោង

ជាតិទៅមុខនឹងបានទៀត១
ខុសច្បាប់ផងមិនទេឡើយ១
រូបវែងឯងកម្មទេនា១
ពុំដែលរៀនពីក្តីស្លាប់១
នោះប្រសើរពេកកូនអើយ១
នៅកំដរបរលោកនាយ១
ជារបស់គេរស់នៅ១
នោះប្រសើរក្រៃពេកពន់
លៃងជាតិទៅនៅនរក១
នោះនឹងបានហានសួគ៌១
មានវេរាពុំជាឡើយ១
នៅលោកិយក្តីនិឆ្នា១
ដែកនោះធំ១ខ្ពស់ក្រៃ
ចៃកសុីជាអាហារ១
សិងដែកជាមុគត្បាយផ្ទុៈ១
ប្រេផ្សារភ្លៅឥត សំរឯ១
រូចមកកើតជាមនុស្ស១
កើតជាស្រីប្រាំយជាតិ១
ពីនរកនោះឡើយណា១
ពាលោលន៌ពន់ពេកក្រៃ
នឹងរកសុីបាត់ប្រាថ្នា១
ទៅនរកឯងទុក្ខនៅ១
ក្នុងពុងពោះឈឺពន្លក១
ទឹកទងដែកនេះព្រោងព្រាយ១
ហេតុបាបបានដឹកសុរ១
សេពសុរដូច្នេះនៃ១
បានរៀបរាបផងនានា
អ្នកនោះបានហានសួគ៌ហោង១
ផលជួយជួនបានសុខ១

ច្បាប់នេះព្រះបន្ទូល	គូរតែចូលចិត្តគ្រប់គ្នា	ទូលទុកលើសិរសា	កុំបីភ្លេចដល់មួយថ្ងៃ។
ថ្ងៃសីលរកផ្កាភ្លើ	ឱ្យនទ្របត្តិផ្សំម្រាមដែ	ថ្វាត់ថ្វាយព្រះរតនត្រៃ	កុំបីដាច់ថ្ងៃមួយឡើយ។
អ្នកណាអាចបានស្គាប់	ក្រេងក្រង់ស្គាប់ធម៌ជាគ្រឿយ	លុះលែងជាតិទៅហើយ	នោះនឹងបានស្ថានសួគ៌ា។
៥០ ទោះបីបានកើតមក	យកកំណើតជាតិនេះណា	ប្រកបដោយប្រាជ្ញា	អង្គកាយល្អប្រិមប្រិយ។
កើតមកទ្រព្យរបស់	ខ្ញុំស្រីប្រុសគោគ្រប់	មាសប្រាក់តតខ្លួអ្វី	មានទុកត្រាច្រែវហោង។
មានកេរ្តិ៍មានស្រេស្រូវ	ចេកអំពៅដូងស្គាង	នោះច្រើនៗពេកហោង	សីងលើសលន់ពន់ប្រមាណ។
ពាក្យនេះស្មើខ្លួនហើយ	កូនចៅអើយចូរចាំប្រាណ	អស់អាថិអោរាទាន	ជាសួគេបណ្តាំហោង។
៥៥ ចូរវិៈចូររៀនយក	ជាពន្លកចិត្តចាំចង	ស្តេីស្ថានចាំចម្លង	ទៅដាក់ដល់ផ្លល់និព្ចាន។

注：文中突出显示者为巴利语源外来词。

4. 贝叶经《古语训》

ច្បាប់ពាក្យចាស់

៩ ពាក្យចាស់ពាក្យពីព្រេង	ទោសខ្លួនឯងមើលពុំយល់	ទោសគេតូចសោតសល់	មើលយល់ប៉ុននឹងភ្នំ។
ចូលព្រៃស្គូសាហារ	រកអំពារគ្មាមកពុំ	ពួនក្នុងផ្ទះនឹងក្មាក់ឯង។	
បានហើយចង់បានទៀត	ផ្លៀតហើយផ្លៀតពុំតិចឈ្មេង	មើលយល់តែមុខឯង	មិនមើលគេងទៀតឯង។
នឹងឥ៍ចង់ពិសា	ខ្លិលទំពាអោមម៉្ដល្ហុង	យល់នាមថាជាមង	យល់ងងថាជាគួយ។
៥ យល់តាថាជាដូន	យល់ងកូនថាជាកួយ	យល់ពីរថាជាមួយ	យល់ព្រាយថាជាសុ។
យល់ទោសថាជាគុណ	យល់ងបុណ្យថាជាបាប	យល់ល្អថាអាក្រក់	យល់លាមកថាជាផ្កា។
ស្តេីកស្បង់មិនកោរសក់	ផ្លុកក្ញ្ចាក់ធ្វេនេត្រ	យេីញសេះថាជាឡា	យេីញតាជាតាកណ្តុរ។
នេះពាក្យចាស់ពីព្រេង	អ្នកណាឈ្មេងប្រាថ្នាយល់	យេីញផ្លុកថាជាផ្លល់	ក្រេងកំហាល់កំហុសមាន។
កុំអោយឈ្លៀងពាក្យបុរាណ	កុំដេីរផ្លូវបំពាន	ពាក្យអ្នកចាស់សោតតែងថា។
៩០ ពាក្យនេះពីព្រេងត្រី្ទ	គូរអោយគិតតិចថាណា	កុំអាងអួតអាត្មា	ថាចំណេះចំណាំមាន។
ដេកយប់កុំដេកឈូរ	ខ្លាចក្តីទូរជនដល់ប្រាណ	កុំដេីរផ្លរបំពាន	មើលប្រមាណគ្រប់គីគ្នា។
លើកដាក់តាមកំលាំង	កុំកើតចាំឆ្លើប្រស្ង	បើនីកុំតាមឃ្លាន	កុំសាំស្វ៉ចរចៅរៅ។
ទោះតិកកុំវសរាង់	តិតអោយគ្រាន់ទៀបដេីរទៅ	ប្រើគេប្រើបុត្រ	កើតដ៏នេ្លលដល់អាត្មា។
កុំយកគ្លិនជាតៅ	កិច្ចក្នុងក្រៅមានតំរា	កុំអោយអាប់អាសោ	ចេះច្បាប់ក្សនពីព្រេងនាមៗ។
៩៥ ស្រដីអោយស្រូលស្រេច	តិតសេតក្រេតកុំតិតងាយ	កុំអាងអ្នកអាត្មា	យល់ដោយផ្លូវសេពនានា។
ពាក្យព្រេងលោកស្រដី	ថាកុំបីចិញ្ចឹមខ្លា	រឹងតិតអោយឆ្លាយ	តិតគ្រង់ណាធ្វើអោយបាន។
កាន់កពល់អោយខ្លាប់	ប្រក្រលាប់ខាំងប្រាណ	ពាក្យព្រេងលោកខុបម	ចាប់ត្រីបានកុំអោយល្អក់។
ស្ទឹកលើអិតកំរើក	នឹងកក្រើកត្បិតខ្លល់បក់	អូសទុកកុំអោយល្ហាន	ត្បិតលេកបោកសោះសោ។
យល់គូចកុំអាលខ្ញុំ	ទោះយល់ផំកុំអាលថា	ទឹកផ្លាល្ហិកបើល្ហក់	អោយសន្ទឹមសៀតិចទៅ។
១០ អ្នកមានវក្រាឬ្យុក់	ដូចសំតត់ព័ព្ធពីក្រៅ	អ្នកប្រាជ្ញរក្សាខ្លៅ	ដូចសំពៅនៅសំប៉ាន។

អ្នកខ្លួសរក្សាទាប	ដោយសុភាពធម៌បុរាណ	អ្នកផ្នែតរក្សាឃ្លាន	នាអ្នកវុងរក្សាឆ្នារៗ
រក្សាទៅមុខវិង	ឥតក់ដឹងអស់អម្បាល	ចំណេចិរោក់កាល	ដួចរបងស្រាស់បន្លាៗ
កុំនីឆ្នែតតែឯង	ពុំគិតក្រេងអស់គ្មីឆ្នា	គេឃ្លានថ្លៃខ្លោចផ្សា	គេនីរ័បានផ្នែតជងៗ
កុំមានចិត្តឆ្លើ	ពីងក្រពើអោយចំលង	កុំកាច់អុសរបង	រាំងចំណោរងអាត្តាៗ

២៥	មានទុក្ខអោយមានផ្ចោល	មានបង្គោលល្បូយុឃ្ផា	ទាំងចែរទាំងច្រោក	ក្រជីចាប់ដោយឥន្ទគ្រប់ៗ
	ប្រយ័ត្តក្រេងលុះខ្យល់	បក់មកដល់នីងទល់ទប់	ប្រយ័ត្ត ប្រយោជន៍គ្រប់	ទៃបហោថាមានគំនិតៗ
	ពាក្យក្រេងគិតគួរចាំ	ជាបណ្តាំប្រដៅចិត្ត	ពាក្យក្រេងពាក្យក្រេងព្រឹទ្ធ	គួរអោយគិតៗអោយគ្រាន់ៗ
	ពាក្យនេះទុកជាច្បាប់	ជាសន្ធាប់ទៀងជាក់ស្យាន	ពាក្យនេះជាកំណាន់	កំណត់នៅឥតឃ្លាតឃ្លាៗ
	សូវចន្ទនីទាន	ពាក្យទូន្មានដោយប្រការ	អម្បាលនេះឯងណា	ចូរចងចាំរៀងទៅហោងៗ

注：文中突出显示者为巴利语源外来词。

5. 贝叶经《父训》(节选)

ច្បាប់បណ្តាំបិតា

១	នេះបទកាកគាតា	តិទៃបចងជា	ច្បាប់ច្បាស់ទទ្ធាន
	តាមដោយគន្លង	ក្រេងព្រឹទ្ធបុរាណ	ប្រាជ្ញលោកនិទាន
		ប្រដៅបុត្រភ្នា៕	
	ហៃកូនពន្លក	សូនអើយមាសយក	បណ្តាំបិតា
	ងពុកនោះចាស់	ឥតអ្វីអោយបា	សូនអើយរក្សា
		ពាក្យងពុកនៅៗ	
	អោកូនកំសត់	រៀនអោនរៀនអត់	រៀនគិតក្នុងក្រៅ
	រៀនអោនលំទោន	កុំអោយហ្មងសោ	ដល់ខ្លួនកូនពៅ
		កេ្វីដល់ងពុកៗ	
	ដឹងឆ្លើយឥ្យិតងង	កូនសោតវែងឆ្លង	ឥ្យិតតែងពុក
	ទ្រព្យឥងឥ្យិតស្រី	ចេះរៀបដាក់ទុក	ប្រៈដេកឆ្នាប់លក់
		ឥ្យិតឥតបើគិតៗ	
៥-	ចំណោះទាំងឡ្បាយ	កិច្ចកលដោះស្រាយ	ឥ្យិតតែគំនិត
	ដឹងកិច្ចដឹងកល	ដឹងឆ្នាយដឹងជិត	ដួចកលកាំបិត
		កាប់ឆ្នារទីលាយៗ	
	ល្មមទៅល្មមខាន	ល្មមដេរ័បំពាន	ពុំគិតក្រងាយ
	ល្មមលប់បង្ខង	ល្មមខានៅអាយ	ឥ្តីក្រៅកុំស្រាយ

305

ស្ររដើរកុំដេក
ស្រខានកុំពារ

លៀនកុំបំបោល
ស្រាយចេញអោយឆាប់

ដេកកុំដំសើច
ទោះខឹងប៉ុន្មាន

៩0 - សេចក្តីបំរុង
ស្ររនៀយអោយខ្លួន

ស្ររស្ងាប់ទៅជា
អោយគិតជញ្ជីង

ចង់គង់អោយទុក
យើញច្បាស់ធម៌ អាថិ

កូនអើយលោកិយ
រៀនទាំងសំដី

អាកូនពុំងា
រៀនដាក់រៀនទុក

ក្តីងាយកុំធ្វេស។
ស្ររចប់កុំគ្រេក
ចិត្តចង់ចេស
វាស្ងួចសឹមត្រូវ។

ពាក្យព្រេងកុំចោល
កុំទុកអោយយ៉ួរ
មិនដឹងខុសត្រូវ។

គេក្រកុំសើច
ធ្វើជាអោយគួរ
យ៉ួគិតអោយឆាប់។

ពាក្យដើមពាក្យចុង
កុំអោយបង់ទ្រព្យ
កុំអោយខ្លួនស្លាប់។

កុំបង់ធម្មា
រពឹងអោយសព្វ
ពាក្យគាប់អោយយក។

ចង់បានក្តីសុខ
អោយយកខ្លួនជ្រក
អោយជៀសចេញឆ្ងាយ។

នេះអោយរៀនក្តី
កុំបីរយមាយ
ក្តីគួរក្តីសម។

ធម្មតាអ្នកជា
រៀនរៀបរៀនចំ
លក់ចេញទិញចូល។

សេចក្តីប្រហែស
ស្ររចូលកុំចៀរស

ខឹងកុំមូទ្ទ
សេចក្តីមូទ្ទ

គេភ័យកុំល្ព្យហ៍
គឹងគិតអោយធូរ

ប្រកាន់អោយខ្គាប់
ស្ររបង់ក្តីគាប់

តរិយា សីលគាប់
ពាក្យស្តេងកុំស្តប់

អោយស្តេងដើររក
ក្តីសោកម៉ៅក

រៀនច្បាប់ទាំងឡ្បាយ
ក្តីក្រក្តីងាយ

អោយរៀនថែទាំ
រៀនរកសន្សំ

注：文中突出显示者为巴利语源外来词。

6. 贝叶经《息瓦训》(节选)

ច្បាប់ត្រីនេតិ

១ បពិត្ត មហារាជ
ទំនឹមទំនង

ជ្រើទ្រង់អំណាច
នេះហោងជាច្បាប់
នៃនរជនជាតិ។

អញ្ជើញស្ដេចស្ដាប់
ទុកជាសណ្ដាប់

នរអ្នកណា
សេនាមន្ត្រី

នឹងចូលទៅជា
កវីជាអាទ៍
គែងទុករៀងទៅ។

វរាជអាមាត្យ
រៀនច្បាប់ជាខ្នាត

បំរើព្រះបាទ
អោយសមអោយល្អម

ព្រះបរមនាថ
នឹងក្សត្រានៅ
អ្នកជាអម្ចាស់។

អធិរាជចមចៅ
អោយឡើងគាល់ហៅ

មួយនោះព្រះអង្គ
គួរមានមនោរម្យ

ក្សត្រាជ្រើសទ្រង់
សុខសមសោមនស្ស
ត្រង់ច្បាប់នេះណា។

ត្រងថ្ងៃក្រោមក្រាស់
រៀនអោយច្បាស់លាស់

៥ អស់មុខមន្ត្រី
បើមុខមន្ត្រី

ដោយព្រះបាលី
ពុំពិចារណា
ពុំលែងឡើយហោង។

នាសតិ រាជា
នឹងក្សវិណក្សត្រា

ត្បិតមុខមន្ត្រី
លោភោចង់បាន

សេនាបតី
បំពានរាស្ត្រផង
អង្កងអិតអាស្រ័យ។

ពុំដោយគន្លង
រាស្ត្ររឹងភ្លៅហោង

រាស្ត្រដូចមេឆ្លា
បើប្រែជាភ្លៅ

មន្ត្រីសេនា
ក្រែក្រៅវិស័យ
អង្កអិតពុំនាក់។

ដូចតង្កានៃ
រាស្ត្ររឹងកើតភ័យ

មន្ត្រីយោធា
វិអស់រាស្ត្រផង

បីដូចល្បត្ថា
ចរចូលពឹងពាក់
យង់អិតករុណា។

និងអស់ពណ្ណាក់
ក្សិណប្រែជាយថ្ម

មួយកុបុត្តិ

ទាសតិធនំ

បទបខ្លែជា

បើមានកូនកាច កំណាចហើយណា សឹងវិនាសប្រា
កដគឺសណ្ដាន។

១០ មួយកុភូមំ នាសតិធនំ វិនាសធនធាន
នៅភូមិអាក្រក់ នោះនឹងកើតមាន ព្យាធិបៀតប្រាណ
ពិតពុំប្រពៃ។

មួយកុគេហំ នាសតិវិជំ បន្លែនេះនៃ
នៅផ្ទះអាក្រក់ នឹងកើតហិនហៃ ប្រាជ្ញាញាណញេយ្យ
អាប់អិតមង្គល។

កើតកេរ្តិ៍អាប់យស ដោយនូវពាក្យ មនុស្ស គេដើរមកយល់
ហើយគេដឹងថា ផ្ទះអាក្រក់សល់ កើតអពមង្គល
ដោយពាក្យគេថា។

អែសុមន្ត្រី ដោយអាចិបាលី វុឌ្ឍិរាជា
បើមុខមន្ត្រី មែនមានប្រាជ្ញា ដឹងអស់អធ្យា
ស្រ័យគ្រប់ប្រការ។

តំរង់មហាក្សត្រ សោយរាជសម្បត្តិ ក្សេមក្សាន្ត ភពភារ
អស់រាស្ត្រ មណ្ឌល សកលបរិពារ សឹងអស់រង្គាល
ដល់តិចឡើយហោង។

១៥ អែសុបុត្តំ វុឌ្ឍិកុលំ ថាបើកូនផង
មែនមានគំនិត ល្អអិតអែហ្មង សឹងចំរើនបង
ប្អូនសាច់សន្តាន។

អែសុភូមំ វុឌ្ឍិធនំ ថាទោះភូមិ ស្ថាន
ល្អហើយនោះនឹង ចំរើនធនធាន សារពើសឹងបាន
ដូចចិត្ត ប្រាថ្នា។

អែសុគេហំ វុឌ្ឍិវិជំ ថានៅគ្រឹហា
ល្អហើនោះនឹង ចំរើនប្រាជ្ញា សារពើ ប្រាថ្នា
ពិតពុំកម្រេ។

ទោះអ្នកផងដើរ គេសឹងសរសើរ ថាផ្ទះនោះល្អ

ចំរើនសួស្តី	ចំរើនមាត់ម	នុស្សជងគេសរ
	សេរីផ្ទេះនោះនៃ។	
ច្បាប់នេះត្រកាល	សូមព្រះភូបាល	បរមក្សត្រិយ៍ថ្លៃ
ទ្រង់ព្រះគំរិះ	ត្រិះដោយញ្ញាណញ្ញេយ្យ	ទុកក្នុងហារិទ័យ
	ជាច្បាប់ទៅហោង។	

注：文中突出显示者为巴利语源外来词。

附录六: 含法语源外来词的代表性语料文本

1. 1863 年《法柬条约》(节选)

1863 年《法柬条约》是历史上柬埔寨与法国签署的第一份条约文本, 它是法语源外来词正式出现于高棉语中的有力证明。该条约共包括 19 项条款, 在此我们节选了其中部分条款, 具体见下文:

មាត្រា១ ព្រះចៅអធិរាជ នៃប្រទេសបារាំង នឹងជួយធ្វើអាណាព្យាបាលលើប្រទេស កម្ពុជា។

មាត្រា២ ព្រះចៅអធិរាជ នៃប្រទេសបារាំងនឹងតែងតាំងមន្ត្រីបារាំងម្នាក់ឱ្យធ្វើជា កុងស៊ុល និងធ្វើការអមទូយព្រះរាជាខ្មែរ ដើម្បីពង្រឹងការអនុវត្ត សន្ធិសញ្ញាដោយ ប្រទេសទាំងពីរ។ មន្ត្រីបារាំងរូបនេះ នឹងធ្វើការក្រោមបង្គាប់របស់អគ្គមេបញ្ជាការបារាំង នៅក្រុងព្រែនគរ។ ព្រះរាជាណាចក្រកម្ពុជា នឹងតែងតាំងមន្ត្រីខ្មែរមួយរូបដែរ ឱ្យទៅធ្វើការ ជាមួយអគ្គមេបញ្ជាការបារាំងនៅក្រុងព្រែនគរ ក្នុងនាទីជាកុងស៊ុល។

មាត្រា៣ ប្រសិនបើមន្ត្រីបារាំង ដែលបានតែងតាំងជាកុងស៊ុលនេះ មករស់នៅលើ ទឹកដីខ្មែរ មន្រ្តីរូបនេះត្រូវចាត់ទុកជាមានតំណែងខ្ពស់ ហើយត្រូវទទួលការគោរពកោតខ្លា ច។

មាត្រា៤ ប្រសិនបើមានប្រទេសជាតិដទៃណា ចង់តែងតាំង កុងស៊ុលរបស់ខ្លួន ក្នុង ប្រទេសកម្ពុជា ព្រះរាជា និងមន្ត្រីជាន់ខ្ពស់របស់ព្រះអង្គត្រូវពិគ្រោះយោបល់ពីអគ្គមេ បញ្ជាការនៅក្រុងព្រែនគរជាមុនសិន។ លុះត្រាភាគីខ្មែរ បារាំងពិភាក្សាឯកភាពគ្នារួច ស្រេចហើយ ទើបអាចប្រទេសនោះអាចតែងតាំង កុងស៊ុលនៅប្រទេសកម្ពុជាបាន។ ប្រសិនបើ ព្រះរាជាខ្មែរ និងមន្ត្រីរបស់ព្រះអង្គទ្រង់មិនយល់ស្របឱ្យជាតិសាសន៍ណាមួយ តែងតាំង កុងស៊ុលរបស់ខ្លួនប្រចាំប្រទេសកម្ពុជាទេ លោកអគ្គមេបញ្ជាការបារាំងនៅក្រុង ព្រែនគរ ក៏ បដិសេធតាមដែរ។

មាត្រា៥ ប្រសិនបើជនជាតិបារាំងមានបំណងធ្វើដំណើរទៅមកក្នុងប្រទេសខ្មែរ ដើម្បី ធ្វើជំនួញ ឬចង់សង់លំនៅដ្ឋាន លើទឹកដីខ្មែរ ពួកគេត្រូវផ្តល់ដំណឹងដល់រដ្ឋអំណាច ខ្មែរ ហើយរដ្ឋអំណាចខ្មែរ នឹងចេញលិខិតអនុញ្ញាត ត្រឹមត្រូវដល់ជនជាតិបារាំងទាំងនោះ ដើម្បី ឱ្យពួកគេធ្វើការងារនេះបាន។

មាត្រា៦ ប្រសិនបើមានជនជាតិខ្មែរ ចង់ធ្វើដំណើរទៅដែនដីបារាំងវិញ ពួកគេនឹង មានអភ័យឯកសិទ្ធិ និងអំណាចដូចមានចែងក្នុងមាត្រា៥ ខាងលើដែរ។

មាត្រា៧ ប្រសិនបើជនជាតិបារាំង និងខ្មែរមានទំនាស់នឹងគ្នា ភាគីទាំងពីរ នឹងត្រូវ តែ ប្តឹងទៅស្ថានកុងស៊ុលបារាំង។ ប្រសិនបើ ក្រោយពីមានការអង្វែ្រកហើយ ទំនាស់នោះមិន អាចដោះស្រាយរួចទេ ក្នុងស៊ុលបារាំង និងមន្ត្រីខ្មែរ នឹងពិភាក្សាគ្នា ដើម្បីដោះស្រាយ ទំនាស់នោះឲ្យមានយុត្តិធម៌។ ប្រសិនបើ ជនជាតិខ្មែរ មានទំនាស់ជាមួយជនជាតិខ្មែរ បារាំងមិនលួកដែលចូលដោះស្រាយទេ។ ប្រសិនបើជនជាតិអ៊ីរ៉ុបណាមួយមានទំនាស់ ជាមួយជនជាតិបារាំង មន្ត្រីបារាំង និងដោះស្រាយទំនាស់នោះ។ ប្រសិនបើ ជនជាតិបារាំង បានប្រព្រឹត្តទោសកំហុសនៅប្រទេសកម្ពុជា អាជ្ញាធរកម្ពុជា នឹងជួយកុងស៊ុលបារាំង បញ្ជូន ជននោះទៅ លោកអគ្គមេបញ្ញាការបារាំងនៅក្រុងព្រែនគរ ដើម្បីវិនិច្ឆ័យទោស។ ក្នុង ករណី អវត្តមាន តំណាង កុលស៊ុល ឬមន្ត្រីបារាំងក្នុងប្រទេសកម្ពុជា អគ្គមេបញ្ញាការបារាំង នៅក្រុងព្រែនគរ នឹងចាត់ចែងការងារនេះជំនួស។

注：文中突出显示者为法语源外来词。

2. 1947 年《柬埔寨宪法》(节选)

1947 年《柬埔寨宪法》是柬埔寨历史上的第一部宪法，是法国殖民当局以"为法属各殖民地及自治国提供民主"为幌子，帮助柬埔寨起草制定的。1947 年《柬埔寨宪法》共包括 10 章 107 项条款，其中包含了许多法语源外来词。在此我们节选了该宪法部分条款，具体见下文：

សេរីភាព សិទ្ធិ និងករណីយកិច្ចរបស់ខេមរជន

មាត្រា៣ សេរីភាពជាដំណើរអាចធ្វើអ្វីបានគ្រប់យ៉ាង កុំឲ្យតែប៉ះពាល់ឲ្យខូចសិទ្ធិអ្នក ដទៃ។ លក្ខខណ្ឌនៃការប្រើសេរីភាពមានត្រាទុកក្នុងច្បាប់។

អ្វីដែលច្បាប់មិនបង្ខាប់ឲ្យធ្វើទេ ជនណាក់ដោយមិនអាចត្រូវគេបង្ខំឲ្យធ្វើបានឡើ យ។

មាត្រា៤ នឹងចោទចាប់ឬឃុំឃាំងជនណាមួយបាន លុះតែជននោះប្រព្រឹត្តបទដែល មានត្រាទុកក្នុងច្បាប់ ឯអ្នកចោទ អ្នកចាប់ឬអ្នកឃុំឃាំងត្រូវប្រតិបត្តិតាមរបៀបដែលច្បាប់ បានបញ្ញត្តុក។

នឹងឃុំឃាំងជនណាទុកបាន លុះតែមានចៅក្រមពិនិត្យការឃុំឃាំងនោះយើញថាត្រឹម ត្រូវតាមច្បាប់ ហើយយល់ព្រមផង ដោយចង្អុលហេតុផលក្នុងរយៈពេលដែលមានកំណត់ ទុកក្នុងច្បាប់។

ទារុណកម្មឬការបង្ខំដែលឥតប្រយោជន៍ក្នុងខណៈចាប់ជនណាមួយ ការសង្កត់សង្ឃិន

ចិត្ត ឬការធ្វើបាបដល់រាងកាយចំពោះអ្នកជាប់ឃុំណាមួយ ការប្រព្រឹត្តដែលបណ្ដាលឲ្យ
ធ្ងន់ថែមទៅលើទណ្ឌកម្មដែលតុលាការបានកម្រិតគ្រាមច្បាប់ទៅលើអ្នកមានទោសណា
មួយស្រេចហើយនោះច្បាប់ហាមមិនឲ្យប្រព្រឹត្ត ហើយក្នុងបទទាំងនេះអ្នកដែលដល់ អ្នកម
គំនិតឬអ្នកសមគំនិតត្រូវទទួលខុសត្រូវផ្ទាល់ខ្លួន។

មាត្រា៥ ដរាបណាតុលាការមិនទាន់ប្រកាស ថាអ្នកត្រូវចោទមានទោសទេ ដរាប
នោះត្រូវទុកអ្នកត្រូវចោទជាមនុស្សឥតទោស។

ទណ្ឌកម្មដែលបំបាត់ ឬបន្ថយសេរីភាពដល់អ្នកប្រព្រឹត្តខុសត្រូវដាក់ដោយញុាំងឲ្យ
ខ្លួនបានល្អឡើងវិញ។

មាត្រា៦ ខេមរជនមិនអាចត្រូវនិរទេសពីដែនខ្មែរបានឡើយ។ ការហាមខេមរជនមិន
ឲ្យនៅក្នុងកន្លែងណាមួយ ឬការបង្ខំឲ្យនៅក្នុងកន្លែងណាមួយ ត្រូវធ្វើតែក្នុងករណីដែល
មានបញ្ញត្តទុកក្នុងច្បាប់។

មាត្រា៧ កម្មសិទ្ធិបិតនៅក្នុងការឃុំគ្រងនៃច្បាប់។ ដែលនឹងយកហូតកម្មសិទ្ធិអំពីជន
ណាមួយបាននោះ ក៏ដោយហេតុជាសាធារណៈប្រយោជន៍ក្នុងករណីដែលច្បាប់បានបញ្ញត្ត
ទុក ហើយត្រូវឲ្យសាហ៊ុយជួសជុលជាមុនដោយយុត្តិធម៌។

មាត្រា៨ សេរីភាពខាងជំនឿត្រូវបើកឲ្យមានដោយបរិបូណ៌។ សេរីភាពក្នុងការ
ប្រតិបត្តិខាងផ្លូវសាសនា ក៏ត្រូវបើកឲ្យមានដូច្នោះដែរ បើនឹងបន្ថយខ្លះបាន តែត្រង់ណា
ដែលរៀបរំុបាន ដើម្បីកុំឲ្យខូចសេចក្ដីសុប់រៀបរយដល់មហាជន។

ព្រះពុទ្ធសាសនាជាសាសនារបស់រដ្ឋ។

注：文中突出显示者为法语源外来词。

3. 1949 年《法柬条约》(节选)

　　第二次世界大战结束后，法国重返柬埔寨。1949 年底，西哈努克与法国
殖民当局签订了一个新的法柬条约。该条约使柬埔寨政府在外交、军事方面享
有部分权力，但是财政、国防、司法、治安等大权仍由法国殖民当局控制，柬
埔寨实际上并未获得西哈努克所希望的完全独立。这个新的法柬条约共包括
20 项条款，这些条款中含有许多法语源外来词。在此我们节选了其中部分条
款，具体如下：

មាត្រាទី១ សាធារណរដ្ឋបារាំងព្រមទទួលស្គាល់ព្រះរាជាណាចក្រកម្ពុជា ថាជារដ្ឋឯក
រាជ្យមួយ។ ព្រះរាជាណាចក្រកម្ពុជាព្រមចូលក្នុងសហភាពបារាំងក្នុងហាន:ជាសមាគតរ
ដ្ឋ។

មាត្រាទី២ ប្រទេសបារាំងនិងប្រទេសកម្ពុជានឹងជួយគ្នា សង្គ្រោះគ្នាទៅវិញទៅ

មក តាមគោលការណ៍នៃសហភាពបារាំង។ ហើយរដ្ឋាភិបាល សាធារណរដ្ឋ ធានាអះអាង
ព្រំដែនបច្ចុប្បន្នរបស់ព្រះរាជាណាចក្រកម្ពុជា។

មាត្រាទី៣ រដ្ឋាភិបាល សាធារណរដ្ឋព្រមទទួលខ្លួនជាអ្នកបញ្ជូនសេចក្តីស្នើសុំរបស់
ប្រទេសកម្ពុជា ព្រមទាំងគាំទ្របេក្ខភាពនៃប្រទេសនេះ ដើម្បីឲ្យបានជាប់ជាសមាជិកនៃ
អង្គការ សហប្រជាជាតិ កាលបើប្រទេសកម្ពុជាបានបំពេញរួចហើយនូវលក្ខខណ្ឌទូទៅដូច
មានបញ្ញត្តិក្នុងធម្មនុញ្ញ សហប្រជាជាតិ អំពីការចូលក្នុងអង្គការនេះស្រាប់។

ព្រះករុណាព្រះបាទសម្តេចព្រះនរោត្តមសីហនុ បានទ្រង់សុំឲ្យព្រះរាជាណាចក្រកម្ពុ
ជា មានគុណ:បេសកកម្មការទូតជាតំណាងឆ្នាមៗនៅអមប្រទេសសៀមនិងឡាវ។

មាត្រាទី១៤ ប្រទេសកម្ពុជាមានកងទ័ពជាតិមួយ ដែលមានបន្ទុកខាងការរក្សាស
ណ្តាប់ធ្នាប់សន្តិសុខផ្ទៃក្នុងប្រទេសនិងកិច្ចការពារព្រំដែនផងៗ។ ក្នុងករណីខាងក្រោយ
នេះ ប្រទេសកម្ពុជាត្រូវទទួលកំលាំងទាហានរបស់សហភាពបារាំងមកជាជំនួយៗ កងទ័ព
ខ្មែរត្រូវចូលជួយការពារព្រំដែនសហភាពបារាំង តទល់នឹងសត្រូវទាំងឡាយដែលជ្រៀត
ជ្រែកមកពីខាងក្រៅផងដែរៗ។

មាត្រាទី១៥ ដើម្បីការពារសហភាពបារាំងឲ្យបានសក្តិសិទ្ធិ កងទ័ពសហភាពបារាំង
នឹងស្ថិតនៅក្នុងទីកដ៏នៃព្រះរាជាណាចក្រកម្ពុជាគ្រប់គ្រងមូលដ្ឋាននិងយោធភូមិ ដែល
មានខណ្ឌសីមានិងរបៀបគ្រប់គ្រងដូចមានសំដែងក្នុងអនុសញ្ញាដោយឡែករវាងប្រទេស
កម្ពុជានិងប្រទេសបារាំង។

មាត្រាទី១៧ ចំណងទាក់ទងរវាងព្រះរាជាណាចក្រកម្ពុជា ជាមួយរដ្ឋបទេសង
ទៀតៗ ត្រូវបានបើកចំហរៗ។ គុណ:បេសកកម្មទូតរបស់បរទេសប្រចាំនៅប្រទេសកម្ពុ
ជា នឹងត្រូវមានសារតាំងឲ្យនៅអមប្រធានាធិបតីនៃសហភាពបារាំងនិងព្រះមហាក្សត្រព្រះ
ចៅប្រទេសកម្ពុជាៗ។ រីឯគុណ:បេសកកម្មការទូតរបស់រាជរដ្ឋាភិបាលវិញ គឺថា ព្រះមហា
ក្សត្រនៃប្រទេសកម្ពុជាទ្រង់នឹងជ្រើសតាំងឡើង ដោយមានសេចក្តីព្រមព្រៀងជាមួយនឹងរ
ដ្ឋាភិបាលសាធារណរដ្ឋ ដើម្បីជាតំណាងប្រទេសកម្ពុជានៅអមរដ្ឋបទេសៗ។ ប្រមុខគុណ:
បេសកកម្មការទូតដែលនឹងត្រូវបានតែងតាំងពីព្រះមហាក្សត្រព្រះចៅប្រទេសកម្ពុជា
នោះ នឹងត្រូវទទួលសារតាំងពីប្រធាននៃសហភាពបារាំង ដោយព្រះមហាក្សត្រកម្ពុ
ជា ទ្រង់ឡាយព្រះហស្តលេខាស្នើបលើសារតាំងនោះៗ។

ប្រទេសកម្ពុជាមានសិទ្ធិក្នុងការទទួលនូវបណ្ណាអ្នកតំណាងបរទេសដែលនឹងត្រូវ
តែងតាំងឲ្យនៅអមព្រះមហាក្សត្រខ្មែរ ដែលជាប្រមុខរដ្ឋនៅលើទឹកដីរបស់ខ្លួនផ្ទាល់ៗ។

មាត្រាទី១៨ ប្រទេសកម្ពុជាមាននីតិសម្បទាគ្រប់គ្រាន់ដើម្បីធ្វើការចរចានិងសំរេចកិច្ច
ព្រមព្រៀងនានារវាងអន្តរជាតិទាំងឡាយ ដែលទាក់ទងដល់ផលប្រយោជន៍ដោយឡែក
របស់ខ្លួនៗ។ ការចរចានេះនឹងត្រូវធ្វើដោយមានដំណើរទាក់ទងជាមួយនឹងគុណ:បេសកកម្

ការទូតនៃសាធារណរដ្ឋបារាំង ហើយសេចក្ដីព្រាងនៃកិច្ចព្រមព្រៀងនេះនឹងត្រូវដាក់ជូន ទៅឱ្យរដ្ឋាភិបាលសាធារណរដ្ឋ ដើម្បីដាក់ឱ្យក្រុមប្រឹក្សាជាន់ខ្ពស់នៃសហភាពបារាំងពិនិ ត្យ។ លុះបានសេចក្ដីយល់ព្រមពីក្រុមប្រឹក្សាជាន់ខ្ពស់នេះហើយ ព្រះមហាក្សត្រកម្ពុជាទ្រង់ សំរេច ហើយទ្រង់ប្រទានសច្ចាប័នដល់កិច្ចព្រមព្រៀងនេះ។

មាត្រាទី១៩ សិន្និសញ្ញាចុះថ្ងៃទី១១ ខែសីហា ឆ្នាំ១៨៦៣ អនុសញ្ញាចុះថ្ងៃទី១៨ ខែ មិថុនា ឆ្នាំ១៨៨៤និងអនុសញ្ញាទាំងឡាយជាលំដាប់តមកទៀត ត្រូវបដិសេធជាអសារ បង់ ត្រង់កន្លែងណាដែលមានទាស់ខុសពីបទបញ្ញត្តិនិងន័យរបស់សិន្និសញ្ញាបច្ចុប្បន្ន នេះ។

注：文中突出显示者为法语源外来词。

4. 译著《古今格言录》(节选)

《古今格言录》是译自法语的一本高棉语著作，由柬埔寨学者拉布格翻译
而成，并于 1949 年出版。该书由于是对法语版《古今格言》的原文翻译，所
以其中含有许多法语源外来词。在此我们节选了书中部分内容，具体如下：

១.សេរីភាព សមភាព ភាតរភាព។

២.ព្រះម្ចាស់សួគិ ទ្រង់ការពារប្រទេស បារាំង។

៣.អ្នកដែលគិតអាក្រក់ ត្រូវធ្វើឱ្យខ្លាសកណ្ដាលជំនុំជន។

៤.ខ្ញុំនឹងជានាឲ្យនឱ្យដូចដើមតទៅ។

៥.សិទ្ធិនិងសច្ចៈ។

៦.សាមគ្គីកើតកំឡាំង។

៧.ព្រះម្ចាស់និងសិទ្ធិរបស់ខ្ញុំ។

៨.ប្រើដារឬប្រើនដង្កល។

៩.ថ្ងៃថ្ងូរ ក្លាហាន វិន័យ។

១០.សច្ចៈ សុចរិត យុត្តធម៌។

១១.កិត្តិយសនិងពលភាព។

១២.សភាវិទ្យាសាស្ត្រ តែងបង្កើតនិងកែប្រែឱ្យបានល្អឡើង។

១៣.សាមគ្គី ឧស្សាហ៍ យុត្តិធម៌។

១៤.សេរីភាពនិងមាតុភូមិ។

១៥.ជំទ្យេនិងវិន័យ។

១៦.គួរឱ្យប្រទេស អ្នកទ្រីសត្រូតក្រាលើសកលលោក។

១៧.អ្វីប អមេរិកត្រូវបានទៅជាតិអមេរិកាំង។

注：文中突出显示者为法语源外来词。

5. 专著《关于民主》(节选)

《关于民主》这本书由柬埔寨作家诺波潘（ណុប ប៊ូជាន់）创作而成，于 1956 年首次出版。该书是柬埔寨历史上第一本全面研究民主的书籍。作者在书中探寻了民主的起源，并深刻阐释了民主的内涵。而这些内容都是深受法国启蒙思想运动影响的产物，所以其中包含了大量的法语源外来词。在此我们节选了书中部分内容，具体如下：

អ្វីជាលទ្ធិប្រជាធិបតេយ្យ?

ហេតុដូច្នេះលទ្ធិ ប្រជាធិបតេយ្យបានបង្កើតឡើង ដោយបណ្ដាកម្លាំងបង្កើតផលដែល ទ្រាំទ្ររបប សេដ្ឋកិច្ចចាស់ចង្អៀតចង្អល់ពុំបាន។ កសិករ កម្មករស់នៅដោយលំបាក វេទនា ទទួលរងអំពើអយុត្តិធម៌មួយពាន់ជំពូក ធនិកខ្វះសេរីភាពក្នុងការធ្វើពាណិជ្ជ កម្ម ក្នុងការបង្កើតផលដោយកម្មន្តសាលនិងឧស្សាហកម្ម។ ជនទាំងពីរប្រភេទនេះរួមគ្នា បានជាភាគច្រើន ក្នុងប្រទេសក្រោកឡើង តយុទ្ធល់នឹងអ្នកជិះជាន់សង្កត់សង្កិនសក្តិ ភូមិ ដើម្បីរុសំលាយលទ្ធិចាស់ របបចាស់ តាំងបង្កើតលទ្ធិថ្មី របបថ្មី។ ក្នុងការតយុទ្ធ នេះ ការដឹកនាំធ្លាក់ក្នុងដៃនៃពួកធនិក ព្រោះពួកនេះមានកម្លាំងអាវុធគ្រប់គ្រាន់ ចំណែកង កសិករនិងកម្មករមានតែខ្លួនចាំធ្វើតាមគេ។ ព្រោះហេតុដូច្នេះហើយបានជារបបថ្មី លទ្ធិ ថ្មី គឺរបប មូលធននិយម និងលទ្ធិប្រជាធិបតេយ្យនុងង។

"ប្រជា" ប្រែថារាស្ត្រទូទៅ "អធិបតេយ្យ"ប្រែថាមានអំណាចជាធំ។ ពាក្យទាំងពីរម៉ាត់ នេះផ្សុំគ្នាទៅបានជាពាក្យ"ប្រជាធិបតេយ្យ" ប្រែថា រាស្ត្រមានអំណាចជាធំ។

ដើម្បីនឹងអនុវត្តតាមលទ្ធិ ប្រជាធិបតេយ្យនេះឲ្យបានត្រឹមត្រូវ គេបានចាត់តាំងបង្កើត អង្គការសំខាន់ ៣ ដូចយើងទាំងអស់គ្នាបានដឹងស្រាប់គឺ៖ រដ្ឋសភា(នីតិបញ្ញត្តិ) គណៈរដ្ឋម ន្ត្រី(នីតិប្រតិបត្តិ) និងសាលាតុលាការជាន់ខ្ពស់(អំណាចតុលាការ)។ អំណាចសមត្ថភាព និងសកម្មភាពនៃអង្គការកំពូលទាំងបីនេះចែកដាច់អំណាចពីគ្នា ដើម្បីនឹងជ្រែងសវាងអំពើ វិលោភ ដែលអាចនឹងមានឡើង បើអំណាចទាំងអស់(អំណាចទាំងបី)មាននៅក្នុងដៃបុគ្គល តែម្នាក់ ឬអង្គការតែមួយ។ ដូច្នេះអង្គការទាំងបីនេះប្រតិបត្តិការជាងកផ្លានពីគ្នាមាន សិទ្ធិ អំណាចលើគ្នាទៅវិញទៅមកយ៉ាងណាទាល់តែមានតុល្យភាពទប់កុំឲ្យមានការ វិលោភម្នាងៗទៅរៀងៗ យើងមិនដេញដោលឲ្យវែងឆ្ងាយទៅទៀតទេ ត្រង់ចំណុចយុត្តិធម សាស្ត្រនៃបញ្ហាលទ្ធិ ប្រជាធិបតេយ្យនេះ។ យើងបែរមកមើលចំណុចនយោបាយវិញ ក៏ គង់តែគ្រឹមនាទីណា ដែលយើងត្រូវចាំត្រូវដឹងបុ៉ណ្ណោះដែលអំពីរឿងនេះ។

លទ្ធិ ប្រជាធិបតេយ្យត្រូវស្ថិតនៅលើគោលការណ៍ណាខ្លះ? យើងយើញមានគោល ការណ៍សំខាន់បី គឺសេរីភាព សមភាពនិងយុត្តិធម៌។ ប៉ុន្តែក្នុងរបប មូលធននិយមថ្មីដែល មកផ្លាស់របប សក្តិភូមិចាស់ គោលការណ៍បីនេះមាននៃ័យបានសេចក្ដីថាដូចម្ដេចខ្លះ?

注：文中突出显示者为法语源外来词。

6.《西哈努克争取柬埔寨独立简史》(节选)

在柬埔寨近现代原始文本中，有一些历史文献含有早期输入的法语源外来词，《西哈努克争取柬埔寨独立简史》便是其中的一本代表性史书。在此我们节选了书中部分内容，具体如下：

នៅក្នុងព្រះរាជបេសកកម្មដើម្បីជាតិមាតុភូមិ និងប្រជារាស្ត្រ ខ្មែរ សម្តេចព្រះនរោត្តម សីហនុ ទ្រង់បានលះបង់ព្រះកាយពល និងព្រះបញ្ញាញាណយ៉ាងផ្លើផ្លោរបំផុតធ្វើការតស៊ូក្នុងក្របខ័ណ្ឌនៃព្រះរាជបូជនីយកិច្ច ដើម្បីទាមទារឯករាជ្យជូនកម្ពុជាឱ្យរួចចាកផុតពីអាណានិគមនិយមបារាំង។ យើងសូមដកស្រង់ប្រវត្តិសង្ខេបនៃព្រះរាជបូជនីយកិច្ចទាមទារឯករាជ្យនៅកម្ពុជាដូចតទៅនេះ៖

១.តាមសន្ធិសញ្ញាចុះថ្ងៃទី៨ ខែវិច្ឆិកា ឆ្នាំ១៩៤៩ បារាំងបានទទួលស្គាល់តាមផ្លូវច្បាប់នូវឯករាជ្យរបស់ព្រះរាជាណាចក្រកម្ពុជា។

២.ជាគោលការណ៍តាមផ្លូវច្បាប់ ឯករាជ្យនេះយើងទទួលបានមែន ប៉ុន្តែចំពោះការអនុវត្តជាក់ស្តែង ឯករាជ្យនេះនៅខ្វះវិស័យជាច្រើនទៀតដូចជា អធិបតេយ្យខាងយុត្តិធម៌ ប៉ូលិស អំណាចបញ្ជាការយោធា ការទូត ការប្ញូរ និងការឌ្យោចាយធនប័ត្រដើម្បីឱ្យមានឯករាជ្យទាំងស្រុង។

៣.តាមសេចក្តីប្រកាសថ្ងៃទី១៥ ខែមិថុនា ឆ្នាំ១៩៥២ ព្រះករុណាព្រះបាទសម្តេចព្រះនរោត្តម សីហនុ បានសន្យាយ៉ាងឱិឡារិកចំពោះប្រជារាស្ត្ររបស់ព្រះអង្គថា «ព្រះអង្គនឹងឈ្នោមយកឯករាជ្យទាំងស្រុងនេះដើម្បីមាតុភូមិក្នុងរយៈពេល៣ឆ្នាំយ៉ាងយូរបំផុត»។

៤.នៅថ្ងៃទី៩ ខែកុម្ភៈ ឆ្នាំ១៩៥៣ ព្រះករុណា ព្រះបាទសម្តេចព្រះ នរោត្តម សីហនុ ស្តេចយាងចាកចេញពីព្រះរាជាណាចក្រកម្ពុជាឆ្ពោះទៅកាន់ប្រទេសបារាំង ដើម្បីទាមទារឯករាជ្យរបស់កម្ពុជាជាមួយប្រមុខរដ្ឋបារាំង។

៥.នៅថ្ងៃទី៦ ខែមីនា ឆ្នាំ១៩៥៣ ដឺឡាណាពួល ព្រះករុណា ព្រះបាទសម្តេចព្រះនរោត្តម សីហនុ បានធ្វើព្រះរាជសារលិខិតមួយច្បាប់ជូនចំពោះលោកវ៉ាំងសង់ អូរីយ៉ូល ប្រធានាធិបតីនៃសាធារណរដ្ឋបារាំង ដើម្បីរៀបរាប់បង្ហាញឱ្យប្រធានាធិបតីនៃសាធារណរដ្ឋបារាំងដឹងពីភាពចាំបាច់សំដៅធ្វើឱ្យបារាំងពន្លឿនក្របខ័ណ្ឌឯករាជ្យរបស់ខ្មែរ។

ភ្ជាប់នឹងព្រះរាជសារលិខិតនេះ មានការសិក្សាគ្រប់គ្រាន់ដោយទ្បើកឈ្វេណ៍សំអាងបញ្ចាក់អំពីការទាមទាររបស់ព្រះអង្គ និងការផ្តល់យោបល់ពីបែបបទនៃការផ្ទេរអំណាចជាយថាហេតុ។ នៅដឺឡាណាពួល ថ្ងៃទី១៨ ខែមីនា ឆ្នាំ១៩៥៣ បន្ទាប់មកនៅហុងតែន ណាប៉ូ ថ្ងៃទី៣ ខែមេសា ឆ្នាំ១៩៥៣ ព្រះករុណា ព្រះបាទសម្តេចព្រះ នរោត្តម សីហនុ បាន

សរសេរព្រះរាជសារលិខិតចំនួន២ច្បាប់បន្តទៀតធ្វើជូនលោកវាំងសង់ អូរីប៉ូល និងវវ្ខ្កាភិ បាលចារាំង ដើម្បីបំពេញបន្ថែមលើទស្សនៈរបស់ព្រះអង្គដែលទាក់ទងទៅនឹងឧករាជ្យខ្មែរ និងដើម្បីស្នើឱ្យវ្ខ្កាភិបាលចារាំងប្រញាប់ប្រញាល់ដោះស្រាយបញ្ហានេះ។

៦.នៅចំពោះការលាក់សៀវរបស់វ្ខ្កាភិបាលចារាំង ព្រះករុណា ព្រះបាទសម្តេចព្រះ នរោត្តម សីហនុរ៉ុន បានយាងចាកចេញពីប្រទេសចារាំងនៅថ្ងៃទី១១ ខែមេសា ឆ្នាំ១៩៥៣ ឆ្លោះទៅកាន់ប្រទេសកាណាដា និងសហរដ្ឋអាមេរិក ដែលនៅទីនេះព្រះអង្គបានធ្វើ យុទ្ធនាការឃោសនាដើម្បីឯករាជ្យរបស់ប្រទេសព្រះអង្គ។

សេចក្តីថ្លែងការណ៍របស់ព្រះករុណា ព្រះបាទសម្តេចព្រះ នរោត្តម សីហនុ ត្រូវបាន ចុះផ្សាយដោយកាសែតដ៏ចំ «ញ៉ូយ៉កថែម» នៅថ្ងៃទី១៩ មេសា ឆ្នាំ១៩៥៣ លាន់ឮខ្ខរខ្ខ្ខរ ពេញពិភពលោកទាំងមូល ហើយបានបង្ខំឱ្យវ្ខ្កាភិបាលចារាំង ទទួលយល់ព្រមធ្វើការ ចរចាជាមួយតំណាងផ្ទាល់របស់ព្រះករុណា ព្រះបាទសម្តេចព្រះ នរោត្តម សីហនុ តំណាង នេះគឺលោកប៉ែន នុត ដោយមានការចូលរួមពីលោក សម សារី ផង។

៧.ការចរចានៅប៉ារីស បានឈានទៅដល់សំណើមួយដែលធ្វើឡើងដោយប្រទេស ចារាំងយល់ព្រមផ្ដល់សម្បទានដ៏សំខាន់ៗខ្លះដល់កម្ពុជា។

ថ្ងៃទី១២ ខែឧសភា ឆ្នាំ១៩៥៣ លោកប៉ែន នុត បានវិលត្រឡប់មកកាន់កម្ពុជាវិញ ដើម្បីទូលថ្វាយព្រះមហាក្សត្រអំពីលទ្ធផលដែលទទួលបាននៅក្រុងប៉ារីស។

ព្រះករុណា ព្រះបាទសម្តេចព្រះ នរោត្តមសីហនុ បានយាងមកកាន់រាជធានីភ្នំពេញ នៅថ្ងៃទី១៤ ខែឧសភា ឆ្នាំ១៩៥៣ ដើម្បីជួបជាមួយសហាសេវិក និងនាយករដ្ឋមន្ត្រីរបស់ ព្រះអង្គ។

៨.ចំពោះប្រជារាស្ត្ររបស់ព្រះអង្គ ដែលបានថ្វាយព្រះកិត្តិយសចំពោះព្រះអង្គជាអ្នក ទទួលជ័យជម្នះ និងជាវីរបុរសនោះ ព្រះករុណា ព្រះបាទសម្តេចព្រះ នរោត្តម សីហនុ ទ្រង់ បានសន្យាយ៉ាងមហោឡារិកនៅក្នុងព្រះសុន្ទរកថាមួយ ដែលទ្រង់បានថ្លែងនៅថ្ងៃទី១៧ ខែឧសភា ឆ្នាំ១៩៥៣ ពីព្រះទីនាំងចន្ទឆាយាថា «ព្រះអង្គនឹងបូជាជីវិតដើម្បីដណ្ដើមយក ឯករាជ្យឱ្យបាន១០០ភាគរយ»។

៩.នៅថ្ងៃទី១៣ ខែឧសភា ឆ្នាំ១៩៥៣ ព្រះបាទ ព្រះករុណាសម្តេចព្រះ នរោត្តម សីហ នុ ទ្រង់បានកៀវសព្រះកាយទៅប្រទេសថៃ ក្រោយពីមានសេចក្តីប្រកាសមួយដែលទាក់ ទាញពិភពលោកស្ដីពីការមិនពេញចិត្តនឹងបំណងប្រាថ្នាស្របច្បាប់របស់ប្រជាជនខ្មែរ។ ការមិនពេញចិត្តនេះ អាចនាំមកនូវផលវិបាកយ៉ាងធ្ងន់ធ្ងរទាំងសម្រាប់ប្រទេសកម្ពុជា និង ពិភពលោកទាំងមូល។

១០.ក្រោយពីបានដឹងថា គ្រប់ប្រជាជាតិមានការយោគយល់ចំពោះការទាមទារឯក រាជ្យ និងចំពោះព្រឹត្តិការណ៍នៅប្រទេសកម្ពុជា ព្រះករុណា ព្រះបាទសម្តេចព្រះ នរោត្តម

សីហនុ បានយាងត្រឡប់មកមាតុភូមិរបស់ព្រះអង្គវិញ ហើយយាងទៅគង់នៅតំបន់ស្វយ័តមួយដែលរួមមានខេត្តសៀមរាប បាត់ដំបង និងកំពង់ធំ។

ស្វយ័តភាពផ្នែកយោធានៃខេត្តទាំងនេះ ត្រូវបានប្រគល់ឱ្យប្រទេសកម្ពុជា ដោយមានការទាមទារមួយរបស់ព្រះរាជា ដែលបានធ្វើឡើងនៅឆ្នាំ១៩៤៩ សម្រាប់ខេត្តសៀមរាប និងខេត្តកំពង់ធំ និងនៅឆ្នាំ១៩៥២ សម្រាប់ខេត្តបាត់ដំបង។

ព្រះករុណា ព្រះបាទសម្ដេច ព្រះនរោត្តមសីហនុ ទ្រង់បានប្រកាសថា ព្រះអង្គនឹងយាងចូលរាជធានីវិញ នៅពេលណាដែលបារាំងព្រមផ្ទេរមកឱ្យប្រទេសកម្ពុជាវិញនូវកេតនភណ្ឌចុងក្រោយនៃឯងករាជ្យរបស់ខ្លួន។

ដើម្បីតាំពាររនូវព្រះរាជបូជនីយកិច្ចនេះ ព្រះករុណា ព្រះបាទសម្ដេចព្រះ នរោត្តមសីហនុ ទ្រង់បានបង្កើតកងកម្លាំងជីវពល និងនារីក្លាហាន ដែលក្រោយមកមានតួនាទីយ៉ាងធំធេង។

លោកប៉ែន នុត នាយករដ្ឋមន្ត្រី ទទួលបន្ទុកវ៉ាប់រងការពារតំបន់ស្វយ័តរបស់ព្រះរាជា។

注：文中突出显示者为法语源外来词。

附录七：含英语源外来词的代表性语料文本

1.《公民权利和政治权利国际公约》(1966 年)（节选)

ផ្នែកទី១

មាត្រាទី១

៩. ប្រជាជាតិទាំងអស់មានសិទ្ធិស្វ័យសម្រេច។ អាស្រ័យដោយសិទ្ធិនេះ ប្រជាជាតិទាំងនេះសម្រេចដោយសេរីនូវរបានៈនយោបាយ និងឧិតខំអភិវឌ្ឍន៍សេដ្ឋកិច្ច សង្គមកិច្ច និងវប្បធម៌របស់ខ្លួនដោយសេរី។

២. ដើម្បីសម្រេចគោលដៅរបស់ខ្លួន ប្រជាជាតិទាំងអស់អាចចាត់ចែងដោយសេរីនូវភោគទ្រព្យនិងធនធានធម្មជាតិរបស់ខ្លួន ដោយមិនធ្វើឱ្យប៉ះពាល់ដល់កាតព្វកិច្ច ដែលផ្នែកលើគោលការណ៍នៃផលប្រយោជន៍ទៅវិញទៅមក និងគោលការណ៍នៃច្បាប់អន្តរជាតិ។ តែយ៉ាងណាក៏ដោយ ប្រជាជាតិនីមួយៗមិនត្រូវបានដកហូតមធ្យោបាយចិញ្ចឹមជីវិតផ្ទាល់ខ្លួនឡើយ។

៣. រដ្ឋភាគីនៃកតិកាសញ្ញានេះ រួមទាំងរដ្ឋនានា ដែលមានការទទួលខុសត្រូវគ្រប់គ្រងទឹកដីអស្វ័យ័ត និងទឹកដីអាណាព្យាបាល ត្រូវលើកស្ទួយធ្វើឱ្យបានសម្រេចនូវសិទ្ធិស្វ័យសម្រេចនិងត្រូវគោរពសិទ្ធិនេះ ស្របតាមបទបញ្ញត្តិទាំងឡាយនៃធម្មនុញ្ញសហប្រជាជាតិ។

注：文中突出显示者为英语源外来词。

2.《联合国安理会第 745 号决议——柬埔寨过渡时期联合国权力机构》(1992 年)（节选)

អាជ្ញាធរអន្តរកាលសហប្រជាជាតិនៅកម្ពុជា (អុិនតាក់ ឬ អ.ក.ប.ស.អ.) គឺជាប្រតិបត្តិការថែរក្សាសន្តិភាពរបស់សហប្រជាជាតិនៅកម្ពុជាក្នុងឆ្នាំ១៩៩២--។ វាក៏ជាឱកាសទី៣.សងដំបូងហើយដែលក្នុងនោះដែលបបានក្លោបក្ដាប់លើរដ្ឋបាលនៃរដ្ឋឯករាជ្យមួយ ដោយ.និងដំណើរការ បានរៀបចំការបោះឆ្នោតមួយ ដូចជាបានប្រឆាំង)និងការធ្វើជាអ្នកអង្កេត រការត្រួតពិនិត្យមានស្វានីយវិទ្យុ និង (តុកផ្ទាល់ខ្លួន ហើយមានការទទួលខុសត្រូវដល់ការលើកទឹកចិត្ត និងការពារសុវត្ថិភាពសិទ្ធិមនុស្សផ្ទាក់ជាតិ។

អុិនតាក់ត្រូវបានបង្កើតឡើងនៅខែ កុម្ភៈ ឆ្នាំ១៩៩២ ក្រោមដំណោះស្រាយក្រុមប្រឹក្សា

សន្តិសុខសហប្រជាជាតិ៧៤៥ក្នុងកិច្ចព្រមព្រៀងជាមួយរដ្ឋកម្ពុជារដ្ឋាភិបាលជាក់ស្ដែងនៃ
ប្រទេសនេះនៅពេលនោះ ដើម្បីអនុវត្តកិច្ចព្រមព្រៀងសន្តិភាពប៉ារីសនៅខែ តុលា
១៩៩១អ៊ុនតាក់គឺផលិតផលនៃសកម្មភាពការទូតដ៏ខ្លាំងក្លាអស់ជាងច្រើនឆ្នាំមកហើយ។

បានដឹកនាំដោយលោកអាកាតិយ៉ាស៊ុយតិ- ដែលមានលោកឧត្តមសេនីយ៍ទោចន-
សេនដ៏រុសជាប្រមុខនៃសមាសភាពយោធា អ៊ុនតាក់បានពាក់ព័ន្ធនឹងយោធា១៥៦០០
នាក់ នគរបាលអេសេនិក៣៦០០នាក់ អេសេនិកជន២០០០នាក់ និងអ្នកស៊ីវិលចិត្តស.ប.
នាក់ ដូចគ្នាដែរក៏បានរើសបុគ្គលិក និង៤៥០អ្នកបកប្រែផ្ទាល់មាត់ក្នុងស្រុកដែរ។ ប្រតិបត្តិ
ការទាំងមូលមានតម្លៃជាង$១,៥របាយកោជ ភាគច្រើនជាប្រាក់ខែសម្រាប់ពួកអ្នកស្រុក
ក្រៅ។ ប្រទេសជាច្រើនដែលចូលរួមផ្តល់នូវពួកអ្នកអង្កេតយោធា នគរបាល រ៉ែងទំ័ត
គឺ: កាណាដា កាមេរ៉ុន សាធារណរដ្ឋប្រជាមានិតចិន ជប៉ុន ឈីលី ញៀហ្សេលែនដ៍ ថៃ ទុយ
ឈេស៊ី ព្រះរាជាណាចក្រនីដឺឡង់ បង់ក្លាដេស បារាំង ប៉ាគីស្ថាន ប៊ុលហ្គារី ប៊ូឡេញ បែល
ហ្ស៊ិក ប្រ៊ុយណេ ភីលីពិន ម៉ាឡេស៊ី សហព័ន្ធរុស្ស៊ី សហរដ្ឋសហរាជាណាចក្រសេណេ
ហ្គាល់ ហ្គាណា អាល់ហ្សេរី អាល្លឺម៉ង់ អាហ្ស៊ង់ទីន ពណ្ណា ពណ្ណេនេស៊ី អ៊ុយរូហ្គាយ អូទ្រីសអូ
ស្ត្រាលី និងអៀឡង់៕

បំណងរបស់អ៊ុនតាក់ត្រូវស្ដារសន្តិភាព និងរដ្ឋាភិបាលអេសេនិកនៅក្នុងប្រទេសមួយ
ដែលបានខ្ទេចខ្ទីអស់ច្រើនទសវត្សរ៍ដោយសង្គ្រាមស៊ីវិល និងឧបាយកលទុច្ចរិតនានានៃស
ង្គ្រាមត្រជាក់ ដើម្បីប្រារព្ធធ្វើការបោះឆ្នោតដោយសេរីនិងយុត្តិធម៌ដែលនាំទៅដល់រដ្ឋធម្មនុ
ញ្ញថ្មី និងដើម្បីចាប់ផ្ដើមបញ្ជោះនូវបុននីតិសម្បទាប្រទេសនេះវិញ។ វាត្រូវបានប្រើការ
ត្រួតត្រាល់ ឬ ការត្រួតត្រាល់ ឬ ការគ្រប់គ្រង លើគ្រប់ទិដ្ឋភាពទាំងអស់នៃរដ្ឋាភិបាល រួម
មានកិច្ចការបរទេស ការពារជាតិ សន្តិសុខសាធារណៈ និង ព័ត៌មាន ហើយដើម្បីត្រួតត្រា,
ពិនិត្យ និង ផ្សេងផ្គាត់ការដកទ័ពចយ និង ការមិនត្រឡប់មកវិញ នៃកងទ័ពបរទេស ដើម្បី
បោះទំ័ពបណ្ដោះអាសន្ន ដកហូតអាវុធ និង រំសាយកងទ័ពពីពួកក្រុមដែលប្រយុទ្ធគ្នារបស់
កម្ពុជា រ៉ែបអូសកន្លែងលាក់សញ្ញាវុធ និង គ្រឿងផ្គត់ផ្គង់យោធា   ជម្រក និង ការពារសិទ្ធិ
មនុស្ស មើលលើសន្តិសុខយោធា និង ប្រកាន់ច្បាប់ និង បទបញ្ញា ធ្វើមាតុភូមិនិវត្តន៍ និង
ឱ្យពួកជនរៀសខ្លួនតាំងទីលំនៅឡើងវិញ និង បំលាស់ទីមនុស្សម្នាក់ៗ ជួយដោះមីន និង
ការបង្កើតឡើងនូវកម្មវិធីហ្វឹកហ្វឺនឱ្យការបោសសំអាតមីននិង កា របល់ដឹងអំពីមីន ធ្វើឱ្យ
ហោដ្ឋារចនាសម្ព័ន្ធចាំបាច់បានស្ដូវិញ និង ជួយក្នុងការកសាងវិញសេដ្ឋកិច្ចនិង ការអភិវឌ្ឍ
ន៍។

注：文中突出显示者为英语源外来词。

3.《柬埔寨政府关于建立东盟职能合作委员会的 27 号令》(1997 年)（节选)

សំរេច

មាត្រា១ គណៈកម្មាធិការជាតិទាំង៦ សំរាប់កិច្ចសហប្រតិបត្តិការអាស៊ានផ្នែក ជំនាញ ក្នុងគោលដៅដើម្បីទាញយកផលប្រយោជន៍ ជាអតិបរិមាណក្នុងការធ្វើកិច្ចសហ ប្រតិបត្តិការជំនាញនេះ ពីបណ្ដាប្រទេសអាស៊ាននិងប្រទេសជាដៃគូចរចារ។

មាត្រា២ គណៈកម្មាធិការជាតិទាំង៦មានឈ្មោះនិងសមាសភាពដូចតទៅ:

៑. គណៈកម្មាធិការជាតិស្ដីពីមុខងារសាធារណៈ

៲. គណៈកម្មាធិការជាតិស្ដីពីរប្បធម៌និងព័ត៌មាន

៳. គណៈកម្មាធិការជាតិស្ដីពីបរិស្ថាន

៴. គណៈកម្មាធិការជាតិប្រយុទ្ធប្រឆាំងគ្រឿងញៀន

៵. គណៈកម្មាធិការជាតិស្ដីពីការអភិវឌ្ឍន៍សង្គម

៦. គណៈកម្មាធិការជាតិស្ដីពីវិទ្យាសាស្ត្រនិងបច្ចេកវិជ្ជា

មាត្រា៣ គណៈកម្មាធិការជាតិនិមួយៗមានភារកិច្ចដូចតទៅ:

ប្រធានគណៈកម្មាធិការជាតិនិមួយៗនិងលេខាធិការដ្ឋានជាតិអាស៊ានកម្ពុជាមានតួ នាទីជាអ្នកសំរបសំរួលលើកិច្ចសហប្រតិបត្តិការតាមជំនាញនិមួយៗរបស់ខ្លួនជាមួយ លេខាធិការដ្ឋានជាតិអាស៊ានទាំងអស់ លេខាធិការដ្ឋានអាស៊ាន និងបណ្ដាប្រទេសជាដៃគូ ចរចាររបស់អាស៊ាន។

ប្រធានគណៈកម្មាធិការជាតិនិមួយៗចាំបាច់ត្រូវសំរបសំរួលនូវរាល់កិច្ចសហប្រតិបត្តិ ការជំនាញទាំងអស់ជាមួយលេខាធិការដ្ឋានអាស៊ានកម្ពុជា ដែលជាសេនាធិការរបស់ ប្រព័ន្ធសំរបសំរួលថ្នែកក្នុង។

注：文中突出显示者为英语源外来词。

4.《互联网》(2000 年)

អ៊ីនធើណេត រ៍ ភាសាខ្មែរថា អន្តរបណ្ដាញ គឺជាប្រព័ន្ធឬ បណ្ដាញរបស់ពិភពលោក ដើម្បីធ្វើការ ទំនាក់ទំនង គ្នា តាមម៉ាស៊ីន កុំព្យូទ័រ ដែលបានប្រើប្រាស់ ប្រព័ន្ធអ៊ីនធើណេត ឬ សេវាអ៊ីនធើណេត ជាលក្ខណៈស្ដង់ដា ដើម្បី បំរើការដល់ អ្នកប្រើប្រាស់ជាច្រើនលាន នាក់នៅលើ សាកលលោក។ ប្រព័ន្ធនេះប្រើ«TCP/IP» សំរាប់បំរើដល់អ្នកប្រើប្រាស់ ជា ច្រើននៅពិភពលោក។ អ៊ីនធើណេតជាប្រព័ន្ធដែលមានបណ្ដាញច្រើន ដូចជាបណ្ដាញងក ជន សាធារណៈ នៃបណ្ដិតសភា នៃរដ្ឋាភិបាល។ ល។ ដែលភ្ជាប់គ្នាតាមខ្សែប្រព័ត៌មានខ្សែ វ៉ាមានព័ត៌មាននិង ការបម្រើម្រើន ដូចជា «ហាយជើចិត» របស់«អ៊ីល វ៉ាយ វ៉ិម» វ.វ.វ. និង

មានហោជ្ជារចនាសម្ព័ន្ធ សំរាប់ធ្វើ «សារអេឡិចត្រនិច» (អ៊ីម៉ែល) ទូរទស្សន៍ វិទ្យុ ទូរស័ព្ទ កាសែត។ ល។ ប្រើប្រព័ន្ធអ៊ីនធើណេតតាម «ប្រព័ន្ធសម្លេងតាមអ៊ីនធើណេត» និង «ប្រព័ន្ធ រូបភាពតាមអ៊ីនធើណេត» កាសែត សៀវភៅមើល។ ល។

ប្រវត្តិអ៊ីនធើណេត

មនុស្សជាច្រើន នាពេលបច្ចុប្បន្ននេះ កំពុងប្រើអ៊ីនធើណេត សំរាប់ការទាក់ទងគ្នា តាម ឆាត ឬតាមប្រព័ន្ធផ្សេងៗទៀត និងមានបណ្ដាញទំនាក់ទំនងសង្គមជាច្រើន តាមអ៊ីន ធើណេត ដែលផល់រនេះមានសារៈសំខាន់បំផុត។ អ៊ីនធើណេតចាប់ផ្ដើម នៅទសវត្ស៍ទី៦០ សតវត្ស៍ទី២០ នៅ សហរដ្ឋអាមេរិច នៅពេលរដ្ឋាភិបាល និងក្រុមហ៊ុនខ្លះ ចង់បង្កើត បណ្ដាញកុំព្យូទ័រ ដែលជួយជំរើរការក្នុង ការទាក់ទង។

នៅទសវត្ស៍ទី៨០ សតវត្ស៍ទី២០ «មូលស្ថាបនាជាតិ របស់វិទ្យាសាស្ត្រ នៃសហរដ្ឋអា មេរិក» បាននាំបង្កើតអ៊ីនធើណេតជាមួយ ក្រុមហ៊ុនមួយផ្សេងទៀត សំរាប់ប្រើរ នៅលើ ពិភពលោកនាទសវត្ស៍ទី៩០ សតវត្ស៍ទី២០ អ៊ីនធើណេតបានឆ្លាយទៅជានៃជំនួញ និង ចាប់ផ្ដើមកើតមាន «បដិវត្តន៍ នៃបច្ចេកវិជ្ជាលើកទី៣» (តំនិតរបស់ លោកយេរេមី រីហ្ស៊ីណា) ដែលសភាពរើុបបានយល់ព្រម នៅឆ្នាំ២០០៧ នៅឆ្នាំ២០០៨ ៣ភាគ៤នៃមនុស្សទាំងអស់ នៅលើផែនដី ប្រើអ៊ីនធើណេត អ៊ីនធើណេតមិនមានក្រុមអ្នកគ្រប់គ្រងមួយណា ឬច្បាប់ អំពីប្រើរទេ បណ្ដាញនីមួយៗ ដាក់ខ្លាតតំរូវរបស់ខ្លួន តែមាន «សាជិកកម្មអ៊ីនធើណេត សំ រាប់ដាក់ឈ្មោះ និងលេខ» ដែលជាអង្គការ អន្តរជាតិ មិនយកកប្រៃទេ ដែលដាក់ពិធីសាអ៊ី នធើណេត តាម «ប្រព័ន្ធឈ្មោះវិស័យ» និង «ពិធីសាអ៊ីនធើណេត សំរាប់ដាក់អាសយដ្ឋាន រើុប»។

នៅខែតុលា ឆ្នាំ២០០៨ អង្គការសាជិកកម្មអ៊ីនធើណេត សំរាប់ដាក់ឈ្មោះនិងលេខ បានយល់ព្រមថា អ៊ីនធើណេត អាចប្រើអក្សរ ដែលមិនជាអក្សរឡាតាំងដែរ (ដូចជាអក្សរ ខ្មែរ) ពីព្រោះនៅ ផែនដីមានជាងមួយរយកោដិនាក់ ដែលប្រើអ៊ីនធើណេត នៅភាសាដែល មិនជាអក្សរឡាតាំងដែរ។

អ៊ីនធើណេតបានជួយមនុស្សជាតិច្រើន តាមការទាក់ទង ផល់ព័ត៌មាន ប្រជាធិបតេ យ្យ ការអភិវឌ្ឍន៍ អំពីសុខភាព ការកំសាន្ត ការអប់រំ ភាគកម្ម។ ល។ ប៉ុន្តែ មានបញ្ហាច្រើន ដែរ ដូចជា ការតិទៀនពីប្រទេសខ្លះ ដែលខ្លាចពីភាគកម្មរបស់ប្រជាជន និងមានបញ្ហាដែរ ពីមនុស្សខ្លះ ដែលប្រើអ៊ីនធើណេត សំរាប់សកម្មភាពឧក្រិដ្ឋកម្ម (ចោរកម្ម វិលោកកូនក្មេ ង។ ល។)

អ្នកប្រើប្រាស់អ៊ីនធើណេត ច្រើនជាងគេ មកពីប្រទេសចិន ហើយភាសាអង់គ្លេស ភាសាដែលមានទំព័រច្រើនជាង នៅលើអ៊ីនធើណេត (ភាសាខ្មែរមិនទាន់មានច្រើនទេ) នៅ ខែមិថុនាឆ្នាំ២០១១ មានអ្នកប្រើប្រាស់អ៊ីនធើណេត ២១១០លាននាក់ នៅលើផែនដី

ទោះបី នៅប្រទេសខ្លះ ដូចសហរដ្ឋអាមេរិច ប្រសនិងស្រីប្រើអ៊ីនធើណិត ស្មើគ្នា (ជា ពិសេសប្រទេស ដែលស្រីមានកាលានុវត្តភាពដូចគ្នាមនុស្សប្រស ប៉ុន្តែមានមនុស្សប្រស ប្រើអ៊ីនធើណិតច្រើនជាងស្រី។

វិជ្ជាយត្តសព្ទនៅអ៊ីនធើណិត

ពីព្រោះ អ្នកដែលបង្កើតប្រព័ន្ធអ៊ីនធើណិត មកពីសហរដ្ឋអាមេរិច វិជ្ជាយត្តសព្ទអន្តរ ជាតិ របស់វា មកនៅភាសាអង់គ្លេស ប៉ុន្តែមានប្រទេសច្រើន ដែលតម្រូវ វិជ្ជាយត្តសព្ទនៅ ភាសារបស់ខ្លួន នៅភាសាខ្មែរ មិនទាន់មានច្បាប់ជាផ្លូវការ សំរាប់តម្រូវវិជ្ជាយត្តសព្ទ អ៊ីន ធើណិត ដូច្នេះ គេប្រើពាក្យអង់គ្លេសជាច្រើន នៅអក្សរខ្មែរ វិជ្ជាយត្តសព្ទ អ៊ីនធើណិត ដែលសំខាន់ជាងគេ៖

អ៊ីនធើណិត ដែលមកពីអក្សរឡាតាំង «internet» គឺ«inter»ជាបុព្វបទ នៅភាសាឡា តាំង មានន័យថា «រវាង រើអន្តរ» និង«net មកពីពាក្យ network» ដែលជា «សំណាញ់» (ដូច សំណាញ់ពីងពាង) ទៅជាបណ្ដាញ។

ប្រសេរ ជា«browser» នៅភាសាអង់គ្លេស បកប្រែ «មើលទ្រួស» ជាកម្មវិធីសំរាប់ មើលទ្រួសទំព័រ

«email» អ.សារ

«World Wide Web» បណ្ដាញជំពកស

«URL» (Uniform Resource Locator) តំណាំងធនធានងកសណ្ឋាន

注：文中突出显示者为英语源外来词。

5.《东盟宪章》(2007 年) (节选)

មាត្រា ១

អំពីគោលបំណង

៩.ថែរក្សានិងលើកកម្ពស់សន្តិភាព សន្តិសុខ និងស្ថិរភាព និងពង្រឹងថែមទៀតនូវ តម្លៃផ្លោះទៅរកសន្តិភាពក្នុងតំបន់។

២.លើកកម្ពស់ភាពរឹងមាំនៃតំបន់ តាមរយៈការជំរុញឱ្យកាន់តែខ្លាំងថែមទៀតនូវ សហប្រតិបត្តិការផ្នែកនយោបាយ សន្តិសុខ សេដ្ឋកិច្ច និងសង្គមវប្បធម៌។

៣.រក្សាតំបន់អាស៊ីអាគ្នេយ៍ជាតំបន់គ្មានអាវុធនុយក្លេអែរ និងគ្មានអាវុធប្រល័យយផ្សេង ទៀត។

៤.ធានាថា ប្រជាជននិងរដ្ឋសមាជិកអាស៊ានរស់នៅប្រកបដោយសន្តិភាពជាមួយ ពិភពលោកទាំងមូល ក្នុងបរិយាកាសយុត្តិធម៌ ប្រជាធិបតេយ្យ និងភាពសុខដុមរមនា។

៥. បង្កើតទីផ្សាររួមមួយ និងមូលដ្ឋានផលិតកម្មរួម ដែលមានស្ថិរភាព វិបុលភាព មាន

ការប្រកួតប្រជែងខ្លស់ និងសមាហរណកម្មសេដ្ឋកិច្ច ជាមួយនឹងការសម្របសម្រួលដ៏មាន ប្រសិទ្ធភាព សម្រាប់ពាណិជ្ជកម្ម និងការវិនិយោគ ដែលក្នុងនោះមានលំហ្ហូរដោយេសរីន្ទវ ទំនិញ សេវាកម្ម និងវិនិយោគ សម្រលចលនាពាណិជ្ជករ អ្នកមានវិជ្ជាជីវ: អ្នកមានទេ កោសល្យ និងពលករ និងលំហ្ហូរដោយម្លោស់ការនៃទុន។

注：文中突出显示者为英语源外来词。

附录八：柬埔寨历史年代表

国名		国王（或最高领导）	在位时间
扶南王国 （公元 1—7 世纪）	混氏王朝 （公元 1 世纪末—3 世纪初）	柳叶	？
		混填	1 世纪下半叶—？ 年
		混盘况	？
		混盘盘	？
	范氏王朝 （公元 3 世纪—4 世纪中期）	范蔓	约 201—225 年
		金生	约 225 年
		范旃	约 225—244 年
		范寻①	约 244—289 年
	跋摩王朝 （公元 4 世纪下半期—7 世纪初）	旃檀	357 年？
		憍陈如	约 410—434 年
		特利陀跋摩	约 434—438 年
		阇耶跋摩	约 485—514 年
		留陀跋摩②	514—？ 年
真腊王国 （公元 5—16 世纪）	前吴哥王朝 （公元 5—8 世纪）	拔婆跋摩一世	550—600 年
		摩诃因陀罗跋摩	600—616 年
		伊奢那跋摩一世	616—635 年
		拔婆跋摩二世	639—657 年
		阇耶跋摩一世	657—681 年

① 自范寻之后、旃檀之前的扶南王室世系不可考。

② 自留陀跋摩之后的扶南王室世系不可考。

（续表）

国名		国王（或最高领导）	在位时间
		阇耶特维	681—713 年
		婆罗阿迭多	?
		尼栗波提因陀罗跋摩	?
		补什迦罗婆	?
		商菩跋摩	?
		罗贞陀罗跋摩	?
		摩希婆提跋摩	?
		阇耶跋摩一世	8 世纪后半期
	吴哥王朝 （公元 9—15 世纪）	阇耶跋摩二世	802—850 年
		阇耶跋摩三世	850—877 年
		因陀罗跋摩一世	877—889 年
		耶苏跋摩一世	889—900 年
		赫萨跋摩一世	900—925 年
		伊奢那跋摩二世	925—928 年
		阇耶跋摩四世	928—941 年
		赫萨跋摩二世	941—944 年
		罗贞陀罗跋摩二世	944—968 年
		阇耶跋摩五世	968—1001 年
		乌迭蒂耶跋摩一世	1001—1002 年
		阇耶毗罗跋摩	1002 年
		苏利耶跋摩一世	1002—1050 年
		乌迭蒂耶跋摩二世	1050—1066 年
		赫萨跋摩三世	1066—1080 年
		阇耶跋摩六世	1082—1107 年
		陀罗尼因陀罗跋摩一世	1107—1113 年

（续表）

国名		国王（或最高领导）	在位时间
		苏利耶跋摩二世	1113—1150 年
		陀罗尼因陀罗跋摩二世	1150—1160 年
		耶苏跋摩二世	1160—1165 或 1166 年
		特里布婆那迭多跋摩	1165 或 1166—1177 年
		阇耶跋摩七世	1181—1215 年
		因陀罗跋摩二世	1215—1243 年
		阇耶跋摩八世	1243—1295 年
		因陀罗跋摩三世	1295—1308 年
		因陀罗阇耶跋摩	1308—1327 年
		阇耶跋摩·波罗密首罗	1327—1340 年
		尼佩安·巴特	1340—1346 年
		兰篷	1346—1352 年
		索里约太（索里约旺）	1357—1363 年
		巴隆·拉玛	1363—1373 年
		达玛索卡	1373—1393 或 1394 年
		肖·蓬黑阿	?—1405 年
	后吴哥王朝（公元 15—16 世纪）	蓬黑阿·亚特	1432—1467 年
		甘卡	1467—1472 或 1473 年
		拍斯雷	?
		托摩·拉嘉一世	1474—1494 年
		坦玛·拉嘉	1494—? 年
		乃坎	1498—? 年

（续表）

国名		国王（或最高领导）	在位时间
		安赞一世	约 1505—1556 年
		巴隆·拉嘉一世	约 1556—1576 年
		索塔	约 1576—1594 年
		吉·哲塔一世	?
		里米宗波莱	?
		巴隆·拉嘉二世	1596 年
		巴隆·拉嘉三世	1597—1599 年
		波尼·允姆	1599—1600 年
柬埔寨 （公元 17 世纪—20 世纪中叶）		索里约波	1600—? 年
		吉·哲塔二世	1619—1628 年
		波尼·笃	1629—? 年
		波尼·努	1634—? 年
		安依一世	1640—? 年
		安赞二世	1642—? 年
		安依二世	1674—? 年
		吉·哲塔三世	?
		吉·哲塔四世	?
		乌迭一世	1694—? 年
		安恩	?
		托摩·拉嘉二世	1738—1747 或 1748 年
		安瑞	1747 或 1748 年
		吉·哲塔五世	1749—? 年
		乌迭二世	1757—? 年
		安依·雷梅	1769—1779 年

（续表）

国名	国王（或最高领导）	在位时间
	安英	1779—1796 年
	安赞三世	1796—1835 年
	安眉	1835—1841 年
	安东	1841—1860 年
	诺罗敦	1862—1904 年
	西索瓦	1904—1927 年
	莫尼旺	1927—1941 年
	西哈努克	1941—1953 年
柬埔寨王国 （1953—1970 年）	西哈努克	1953—1955 年
	苏拉玛里特	1955—1960 年
	西哈努克	1960—1970 年
高棉共和国 （1970—1975 年）	郑兴	1970—1972 年
	朗诺	1972—1975 年
民主柬埔寨 （1975—1978 年）	乔森潘	1975—1978 年
柬埔寨人民共和国 （1979—1991 年）	韩桑林	1979—1991 年
过渡时期 （1991—1993 年）	西哈努克	1991—1993 年
柬埔寨王国 （1993 年至今）	西哈努克	1993—2004 年
	西哈莫尼	2004 年至今